説教黙想　アレテイア

エレミヤ書

JN245593

説教黙想　アレテイア

エレミヤ書

目次

エレミヤ書

エレミヤ書　序論

楠原　博行

①「永遠に歴史の陰に埋もれてしまっている他の多くの聖書の預言者たちとは異なり、エレミヤは正真正銘の人間の姿で登場する。彼は信仰と疑いの間で切り裂かれ、彼の生きた時代の事件の中に深く深く巻き込まれて行く。彼の書物の一頁一頁の中で、彼が生きた時代の歴史を背景としながら、エレミヤは若者から老人になるまでを過ごして行く」（ピーター・C・クレーギー『エレミヤ書一―二五章』ワード注解、一九九八年、二六頁）。この言葉が、われわれがエレミヤ書を読む理由を告げている。エレミヤもわれわれと同じなのである。われわれと同じ人間として登場し、われわれと同じように、自分が生きている世界、社会、時代の中で、神に召された一人の人として生きた。われわれもこの世界の中で、この世界に対して語る。われわれ説教者はこの世界の預言者である。「説教とは預言であり、説教者とは預言者であるということを自覚したい……現代日本の状況がそれを要求している」（加藤常昭編訳『説教黙想集成1　序論・旧約聖書』教文館、二〇〇八年、六九一頁）。

②　説教者は預言者である。しかし説教者はまた正真正銘の人間である。われわれにとって疑いは疎遠だろうか。残念ながら出典を見つけることができなかったが、雑誌「ゲッティンゲン説教黙想」の序文にかつて記されていた言葉を思い出す。その雑誌を起こしたハンス・ヨアヒム・イーヴァントも、この世界における教会の存在について、それに対する疑いと戦い続けた、そうある人が記していた。説教者も今の時代を生きている。そしてどれほど、この時代の事件へと巻き込まれていくだろうか？

エレミヤは、若くして召命を受け、老人となるまで、預言者として神の言葉を語り続けた。その言葉は聞く者にとって、決して心地良い言葉ではなかった。自らの安心のための言葉を求め、事態がこれ以上悪くなるはずがないと信じたい聴衆の前で、目前に迫る災いの預言をした。聴衆が欲する、聴衆を安心させる言葉を、神の言葉と言って語る偽預言者と戦い続け、権力者の前では自分の命をかけて語り続けた。自分の国が滅び、その首都が陥落した後も、それぞれの思いで行動する人々に翻弄されながらも、捕囚という、ひとつの民のアイデンティティを徹底的に破壊する政策の中に陥った自分の民のため、彼は手紙を書いた。「家を建てて住み、園に果樹を植えてその実を食べなさい。妻をめとり、息子、娘をもうけ、息子には嫁をとり、娘は嫁がせて、息子、娘を産ませるように。そちらで人口を増やし、減らしてはならない。わたしが、あなたたちを捕囚として送った町の平安を求め、その町のために主に祈りなさい。その町の平安があってこそ、あなたたちにも平安があるのだから」（エレミヤ書二九・五―七）。

われわれは、生きている社会から逃げ出すことはできないし、キリスト者としてそうすべきでもない。われわれは神が派遣された場所で生きている。平安を求め、その町のために祈ることをエレミヤは求めている。

そしてエレミヤが語るのは回復と希望の言葉であった。その希望は新約聖書へとつながって行く。マタイ福音書によるいくつかの箇所の引用と共に、ヘブライ人への手紙八章、一〇章がエレミヤ書三一章の新しい契約の言葉を引用している。

③　日本語ですぐに読み通せるものとして、『新共同訳　旧約聖書注解Ⅱ』（日本キリスト教団出版局、一九九四年）「エレミヤ書」の木田献一先生の序論が全体をとらえるための助けとなるだろう。史的エレミヤをたどることは史的イエスをたどるのと同じ困難が伴うと言われるが、それでもなお歴史上の重要な出来事とエレミヤの生涯は深く関わっている。注解書によりその数字に違いがあるが、ここではひとつの目安としてエレミヤの年表をたどってみることにする。よく網羅されているため、Logos Bible Software 5, 2000-2014 の年表の年号も併記する。

紀元前六四四年ベニヤミンの地のアナトトの祭司ヒルキヤの子としてエレミヤは生まれた。前六四〇年ヨシヤがユダの王となり（列王記下二二・一、歴代誌下三四・一）、前六二八年に王国の改革を開始すると（歴代誌下三四・三―四）、前六二七年にはエレミヤも預言者として語り始めた（エレミヤ書一・二）。また前六二二年には神殿で律法の書が発見されている（列王記下二二・八―二〇、歴代誌下三四・八―二一）。

前六〇九年ヨヤキムが王となると（列王記下二三・三六、歴代誌下三六・五）、前六〇五年にエレミヤは「神殿説教」を語る（エレミヤ書七・一―一五、二六章）。ネリヤの子バルクは書記としてエレミヤの巻物を神殿で読み上げるがヨヤキムはそれを燃やしてしまう（三六章）。エレミヤはバルクを慰めるのであった（四五・一―五）。前六〇四年ヨヤキムはバビロンに服従したが（列王記下二四・一）、前六〇一年にはこれに反逆する。前五九九年にエレミヤはユダとレカブ人を比較した（エレミヤ書三五章）。

前五九七年ヨヤキンが王となり（列王記下二四・八、歴代誌下三六・九）、エレミヤは王がバビロンの捕囚となることを預言する（エレミヤ書一三・一八―一九、二二・二四―三〇）。同年ゼデキヤが王となる（五二・一）。

前五九四年エレミヤはゼデキヤにバビロンの軛《くびき》を負うことを勧める（エレミヤ書二七章）。同年ハナンヤは偽の預言を行うが、エレミヤはこれを非難した（二八章）。またエレミヤはバビロンの捕囚民に手紙を送る（二九章）。

前五八九年ゼデキヤは神の助けを求めるが拒絶され（二一章）、前五八八年にはエルサレム包囲が開始される（三九・一、五二・四）。同年短期間包囲軍は撤退し、エレミヤは投獄される（三七・五―一五）。エルサレムの民は奴隷を一旦解放するが、再び奴隷とした（三四・八―二二）。この年エレミヤは土地を購入した（三二章）。

前五八七年エレミヤはイスラエルの回復の預言をし（三三章）、監視の庭に移される（三七・一六―二一）。

前五八六年エルサレム陥落（三九・二―七、五二・六―一一）。神殿は破壊され、民は捕囚となる（三九・八―一〇、五二・一二―三〇）。エレミヤは解放された（四〇章）。

前五八五年ユダの総督ゲダルヤが暗殺され（四〇・七―四一・一五）、エレミヤはエジプトに連れて行かれる（四一・一六―四三・一三）。

前五八一年ネブザルアダンが七百四十五人のユダヤ人を捕囚としてバビロンへ連れ去る（五二・三〇）。

④　注解書や研究者によっていくらか幅があると思われるが、オトー・カイザーの『旧約緒論概説』（一九九四年）に従って全体の構成を示す。また以下の節で、その内容を概観する。

一章　召命物語

二―三章　主への背反のゆえの北王国の滅亡

四―六章　エルサレム、ユダに対する北よりの敵の攻撃

七―二五章　その攻撃の結果

二六―三六章　ネブカドネツァルによる陥落前のエレミヤの警告
（ヨヤキム王、ゼデキヤ王の政治の決定的な年月について）

三七―四四（四五）章　エレミヤの苦難物語（エレミヤによる降伏の勧めの失敗と、それゆえの迫害とエレミヤの運命。エルサレム陥落からエレミヤのエジプトへの拉致まで）

四五章　書記バルクへの慰めの言葉
（これらの箇所に、三〇―三一章：イスラエルへの慰めの書、三三章：ユダとイスラエルに対する一連の救いの言葉が挿入されている）

四六章―五一章五八節　異邦の民への言葉（五〇・一―五一・五八のバビロンの破壊と捕囚民の帰還の告知が頂点をなす）

五一章五九―六四節　バビロン破壊の預言がエレミヤの象徴行為の記事によって締めくくられる。エレミヤ書五二章は列王記下二四章一八―二五章三〇節に一致する、エルサレム陥落と破壊の記事と、いわゆるヨヤキン王赦免で終わる（二八―三〇節はネブカドネツァルによる捕囚民の他には知られていないリスト）

⑤　一章のエレミヤの召命記事（一・四―一〇）において、エレミヤの召命とその任務が告げられる。「母の胎から生まれる前に」（五節）との主の言葉に「ああ、わが主なる神よ（アッハー・アドナイ・エロヒーム〔原文はヤーウェ〕）、わたしは語る言葉を知りません。わたしは若者にすぎませんから」（六節）とエレミヤは抵抗する。しかし神は「わたしがあなたと共にいて、必ず救い出す」（八節）、「わたしはあなたの口に、わたしの言葉を授ける」（九節）と励まし送り出すのである。後のパウロの、ガラテヤの信徒への手紙一章一五―一六節での自身の召命体験についての言葉遣いは、このエレミヤの召命から直接影響を受けたものであるとP・クレーギー（前掲書一二

頁）が指摘している。

二―六章はエレミヤ初期の預言のまとめである。スタイルは詩文であり、一つ一つの託宣の抽出は難しい。むしろウィリアム・ホラデイ等は、エレミヤ書三六章に登場する、エレミヤが口述し、書記のバルクが書き記したという二巻の巻物との関連性を指摘する。二人の手によってまとめられた、エレミヤの預言の集成であると考えるのである。その内容は北王国の滅亡（二―三章）と迫り来る南王国の危機（四―六章）についてである。前者は基本的に北王国イスラエルに対する悔い改めの呼びかけからなり、後者では北からの災いの到来が重ねて語られる。六章一〇―一二節（他に一六・一―八など）は預言者エレミヤの孤独についても記している。エレミヤの願いは、警告が聞かれ、災いが回避されることだった。しかし民の耳は真実を聞かず、神の声は不快で喜ばしくないものであった。

七―二五章では、北からの敵の攻撃の結果が語られる。七章一―一五節は、神殿説教と呼ばれ、それが語られた背景については二六章一―六（―一九）節に記されている。エレミヤは、主を礼拝するために、神殿の門を入って行く人々に「主の神殿、主の神殿、主の神殿という、むなしい言葉に依り頼んではならない」（七・四）と告げる。神殿に来て、祭司の「救われた」（同一〇節）と言う言葉を聞いても、その保証はない。むしろそこは「強盗の巣窟と見える」（同一一節）とエレミヤは言う。この言葉は宮きよめの場面で主イエスにより引用されている（マタイ二一・一三他）。

この部分に散見されるのがエレミヤの告白（一一・一八―一二・六、一五・一〇―二一、一七・一二―一八、一八・一九―二三、二〇・七―一八）である。その二つ目の告白においては、「わが母よ、どうしてわたしを産んだのか」（一五・一〇）とまでエレミヤは嘆き、「主よ、わたしは敵対する者のためにも幸いを願い、彼らに災いや苦しみの襲うとき、あなたに執り成しをしたではありませんか」（同一一節）と主張し、さらには神が、自分をどのように扱ったかを訴える（同一七―一八節）。再び預言者の職務へと戻る前に、自分の不平、神に対する非難をエレミヤが悔いることを神はお求めになる。そして再び神は励まし、エレミヤを送り出すのである。「わたしがあなたと共にいて助け、あなたを救い出す、と主は言われる」（同二〇節）。

二六―三六章にエルサレム陥落前のエレミヤの警告がまとめられている。エレミヤの伝記的記事であり、またそれはエレミヤの苦難の物語である。まず前述の神殿説教（二六・一―六）の記事があり、二七―二九章では偽預言者との対立が記される。「主はお前を遣わされていない。お前はこの民を安心させようとしているが、それは偽りだ」（二八・一五）とエレミヤは告げるのである。二九章一―二三節にはバビロンへ捕囚として連れて行かれた人々に宛てたエレミヤの手紙が記されている。

三〇章ではイスラエルとユダの繁栄を回復する約束が、三一章では新しい契約について告げられる。三〇―三一章は、その内容から「慰めの書」と呼ばれている。捕囚の民がついに帰還し、復興するとの約束である（前述の一八章、また後ろの三二章とともに、三一・一五をマタイによる福音書が引用している）。三二章以下では再びエレミヤの苦難について伝記的記事が続く。

三七—四四（四五）章はエレミヤの苦難物語である。エレミヤへの迫害、エルサレム陥落からエレミヤのエジプトへの拉致までが記される。四五章にはエレミヤの書記バルクへの慰めの言葉が記される。

四六章以下には長い諸国民に対する預言がまとめられている。上述のように、バビロンの破壊と捕囚民帰還の告知が頂点であり、エルサレムの陥落、そしてヨヤキン王赦免の記事でエレミヤ書は終わる。

⑥　エレミヤ書の黙想のために注解書を読み始める前に、翻訳者による序文、またあとがきを読むことを勧めたい。エレミヤ書研究の主流は、エレミヤ本人の言葉よりも、むしろ後の編集にますます重みを置く傾向にある。しかし古い時代の注解者は、むしろエレミヤ自身の息づかいをたどろうとする。「旧約聖書の預言書において預言者自身はあまり前面に現れて来ないのがふつうである。ところがエレミヤ書は、預言者エレミヤの苦難を直接報告することが少なくないばかりか、随所にエレミヤ自身の息づかいを感じさせるのである。そしてそのことが、読む者をエレミヤ書に惹きつけさせるひとつの理由となっている。エレミヤは悲哀の人とも悲劇の預言者とも呼ばれてきた」（A・ワイザー『エレミヤ書1—25章　私訳と註解』ATD旧約聖書註解20、月本昭男訳、ATD・NTD聖書註解刊行会、一九八五年、訳者あとがき、五二九頁）。アルトゥール・ヴァイザーによれば「エレミヤの悲劇は、外的には、彼の預言活動が混乱と策謀の渦巻く中で滅亡へと転げ落ちてゆく祖国の運命と深く絡み合っていたことによる。内的には、嘲笑や攻撃をものともせず、公然と人々や権力に立ち向かう信仰の烈士としては、余りに繊細で内省的過ぎる彼の人間性にそれは根ざしていた。著者はしばしば、そのような人間エレミヤの苦難や苦悩に深い同情を寄せながら、註解の筆を進めている。しかし、著者がエレミヤ書から最終的に読みとろうとするのは、エレミヤの悲劇そのものではない。むしろ、エレミヤが言葉をもって語り伝え、生涯を通して証しした事柄に、すなわち、逡巡せるエレミヤを真実なる預言者として立たしめ、ゆえに彼を幾度となく殉難と絶望においやりながらも、その茨の道をなお最後まで歩ましめた、神ヤハウェのことばとこれに対するエレミヤの信仰に、著者の基本的な関心は注がれているようだ。それは、現実の歴史——及び自然——の中に働く神ヤハウェの審判と救済の意志としてのヤハウェのことばであり、そのヤハウェの意志を怖れをもって受けとめ、これに真実であろうとする神中心的なエレミヤの信仰である」（同五二九頁以下）。月本は、このA・ヴァイザーの注解は、その後の欧米の研究者の立場とはむしろ逆で、独特な研究者としての立場を取りつつも、「著者を学問以前の、というより学問をつき抜けた『信仰の人』として感じとられる」（同五三一頁）と述べる。しかし三十年後に出版された同書続編の訳者あとがきの立場は、少々違ってきている。A・ヴァイザー注解の学問的限界を指摘しつつも、その後の書物の最終形態を尊重する正典的解釈の潮流を経て、エレミヤ自身とバルクの直接の息づかいを読み取ろうとする立場は、「いにしえの流行が、今日かえって、新鮮な素材として用いられるのと同じように、本書の学問的古さは、かえって、新しい方法

論に合致する。註解という形態をとりながら、本書の記述がある種の迫力を感じさせる所以である」とするのである（『エレミヤ書25―52章　私訳と註解』ATD旧約聖書註解21、石川立訳、二〇〇五年、訳者あとがき、五三三頁）。

⑦　注解者が注目する一方で、説教者が困惑する問題がエレミヤ書の編集の問題である。（1）一人称で記されるエレミヤ自身の言葉、（2）三人称で記されるバルク伝記、（3）申命記史家による編集などが主に考えられるのであるが、「これらの分析の結果よりは、エレミヤ書の本文それ自体の構成を、ありのままに見つめ、そして、次第に伝承の内容に入り、その中から貴重な言葉を見いだし、それをたよりに、本文の意味を次第に理解してゆく努力を続けるべきであろう」（木田献一、三九四頁）。

⑧　われわれがこれからエレミヤ書にどう向き合うか。担当箇所においてドイツの説教黙想も紹介したいと思うが、まず加藤常昭先生の『説教黙想集成1』に入っているエレミヤ書一七章五―一四節のための考察から説教に至るテキストが大きな手掛かりとなるだろう。エレミヤ書の同箇所はドイツ福音主義教会において、ルターの改革記念礼拝において読まれたという。人間への信頼に生きるか、神への信頼に生きるかという二者択一を語り、人間が神を信頼するとはどういうことか、信仰の基本的姿勢を問うと言う。「キリストの教会、キリスト者そのものに対する批判的な問い、変革を求める言葉として説かれる言葉が、また同時に教会が生きる周辺の人びとへの問いかけとなり、まさにそれ故に、それが信仰への招きの言葉ともなるはずである」（加藤常昭、六九三頁）。

最後にもうひとつ挙げたいのが、アンデルス・J・ビヨルンダーレンのエレミヤ書二〇章による受難節第三の日曜日のための説教黙想からの言葉である。「われわれの説教の聴衆には、エレミヤの預言者の務めの召命を受ける者はいないが、神に仕えることを心から願い、しかしそれにより嘲りを受ける者があるだろう。そしてまた教会および信仰による行いが特に理由とはならない、苦しみ、悩みを数えきれない人々が知っている。このテキストは、いかなる苦難にあっても、神に呼びかけることができることを教えてくれる」。

参考文献（本文中にないもの）

関根正雄『エレミヤ書註解　上・下』（関根正雄著作集14・15）新地書房、一九八一、一九八二年

R・E・クレメンツ『エレミヤ書』（現代聖書注解）佐々木哲夫訳、日本キリスト教団出版局、一九九一年

木田献一『エレミヤ書を読む』（旧約聖書4）筑摩書房、一九九〇年

P. C. Craigie による上巻と G. L. Keown, *Jeremiah 26-52* (Vol. 27), Dallas: Word, Incorporated, 1998.

L. C. Allen, *Jeremiah: a Commentary*, Louisville, KY; London: Westminster John Knox Press, 2008.

William L. Holladay, *Jeremiah: a Commentary on the Book of the Prophet Jeremiah* 1(1986) & *Jeremiah* 2 (1989), Augsburg Fortress Press.

Anders Jørgen Bjørndalen, in Hg. A. Falkenroth und H. J. Held, hören und fragen Band E5+6, S. 84, Neukirchen-Vluyn: Neukirchener Verlag, 1983.

エレミヤ書　一章四―一〇節

加藤　常昭

現代日本のエレミヤとは誰か

エレミヤ書の連続講解説教を企てている。そこで説教者がまず思い定めておくべきことは、一体、誰の話をするのか、ということである。聖書のテキストのなかに、説教者が、説教の聴き手がどのような位置を占めるか、ということである。今からほぼ二千八百年近く以前のパレスチナで活躍した過去の預言者エレミヤの言葉に、これをすでに過ぎ去った言葉として聴くのではなく、今日ここで聴くべき神の言葉をここから語り出し、聴き取ろうと言うのであれば、われわれは、このエレミヤの言葉とどう関わろうというのか。かつて、太平洋戦争中に国家批判をし、東大教授の職を追われ、口を封じられた無教会の指導者矢内原忠雄は、自分が日本に遣わされたエレミヤであると信じ、大胆に戦い、エレミヤの悲しい怒りの言葉を自分の言葉のように語った。それはわれわれに無縁のことなのであろうか。私が聴いて育った説教者もまた戦争が深まるなか、ひたすらイザヤ書だけを説いて、静かに、しかし厳しく預言者として語り続けた。そして今、それを強いた状況と同じ気配を多くの者が感じ取っている。しかし、教会が預言の言葉を失っているのではないか。そのことを憂いつつエレミヤ書を読み始めるのである。

そのとき、まず説教者自身が預言者として召命を受けていることを再自覚することが、まず求められる。そしてそれと共に説教を聴く教会員が造り上げている教会もまた預言の存在であることを知る必要がある。コリントの信徒への手紙一第一二章で、パウロは、洗礼を受けて、キリストのからだである教会のさまざまな部分となって生きるキリスト者は、それぞれ異なるカリスマを与えられて教会のわざを担うことを教えた。そして互いの交わりを造る永遠の愛を歌い上げる第一三章に続いて、第一四章では、愛に生きる者がひとしく「預言」の言葉を追い求めるように促した。それはキリスト者の集団である教会の集会が神の臨在を現実化していることの証しの言葉であり、また語りかける人びとには励まし、慰める言葉でもあった。われわれが「説教」と呼んでいる教会の言葉を「預言」と呼んだとき、旧約聖書の預言者たちのことを思い起こしていたにちがいない。

その意味では、エレミヤの言葉を聴き続けるわれわれは、そこで、われわれが語るべき預言の言葉は何であり、いかにあるべきかを学び続ける。常にわれわれの言葉が問われるのである。周りを見回して、現代日本の預言者はどこにいるかと尋ね、その数の少ないことを嘆いているいとまはない。自分たちの勢いが衰え、弱体化しているいとまはない。われわれが預言を語るのである。それは、われわれの存在が預言を語る存在であることを自覚することである。そのために、われわれはエレミヤの言葉に耳を傾け始めるのである。

召命の原点・神の言葉

第一章四節以下は、関根正雄によれば、紀元前六〇五年に、エレミヤがバルクに書かせた最初の預言集（第三六章参照）の最初の部分ではないかと言う。したがって、エレミヤが実際に召命を受けたときの客観的記録というよりも、すでに長い間、預言者として活動してきたところで、自分が召命を受けているということがどういうことであるかを語っている言葉だと見ている。ヨシヤ王在位十三年の頃、ヴァイザーは、おそらく二十五歳であったのではないかと推定するが、その若者に実際に起こったことの具体的叙述というよりも、そこで何が起こったか、その出来事の本質は何であったかを語っていると思われるのである。したがって、他の預言者、イザヤやエゼキエルの召命の記事に比べると、いささか抽象的であることは否めない。しかし、それだけ出来事の本質を端的に伝えるものである。もしかすると何度か繰り返された具体的経験があったのかもしれないが、それはわからない。むしろ、預言者として悲劇的とも言える体験を重ねながら、エレミヤが何度も思い起こし、立ち直る拠点とすることができた根源的経験が、ここで語られていると見ることができるのではないか。

四節は「主の言葉がわたしに臨んだ」という端的な表現である。「臨む」という表現は、明らかに「語られた」という表現とは異なる。ウィリアム・ホラデイは、「主の言葉がわたしに来た」と訳しているが、釈義では、原語のハーヤーを「出来事として起こる」という意味だと理解する。マルティーン・ブーバーは、はっきり、そのように訳している。神の言葉そのものが私のところに来たのだとエレミヤは語るのである。神の言葉の出来事が私に起こったのだ、というのである。

使徒パウロは、ガラテヤの信徒への手紙をこういう言葉で書き始めた。「人々からでもなく、人を通してでもなく、イエス・キリストと、キリストを死者の中から復活させた父である神とによって使徒とされたパウロ」（一・一）。主の復活のいのちにおいて力を表された神がパウロを召されたのである。

預言者、使徒の召命の系譜、それにわれわれの召命の出来事もまた連なる。パウロが言う「人」のなかには、他者のみならず、自分も入るであろう。およそ人間のわざによって召命が起こるはずがない。それは自己矛盾である。自分に備わる資質、自分の志、野心にすぐ転換するような使命感が、預言者、使徒、説教者になることを促したのではない。神の言葉の出来事が、われわれにも起こったのである。

パウロはイエス・キリストと、イエスを復活させた父なる神の力が、自分を使徒としてくださっていると語る。死の世界の限界を外から打ち破って入り込み、新しいいのちをもたらした神を語る。その神の言葉がパウロを捉え、すでにエレミヤをも捉えていたのである。私は、説教者として捉える神の言葉の出来事が自分にも起こったことを想起するとき、全くの真空、あるいは寒風吹きすさぶだけの地上空間に宙づりにされながら、ただ神の力によってのみ支えられているという実存的感覚をよく感じ取る。人間の言葉、人間の力は何の意味も持たず、ただ神の言葉だけが自分を生かしてくださるのである。

エレミヤは、自分の生涯の原点が、ただそこに尽きるということを何度も繰り返し体験し、この神の言葉経験が、エレミヤの預言者経験を作ったのである。

選ばれて預言者に

パウロは復活を語る。復活された主イエスに呼ばれたのである。しかし、エレミヤがまず聴いた言葉は、「わたしはあなたを母の胎内に造る前から、あなたを知っていた」というのである。「わたしを母の胎内にあるときから選び分け、恵みによって召し出してくださった神が、御心のままに、御子をわたしに示して、その福音を異邦人に告げ知らせるようにされた」というガラテヤの信徒への手紙第一章一五節のパウロの言葉を想起させる。ここでは創造の神、ひとりひとりのいのちの造り手である神が、エレミヤの肉体が生まれる前から「知っておられた」というのである。「知る」とは「選ぶ」ということだと関根は言う。神の全く自由な選びがすでに起こっていたのである。

この選びは、すぐにまた補足して、こう言われる。「母の胎から生まれる前に、わたしはあなたを聖別し、諸国民の預言者として立てた」。ヴァイザーは、「聖別する」というのは、エレミヤの罪を取り除かれたということではなく、むしろ祭儀用語であり、今まで生きてきたさまざまな関係から引き抜かれ、神との特別な関わりに生かされるようになるということなのである、と説明する。それはサムエル記が語るダビデ王のように王者のように君臨するカリスマが与えられることではない。それはただ諸国に神の言葉、神の審き、また恵みを告げるという働きを使命とするべくダイナミックな働きをするようにされることであった。まさしく神の言葉を「聖霊の器」(カルヴァン)とされることであった。ヴァイザーは言う。エレミヤは、最初から迫害に対して守られた存在になったのではない。繰り返して危機に瀕して神の助けを必要とした。エレミヤが与えられた務めは悲劇をはらんでいた。そのことが、エレミヤをわれわれに人間的に親しい者とし、われわれが苦難にあって、エレミヤを同伴者とすることができるのである。

当時のユダは、近隣の大国に翻弄されるような小国であった。そこでなおエレミヤが聴いた神の言葉は、その諸国にも働く全地の支配者としてのものであった。人間としてはひるまずにおれなかったのである。

預言者のひるみ

預言者としての自負の思いはエレミヤにはない。まして傲慢な思いはない。神の言葉を語る者が、思わず落ち込む自己義認の思いはない。私は正しいのだという思い込みが支える裁きを語りはしない。矢内原忠雄は、「先生、頑張ってください」と励まされることを拒否した。預言者は孤独になっても頑張り抜いて勝ち抜こうとはしない。

預言者として立てられようとして、この若い祭司の子は答えた。「ああ、わが主なる神よ、わたしは語る言葉を知りません。わたしは若者にすぎませんから」。二十五歳にすぎない、と言う。しかし、これは若くなくても、年老いても、われわれが口にせざるを得ない言葉である。預言の言葉、世界に向かい告げるべき神の真理を告げる言葉を、自分が知るわけはない。これは当然のことである。しかし、われわれが預言の言葉を語るとき、自分は神の真理を知っているのだと自負の思いを抱く。そうではなければ、このことをめぐって自信がないからこそ、われわれは預言する勇気を持たないのではなかろうか。しかし、自信のある預言者とは、あり得ない自己矛盾である。

関根は、エレミヤは、自分の罪を自覚し、一種の贖罪体験をしたイザヤのような厳密な体験をしていないと言いつつ、自分が無にひとしいことを知ったのは、「神の聖なる選びの恵みの不可思議に真に捉えられたものということが出来る」。エレミヤは臆病であったと言われるし、それはその通りだが、そのようなひとを捉えたものこそ神の恩寵であると言うのである。

パウロが、コリントの信徒への手紙一第一章二六節以下に書いたことは事実である。「兄弟たち、あなたがたが召されたときのことを、思い起こしてみなさい。人間的に見て知恵のある者が多かったわけではなく、能力のある者や、家柄のよい者が多かったわけでもありません。ところが、神は知恵ある者に恥をかかせるため、世の無学な者を選び、力ある者に恥をかかせるため、世の無力な者を選ばれました。……それは、だれ一人、神の前で誇ることがないようにするためです。神によってあなたがたはキリスト・イエスに結ばれ、このキリストは、わたしたちにとって神の知恵となり、義と聖と贖いとなられたのです。『誇る者は主を誇れ』と書いてあるとおりになるためです」。

神は、こう答えられる

神は直ちに答えてくださった。「若者にすぎないと言ってはならない。わたしがあなたを、だれのところへ、遣わそうとも、行って、わたしが命じたことをすべてを語れ。彼らを恐れるな。わたしがあなたと共にいて、必ず救い出す」（七、八節）。「エレミヤは預言者としても信仰者としても、決して英雄ではなかった。召命はここで自己の小ささに拘泥するものを叩きつぶして始まる」（関根）。

新共同訳では命令形で訳しているが、原文は現在形である。ブーバーの翻訳では、こうである。「お前は、わたしは子供ですと、二度と言ってはならない。なぜなら、まさしく、わたしが送り出すところ、どこへでも、お前は行くであろう。わたしがお前に伝えるすべてのことを、お前は語るであろう。決して彼らを恐れるな。わたしがあなたと共にいて救うからである」。神はエレミヤを説得されない。エレミヤの反抗を無視するかのように、権威をもって命じられる。エレミヤは、自分で自分が赴くところ、語ることを選ぶことはない。神のご命令に従うだけである。神に従うところでのみ怯懦、不安のこころに打ち勝つことができる。神のご命令には、必ず救出するという約束が伴うからである。預言する使命に生きる者には神は常に共にいてくださり、危急の時には、身を乗り出して救出してくださる。主イエス・キリストによって預言者として遣わされるわれわれもまた、この約束に生きる。

権威ある言葉を与えてくださる神

命令を与えられる神は、ただそれだけではなかった。ただ服従を求められるだけではなかった。「主は手を伸ばして、わたしの口に触れ、主はわたしに言われた。『見よ、わたしはあなたの口に、わたしの言葉を授ける。見よ、今日、あなたに、諸国民、諸王国に対する権威をゆだねる。抜き、壊し、滅ぼし、破壊し、あるは建て、植えるために』」（九―一〇節）。

原文では「口に触れさせ」である。神と人間との直接的関係を避けた表現であろう。ブーバーは、ご自身の手をして口に触れさせられた、という文意の翻訳をしている。それも可能であろう。ここで、これまでいささか抽象的であると見えた神の召命の出来事、そこでの神とエレミヤとの出会いが、口に触れるという肉体的・感覚的な要素をも含む具体性を持った出来事として語られる。もとより、この「口」というのも、肉体的な口よりも、霊的な言葉の体験を語る比喩的表現と聴くこともできる。しかし、根源的には聖霊体験とも言うべきものであろうが、自分の口を突いて語られる具体的な言葉の変革をもたらす現実的な体験であったのである。

言葉の変革、それは、この後、預言者として語るエレミヤは、自分の考えを告げるのではなく、神の言葉を語るようになった。それは「委ねられた権威」による言葉を語るということである。コリントの信徒への手紙二第五章で、使徒パウロは、こう語りかける。「つまり、神はキリストによって世を御自分と和解させ、人々の罪の責任を問うことなく、和解の言葉をわたしたちにゆだねられたのです。ですから、神がわたしたちを通して勧めておられるので、わたしたちはキリストの使者の務めを果たしています。キリストに代わってお願いします。神と和解させていただきなさい」（一九―二〇節）。神からの全権大使として、和解の言葉を告げる権威ある言葉である。説教もまた、神から委ねられた全権に基づく言葉であると言われる。権威を持つのである。神からの権威である。地上の権威に向かい合う権威である。神の言葉を語るために召命を受けた者は、この権威に生きるのである。

神の言葉が口から与えられるということは、激しい出来事であった。外からの言葉である神の言葉がエレミヤに与えられるとき、それはエレミヤの存在に食い込むことであった。エレミヤの生涯は、この神の言葉によって、存在そのものが決定されるものとなった。エレミヤが「聖なる者」とされるのは、このような現実を意味したのであった。

「エレミヤの告白」として知られる第二〇章では、こんな言葉さえ語られる。「主よ、あなたがわたしを惑わし、わたしは惑わされて、あなたに捕らえられました。あなたの勝ちです。わたしは一日中、笑い者にされ、人が皆、わたしを嘲ります。わたしが語ろうとすれば、それは嘆きとなり、『不法だ、暴力だ』と叫ばずにはいられません。主の言葉のゆえに、わたしは一日中、恥とそしりを受けねばなりません。主の名を口にすまい、もうその名によって語るまい、と思っても、主の言葉は、わたしの心の中、骨の中に閉じ込められて、火のように燃え上がります。押さえつけておこうとして、わたしは疲れ果てました。わたしの負けです」。

激しい言葉である。読みつつ驚く言葉である。しかし、われわれは、時に、これをわれわれには無縁の言葉だと読む。同じ神の言葉に生かされるわれわれであるが、このような神の言葉体験は、預言者エレミヤ固有のものであり、われわれにはおこらないことだと考える。果たして、そうであろうか。

当たり前のことだが、神の言葉は独り言ではない。歴史の審きの言葉として現実化する。建物、自然に関わるメタファーとして語られるが、滅びをも告げる言葉である。ひとに聴かせたくない言葉である。自分でも語りたくない言葉である。それに対して、「建て、植える」言葉は語りやすいように思う。しかし、虚しい慰めの言葉として語ることはできない。それは、むしろ、虚しい望みを生み、かえって絶望や怒りを呼び起こすことにもなりかねない。エレミヤが常に覚えたのは、そのような言葉を神の言葉として語るところに生まれる不安であった。そこで、何度も、自分に神の言葉を語る口を備えてくださった神の勝利を、痛みと共に体験したのである。

今、われわれに与えられた神の言葉としてエレミヤ書を読み始めるとき、われわれのこころもおののく。主イエス・キリストと聖霊の助けによって、今、預言者として立たされる望みを抱きつつ、耳を傾ける。神の助けを待つのみである。われわれの存在そのものが預言者的存在となり、それゆえに預言の言葉を語らざるを得なくなるように、と祈り願う。

参考文献

Bücher der Kündung, Verdeutscht von Martin Buber gemeinsam mit Franz Rosenzweig, 8. Auflage der neubearbeiteten Aufgabe, Deutsche Bibelgesellschaft, 1958.

Artur Weiser, Der Prophet Jeremia, Kap. 1-25/13, Das Alte Testament Deutsch 20, Vandenhoeck & Ruprecht, 1952.

William L. Holladay, *Jeremiah 1*, Hermeneia: A Critical & Historical Commentary on the Bible, Fortress, 1986.

Peter C. Craigie, Page H. Kelley & Joel F. Drinkard, Jr., *Jeremiah 1-25*, Word Biblical Commentary Vol. 26, Word Books, 1991.

Patrick D. Miller, *The Book of Jeremiah*, New Interpreter's Bible, Abingdon, 2001.

関根正雄『エレミヤ書註解　上』（関根正雄著作集14）新地書房、一九八一年

エレミヤ書　一章一一―一九節

高橋　誠

テキストの響きと説教の構想

エレミヤは、第一章において自身の召命の出来事を語る。私たちのテキストにあらわれる二つの幻は、召命とその務めによって語るべき事柄を結ぶものと考えて良いだろう。本章冒頭で預言者として神に召されている自身の立ち方を示した上で、「アーモンドの枝」（一一節）の幻から、彼の預言を語り始めていることに注目すべきであろう。説教の語り出しが説教全体をよく表しているように、この第一のイメージがこれからの預言の全体をよく表していると言えるからである。クレメンツが、「旧約聖書の預言者は、文筆家というよりはむしろ説教家である」と言うとおりである。第一章が編集的な手法での序章で、時間的にはあとから加えられたとするのは正しいが、しかし、このアーモンドの枝をまず初めに語るようなエレミヤの語り方は、編集の痕跡よりも、彼の預言者、しかも説教者としての言葉のあり方を如実に示していると思われる。

アーモンドの枝に単に春のうららかさに逃避するようなうつろな明るさを読み取ることは間違えているとしても、神に根ざす根源的な明るさや聖化されたいのちの営みを読むことは求められていると思う。エレミヤ書の序に属するこの部分は、いわゆる説教の語りはじめと同じ役目を果たしていると思われるが、その語りはじめで神に根ざす明るさを語る。神に根ざすゆえにどのような望みなさにも曇らされないと語るのである。改めて、私たちはどういう言葉から説教を語り始めているかを問うべきである。説教の冒頭に表れたものが説教を支配することが多い。

一つ目の花のイメージは二つ目の災いのイメージへとつながれるが、語り始めたいのちのイメージは貫かれる。私たちの区分の終わりの部分で、主が「わたしがあなたと共にいて、救い出す」（一九節）と言われる言葉で、預言者の召命物語は一応終わる。一つ目のイメージは、この短い言葉のサイクルでも、「アーモンドの枝」（一一節）→「煮えたぎる鍋」（一三節）→預言者に与えられる救いの使信（一九節）と、災いにも挫けない救いの循環として表れている。それは預言者の霊が何に根ざすのかということと深く関わる。預言者が自身の霊ではなく、与えられた神の霊によって語っていることが問われるのである。預言者が告げる「わたし」（一二節）が、預言者の《私》に変容されてしまわないことである。真実の意味で「わたし」として主を語ることである。別の言葉を語る別の人格としての神と出会っていることが預言者にはどうしても必要なのである。というのは、その出会いを携え聴き手たちに語る時にだけ、預言者を人々に立ち向かわせ給う神が、聞く人々に対して「わたし」として現れる。「わたし」は人間の自由にはできない別人格の、他者としての神である。その「わたし」を語ることがまことの預言者の証しである。エレミヤを支える「(主との)人格的出会いの秘義」(ワイザー)は、私たちの黙想の大きな手がかりになる。以下の説教の構成を提案する。

一、「アーモンドの枝」から語り始めるということ。二、神を捨てるということ。三、「立ち向かわせる」神――神と人との立ち向かい。四、「すべて」を語ることが要塞となる。

一 「アーモンドの枝」から語り始めるということ

「アーモンドの枝」のイメージに何を見るかについては、クレイギーが、それがつぼみであるかすでに咲いている花であるかという関心はあるにしろ、要するに花に関係するものであると言及していることは受けいれて良いだろう。他方、クレメンツは「アーモンドの小枝は、春の先駆けではあるが、しかし、その風景が示す心暖まる希望の意味を確証するものではない」と言い、《神の見張り》の含意を限定的に読む。けれども、やはり筆者は、クレイギーのように枝が早春に突然可憐な花を咲かせるという様子がこのイメージにはからみついており、それが預言者を勇気づけたと読むべきと考える。

このアーモンドの枝を見たというのは、エレミヤの実際の経験であったと注解者たちは語る。日本においてアーモンドはあまり一般的なものではないかもしれないが、アーモンドの枝の印象について、ささやかながら筆者には思い出がある。かつて筆者が仕えた教会の庭に、この木が植わっていた。早春に、葉が散ったままの状態の枝に突然つぼみを見つけて驚いた。しばらくして、薄いピンクの桜に似た花をつけたのを思い起こす。この経験からの印象は、エレミヤの経験と少なくとも重なる部分があるだろう。

その経験を改めて言葉にしてみると次のようになるだろう。冬の景色の中でどこを見ても、春の兆しはない。そのなかで、春を初めに告げるものとして――言い換えれば、他にはない唯一の春の兆しとして――つぼみをつけたアーモンドの枝は存在する。すなわち、このイメージが語っているのは兆しの唯一性と言って良いだろう。それが、《見張り》の言葉と重ねられているのである。神がみ言葉を成し遂げようと見張っておられること、それが唯一の希望の兆しである。その希望の兆しをかざして預言する。預言者はここに集中しなければならない。

エレミヤの生きた時代は、北王国を滅ぼしたアッシリアの支配の衰退期・崩壊後の猶予の期間があり、そこではユダの再興と繁栄の実現が期待される明るい兆しすらあったという時代も含まれる(クレメンツ)。兆しから時代を予測するこうした時の読み方は民に蔓延する。淡い期待が裏切られ、一喜一憂のなかで深く望みを見失うのである。そうした時代にあって、この一つ目のイメージが描出しているのは、兆しは世界情勢の明暗の判断に表れるのではなく、唯一の兆しである《神ご自身の言葉の見張り》にこそ見えているということである。

そのアーモンドの枝の幻に、二つ目の「煮えたぎる鍋」が重ねられている。このイメージは、一四節以降で言及されるエルサレムにもたらされる裁きである。「北からこちらへ」（一三節）が実際示していることについては議論のあるところであるが、いずれにしても、単にいつかまた花は咲くというような、自然的な回帰に属する楽観主義で乗り越えることができないほどの惨禍が迫っていることを語るのである。この惨禍を乗り越えさせるものは、《神ご自身の言葉の見張り》を他にしてないのである。一二節のワイザーの「よくぞ見た。わたしがわがことばを見張って、為し遂げさせるからだ」という訳は、事柄をよく説くかもしれない。神の見張りを見て取るまなざしは、神に祝福されるのである。もちろん、こうしたパースペクティヴは、私たちの時代を見る真実な目ともなるべきものである。

二　神を捨てるということ

そうすると、イスラエルの民の「甚だしい悪」（一六節）は、「言葉を成し遂げようと見張」（一二節）り給う神を忘却していることであり、それが「わたしを捨て」（一六節）たこととして告げられている。エレミヤが見出して、神から「よくぞ見た」とほめられている神へのまなざしを、民は忘却しているのである。神が歴史を支配し給うということを見抜くまなざしが失われているのである。この神の言葉による歴史の支配こそが、迫り来る悲惨な歴史のなかで、エレミヤが告げるべき事柄なのである。神からの言葉があるということ自体、神が民を棄却しないことの表れである。

神を捨てるということは、「わたしを捨て」という言葉で言われている。民は神を捨てたつもりはないのである。ユダにおいて宗教的な事柄は捨てられたのではない。むしろ盛んに「他の神々に香」（一六節）がたかれたのである。しかし「わたし」を捨てたのである。その意味は神との人格関係の喪失である。香は祈りを表すことばであるが、盛んに祈りが献げられたのである。しかし、その祈りはもっぱら祈願である。祈りは本来は「わたし」として自らを乗り出し給ういのちの源なる方との関わりであるはずである。そのいのちの責任者との人格的関わりである。直後に「わたしは、あなたの若いときの真心、花嫁のときの愛、種蒔かれぬ地、荒れ野での従順を思い起こす」（二・二）と言われている関わりである。いのち乏しい荒野に生かされるということに表れる関わりは、いのちの根源者と自分との、夫婦関係で言われるような排他的関係である。その排他的関係から「他の神々」に迷い出ることは、「わたしを捨て」ることに他ならないのである。

そうならば、ここで扱われている「他の神々」とは単に宗教的な意味での偶像崇拝に留まらず、要するに人格的・生命的関係の誤謬である。こうした主を捨てる迷いは、このあと姦淫ということばによって展開される。他の神々に関わる祭儀が倒錯した性をその内容として持っていたことが、姦淫という言葉に表れている。しかしまた、それは単にそういう性的な倒錯への糾弾のみに留まらない。そうした迷いに表れているのは、いのちを支える実感を何に見出すのかということでもある。預言者が自らの生の唯一の支えとして見出している神の臨在と救出（一九節）から迷い出ているのである。それは、自らのいのちを自らの選択によって保とうとすることで、その延長線上に恐れを払拭することはやってこない。

そうした「他の神々に香をた（く）」ということが、実際には何であるのかを続く言葉が解く。「手で造ったものの前にひれ伏した」（一六節）ということなのである。「手で造ったもの」は、口語訳、新改訳とも「自分の手で作（造）った物」となっている。そう訳すべき言葉である。自分で造ったものを礼拝するということが、エレミヤが向かい合っている民の「悪」（一六節）なのである。人間にとって礼拝とは神への正当な依存である。まことの創造者であり、救い出し給う神の人格が覚えられ、自らのいのちがその根源者との確かな関連に置かれる時に憩いを見出す。そうであるとすれば、自分の手で造ったものに対しての礼拝とは、たとえ形は礼拝であったとしても不全なものである。「わたし」と自らを顕されるいのちの与え主との出会いが消失しているからである。そこでの人間は、自分で神を作り出せるのではないかといううつろな望みを持ってしまっている。自分が神を作り出すことができないということすら意識されていない。人間の不可能性への気づきは祈りを生みまことの信仰への道を拓くのだが、その不可能性が気づかれていないのである。それゆえ、神と出会っていないと同時に、真実な自分にも出会っていない。

つまりエレミヤは、他の神々に香をたくことは、他の神の選択などというのんきなものではなく、神を捨て去ることそのものであり、それは結局自分自身にひれ伏しているだけのことなのだと考えている。少し先回りするようであるが、第一章に提示されるテーマを考える上でも、第一七章の人間を語るエレミヤの言葉を見ておくべきだろう。「呪われよ、人間に信頼し、肉なる者を頼みとし、その心が主を離れ去っている人は」（五節）。ここで「人間」は《アダム》という言葉で語られる。もちろん、この言葉に随伴しているのは、創世記第二章の土から人間が創造されるあの物語である。そこで、人間の生きるということは土だけには解消されず、もう一つのまことの人格からの息吹に依存することが告げられているのである。これに対して、自分の手で作ったものにひれ伏すとは、土は土のままなのである。そこにおいて生きるということは起こらない。人間のいのちの存在様式に対する裏切りなのである。

説教では、人間が自分で作ったものにひれ伏すということをさまざまな形で語り直すことができるだろう。科学やテクノロジーが人間を本当の意味で救いうるのかという問題も説くことができるだろう。あるいは、国同士、民族間、宗教間の紛争の背後で、救済するものを自分で捏造することが目指されているということも語れるだろう。それは自分が造り上げるものへの不自由なこだわりであって、そこに和解、共生、平和は生まれてこない。世界のいかんともしがたい混迷の様子をそのように解くこともできるだろう。もっと個人的な局面で、自分で自分を生かそうとして戦々恐々とした思いで生きてきた一週間をふり返り、そうした歩みが自分で作ったものにひれ伏そうとしているような貧しい歩みであったという気づきを導くことができるだろう。それは被造物である自分たちのいのちのあり方への裏切りであると語ることができるだろう。

三　「立ち向かわせる」神――神と人との立ち向かい

「立ち向かわせる」（一八節）という言葉は何を意味しているのだろうか。エレミヤに語りかけられている言葉では、立ち向かわせられるのは「ユダの王やその高官たち、その祭司や国の民」（同）である。政治的な闘争を読み取りそうになる言葉であるが、ワイザーは「……預言者たちは決して改革者ではなかった……。彼らが神の言葉を宣べるということは、宗教的なあるいは社会的な改革案を主張し、それを遂行することと同義ではなかった」（一三頁）と指摘する。

当然のことであるが、立ち向かうことには、自己と対象の二者が切り結ぶという状況が存在する。テキストでは、立ち向かうべき対象が人間であるのだから、二つの人格の関わりが考えられるべきだろう。前述した神と人の二つの人格の出会いである。しかも、手を取り合うような暖かみを意味せず、二つの人格の衝突である。注意深く受けとめなくてはならないのは、単に預言者が立ち向かうのではなく、神がエレミヤを「立ち向かわせる」のである。そのようにして、預言者が語ることのなかに、神の人格が立ち現れてくる。神と人間との間に存在している差異が、預言者が神の言葉を語るところに持ち込まれてくる。この立ち向かいが生じないところでは、神は人と同化されてしまっている。立ち向かいが生まれないところでは、実際神の言葉は語られていない。

こうした異質な人格として人間に立ち向かう神を知る経験は、すでにエレミヤの召命に内包されている。まずエレミヤが自身に立ち向かう神を経験しているのである。彼は、苦難の予感のゆえに召命に対して尻込みし、避けたく思う。しかし、抗弁を許さぬ神が彼を召す。ワイザーは「召命において何がエレミヤの内で起こったのかは、神の人格的出会いの秘義として留まる。が、この神は彼を圧倒し、彼をして神に仕えることにおいて信仰による服従の道をとらせるのだ」と言うが、まさに彼に立ち向かう神との「人格的出会いの秘義」である。自分の手で造った神々の前では消失してしまっていたあの人格的な出会いは、自分とは別のところからやってくる抗しきれない神の迫りとしてエレミヤが受けとめている時に回復しているのである。

クレイギーは、十二世紀のユダヤ神学者マイモニデスの次の言葉を紹介している。「預言者が死に至るまで人々に語るのをやめなかったことを見出す。それは、神の権勢が彼らを突き動かしていたからなのであり、そこで彼らはどのような形でも、たとえそれがどんなに巨悪に基づいて自分たちにもたらされてくる行為であったとしても、自分たちが撤退するということを許さなかったのである。……もしそうでなければ、人々は自らが拒絶している真理を思い起こせなくなるからである」。彼が預言者として、しかも民を慰める預言者としてどうしても知らなくてはならなかったのは、自分の外に立つ、自分では自由に扱うことができない方を知ることである。他者としての神をエレミヤは自身の召命のなかで経験する。だれの目にも見えないまことに内的な経験である。しかし、心の深部が神に捕らえられる揺るぎない経験である。実のところ、神は人間の望みなさに救いを指し示しつつ立ち向かっておられるからである。この神の出会いに支えられる時、人間はみずからの望みのなさから解放される。解放されて、なお自由に望むことができるようにされるのである。立ち向かう方を知ることは、慰めなのである。

四 「すべて」を語ることが要塞となる

神が預言者を「立ち向かわせる」ということは、神の「命じることをすべて」(一七節)彼が語ることである。この「すべて」という言葉は、「災い」とその原因である神の民の背信を含む。もちろん、第三〇章、第三一章のような慰めの預言がある。それもすべてに含まれることは確かであるが、ここで神が預言者に対しての神の守りを三つのイメージで示さなくてはならない理由は、やはり背信とその裁きとしての災いが使信に含まれるからである。そこに立ち向かいが生じるのであって、だからこそ預言者は「腰に帯を締め、立って」(一七節)と心を定めることが求められるのである。

一七節を新共同訳は、神の守りの誓いと読むのに対して、口語訳は、次のように訳す。「わたしが命じるすべての事を彼らに告げよ。彼らを恐れてはならない。さもないと、わたしは彼らの前であなたをあわてさせる」。新改訳もほぼ同じである(NIV、NRSV、NASVなども)。要するに、すべてを語らないところで預言者自身が慌てることになる、という読み方なのであるが、その理解にも語るものがあると思う。すべてを語るところでこそ、預言者、説教者の大胆さは生まれるということである。すべてを語るための大胆さを待つのではない。要塞を築き武装してからすべてを語り始めるのではない。全部を語る時にこそ、「堅固な町」、「鉄の柱」、「青銅の城壁」とされるのである。仕方なくであっても、すべてを語り始めるのである。このすべてを語ることに大胆さが随伴してくるのである。それはすべてを語ることが神の派遣を源泉としているということに関連する。すべてを語らない時に、結局そこでしていることは、れは、自分で光を作り出し集めようとしているに過ぎない。それは耳に心地災いに目を閉ざし平安を語ろうとする偽りの預言者のあり方(六・一四、八・一一)そのものである。それは耳に心地よく雄弁ですらあるかもしれない。しかし、預言者らしい大胆とは異なる。預言者は雄弁であるよりも、大胆であるべきなのだ。すべてとは、私たちの時代にも見えている人間の罪とそれによってもたらされる災いをも語ることである。それを語りつつも突き崩されることがない望みこそ、まことの望みである。裁きと救いを語るのである。神ご自身の言葉の見張りを語ることが、真実に私たちを支えるのである。

参考文献

A・ワイザー『エレミヤ書1―25章 私訳と註解』(ATD旧約聖書註解20)月本昭男訳、ATD・NTD聖書註解刊行会、一九八五年

R・E・クレメンツ『エレミヤ書』(現代聖書注解)佐々木哲夫訳、日本キリスト教団出版局、一九九一年

Peter C. Craigie, Page H. Kelley & Joel F. Drinkard, Jr., *Jeremiah 1-25*, Word Biblical Commentary Vol. 26, Word Books, 1991.

エレミヤ書　二章四―一三節

吉村　和雄

この預言のメッセージは、神によって立てられた預言者エレミヤが、当時のイスラエルに対して語った預言である。しかしその内容は普遍的であって、現代のわたしたちのあり方に対する鋭い批判となっている。同時にそれは、主イエスによってわたしたちの天の父となってくださった方の言葉であって、そこには真実にわたしたちを心にかけてくださる愛が込められていることにわたしたちに対する言葉として、悔い改めを求める愛の呼びかけとして聞かなければならない理由がある。

預言の言葉の特質

エレミヤによるこの預言の言葉は、論理的にはイスラエルの全体、すなわち北と南の王国に向かって語られている。しかしながら、北王国は彼の生きた時代から百年前の戦争によってすでに滅んでおり、彼自身は、南王国の都であるエルサレムで語っているのである。彼の目に見えているのは、南王国の現実であり、その都であるエルサレムの現実である。にもかかわらず、彼はイスラエルの全体を自分の聞き手として思い描いている。

これは預言というものの特質を示している。預言者の目は、現に目の前にある現実と同時に、それを突き抜けて過去を見、将来を見るのである。マルコによる福音書第一三章ほかが伝える主イエスの預言の言葉も、ローマによるエルサレムの破壊の様子と同時に、それを突き抜けて、世の終わりの出来事をも見ながら語られている。そのようにして預言者の目は、歴史を貫いて神の真実を見るのである。この箇所においても、五節においては「お前たちの先祖」が取り上げられ、七節においては「お前たち」が語りかけられ、九節においては「お前たちの子孫」が問題にされる。そのようにしてこの預言は、神の民であるイスラエルの過去、現在、将来を視野に入れながら、語られているのである。それはイエス・キリストによって「お前たちの子孫」に属するものとなったわたしたちにも、これらの言葉が語られていることを示している。

契約関係の中で

このメッセージは、修辞的な問いで始まる。一般的な言葉で言えば、そこに込められている問いは「どうして初めのころの愛が失われてしまったのか」ということである。しかしそれがここでは、恐らく皮肉を込めて、別な言い方がなされ「あなたがたの先祖たちは、わたしにどんな落ち度を見出したのか」という言葉になっている。明らかに、神の側には何の落ち度もない。あるのは先祖たちの側である。しかし問いをこのように言い表すことによって、預言者は、民の過ちを際だたせるだけでなく、神の振る舞いに過ちがないことをも明らかにしているのである。

このように神とその民との関係において「落ち度」が問題とされ「過ち」が取り上げられるのは、その関係が契約に基づく関係であることによる。何らかの理由によって、契約が破棄されることがあるとすれば、それはどちらかに落ち度があったからである。落ち度とは、契約に違反した振る舞いである。双方に落ち度がない限り、契約の関係が解消されることはない。

神とわたしたちとの関係が、契約の関係であることを、もう一度心に刻んでおく必要がある。主の晩餐の席において、主イエスは杯を取り上げ、それを「多くの人のために流されるわたしの血、契約の血である」（マルコ一四・二四）と言われた。それは出エジプト記二四章一節以下の出来事に基づいている。出エジプトの時に結ばれた旧い契約に代わるものとして、主イエスはそこでわたしたちとの間に新しい契約を結んでくださった。わたしたちが洗礼を受けることによって、主イエスがこのわたしの主になってくださり、わたしは主イエスの僕であり弟子であるものになる。そしてそのようにしてわたしは神の子となり、主イエスの父でいます神が、このわたしの神になってくださる。キリスト者であることは、このような契約の関係によってわたしたちに与えられている恵みなのである。

契約とは法的な関係である。相手側に落ち度がないにもかかわらず、これを一方的に解消することはできない。これはこの世の中で結ばれる契約の関係を考えればすぐにわかる。契約の関係は、心情の変化や、あるいは心境の変化というようなものに左右されてはならない。契約を守り続ける気がなくなりました、というような言い訳は許されない。イスラエルが、主を自分たちの神とし、自分たちはその民となることを約束したように、わたしたちは、主イエスをわたしの主とし、自分はその僕となり、弟子となることを約束したのである。信仰は心の問題であるが、それだけではない。わたしたちは心で信じるだけでなく、その信仰を口で告白し、洗礼を受ける。このようにして契約の関係に入ったのである。そのことを、忘れることはできない。

預言者エレミヤを通して神がイスラエルに語っておられることは、この契約関係の中で語られていることである。それゆえに、民全体の過ちをご覧になった神は、九節以下で、ご自分の民に対する「争い」の意志を宣言される。「争い」という言葉は「ある人を告訴する」あるいは「誰かに対して裁判を起こす」という意味を持つ。当然のことながら神の側に落ち度はない。七節において神は「わたしは、お前たちを実り豊かな地に導き、味の良い果物を食べさせた」と語る。エジプトの奴隷であった彼らを、そこから助け出し、四十年にわたる荒野の旅を導き、最後に約束の地に入らせてくださった。そのようにして神は、彼らの神としての真実を貫かれたのである。不誠実は民の側にある。具体的な彼らの罪はこれに続く節において述べられるが、それらが罪とされるのも、神とイスラエルの契約の故なのである。契約によって自分自身を神のものとしたイスラエルは、完全な忠誠を誓い、それに背いた場合の当然の結果を受け入れた。今やその背信が出来事になって、イスラエルは忠誠を失ったことについて神に応答しなければならない。エレミヤは、法廷での神の宣告を告げるために遣わされた使者なのである。

愛の関係を捨てて

しかしながら、ここで述べられていることは、単なる契約関係の範囲を超えている。神とイスラエルの関係が、単なる契約の関係であり、契約の条項に拘束されるだけの関係であるならば、それに対する違反は、該当する条項に基づいて処理されるだけである。裁判において罪が明らかにされ、それに対する罰が確定する。それで裁判は終わるのである。しかしながら神とイスラエルの関係においては、それだけで事は済まない。何故ならこの契約は、愛に基づくものだからである。申命記七章七節に「主が心引かれてあなたたちを選ばれたのは、あなたたちが他のどの民よりも数が多かったからではない」とある。この契約は、神が他のどの民よりも貧弱であったイスラエルに心引かれたことが出発点である。この愛に基づいて神は彼らの神となる約束をされた。したがってイスラエルもまた、神を愛し、その愛をもって神に従うことが求められる。神とイスラエルの関係は、愛の関係である。だからこそ、民に対する神の告発の言葉は痛切なものとなる。そしてそれは、単なる告発に留まらず、悔い改めへの呼びかけとなるのである。

民の罪は、神を神でないものと取り替えたことである。具体的には、契約によって彼らの神となってくださった主を捨てて、その地の偶像であるバアルを神としたことである。このことが、この預言の中では、さまざまな表現で言い表されている。「空しいものの後を追い、空しいものとなってしまった」（五節）、「おのが栄光を、助けにならぬものと取り替えた」（一一節）、「生ける水の源であるわたしを捨てて、無用の水溜めを掘った」（一三節）。

ここで第一に言われることは「空しいものの後を追った」ことである。空しいものとは、カナンの神であるバアルである。これは豊饒の神として祭られ、祭儀が行われていた。これが「空しいもの」である。

しかしながら、この「空しさ」とは何であろうか。偶像は存在しないものであり（Ｉコリント八・四）、それゆえにそれに依り頼むことは空しい、という意味であろうか。確かに「助けにならぬもの」とか「無用の水溜め」という言葉を、現実に我々の生活を支えることができないものというふうに理解すれば、そのように受けとめることができるだろう。しかしながら、それならば、もし偶像に依り頼むことが、実際生活上多少なりとも効果があるのであれば、つまりその祭儀に加わることが、豊饒をもたらすものであるならば、それは空しくないということなのであろうか。そうではないだろう。預言者が語る、この空しさは、そういうものを超えた、もっと深い意味を持っているはずである。

偶像の空しさは言葉を持たないことにある。「ものの言えない偶像」（Ⅰコリント一二・二）である。「ものの言えない偶像」の対極にあるのは、ものを言われる神である。ものを言うとは、「生きており、力を発揮し、どんな両刃の剣よりも鋭く、精神と霊、関節と骨髄とを切り離すほどに刺し通して、心の思いや考えを見分けることができる」（ヘブライ四・一二）言葉を持っておられることである。真実の神は、こういう言葉を持っておられる。やくざの親分でも初詣に行くことができる。偶像は願いを聞くことしかできないからである。しかし彼が教会の礼拝に出ることはできないだろう。その存在が、神の言葉の前に耐えられないからである。そしてそのような言葉をお持ちの神であるから、わたしたちを真実に愛することが、おできになるのである。

それゆえに空しさとは、この神の愛と関わりのないところで生きることである。そういう空しさを、例えば詩編第一二七編が語っている。

朝早く起き、夜おそく休み
焦慮してパンを食べる人よ
それは、むなしいことではないか
主は愛する者に眠りをお与えになるのだから。

これは極めて現代的な内容を持つ詩であって、まさしく今のビジネスマンの生き方を言い当てている。仕事に忙しく、いつも何かに追われるように眠る時間を削って働き、ゆっくりと食事をする暇もない。こういう生活が、なにがしかの成果をもたらすからこのような生活をするのであるが、しかしそれは空しいのである。眠りは、神が愛する者にお与えになったものである。それを知らないことは、神との愛の交わりの中で生きることを、知らないことだからである。

具体的にイスラエルのどのような振る舞いが問題になるのかを、七節が明らかにしている。主はイスラエルを実り豊かな地に導き、彼らに味のよい果物を食べさせてくださった。これは主が彼らに約束をなさったことに基づくことである。当然彼らはこのことを主なる神に感謝し、ますます神の民として生きる思いを固くすべきであった。当然そうなるはずであった。しかし彼らはそうしなかった。豊かな生活を手に入れた彼らは、それを与えてくださった神を離れてしまったのである。

ここにおいて、イスラエルが何を求めていたかが明らかになる。彼らが求めたのは、神との愛の交わりの中で生きることではなかった。豊かな生活を楽しむことであった。カナンの地を得た彼らは、それを手に入れた。求めたものを手に入れた以上、彼らは神を必要としなくなったのである。偶像とは、結局それを拝む者の願いの投影に過ぎない。自分の願いを第一とすることを選んだ彼らが、偶像崇拝に走るのは当然のことであった。

しかしながら、空しいものを追うことは、自らが空しいものとなることである。この洞察は鋭い。神との愛の交わりのないところでは、わたしたち自身が空しいものとなってしまう。それは、この地上においてどれほどのものを手に入れたかとは、全く関係がない。「有り余るほどの物を持っていても、人の命は財産によってどうすることもできない」（ルカ一二・一五）からである。「自分のために富を積んでも、神の前に豊かにならない者は」（ルカ一二・二一）その存在自体が空しいのである。「人はパンだけで生きるものではない。神の口から出る一つ一つの言葉で生きる」（マタイ四・四）ものだからである。真実の神から離れることは「おのが栄光を、助けにならぬものと取り替え」（一一節）ることである。この場合の「栄光」は、イスラエルの神を指すが、しかし同時に、その神がイスラエル自身に栄光を与える。真実の神を神とすることによって、人間は栄光ある真実の人間となる。神を捨てたならば、人間はもはや真実の人間であることはできない。それはパンだけで生きるものになることである。そのようにして、空しいものの後を追う人間は、自らが空しいものとなるのである。そして神は、イスラエルが、生ける水の源であるご自身を捨てたことだけでなく、無用の水溜めを掘り、それゆえに自ら空しいものとなってしまったことをも、悪と呼び、罪とされるのである。わたしたちは、どう生きようと自分の勝手だとは言えない。神はわたしたちを、神との生き生きとした愛の交わりの中で生きるように造られたのである。そこを離れて、空しいものとなってしまうことは、罪である。

主を尋ね求める

神を離れたイスラエルは、神を尋ね求めなくなった。神を信じるとは、神を尋ね求め続けることである。荒野の旅を続けながら、イスラエルは神を尋ね求め続けた。そうしなければ、生きていけなかったからである。それは「荒涼とした、穴だらけの地、乾ききった、暗黒の地」を行くことであった。しかし神を尋ね求めつつそこを旅する時、それは「あなたのまとう着物は古びず、足がはれることもなかった」（申命記八・四）と言われる旅になったのである。生ける水の源が共に歩んでくださった旅だったからである。

神を尋ね求める時に、わたしたちは新たに神を発見する。だから神は「主を尋ね求めよ」（イザヤ書五五・六）と呼びかけられる。尋ね求めることによって、神が近くにいますことがわかる。神の思いが、わたしたちの思いをはるかに超えて高いことがわかる。そして神の言葉が、決して空しくないことがわかる（イザヤ書五五・六―一一）。神が生ける水の源であることが、わかるのである。

天よ、驚け

イスラエルが生ける水の源である神を捨てて、空しいものの後を追い、自らも空しいものになってしまうことは、神の目には到底理解不可能なことである。だから神はイスラエルに向かい、キプロス（キティム）に行き、フェニキア人の居住地を訪ねてみよ、とか、東に行って、砂漠のベドウィンが住むケダルに天幕を張り、異邦人たちが異教の習慣に従っているのを見てみよ、と言われる。実質のない神々に献げられる彼らの信仰は愚かなものであるが、キプロスやケダルに住む人々が、少なくとも彼らの神々に忠実であることを見るだろう、と言うのである。イスラエルの行為は、天をも驚かせ、震えおののかせる。それほどに道理を外した、非常識な行為なのである。

しかしながら人間の罪が、神にとって理解不可能なものであるとすれば、その人間を、罪から救い出そうとする神の行為は、それにも増して理解不可能である。聖書は、イスラエルの不信仰を超えて、道理を外した、非常識な神の行為を、証ししている。それは、一度立てた契約を、相手の不真実によって無効なものにされながら、相手を契約に従って罰して事を終わりとするのでなく、そのイスラエルと、なおも新しい契約（エレミヤ書三一・三一）を結ぼうとする神の行為である。「お前たちの子孫と争う」（二・九）と言いながら、その子孫としてご自分の独り子を生まれさせ、その身にすべての罪を負わせて罰を受けさせ、それによってイスラエルのみならずこの世のすべての者に救いの道を拓かれる神の行為である。ご自分を尋ね求めもしないイスラエルをそのままにするのではなく、主イエスにおいて、みずから羊飼いとしてこの地上を訪れ、失われた羊を尋ね求められる（ルカ一九・一〇）神の行為である。生ける水の源である自分を捨てた民を訪れて、永遠の命に至る水を与えようとなさる（ヨハネ四・一四）神の行為である。この神の行為こそ、真実に「天よ、驚け、このことを、大いに震えおののけ」と言われるに値する行為である。神の真実は、このような形で貫き通される。わたしたちは、この神の真実によって救われるのである。

参考文献

Peter C. Craigie, Page H. Kelley & Joel F. Drinkard, Jr., *Jeremiah 1-25*, Word Biblical Commentary Vol. 26, Word Books, 1991.

エレミヤ書　二章二〇―二八節

鈴木　浩

背信のイスラエル

二章から六章は、一つのまとまりになっていて、最初期の預言からヨシヤ王の治世の時代に語られた預言がまとめられていると言われる。

二章は「主の言葉がわたしに臨んだ。行って、エルサレムの人々に呼びかけ、耳を傾けさせよ」（一―二節）と始まっている。そして、「主はこう言われる。わたしは、あなたの若いときの真心、花嫁のときの愛、種《たね》蒔《ま》かれぬ地、荒れ野での従順を思い起こす」と続く。神はイスラエルが従順であったときのことを振り返り、懐かしく思い返しているかのようである。それはイスラエルの「花嫁の時代」であった。しかし、その後、イスラエルの背信があった。「お前たちの先祖は、わたしにどんなおちどがあったので、遠く離れて行ったのか。彼らは空しいものの後を追い、空しいものとなってしまった」（五節）と言われていた。

だから、エレミヤは「あなたは久しい昔に軛《くびき》を折り、手綱を振り切って」しまった、とこの箇所を始める（二〇節）。イスラエルには、契約が重い「軛」のように、自由を拘束する「手綱」のように感じられ、神に仕えることが煩わしくなってしまったのだ。だから、イスラエルは「わたしは仕えることはしない」とさえ語ってしまう（二〇節）。イスラエルは、異教の祭儀に引きずり込まれてしまっていたのだ。

エレミヤはここでイスラエルの中に浸透していた「バアル崇拝」の実態を明らかにする。神への信仰がバアル祭儀と習合し、その純粋さが汚されてしまっていた。「あなたは高い丘の上、緑の木の下と見ればどこにでも、身を横たえて遊女となる」とは、バアル祭儀の淫行の描写である。「身を横たえる」とは、関根訳では「脚を広げる」とあるように、性行為の生々しい描写である。木の下での淫行はバアル祭儀の特徴であった。それは、五穀豊穣をバアルに祈り求める祭儀である。『緑の木』は古代カナンの多産の象徴で、その下で豊穣をもたらすべく祭礼が行われた」（三田和芳『エレミヤ書・哀歌』一八〇頁）。「花嫁」（二節）のイスラエルが、「遊女」（二〇節）になってしまった。イスラエルの背信は姦淫にたとえられている。「木の下での淫行」は、やがて「神殿娼婦」へと繋がっていく。

イスラエルへの非難はさらに続く。「わたしはあなたを、甘いぶどうを実らせる確かな種として植えたのに、どうして、わたしに背いて、悪い野ぶどうに変わり果てたのか」（二一節）。イスラエルはカナンの地を神からの嗣業として受け、そこに良い実を生らせる良いぶどうの木として植えられたのに、悪い実を生らせる悪い野ぶどうの木になってしまった。それは回復不可能な徹底的な変質である。「すべて良い木は良い実を結び、悪い木は悪い実を結ぶ。良い木が悪い実を結ぶことはなく、また、悪い木が良い実を結ぶこともできない」（マタイ七・一七―一八）という主の言葉を思い出さずにはいられない。

さらに別なイメージ豊かな比喩で、バアル崇拝への非難が行われる。「たとえ灰汁《あく》で体を洗い、多くの石灰を使っても、わたしの目には、罪があなたに染みついていると、主なる神は言われる」（二二節）。「灰汁」は植物性のアルカリ、「石灰」は鉱物質のアルカリだそうだが、それで染みついた汚れを落とす。しかし、イスラエルの体に染みついた罪の汚れは何をもってしても洗い流すことができない。

姦淫、悪い野ぶどう、灰汁でも石灰でも洗い流せない罪、どれもが背信のイスラエルの姿をイメージ豊かに語っている。イスラエルの背信はもはや「不可逆」になってしまったのか。イスラエルが再び「若いときの真心、花嫁のときの愛、種蒔かれぬ地、荒れ野での従順」（二節）に立ち戻ることはないのか。

言い訳と反抗

イスラエルの背信は、しかし、底知れないものであった。イスラエルは、「わたしは汚れていない、バアルの後を追ったことはない」と自己弁護を始める。人類の最初の罪のときと同じである。主なる神から戒めを破ったことを咎められると、男は、あなたが「わたしと一緒にしてくださったあの女が、木から取ってくれたので、わたしは食べたのです」（創世記三・一二、口語訳）と言い、女は「へびがわたしをだましたのです。それでわたしは食べました」という（三・一三）。「これこそ、ついにわたしの骨の骨、わたしの肉の肉」（創世記二・二三）だったはずのパートナーは、「あの女」になってしまう。同様にイスラエルは、灰汁や石灰でも洗い流せない罪の汚れがしみ込んでいるのに、「わたしは汚れていない」と言い張る。罪とは「絶えざる自己正当化」のことである。

「見よ、谷でのお前のふるまいを、思ってみよ、何をしたのか」（二三節）と神の言葉は、追及の手を緩めない。「谷でのふるまい」とは、エルサレムの南、ベン・ヒノムの谷での祭儀のことである。「彼らはベン・ヒノムの谷にトフェトの聖なる高台を築いて息子、娘を火で焼いた」（七・三一）。それは、子供を犠牲に献げる人身御供の儀式である。これも、異教の祭儀であった。そして、ベン・ヒノムの谷は「殺戮の谷」（七・三二）と呼ばれるようになる、と神の言葉は語る。

「お前は、素早い雌のらくだのように、道をさまよい歩く。また、荒れ野に慣れた雌ろばのように、息遣いも荒く、欲情にあえいでいる」（二三―二四節）と、「緑の木の下で……身を横たえ」ている遊女にたとえられたイスラエルは、今度は雌のらくだと雌ろば、それも発情期の雌のらくだと雌ろばにたとえられる。「素早い雌のらくだ」は口語訳では「御しがたい若いらくだ」と訳されていた。欲情に駆られて歩き回り、自分を抑制できない発情期のらくだの描写である。らくだを日常的に見ていた当時の人々だから、発情期のらくだの様子も知っていたであろう。発情期のろばの様子は、「息遣いも荒く、欲情にあえいでいる。誰がその情欲を制しえよう」と表現されている。ろばはおそらく、らくだよりももっと身近だったであろうから、誰もが発情期のろばの様子も知っていたであろう。いつもとは違った振る舞いをするから、発情期のらくだやろばはすぐに識別できる。だから「その月になれば、見つけ出せる」（二四節）。

　エレミヤが使う比喩とレトリックは、誰でも知っている日常的な出来事をイメージ化している。それはある種の「映像化」である。エレミヤの言葉は、イスラエルの背信が「目に見えるように」迫ってくる効果を持っている。

　「素足になることを避け、喉が渇かぬようにせよ」という指摘は、日本と較べれば水が乏しく、夏は非常に高温になるパレスティナでは常識だったであろう。太陽に焼かれ、熱をため込んだ砂地に裸足で立てば、間違いなく足をやられる。同様に、身近に水の備えがなければ大変なことになる。オアシスが楽園のようにイメージされ、井戸をめぐって争いが起こったのは、それだけ水が貴重だったからである。

　そのような常識的なことを言われても、「お前は答えて言う。『いいえ、止めても無駄です』」と。イスラエルは、あえて常軌を逸したことに突入していく。「わたしは異国の男を慕い、その後を追います」と、それが自覚的・意図的行為であることを彼らの発言は明らかにする。しかし、彼らの自覚の背後で彼らをバアル祭儀へと駆り立てている衝動はどこから来るのであろうか。発情期のらくだやろばが、自らの欲情を自分では制御できないように、イスラエルをバアル祭儀へと駆り立てていく暗い衝動は、神との契約関係を裏切ってしまったイスラエルには制御できない。彼らはその暗い、制御できない衝動を隠蔽するために、「わたしは異国の男を慕い、その後を追います」とそれが自らの意志に基づく行為である、と言い訳をする。

背信のイスラエルに対する裁き

　契約は契約を交わす双方の相互の「誠実さ」を前提にしている。神とイスラエルの間の契約も同じである。ここで一貫して非難されているのは、その契約に対するイスラエルの背信である。しかし、イスラエルの背信があっても、神の側での契約への忠実さは変わらない。バアル崇拝に対する非難も、契約に対する神の忠実さの表れである。

　しかし、背信のイスラエルには、それにふさわしい裁きが待ち受けている。「盗人が捕らえられて辱めを受けるように、イスラエルの家も辱めを受ける」（二六節）。しかも「その王、高官、祭司、預言者らも共に」その裁きに直面しなければならない。イスラエルの民全体が神の裁きのもとにある。裁きの内容は、「辱めを受ける」とあるだけで、具体的には分からないが、イスラエルの背信に対応した厳しい裁きのはずである。

　彼らの偶像崇拝の様子は、「木に向かって、『わたしの父』と言い、石に向かって、『わたしを産んだ母』と言う」（二七節）という言葉に示されている。「御神木」と「御神石」があって、彼らはそれに跪いていたのだ。木や石に神が宿っていると考えられたのか、木や石そのものが神だと考えられたのだろう。日本でも、神社に行けば巨木にしめ縄が巻かれ、巨大な石が祀られている風景は珍しくない。

「御神木」と言えば、かつて諏訪の教会で働いていたときのことを思い出す。諏訪神社には「上社《かみしゃ》」（諏訪市）と「下社《しもしゃ》」（下諏訪町）があって、それぞれ、本殿の四隅に「御柱《おんばしら》」と呼ばれる白木の巨木が立っている。まるでモスクの隅に立っていて、そこからコーランの一節が朗唱されたミナレット（尖塔）のような風情である。辻々で見かける小さな祠の四隅にも柱が立っている。また、七年に一度「御柱祭《おんばしらさい》」という神事があって、山奥から切り出されて白木になった巨木に大勢の男がまたがり、急坂を一気に滑り降りる。それには当然危険が伴っていて、過去に死者が出たことがあると聞いた。赴任したときに教会の役員の方が市内を車で案内してくださったのだが、当然のように諏訪神社にも案内してくれて、「御柱祭」のことを話してくれた。しかし、「先生、わたしも御柱祭が近づくと血が騒ぐんですよ」という言葉に少なからぬ衝撃を受けた。赴任地が諏訪だと聞いて、知人から「諏訪地方の教会は苦労して獲得した信徒を御柱祭で一挙に失う」と聞いていたからである。「一挙に失う」というのは「話半分」にしても、「血が騒ぐ」というのは、本音だと思った……青年時代には、わたしも田舎の焼津神社の勇壮な「荒祭《あらまつり》」には、「血が騒いだ」からである。諏訪に赴任したときは、主日礼拝出席者は二十人ほどであった。しかし、誰もが「御柱祭には血が騒ぐ」にもかかわらず、はるかに大事なことを知っていた方々ばかりであった。

　神格化された木や石は、磁石のような吸引力を持っていて、人を引き付ける。人は、目で見て、手で触れて確認できないと安心できないのだ。だから、巨木を見、巨石に触れて、それが神だと言われたり、あるいはそこに神が宿っていると言われたりすれば、それにひれ伏す。姿を見せない神よりは、「これが神だ」と言われた方が、ずっと分かりやすいからである。

　無論、神々しく奉られていても、木や石には何の力もない。木は木でしかないし、石は石でしかない。残念ながら、それが現実である。神の言葉は「わたしに顔を向けず、かえって背を向け、しかも、災難に遭えば、『立ち上がって、わたしたちをお救いください』と言う」と皮肉たっぷりに指摘する。

　災難が襲ってきて、「父なる木」や「母なる石」に救助を求めても助けは来ない。そこで慌てて、神に「立ち上がって、わたしたちをお救いください」と叫び声を上げることになる。「立ち上がって」という言葉で、ルターに向けられた破門恫喝の教皇勅書『エクススルゲ・ドミネ（主よ、立ち上がってください）』のことを思い出した。それは、今、ここで、すぐに、神が介入してくれるようにと願う訴えである。

　神はさらに皮肉な言葉を浴びせかける。「お前が造った神々はどこにいるのか。彼らが立ち上がればよいのだ」。「父なる木」はいったいどうしたのだ。彼らを産んだ「母なる石」はどうしたというのだ。こんな時こそ、彼らが力を発揮する場面ではないのか。「災難に遭ったお前を救いうるのならば。ユダよ、お前の神々は、町の数ほどあるではないか」と神の皮肉あるいは嘲笑の言葉は続く。

神のイスラエルは、自分の神を捨て去って、バアル祭儀に引きずり込まれてしまっていた。そこで神は、背信のイスラエルを捨てる。父と崇めた木に救ってもらい、母として膝を屈めた石に助けてもらえ、と神は皮肉な言葉を投げかける。すべては自業自得なのだ。

「結婚の比喩をもって述べられるヤハウェとの契約を念頭に置くエレミヤは、これらの諸聖所で行われている性的逸脱を眼のあたりにして、こうした類の宗教を『姦淫』と表現する。その時エレミヤは、同様の比喩を用いたホセアと同じく、精神的、倫理的基礎に基づくヤハウェ宗教と、ディオニソス的生の感覚から湧き出、その感覚に沿った自然宗教という型の宗教とを峻別しているのである」（A・ワイザー『エレミヤ書1―25章』月本昭男訳、一〇五頁）。カナンの地に定住し、農業や牧畜に生産力の基盤を置くようになったイスラエルは、周辺の諸民族の宗教や習慣に触れる機会が多くなったのであろう。イスラエルの信仰が、バアル祭儀と混淆し、ついにそれに引きずられてしまっていたのだ。

こうした非難や裁きの言葉は、エレミヤに語るべく委ねられた神の言葉であった。まだ若かったときにエレミヤは神の召しを受けた。神の言葉は、「わたしはあなたを母の胎内に造る前から、あなたを知っていた。母の胎から生まれる前に、わたしはあなたを聖別し、諸国民の預言者として立てた」（一・五）と語る。神の召しは一方的である。「エレミヤの都合」はいっさい顧みられず、「神の都合」でことが運ばれる。しかし、エレミヤにはエレミヤの都合がある。「ああ、わが主なる神よ、わたしは語る言葉を知りません。わたしは若者にすぎませんから」（一・六）と異議申し立てをする。その異議申し立ても神の一方的な都合で却下される。「若者にすぎないと言ってはならない。わたしがあなたを、だれのところへ遣わそうとも、行って、わたしが命じることをすべて語れ。彼らを恐れるな。わたしがあなたと共にいて、必ず救い出す」（一・七―八）と神は強引にエレミヤを預言者として立てていた。「必ず救い出す」という言葉は意味深長である。それは神の言葉を語るがゆえにエレミヤが陥らねばならない苦境を暗示している。

しかし、それにしても「あなたを母の胎内に造る前から」とか、「胎から生まれる前に」預言者として立てたという言葉は強烈である。エレミヤの存在以前というのだから、まさに一方的である。ずっと後になって使徒パウロは、このエレミヤへの召しと自分への召しとをダブらせて、「しかし、わたしを母の胎内にあるときから選び分け、恵みによって召し出してくださった神が」（ガラテヤ一・一五）と語ることになる

しかし、これがエレミヤの預言者としての「原点」であった。エレミヤは繰り返し新たにこの原点に立ち帰り、自分を支えていくことになった。

エレミヤはバアル祭儀にのめり込んでいた背信のイスラエルに、神の警告と裁きを告げねばならなかった。心地よい言葉ではないから、民からの反発は当然予想される。その身に危険が及ぶようなこともあろう。しかし、エレミヤは「わたしが命じ

ることをすべて語れ」（一・七）と語る神の召しに応えていかねばならない。しかし、神の言葉を語るがゆえに、エレミヤは「一日中、笑い者にされ、人が皆、わたしを嘲ります」（二〇・七）という体験をしなければならなかった。

だから、「主の名を口にすまい、もうその名によって語るまい」と腹を固めることがあっても、「主の言葉は、わたしの心の中、骨の中に閉じ込められて、火のように燃え上がります」。その結果、「押さえつけておこうとして、わたしは疲れ果てました。わたしの負けです」（二〇・九）ということになってしまう。これが預言者として立てられたエレミヤの宿命であった。

エレミヤはバアル祭儀に溺れ、木や石に跪き、神との契約を破って顧みないイスラエルに、イメージ豊かな比喩でイスラエルの実際の姿を悟らせようとする。「遊女」、「悪い野ぶどう」、「灰汁によっても石灰によっても洗い流せない罪」、「素早い雌のらくだ」、「欲情にあえぐ雌ろば」、「父なる木」、「母なる石」という具合に、この短い単元の中で畳みかけるように、イスラエルの実体が、目に見えるように映像化される。

こうして非難されているイスラエルは、当然「辱めを受ける」（二六節）ことになる。言ってみればそれは「自業自得」である。しかし、こうした非難と裁きの言葉は、バルトの言葉では「最後から一歩手前の神の言葉」である。神の「最後通牒」が決定的に語られる前の「悔い改めを迫る言葉」である。

神は、そして神に促されて語るエレミヤも、「あなた（イスラエル）の若いときの真心、花嫁のときの愛、種蒔かれぬ地、荒れ野での従順」（二・二）を忘れることはできない。イスラエルが忘れてしまっても、神はそれを忘れることはできない。それは、「結婚」の比喩が象徴する強い絆であったはずである。だから、その絆からの逸脱は、直ちに「姦淫」のイメージに繋がっていく。

背信のイスラエルの耳には届かないかも知れないが、非難と裁きの言葉の背後には、悔い改めへの「招き」が通奏低音のように響いているのだ。非難と裁きの声がエレミヤを通して響いているのは、まだ「一縷の望みがある」ことを暗示している。

そうではあっても、それは「一縷の望みでしかない」とも言いうる事態である。エレミヤはその一縷の望みに賭けるようにして、イスラエルに語り続ける。「笑い者にされ、嘲られる」エレミヤは、実のところ「疲れ果てて」いる。本音を言えば、逃げ出したい。しかし、「主の言葉は、わたし（エレミヤ）の心の中、骨の中に閉じ込められて、火のように燃え上が」る。だから、エレミヤは嘲られても、語り続ける。

それが預言者として立てられたエレミヤの光栄であり、悲惨である。ルターを真似れば、それは「光栄であると同時に悲惨」である。神の前では（*Coram Deo*）光栄、人の眼からすれば（*Coram hominibus*）悲惨。しかし、それが預言者なのだ。

参考文献

A・ワイザー『エレミヤ書1―25章　私訳と註解』（ATD旧約聖書註解20）月本昭男訳、ATD・NTD聖書註解刊行会、一九八五年

三田和芳『エレミヤ書・哀歌』（信徒のための聖書講解　旧約15）聖文舎、一九八二年

エレミヤ書　三章六―一八節

石井　佑二

一　私訳

六節　ヨシヤ王の時代に、主は私に言われた。「あなたは見たか。背信の女イスラエルが、あらゆる高い山の上で、そしてあらゆる青々と茂った木の下で、姦淫を行ったことを。

七節　なお私は言った。彼女がそのようなことを行った後に。『私に立ち帰れ』と。しかし彼女は立ち帰らなかった。このことを不実な女、その姉妹ユダは見た。

八節　私は背信の女イスラエルが姦淫を行うのを見て、彼女を追い出し、離縁状を突き付けた。このことを恐れもせず、不実の女、その姉妹ユダは、自らも進んで、姦淫を行った。

九節　背信の女イスラエルの恥ずべき姦淫によって、この地は汚されている。彼女は石や木と姦淫をしているのだ。

一〇節　これら全てにもかかわらず、不実な女、その姉妹ユダは、真心から立ち帰ることなく、偽りの中にある」。これは主の言葉である。

一一節　主は私に言われた。「背信の女イスラエルは、不実な女ユダよりも義である。

一二節　行け。これらの言葉を北に告げよ。
あなたに言う。背信の女イスラエルよ、立ち帰れ！
――これは主の言葉である――
私はもう、あなたの心を萎えさせるような、恐ろしい顔を向けはしない。
むしろ私はあなたを慈しむ。
――これは主の言葉である――
私はいつまでも、そんなことを気にはしない。

一三節　ただ、あなたの罪を認めなさい。
あなたは主なる神に背いた。
あらゆる青々と茂った木の下で、行きずりの者と乱れた行いをした。
そして、私の声を聞かなかった。
――これは主の言葉である――

一四節　背信の子らよ、立ち帰れ！――これは主の言葉である――なぜなら、私があなたたちの主であるからだ。私は町から一人、氏族から二人を取り、シオンへ連れて行く。

一五節　そして私はあなたたちに、私の心にかなう牧者たちを与える。彼らは知恵に富み、思慮深く、あなたたちを牧する。
一六節　あなたたちがこの地で増え広がる、その日、――これは主の言葉である――人々は主の契約の箱について語らない。心に上らせることもない。思い起こすこともない。求めることもない。さらに作られることもない。
一七節　その時、エルサレムは主の王座と呼ばれ、全ての国民は主の名によってエルサレムに集うことを待望する。彼らはもはやかたくなな、悪しき心で歩むことはない。
一八節　その日、ユダの家はイスラエルの家と一つとなって、北の国から出てくる。そして私があなたたちの父祖に嗣がせた地にやって来る」。

二　文脈

我々のテキストが六節で「ヨシヤ王の時代」という時、何を言っているのか。それはエレミヤの預言活動の開始とヨシヤ王の改革開始の時期の理解と関係する。ヨシヤは紀元前六四〇年ないし六三九年、八歳で王になった。歴代誌下第三四章によれば、その治世第八年、つまりヨシヤ王が十五―十六歳の時に「父祖ダビデの神を求めることを始め」た。その四年後、治世第十二年、つまりヨシヤが二十歳くらいの時に聖なる高台やアシェラ像を取り除く改革を実行した。改革を開始した六年後の治世第十八年、神殿で律法の書が発見された、と歴代誌は記している。しかし、もう一つこのことを記す列王記下第二二章の記述によれば、この治世第十八年の律法の書の発見をもって改革を開始した、となっている。エレミヤ書第一章二節によれば、エレミヤの召命、預言活動の開始はヨシヤ王の治世第十三年、つまり紀元前六二七年ないし六二六年のことである。歴代誌の記述に従うならば、改革の直後にエレミヤの預言活動が開始されたことになる。しかし列王記の記述に従うならば、エレミヤの預言活動開始の五年後に、律法の書の発見とヨシヤ王の改革が開始されたということになる。この相違は重要である。どちらの立場を取るかでエレミヤの初期預言とヨシヤ王の改革との関係性が全く変わるからである。列王記の立場、つまり治世第十三年にエレミヤの預言活動の開始があり、その五年後にヨシヤ王の改革が開始されたとするならば、その改革はエレミヤの預言の言葉に悔い改めて改革をした、ということになり、その改革とエレミヤの預言活動との一致が強調され得る。この立場に立つ時、エレミヤの初期預言はヨシヤ王の改革以前、その即位から治世第十八年の改革開始までの政策に対してのものであって、改革以後はその政策に満足し、エレミヤは沈黙をしたということをも言い得てしまう。しかしその解釈は召命を受けた預言者として無理がある。もう一方、歴代誌の立場、治世第十二年の改革開始があり、直後の第十三年にエレミヤの預言活動が開始されたという立場を取るならば、明らかにその改革への批判としてその預言の言葉が語られたのだ、と解釈される。左近淑は言う。「エレミヤは、改革時代に黙っていたのでも満足していたのでもなく、改革とは全く違うところに注目し、集中していたのです」（左近淑『旧約聖書緒論講義』三四八―三五二頁)。

「ヨシヤ王の時代」と我々のテキストが語る時、歴代誌の立場を取り、その改革への批判として、その言葉を聴き取りたい。そのものとして語られる預言者の福音の言葉を黙想する。

三　もう一つの「統一」の心

エレミヤが召命を受けた、ヨシヤ王の治世第十三年、紀元前六二七年ないし六二六年には、すでに改革政策が始まっていた。それはすでに滅亡し、アッシリア帝国に属州として併合された北イスラエルを取り戻そうとするものである。この時、アッシリア帝国は衰退の様相を呈していた。その隙をついて、領土の取り戻し、宗教の浄化が目論まれた。左近淑によれば、それは「ヨシヤ王を擁立し、これを強力に支持するヤーウェ宗教による民族主義的復古運動を背景としている」。そのことは「政治立案者、政策遂行者のみならず、多くの民衆にとっても明るい太陽が輝く時であったに違いない」。「民衆が経済繁栄を享受し、謳歌した証拠は考古学的にも確かめられている」(左近淑『時を生きる』一九〇一一九四頁)。民族主義的復古主義に基づいて、宗教イデオロギーによって、領土の取り戻しが図られる。民衆は、そのことによる経済繁栄に喜んでいる。しかしその改革は、各所にレビ人を派遣し、強引に聖なる高台を破壊するという、官僚的な力をもってなされたものであった。ヨシヤ王はこういうあり方で、分裂し、失われた領土を回復しようとしている。分裂、領土喪失の原因が何であったのかを見つめようとするのではなく、政治的権力をもって国を「統一」させようとしている。経済繁栄というカムフラージュをもって、問題を包み隠し、国民を先導している。

そういう悪しき「時代精神」(時代の霊)の中にあって、主なる神は、預言者エレミヤを通じて、もう一つの「統一」、真実の「統一」を実行しようとするのである。それは北イスラエルと南ユダが、共に同じ一つの罪を持っている、そのことを共に真実に見つめ、そこからの、一つの悔い改め、一つの立ち帰りの求め。それを語るのである。

我々のテキストはまず北イスラエルの罪に対する非難の言葉から始まる。しかしそればかりではなく、その北イスラエルの罪、その罪ゆえの国の崩壊を目撃するヨシヤ王、南ユダの態度への非難ともなっている。R・E・クレメンツはこう言う。「サマリアが紀元前七二一年にアッシリアに降伏した後、エフライムの家である北王国がほぼ完全な政治的崩壊を被った事実は、この王国の罪がユダよりも大きい証拠であると簡単に解釈された。しかし、エレミヤは、イスラエルの歴史を預言者的に解釈する者として、このような状況分析が誤れる利己的なものであることを論証することに深い関心を寄せていたのである。ユダは、エフライムに対する神の裁きの目撃者だったので、これは、悔い改めへの特別な招きの機会だったのである。しかし、ユダは、状況をこのように理解しなかった。悔い改めるどころか、傲慢にも免れたことを喜び、姉妹国よりも悪くふるまい始めたのである(三・八)。それ故、不誠実なイスラエル(三・一一)が偽りのユダよりも罪が軽いという尋常ではない主題が三章全体を貫いている」(R・E・クレメンツ『エレミヤ書』

五八―五九頁）。

六節でエレミヤは「背信の女イスラエル」と呼び掛ける。北イスラエルは確かに、主なる神から離れ、異邦の神々により頼み、偶像に生きる罪を犯した。主なる神は幾度も「わたしに立ち帰れ」と呼び掛け続けた（七節）。しかし北イスラエルは立ち帰ることなく、滅んで行った。ここに罪がある。しかしそれを目撃した南ユダもまた、その滅びを自分たちへの「立ち帰り」の訴えのしるしであると受け止めていない。そこにもまた、同じ罪があると言うのである。「私は背信の女イスラエルが姦淫を行うのを見て、彼女を追い出し、離縁状を突き付けた。このことを恐れもせず、不実の女、その姉妹ユダは、自らも進んで、姦淫を行った」（八節、私訳）。今、ヨシヤ王が国を立て直そうとしている。失った国の回復、分裂した国の「統一」を果たそうとしている。しかしそれは、本当に正しく、北イスラエルの滅びを、自分たちも同じ罪を犯している、そのことのしるしとして、神が語っておられる言葉として受け止めたものであるだろうか。そうではないだろう。「『これら全てにもかかわらず、不実な女、その姉妹ユダは、真心から立ち帰ることなく、偽りの中にある』。これは主の言葉である」（一〇節、私訳）。ヨシヤ王は神を見ていない。南ユダは自らの罪を、神の言葉から知ろうとしていない。官僚的改革政策、経済繁栄で自らを誤魔化し、「失った時代を取り戻そう」と喚き立てている。国民を欺いている。そうであってはならない。北イスラエルの滅びは私の滅びの語りだ。そう捉え、悔い改めることにこそ、本当の「統一」がある。一人なる神が全ての者にお語り下さる罪の悔い改め、神への立ち帰りこそ、まず果たすべきことだ。一人なる神に立ち帰ることこそ、本当の「統一」、本当の回復の始まりとなる。そうエレミヤは言うのである。

四　ただ神の慈しみによる立ち帰り

このことを捉える時、一二節の「背信の女イスラエルよ、立ち帰れ！」も、一四節の「背信の子らよ、立ち帰れ！」も、全ての民に語られている悔い改めの求めであると理解できる。

一三節で主なる神は厳しく、こう言う。「ただ、あなたの罪を認めなさい。あなたは主なる神に背いた。あらゆる青々と茂った木の下で、行きずりの者と乱れた行いをした。そして、私の声を聞かなかった。――これは主の言葉である――」（私訳）。立ち帰れ！　悔い改めよ！　そのためには自らの罪を認めること、罪の告白が必要である。「過去の無価値な行為を心から拒絶すること……。そのような実状に対する自覚がないなら、悔い改めの概念は幻想を追い求めるだけであり、イスラエルの病んでいる傷を癒せない」（クレメンツ、前掲書六二頁）。しかし同時に、エレミヤは、その悔い改めの可能性は、決して人間的な性質にはよらない。官僚的改革政策では、真実に人間を導けない。それはただ神の慈しみによることである。一三節に先立って、一二節で言う。「私はもう、あなたの心を萎えさせるような、恐ろしい顔を向けはしない。むしろ私はあなたを慈しむ。――これは主の言葉である――私はいつまでも、そんなことを気にはしない」（私訳）。悔い改めた罪人を赦し、受け入れるのが神であるならば、その罪人を悔い改めに導く者もまた神ご自身なのである。「神は命ずる前に、常にまず与え給う」（A・ワイザー『エレミヤ書1―25章』一二五頁）。

　その神の慈しみの可能性以外のものを、悔い改めによる「統一」のために持ち込む必要はない。一六節で「主の契約の箱」について語られる。ヨシヤ王が、宗教的イデオロギーのために、そのような既存の形あるものを用いようとしていると言うならば、エレミヤはそれすらも強烈に批判をする。「人々は主の契約の箱について語らない。心に上らせることもない。思い起こすこともない。求めることもない。さらに作られることもない」（私訳）。主なる神への立ち帰りは、すでに語り給う神の慈しみの言葉に、どれだけ耳を傾けることができるかどうかに掛かっている。

五　ボンヘッファー。裁きの世界の克服としての悔い改め

　私たちはこのようなエレミヤの言葉、悔い改めの求めの言葉を、主イエスにおいて、また新しく聞き取ることができるであろう。その一つの言葉として、ルカによる福音書第一三章一―五節から聞きたい。神殿でガリラヤ人たちがピラトによって処刑され、そのガリラヤ人の祭儀としての生贄に、彼らの血が混ぜられた、と言うのである。そのことを受けて主イエスは群衆にこう語る。「言っておくが、あなたがたも悔い改めなければ、皆同じように滅びる」。

　この聖書を、ディートリヒ・ボンヘッファーが、一九三四年、七月八日に説教している。この説教の背景として、訳者の奥田知志によれば、同年六月二〇日、ヒトラーにとっての最大の政敵であったレーム一味を、ヒトラーがテロで葬り、ナチ党の覇権を完全に掌中に収め、ドイツの政治社会を震撼せしめた、という出来事があった、とのことである。悲惨な、センセーショナルな出来事がこの世界で起こる。そのことを目にした時、私たちは何を思うべきなのかを、ボンヘッファーはここで語るのである。その時にある間違いが起こる。「人は起こった出来事に対して裁判官になりたいと思うものである。そして、ある人を正しいと判断し、他の人を正しくないと判断することによって、この恐ろしい不幸な事件を終わらせたいと思うのである」。ガリラヤ人たちになぜあのような不幸が起こったのか、と群衆は問う。それに対して主イエスは、彼らの心を見抜き、ルカ一三章二節で「そのガリラヤ人たちがそのような災難に遭ったのは、ほかのどのガリラヤ人よりも罪深い者だったからだと思うのか」と指摘する。ボンヘッファーは言う。「これは、真面目で信仰深い人々の解釈だ。……戦慄が走るとき、人は神の怒りを受けている罰せられた罪人たちから、目をそらすしかないだろうし、またそうするに違いないだろう。人はそのような仕方で事件に終わりを告げるのだ」。自ら裁判官となり、裁きをもって、目撃した事件を終わらせようとする。しかしそうであってはならない、と主イエスは言っているとボンヘッファーは語る。「イエスは……その生涯の間いつもなされてきた一つのことで同じことをなされる。悔い改めへの呼び掛けである。神はここにおられる――それゆえに悔い改めよ！　したがってイエスにとっては、寺院で起こった恐ろしい出来事……は、神の呼び掛けに他ならない。……人間は神の秘義と力の前でへりく

だらなければならないこと、悔い改めをなさなければならないということ、そして自分を超えて神に義を帰さなければならないということである」。「罪の問題は、ピラトあるいはガリラヤの人々に向けられているのではない。私たちに、私たち自身に、向けられているのだ。人間の恐るべき大破局に対して裁判官になることや、知ったかぶりをする人間の、傲慢で見物人的な態度が、キリスト者にとって重要なのではない。そうではなく、ここではただ次のことを認識することだけが重要なのだ。すなわち、事件が起こっているところは私の世界であるということ、その世界こそが、私たちが住み、罪を犯し、日々憎しみと愛のない事柄の種をまく世界である。……この兄弟たちが関わることは、私にも関わることになるはずである。彼らの存在は、まさに私にも向けられている神の怒りを示すものである。だから私たちは悔い改めをなそう。私たちの罪を認めよう。そして裁かないようにしよう」。「それは静かで、驚くべき、また長く時間のかかる道である。この道は、悔い改めによって私たちを新しくする。これこそが神の道である。私たちがこのような認識を持って教会から家へと帰るなら、そしてこのような認識をもって真剣に生きようと望むなら、その時にのみ私たちは新聞の世界、つまり恐怖の世界、そして裁きの世界を克服するのである」（ディートリヒ・ボンヘッファー『ボンヘッファー説教全集2』二一一―二一七頁）。

エレミヤは、崩壊した北イスラエルにおいて語られる、自らの悔い改めの機会を見ることなく、己の力でその出来事を解決させ、偽りの克服をもって、それを終わらせようとするヨシヤ王、南ユダに、悔い改めを迫った。神の前にへりくだり、悔い改め、神に立ち帰る以外に、現実の悲惨を乗り越えることはできないと、神によって示されたのである。

主イエスもまた同じ心で悔い改めを求められる。自らが裁判官となって、世の悲惨に裁きを下す、裁き合うしかない、崩壊するこの世界を真実に克服するために。神の道を示すのである。

私たちの世界は悲惨、崩壊が目の前にある。そのことへの正しい対応は、政治的権力によって、そこにある課題を包み隠すことにはない。ただ悔い改めをもって、真実にその課題に向き合うことにこそある。「背信の子らよ、立ち帰れ！」。我々はこの言葉を己に語られている言葉として聞き、この悪しき「時代精神」の中で、世と共に、悔い改めに生きる。そして私たちを新しくする神の道を語り、この裁きの世界を、世と共に克服する。そのために教会は、キリスト者は、世に遣わされている。

参考文献

A・ワイザー『エレミヤ書1―25章　私訳と註解』（ATD旧約聖書註解20）月本昭男訳、ATD・NTD聖書註解刊行会、一九八五年

ディートリヒ・ボンヘッファー『ボンヘッファー説教全集2』大崎節郎、奥田知志、畑祐喜、森平太訳、新教出版社、二〇〇四年

左近　淑『旧約聖書緒論講義』教文館、一九九八年

左近　淑『時を生きる――現代に語りかける旧約聖書3』ヨルダン社、一九八六年

R・E・クレメンツ『エレミヤ書』（現代聖書注解）日本キリスト教団出版局、一九九一年

エレミヤ書　三章一九節―四章四節

橋谷　英徳

一　はじめに

与えられたテキストから説教の言葉を探し求めること、それが私たちに与えられた課題である。

まず何よりも行うべきことは、テキストの言葉を、ゆっくり声に出して読むこと、一語一語、噛み締めるように低い声に出して、読むことである。ちょうど詩編の「主の教えを愛し、その教えを昼も夜も口ずさむ人」（詩編一篇）のようにして、声にされた神の言葉を心に刻むようにして聴くのである。このようにすることはエレミヤ書においては特に大切なこととなる。なぜならエレミヤの言葉は、もともと口述されたものが書記バルクによって書き留められ巻物とされ、はじめの巻物は、宮殿でまず役人たちに、次に王に読み聞かせられたとエレミヤ書自身が明らかにしているからである（三六・一五、二一）。

このテキストもまた、実際、声に出して読むことによって、与えられる経験がある。言葉に底知れない深さ、命と力があること、ほかのどこでも聞くことのできない言葉が語られていることに気づかされるであろう。神、預言者、イスラエルの民が、交互に舞台に立って語り出す戯曲のようでもある。すべてはこの言葉の響きを聞き取ることからはじまるであろう。

このような預言者の言葉の力を損なわないようにして、説教することが私たちの課題である。

このテキストそのものがある種の流れ、論理的な構成を持っている。私たち説教者が、なにもないところから導入の言葉や結論を捻り出さねばならないというのではない。テキストそのもののなかにすでに導入があり、結びがある。説教者はこの聖書のテキストそのものを語れば良いと言えよう。もちろん、どれか一節の言葉を抜き出して、主題的に説教することもありうるかもしれないが、おそらく、もっとも良いのは、このテキストの流れに即して説教することなのである。けれども、改めて言うまでもないことであるが、それはこのテキストについて説明すれば、説教になるということは意味しない。説教は、聖書について説明する言葉ではなく、聖書を語るものである。説教黙想は、説教の言葉が説明言葉になってしまわないようにするためにも必要不可欠なことである。神の言葉を語る説教の言葉を尋ね求めたい。

二　裏切りとは

「わたしは思っていた」、「そして、思った」と、ここで神ご自身の「思い」がまず最初に明かされる。神ご自身の「思い」が語られることは珍しい。神の「思い」は、はじめに父の子に対しての、次に夫の妻に対しての「思い」として語られる。

神の民であるイスラエルは、神の子である。神はこの子に良い土地を継がせようとされた。ここでの「お前」は、二人称女性単数であり、イスラエルは娘に譬えられている。当時、女性の土地継承は、極めて困難なことであったが、神はそれを厭うことなく「最も麗しい地」をお与えになる（民数記二七・一―八参照）。父は娘を心から愛するがゆえにそうした。娘もまたそのことを喜び、「わが父」と呼び、親子関係はまことに良好であった。それゆえに父は、この娘が「わたしから離れることはあるまい」と思っていた。すべては良きことに向かっていた。「だが、妻が夫を欺くように、イスラエルの家よ、お前はわたしを欺いた」（二〇節）。

すべては期待外れとなってしまった。ここで突然、父と娘から、夫と妻の関係に譬えは変わる。イスラエルの裏切りは、不貞の妻、姦淫の妻に譬えたほうが事柄に即しているからであろう。ここでの「欺く」と訳されている言葉は「裏切る」とも訳すことができる言葉である（八節の「裏切り」の動詞形）。このイスラエルの神への裏切りは、いつの時点のことであろうか。出エジプト後の出来事、あるいは約束の地の継承の後のことか、それともソロモン王朝以後のことを意味するのであろうか。必ずしも限定する必要はないであろう。イスラエルの民のこれまでの歴史がまさにこのような言葉で思い起こされている。いずれにしても「若いときから」（二四、二五節）、転落の歩みは始まっていたのである。

このイスラエルの物語は、私たちの人生の物語とも重なる。私たちもまた神を父と呼びつつ生きる。神に愛されて、神の子とされて生きることにおいてイスラエルと変わることはない。しかし、それでもなお神から、神の思いから、離れて生きてしまう。新約聖書も裏切りを語る。主イエスの弟子のユダの、また主の弟子たちの裏切りは、まさしく私たち自身のことである。

三　バアルの神とは

イスラエルの裏切りは、具体的にはカナンの地に地方ごとに祀られていたバアル神崇拝という形で行われた。厳密にいうとそれは、バアル化したヤハウェ礼拝というべきものであった。バアルは生産の神、豊穣の神である。「バアル」は「主人」、「所有者」を意味し、この土地の所有者である男性の神バアルと大地の女神との性的交渉において、大地の産物が生じるとされた。イスラエルは、土地に定着し、繁栄を獲得するなかで、豊かさを満たすこと、欲望の充足に心惹かれてバアルの神を慕い求めるようになった。このイスラエルの姿は、欲望に駆られて愛人を求め、不貞に走った愚かな妻の姿と重ねられる。エレミヤから百年前の預言者ホセアもイスラエルの罪を姦淫として語っていた。

主なる神と神の民の関係は、父と娘の、夫と妻との関係に表されているような愛の関係である。主に愛されている者として、主を愛して生きる、主の恵みに応えて信頼と従順に生きることこそ本来の姿であるはずである。しかし、イスラエルはこの主ご自身に、その「思い」に関心を向けるのではなく、自己の願望の実現、欲望の充足にその心を向けてしまう。そのときイスラエルは、主なる神を礼拝することをやめてしまったのではない。礼拝は、なおささげ続けられていた。しかし、それにもかかわらず実際に求めていたのは、豊穣の神バアルに他ならなかった。そのために礼拝の心は失われ、その霊性は沈滞したものとなった。神の「思い」ではなく、神が何を与えてくれるのか、そのことしか関心が向かないのであれば、それはバアルの神への礼拝でしかない。神の思いは、私たちがただ神を愛することである。それは申命記が次のように要約的に語っているとおりである。「聞け、イスラエルよ。我らの神、主は唯一の主である。あなたは心を尽くし、魂を尽くし、力を尽くして、あなたの神、主を愛しなさい」(申命記六・四―五)。

「裸の山々に声が聞こえる、イスラエルの子らの嘆き訴える声が」(二一節)。イスラエルは再び「子ら」と呼ばれている。彼らの嘆きの声を預言者は聞く。「裸の山々」(直訳は「禿山」。三・二も参照)は、バアル神の祭儀が行われた場所であり、「恥」の象徴である。この山でいわゆる乱痴気騒ぎが行われていたのである。それゆえ、ここでエレミヤが現実に聞いたのは、罪の痛みを覚えて発せられる嘆きの声ではない。異教の乱痴気騒ぎの喧騒であったはずである。それどころか、ここで行われていたのは淫交の祭儀であったとすれば、この声は、いわゆる淫声であったのかもしれない。しかし、こうした声がエレミヤには、人間が神を忘れてその道を曲げたがゆえの、嘆き訴えの声として聞こえていることになる。

このようなことは、ほとんど信じがたいことだと思われるかもしれないが、こうしたことはありうると思う。R・ボーレンは、『聖霊論的思考とその展開』において、聖書における「見る」という行為がいかに聖霊論的あるいは創造論的なこととしてなされているのかということを論じている。ほぼ同じことがここでエレミヤにおいて、「聞く」ということにおいてなされているのではないか。裸の山から声が聞こえる。異教の乱痴気騒ぎの声である。しかし、その声は「苦しい助けてくれ」という声としてエレミヤには聞こえている。まことの神、この神の道を外れて生きるところに、人間の安息はないからである。この声は、私たちの時代にも発せられているのではないか。私たちは、このようにして声を聞くことを知っているだろうか。

ホスピス病棟で働くある優れた看護師が、終末期医療の看護の現場の務めにおいて大切なことの一つとして「声なき声を聞くこと」ということを語られている。重篤な人、死の床にある人は、もはや自らの声を発することができない状態にある。しかし、その人の声にならない声をその傍らにあって看取る人びとが、代わりに耳を傾けて聞いてあげるのである。そのようにして、助けの手を伸べるのが看取りである。

ここで預言者がしてみせてくれていることもこれと似ているかもしれない。否、それにはるかに勝るとも言える。ここで声をあげている人たちは、喜悦の声をあげているのだから……。しかし、預言者はそこに嘆きの声、望みを失った者の呻きの声を聞き取るのである。

同時にエレミヤは、その耳で神の声を聞き取る。「背信の子らよ、立ち帰れ。わたしは背いたお前たちをいやす」。「立ち帰れ」は、三章全体の主題である。このように呼びかけられるのは、いかなる意味でも、イスラエルの側に、ある種のふさわしさ、また兆しのようなものがあったゆえではない。ここまで見たとおり、イスラエルにはマイナスの値打ちしかない。彼らは「背信の子ら」でしかない。しかし、このイスラエルに無から万物を創造された神が語られる。悔い改めの呼びかけと共に、ここでは「いやし」が宣言される。「いやし」がここで語られることは意外なことではないだろうか。赦しではなく、「いやし」である。イスラエルは癒されなければならない。この病こそ罪の病であり、「死に至る病」（キルケゴール）である。エレミヤは後にこう語っている。「人の心は何もまして、とらえ難く病んでいる。誰がそれを知りえようか」（一七・九）。この病をいやすと、主なる神ご自身が、ここで宣言される。

四　預言者の想像力

二二節後半から語られているのは、立ち帰るように呼びかけられたイスラエルの民の応答の言葉である。しかし、これは現実にイスラエルの人びとがこのように語ったということではない。

ここでは人びとは、主なる神への信仰を告白しつつ（二二節後半）、バアルが偽りであることを告白する。「我々の若いときから、恥ずべきバアルが食い尽くしてきました、先祖たちが労して得たものを、その羊、牛、息子、娘らを」（二四節）。先にも述べたが、バアル神は豊穣の神である。しかし、現実にはそうではなく、バアルは「食い尽くす」。奪うのである。バアルは幸いを与えることはない。エレミヤは、このような言葉を自分の声として語るのではなく、民の声に語らせている。

ブルッゲマンは、『預言者の想像力』において、預言者的な言葉を「想像力」という言葉で捉え直している。第二イザヤやエレミヤを代表とする預言者たちは、ソロモン王朝の誕生によって確立した「王族意識」と向かい合った。イスラエルにおいて王政が確立することによって、宗教は制度化され、固定化される。そこに王族意識といったものが生まれることになる。この意識のもとでは、変革は拒否され、正義は後退してしまうことになる。王族意識によって硬直化し、沈滞してしまった霊性を再び呼び覚ましたのが預言者エレミヤであった。エレミヤは、居丈高に、強く激しい言葉を語るのではない。政治権力や富による支配といったものがまやかしであることを冷静に、静かに、且つ嘆きと悲しみ、痛みを込めて、語ってあげるのである。そのことによって壁を打ち破る。ブルッゲマンは、預言者的な言葉を語るとはどういうことであるのかを、エレミヤの言葉から学ぶことができると考えている。

このテキストにおいてもそうである。エレミヤは、強い威丈高な言葉を浴びせるように語るのではない。民の嘆きの声として言葉を語る。今日の日本の社会における説教も、このような意味での預言者的な言葉を獲得することが求められているのではないであろうか。

バアルは、形を変えて、今日まで私たちを捉えてきた。バアルとは、豊かさや富、人間の力がすべてを支配し、人間に良きものを与えるという宗教である。しかし、このバアルは、私たちから奪いこそすれ、何もよきものを与えることはない。それにもかかわらず、現代社会は、このバアルに仕えて生きて、虚しくなってしまった。教会も無関係ではない。それゆえ、今日の私たちも嘆きつつ、こう告白するほかはない。「我々は主なる神に罪を犯しました。我々も、先祖も、若いときから今日に至るまで、主なる神の御声に聞き従いませんでした」（二五節）。

五　新しい生活

四章一節以下で再び、神は「立ち帰れ」と繰り返される。帰るのは、主なる神の懐である。そのとき同時に、呪うべきもの、バアルとの決別が求められる。「だれも、二人の主人に仕えることはできない。一方を憎んで他方を愛するか、一方に親しんで他方を軽んじるか、どちらかである。あなたがたは、神と富とに仕えることはできない」（マタイ六・二四）。

エレミヤは、ここまでも見てきたように「心」を重んじる預言者としての特質を持つ。しかし、身体性を軽んじるのではない。「むしろ、彼は人間の心がまことに迷いやすいものであることをだれよりもよく知っているので、心の悔い改めがヤハウェの前でヤハウェの要求を具体的に実行することを伴わなければならないことを強調する」（安田吉三郎）。それゆえ、エレミヤは、ここで「真実と公平と正義」の実行を求め、その上で「主は生きておられる」と誓うことを求める。

そのとき、「諸国の民は、あなたを通して祝福を受け、あなたを誇りとする」（二節）ようになる。二節の言葉は、アブラハムと神との間に結ばれた契約の言葉を思い起こさせる（創世記一二・三、一七・一以下）。イスラエルが神のもとに悔い改めて立ち帰る時、神との間の契約関係が回復、更新される。「あなたたちの耕作地を開拓せよ。茨の中に種を蒔くな」。ホセア書一〇章一二節にも同様の言葉が語られている。これは、「新しい生活をせよ。新しくなれ」ということである。今までの生活に少しばかり手を加えるだけではだめだということである。

茨が残っているような土地の中に種を蒔いても育つことはない。だから、土地をよく耕し、良い土地にしなさいということである。これは主イエスのお語りになった種まきのたとえ（マタイ一三・七）にも通じる。

さらに、申命記一〇章一六節の心の割礼が語られる。「心の包皮」は、肉の悪しき思いである。安田吉三郎はこのことを以下のとおりに説明している。「割礼は契約の礼典である。それは、契約によって確立するヤハウェとイスラエルの正しい関係と、それがもたらす祝福のしるしでもある。エレミヤは、割礼の外形に対してその精神面だけを強調しているのではなく、割礼がその本来の意義において正しく理解されるように求める」。

エレミヤの「心」の強調が一体、どういうものかということを、私たちは正しく理解しなければならない。日本の教会の牧会の一つの課題は、聖礼典がわからないことにある。なぜ、このようなことを行われなければならないのかと言われる。そこには精神と肉体の理解の問題がある。そのあたりのことに、このテキストは良い示唆を与えてくれるのではないか。また、ここで旧約聖書と新約聖書とを対比的にだけ、つまり律法と福音という視点からだけ読むことは正しくはない。この旧約聖書のテキストにおいても、まぎれもなく語られているのは福音である。ちょうど使徒パウロが、エフェソの信徒への手紙四章一七節以下でキリスト者の新しい生活を語ったように、神に立ち帰って生きる者の新しい生活が語られているのである。

以上のことを踏まえた上で、なお言わなければならないことは、イスラエルはこの神への立ち帰りを拒んでしまったということである。それゆえに神の「怒りは火のように発して燃え広がった」（四節）。しかし、それはイスラエルの上にではなかった。十字架のキリストの上にであった。ここに記されている新しい生活は、この主イエス・キリストにおいて、聖霊の働きによる生活、教会生活においてこそ実現していく。教会生活こそ、私たちをバアルから解放する唯一の道である。それゆえ、ここに私たちは人びとを招き続けたい。

六　終わりに

はじめに、このテキストはそれ自身、流れを持っていると述べた。言い換えれば教理的な構造、骨格を持っている。まず神が語られ、次に人間の罪が語られ、さらに神の救いが語られ、その救われた者の新しい生活が語られる。その意味では、キリストの福音の全体像がこのテキストに含有されている。説教を語るところで、この教理的な事柄に対して触れなければならないということではない。しかし、説教者はそのことに気づいていなければならない。そのことをわきまえることによって、この旧約聖書の言葉を福音として説教する道が拓かれるのではないであろうか。福音の全体像を説くことができるテキストである。

主な参考文献

関根正雄『エレミヤ書註解　上』（関根正雄著作集14）新地書房、一九八一年
安田吉三郎『新聖書注解四』いのちのことば社、一九七四年
W・ブルッゲマン『預言者の想像力――現実を突き破る嘆きと希望』鎌野直人訳、日本キリスト教団出版局、二〇一四年

エレミヤ書　四章一九―三一節

浅野　直樹

エレミヤの直球勝負

この箇所は「北からの敵」（四章小見出し）による災いの預言の一部である。北からの災いについては、冒頭エレミヤの召命記事のなかにすでに言及がある（一・一三―一五）。召命を受けた時点では、北の災いはまだ緊急ではなかったせいか、あるいは具体性がなかったのか、エレミヤは比較的冷静に危機を告げる。主の言葉がエレミヤに臨み、「何が見えるか」と主が問うたとき、エレミヤは、「煮えたぎる鍋が見えます。北からこちらへ傾いています」（一三節）と比喩で答える。あるいは主がエレミヤに告げた言葉として、「北から災いが襲いかかる」（一四節）という程度である。それと比べると本箇所では、もはやそんな悠長な場合ではなくなった。緊急事態と受けとったのか、エレミヤは感情を込めて激しい言葉で訴える。その言葉はもはや警告の域を越え、ユダに対する厳しい非難と神の怒りの審判になっている。この激しさは、三一節まで止まない。各節に分け入る前に、まずはこの箇所全体を眺めて黙想を試みたいと思う。

エレミヤは若くして預言者として神に召し出された。この部分が彼の活動初期であることを考えると、預言者として立たされてまだ間もない、血気盛んで正義感に燃え、ひたすら一途に突き進む預言者エレミヤの姿が思い浮かんでくる。エレミヤは召命を受けたとき、神にこう答えた、「わたしは語る言葉を知りません。わたしは若者にすぎませんから」。神は言った、「若者にすぎないと言ってはならない。……わたしが命じることをすべて語れ。彼らを恐れるな。……必ず救い出す」。主のみことばが、それまで弱腰だったエレミヤを励まし力づけ、ついに押し出したのだ。やがては大きく成長させ、彼を大胆な預言者にした。主のみことばが彼を変えていったのだ。そうした成長の軌跡を一章から四章への移り変わりの中に見ることができる。北から傾いてくる煮えたぎった鍋という、シンボリックではあるが漠然とした幻の正体が、彼の中で徐々にくっきりと輪郭をとるにつれて、預言の言葉が鋭さを増していく。それは若さゆえの、怖いもの知らずともいえる。受け取る側がどう聴いてくれるだろうか、などといった相手への配慮や、間違ったことを言ったりしないだろうか、失敗したらどうしようといった不安は、まったく感じられない。まるで新人ピッチャーが怖い物知らずに、全力で直球勝負してくるかのようだ。

みことばの力

召命を受けて預言者として立たされ、やがて大胆な預言者へと成長するエレミヤの言葉の中に、人を造り変えていくみことばの力を、信仰者は読み取ることができる。説教者は、会堂に集うすべての人に向けて説教するわけであるが、そこには毎週ほぼ同じ顔ぶれの老若男女が座って聴いている。説教黙想するたびに、あの人この人の顔が浮かんでくる。そうした顔々は、説教者が語るべき言葉にも何らかの影響を及ぼすということを経験する。今日の信徒の高齢化は、説教者が語る言葉にもじわじわと変化をもたらしているかもしれない。高齢者向けの説教を意識するあまり、説き明かされるみことばまでもが高齢化していないだろうか。いつも穏やかで柔らかく、刺激が少なく当たり障りのない言葉ばかりが占めていないだろうか。もしそうだとしたら、若者や働き盛りの人たちには退屈に聞こえてしまっているのではという不安がよぎる。「十字架の言葉は、滅んでいく者にとっては愚かなものですが、わたしたち救われる者には神の力です」（Ⅰコリント一・一八）。「神の言葉は生きており、力を発揮し、どんな両刃の剣よりも鋭く、精神と霊、関節と骨髄とを切り離すほどに刺し通して、心の思いや考えを見分けることができる」（ヘブライ四・一二）。パウロの言葉を始めとするこうした聖句は、福音の言葉が、口から発してはその都度プツプツと泡がはじけて消えていく、単なる音の繋がりではなく、人を魂のレベルで突き動かすことのできるほどのエネルギーを秘めた、霊的な力であると証している。エレミヤを揺さぶり奮い立たせて大胆な預言者にならしめたのも、この霊的エネルギーだった。そしてエレミヤ書は、現代の会衆にも届けてくれる言葉に満ちているのである。ヨエル書三章一節の預言にあるように、みことばによって若者は幻（ビジョン）を抱き、挑戦し変化していく。エレミヤにそれが起こった。老人はみことばによって夢を見て、明日を生きる喜びと元気を受けとることができる。そうしたダイナミックなみことばの働きを、説教者はここから期待し、語りかけることができる。

はずれた預言

「北からの敵」が誰かについては、エレミヤ書に明らかにされていない。木田は、少なくともエレミヤの預言活動初期すなわちアッシリア帝国の末期に関する限り、これは当時世界各地を荒らし回っていた騎馬民族スキタイ人だと考える。しかしながら木田自身も認めているように、バビロン説も根強く存在しており、クレメンツはこちらを支持する。両者とも強く自説を断定的に主張して譲らない（もっとも木田は、エレミヤの後期預言に出てくる「ユダ王国を滅ぼす『北からの災い』は、一般にバビロンを指すようになった」と述べている。また一章一五節の三行目から六行目までを「北からの敵をバビロンとして描く加筆」としている）。説教者はそれぞれの対応を迫られる。支持する説によって説教も変化せざるを得ない。スキタイ説をとる木田は、それゆえに検討を加えなければならないもうひとつの歴史的事実があることを指摘する。北からの敵なる騎馬民族スキタイ人は、結局のところ襲来しなかったという事実である。すなわち若きエレミヤの預言がはずれてしまったという事態を想定しなければならなくなる。バビロン説を採用した場合にはその必要はない。紀元前五八七年、エルサレムはバビロンに破壊されたので、預言は成就したことになるからだ。

　預言が的中しなかったとなると、預言者の働きについて改めて神学的な検討がなされることが望ましい。預言者が神からの託宣を預かり、それを民衆に伝えるメッセージが預言であるが、預言がその通り実現しなかった場合、それでもそれを預言と言い切ることにためらいはないかどうか。たとえ実現しなくてもそれは預言であるといえるなら、その根拠を考えておく必要もある。スキタイ人が襲来しなかったことで、それを公に向けて熱く激しく宣告したエレミヤは、その後人々から嘲笑と恥を浴びることになった。預言が、将来起こる出来事を正確に言い当てる未来予測すなわち予言のことと限定してしまうと、エレミヤはこの時点で預言者失格となる。しかしながら預言は必ずしも未来を言い当てることではない。同時代を生きる民衆に対して、行政のリーダーである為政者に対して神のみ旨を提示し、それに沿っていくことを促し、誤った行動へと走らないよう警告し、もしも罪を犯したなら神の審判が降《くだ》るであろうことまでを告げる。そのすべてが預言である。

預言者としての説教者

　説教者は預言者であると言われる。筆者は、自戒の意を込めてひとつの実例を示し、預言者としての自覚を自らに促したいと思う。今から二十年以上前、まだ若かりし一九九〇年代前半に説教でこう宣べた。「もうすぐインターネットという技術が私たちの社会に広まります。そうすると生活ががらっと変わるでしょう」。インターネットは、当時はまだパソコンに興味ある人しか知らない用語だった。信徒の大半が私より年配で、ほとんどの人は聞いたこともなかった。今振り返るとたまたま知っていた私は、さぞかし預言者気取りだったのではないかと思う。もちろんこれは預言でもなんでもない。ひとつの社会情勢を提示したに過ぎない。この革新的技術が将来の信仰者にとってどういう意味をもつのか、人間の英知が生んだ新しいネットワークが、今後どのように用いられれば神の御心にかなうのか。インターネットを、信仰と科学技術という視点からみことばに照らし、神学的な展望と洞察を提示することで、ようやく福音は預言的説教になり得る。

　エレミヤが登場した頃の中近東では、北イスラエルを滅ぼしたアッシリアが末期を迎え、バビロンが台頭し始めていた。国内ではヨシヤ王が宗教改革を推し進め、地方聖所を廃止して礼拝の場所をエルサレム神殿ひとつとした。そうした事情が、さまざまな課題や難問を為政者に突きつけたことは想像に難くない。召命を受けたエレミヤは、必然的にそれを踏まえて預言することになる。神の言葉を語るからといって、聖書の律法や神殿祭儀といった神学的側面だけでなく、地政学的状況をも考慮にいれて預言は語られるのだ。北からの敵の預言が出てきた背景もそこにある。エレミヤに限らず聖書に登場する預言者たちは、いずれも当代の周辺国や国内社会情勢を視野に入れ、そこから生じる諸問題にあるときは巻き込まれ、またあるときは距離をとって語るのである。逆に、そうした関与なしに預言は成立しない。我々が説教壇から説くときも、そこに預言性があるかどうかは、こうした点が指標となってくる。説教者自身が具体的に何らかの関わりをもつことで、説教は初めて預言的となる。「説教黙想 アレテイア」第九一号の鼎談において平野が引用した隅谷三喜男の言葉、「牧師から間違った社会認識を聞くことほど、嫌なことはない」は、預言的説教を語ろうとする説教者にとって金言である。肝に銘じておきたい。

はらわたと心臓

ここからは節単位で黙想していくが、本箇所は「北からの敵」の襲来を前提としている。そして先に述べたように、これがスキタイなのかバビロンなのかがはっきりしない。どちらか片方の立場をとって黙想するのも一つの方法だが、それぞれの立場を踏まえ、必要に応じて区別して進めていきたいと思う。敵がだれであるにせよ、これがユダヤの存亡に関わる最大レベルの危機であることに変わりはない。一九節では、もしそうなったら恐るべき結末を迎えるだろうと、エレミヤは恐怖を体に感じて感情を吐露して訴える。エレミヤのはらわたと心臓が、迫り来る恐怖にわなわなと震えている。はらわた「メアー」は、医学用語なら内臓を指す。五臓六腑すなわち体全体、それがわなわなと震えているという。ドクドクと胸を打つ心臓「レブ」が、「早くなんとかしてくれ！」と激しく壁を叩いて騒いでいる。ＮＲＳＶでは、メアーを内臓と訳さず my anguish（私の苦悩）としている。レブは heart と訳してある。heart は内臓だけでなく心をも意味するが、「心臓の壁よ」と続くことから、ここは物理的に理解したい。エレミヤは心臓を意味したのであろう。そうだとするとメアーは、素直に「はらわた」がわかりやすい。日本語では「腹」で言い表す表現が多彩である。腹を割って話す、腹に据えかねる、腹が立つ、腹芸、腹黒い、はらわたが煮えくり返る、腹に一物ある等。腹にまつわる感情表現が豊富だ。こうして並べてみると、腹は怒りや憎しみや不信感が溜まる臓器のように日本語では考えられてきたようだ。したがって日本語のはらわたとヘブライ語のメアーは、語感の相性が非常に良い。西洋では、はらわたを怒りや憎しみの溜まる場所としてイメージしにくいのかもしれない。はらわたとメアーの共感は、西洋にはないアジア的感性ともいえよう。

「わたし」は誰か

この部分の主語の人称は、前半部からの続きからすると「わたし」が神で、「あなた」はエルサレムとその住民と考えられるので、はらわたと心臓の人称である「わたし」も、神を人に見立てた比喩とみなすのが妥当といえる。北森嘉蔵の神の痛みの神学は、三一章二〇節「わがはらわた彼のために痛む」の動詞ハーマーが、文語訳聖書で「痛む」と訳されたことに始まる。痛む（ハーマー）のは心臓ではなくはらわたであるが、「わがはらわた」を神のはらわたと解釈したところに、彼の独創的な神学思想は誕生した。それに則するならば四章一九節のハーマー「呻《うめ》く」も、同じく神のみこころの表現とも言い得る。しかしながらここでは、神の言葉を託されたエレミヤが、感情を露わに表出しているともとれる。神の言葉であるならば、主語は本来神ご自身であるべきだが、託されてそれを語るエレミヤは、熱心のあまり我を忘れ自分の感情が預言に入り込んでしまう。そうなると「わたし」が神なのか預言者なのか、もはや見分けがつかなくなる。特にこうした詩文形式で描写されていると、主語がみことばの発信主体である神なのか、それとも媒介として発言する預言者なのかという区分は、もはやあまり意味がない。

預言者は誰か

預言者は、神が選び神によって用いられる土の器にすぎない。けれどもこの土の器には、宝が納められている（Ⅱコリント四・七）。また預言者は、神が人に憑依して語る口寄せではない。預言者は一人の人間として、自分の言葉で神の言葉を語るのである。そうである以上、語る言葉に誤りがあるのは避けられない。言葉を正しく理解しないままに使ってしまうこともあろう。神のみ旨をそっくりそのまま正確にコピーして発言するのが預言者だと私たちは勘違いしやすいが、決してそうではない。

二三節から二六節にかけての四節は、「わたしは見た」で導かれる一連形式である。北からの攻撃に遭い、エルサレムがこのように破壊されるのを、「わたし」なる神、そしてそれを語るエレミヤが見たという。破壊は天地を揺るがすまでの激しさで襲う。天地を創造したのが神であるならば、それを破壊へと至らせるのは、「無知でわたしを知ろうとせず、愚かな子らで、分別がない。悪を行うことにさとく、善を行うことを知らない」「わたしの民」（二二節）、エルサレムの人間たちである。天地が混沌となり、光が消える空（二三節）。揺れ動く山、震える丘（二四節）。人は消え、鳥は逃げ去る（二五節）。神が創造した天地の秩序が逆転し、混沌に陥っているのを預言者は目撃する。天地万物に起こった秩序の混乱は、「主の激しい怒りによって」（二六節）もたらされたと記される。しかしながら主の怒りの原因は、エルサレムの不信仰と乱れにあることは明らかである。愚かで分別がなく、神を知ろうとせず、悪を行い善を知らない民である。破壊の根本原因を神に帰するのではなく、人間の罪の内に見なければならない。このことを現代に照らし合わせてみると、地球温暖化という秩序の混乱は、悪を行い善を知らず、分別のない愚かな人間がもたらしているのである。神の怒りが地球温暖化を引き起こしているのではない。その根本原因は無知で無分別な人間にある。産業革命以後、利己的に利潤を追求することを容認した資本主義、そしてそれを是として歴史を歩んだ人間に問わなければならない。神の怒りが破壊をもたらすのではない。破壊をもたらした人間に対して神が怒るのである。

「しかし、わたしは滅ぼし尽くしはしない」（二七節）。木田によれば、これは他の箇所でも見られる言葉で後代の付加である。徹底した破壊が覆い尽くすなか、ろうそくの灯のようにかすかに聞こえる救いの希望を神が残してくれたと説教者は語れるかもしれない。しかし木田に従うならばそれをしないことになる。

エジプトの愛人

エレミヤはホセアの影響を受けているとされる。ホセアは紀元前八世紀後半に北イスラエルで活動した預言者であるが、神と人間の契約関係を夫と妻の婚姻関係にたとえて預言した。そして神との契約を破り、バアルに惹かれていくイスラエルを姦淫にたとえている。三〇節と三一節では、エルサレムは「辱められた女」にたとえられている。赤のドレスと金のアクセサリーを身にまとい、目の縁を黒く塗り、愛人の気を引こうとする女性として描いたあたりが、ホセアを彷彿とさせる。愛人とはエジプトのことだろうか。危機に瀕したエルサレムが助けを求めて、妖艶な女性に変装して愛人に近づこうとするが、それはむなしいことだとエレミヤは告げる。仮に愛人がエジプトだとすると、ユダの王ヨヤキムがエジプトと同盟して、新バビロンに対抗しようとした事実を暗示していることになる。目の縁を黒く塗る化粧が、エジプト女性の流行だったと木田は説明している。スキタイ説をとる木田だが、そうした点から、この部分に関しては北からの災いを新バビロンを指していると指摘する。

破滅の預言

エレミヤはうめき声をあげた。北からの敵の攻撃で戦争が起こり、攻められて町は廃墟となると預言した。かつて神がエルサレムに立てた創造の秩序が、徹底的に破壊されると警告した。妖艶に着飾り化粧をして支援を乞うても、エルサレムは結局ところ、愛人にだまされて命を奪われると審判を下した。スキタイ説に立てば、この預言ははずれたことになる。バビロンだとすれば、そのとおりとなった。いずれであったとしても、エルサレムの民も指導者も、こうしたエレミヤの警告の叫びに耳を貸すことはなかった。それどころかエレミヤは、自らが語った預言のゆえに周りから理解されず罵られ、悩み苦しむ運命を背負うことになった。それでもエレミヤは苦悩の中から預言し続けた。

こうした警告を呼びかけた先に、エレミヤはいったい誰を見ていたのだろうか。四章でははっきりしないが、五章ではエルサレムが道徳的に乱れ、神に背いた様子が描かれている。そうした乱れは宗教者の乱れであり、為政者の政治上の乱れであり、人々の生活上の乱れでもあった。

エレミヤの声は、若さゆえに熱く力強いが、同じく若さゆえに、時に空回りしてしまったと言わざるを得ない。北からの敵がスキタイ人だとすれば、エレミヤはさぞ大いに恥をかいたことだろう。当てにならない偽預言者という烙印を押され、ますます彼の預言を信用する人は少なくなっただろう。一方バビロンとするなら、エルサレムの人々は、アッシリアを恐れる必要がなくなった今、主なる神がすべての敵を追い払い、エルサレムを守ってくれたと救済を喜んだ。そういう人たちに対して、新しい脅威に備えよと呼びかけてもまったく無駄だった。そして歴史は無情にも預言のとおりに動く。エルサレムは紀元前五八七年、バビロニアによって陥落し、バビロン捕囚が始まった。

参考文献

木田献一、清重尚弘「エレミヤ書」、高橋虔、B・シュナイダー監修『新共同訳　旧約聖書注解Ⅱ』日本キリスト教団出版局、一九九四年

木田献一『エレミヤ書を読む』（旧約聖書4）筑摩書房、一九九〇年

R・E・クレメンツ『エレミヤ書』（現代聖書注解）日本キリスト教団出版局、一九九一年

北森嘉蔵『エレミヤ書講話』教文館、二〇〇八年

エレミヤ書　五章一―九節

徳田　宣義

高ぶりは愚かさの双生児である。思い上がりは神への畏れを失わせ、同時に人間から未来を奪い去るからである。

（H・W・ヴォルフ『旧約聖書の人間論』大串元亮訳、日本キリスト教団出版局、一九八三年、四一三頁）

聖書の証する神は、無意志・無軌道な荒ぶる自然神ではなく、明確な意志と計画をもった契約神である。

（芳賀力『神学の小径Ⅲ　創造への問い』キリスト新聞社、二〇一五年、一四二頁）

文脈的考察

すでに北イスラエルは、アッシリアによって滅ぼされていた。ユダは、マナセ、アモンの時代アッシリアに隷属したが、アッシリアはやがて衰退し、アモンを継いだヨシヤの初期に独立に成功した。しかし、アッシリア時代の末期に台頭した好戦的な騎馬民族キンメリア人やスキタイ人がおり、他方で、時代は、アッシリア帝国からバビロニア帝国の時代に転換を開始していた。バビロニアのユダへの侵略と、それに続く悲劇的な出来事

が、エレミヤ書のあらゆる箇所に刻まれている。エレミヤは、ユダの存亡に関わる重大な時代に神によって用いられた預言者であった。

並木浩一は、預言者エレミヤは国際政治の感覚に優れていたと語り、およそ次のように記している。北からの災いとは、北の地で新たに台頭しつつある政治勢力であり、ユダを滅ぼしかねないが、人々に危機意識はなかった。この国が状況に目を開き、自己の進路を過たないためには、単なる政治的な対応では無力である。乗り切るのは、神の民としての自覚である。神への信頼が基礎とならなければならない。真の危機は、北からの災いではなく、それすら自覚できない神の民の心であった（並木浩一『旧約聖書の水脈』日本キリスト教団出版局、二〇一四年、九五―九六頁参照）。この考察は我々を助けるであろう。

一節　失われた神の民としての自覚

命令形が用いられている。「通りを巡り、よく見て、悟るがよい」と神は命じられる。「正義を行い、真実を求める者」を探すためである。ランボムは、神は「正義」と「真実」、これ

らの長所によって特徴づけられるお方であるとしている（Jack R. Lundbom, *Jeremiah 1-20*, The Anchor Yale Bible Commentary, 1999, 三七六頁）。したがって「正義を行い、真実を求める」生き方とは、正義であり真実である神に対する相応しい応答となる。そのような者が一人でもいれば、エルサレムを赦そうと神は言われる。

浅野順一によると、「正義」は、神と正しい関係に立ち、その審きに対して正しい態度をとる者と解すべきであるという。「真実」は、神の「真実」を重んじることであるとする（『浅野順一著作集五』創文社、一九八二年、一九六頁参照）。そのような「正義」と「真実」を神は求める。カルヴァンは、「真実の敬虔とは、神を全く父として愛し、全く主として敬い、神の義を受け入れ、彼の怒りにふれることを死よりも嫌悪する、そのような純一にして真実な熱心に存する」（カルヴァン『信仰の手引き』渡辺信夫訳、新教出版社、一九五六年、一一頁）と記す。正義を行われ、真実を求められる神は深く人の内心をご覧になる。一切の偽善は通用しないのである。

ソドムとゴモラのためにアブラハムが執り成しをした創世記一八章一六―三三節を思い起こすことができる箇所である。アブラハムは、神と交渉を続け、五十人から最後に十人の義人がいればソドムの町を赦すように求めた。アブラハムは、神の前での人間の正義の可能性について争う。しかし、義人は存在せず、町は滅ぼされた。ソドムで必要とされていた人数より、少ない者が当該箇所で要求されている。神が一人といわれるほど、エルサレムは頽廃的であり、ソドムより絶望的な状態にあるのである。

二節　口先だけの信仰

申命記一〇章二〇節に「あなたの神、主を畏れ、主に仕え、主につき従ってその御名によって誓いなさい」とある。しかし、エレミヤは、真に神を信じていない者たちの神の名による誓いに欺かれはしない。口先だけの信仰は結果的に偽りの誓いとなることを見抜いている。神を信じていない民が神の名をもって誓っているが、それは恐ろしい冒瀆である。神の名を聖とすることは旧新約聖書を通して最も重大な問題である。生活と言葉との一致、本音と建前のない生き方が神の前で求められている。

三節　岩よりも固い心

「真実」と訳されている「エムーナー」は、確固とした一貫性を持って、神の戒めを守ろうとする姿勢である。「戒め」と訳されている「ミシュパート」は、神の意志を示している。自分が立つ場所の外（人間の外側）に想像力を働かせることは難しい。複雑さを増す現代社会の問題を解く鍵は、歪んだ愛国心でも、専門分化した理論でもない。神の真実にどこまでも誠実に向き合うことである。神の意志を行うには確固とした一貫性を持つ「真実」が必要である。目には見えない神への感受性である。「啓示における神は『神の言葉』への服従によって認識される」（『熊野義孝全集第五巻』新教出版社、一九七九年、三七一頁）。その重要性は、昔も今も変わることはない。神の民は過去の苦い経験から何も学ばなかった。頑なに悔い改めを拒む。神の言葉に耳を傾けない心と神の裁きを裁きと感じない心が人間の罪なのである。

「神は人間に対して人格的な関係を持ちたまい、人間はそれに対して応答することが神に求められる……私たちが神の前に立つときに、私たちの顔が問われ」（並木、前掲書二一一―二一二頁）る。「顔はその人の意志を伴う、極めて意志的なものだということが、実は顔の一番大切な点」（同二一四頁）なのである。したがって「その顔を岩よりも固くして、立ち帰ることを拒みました」とは、神と人間との間に成立するはずの人格関係を人間が拒否し、神と無関係になろうとする人間の顔つきのことである。神との関係性は、顔の表情にまで表れるというのである。

四―五節　エレミヤの調査・義なる人を求めて

まず自分に誤解がないかをエレミヤは問うた。「身分の低い人々」は神の律法を特別に教えられる機会はなかったはずである。だから、神の支配と神の御心を理解することは困難であるかもしれない。エレミヤは、「身分の高い人々」のところへ行く。そこでエレミヤは、無知であったからでなく、意識的に神との関係が断ち切られている現実を知る。

「エルサレムは、赦されることはない。なぜなら、必要な服従の痕跡をみつけることはできないからである……共同体の病状が、広範囲におよび、勢力を振るっている……その結果は、裁きを意味する」（W. Brueggemann, *A Commentary on Jeremiah: Exile and Homecoming*, 六三頁）、それがエルサレムの状況であったのである。

「軛」と「綱」とは、律法のことである。軛を折り、綱を断ち切っている。つまり、神なしで、自分でなんでもやれると過信していたのである。

六節　背信の結果

利益や効率に至上の価値を置く現代社会である。確かに、経済成長は、人々の幸福に寄与したかもしれない。しかし、人から時間を奪い、隣人との関係を貧しくし、神が与えてくださった地上の環境を壊した。豊かさが支払う途方もない代償が必ずあることを我々は知っている。先行きは厳しく暗い。では、何を物差しとして判断し、この先を見つめて行けば良いのだろうか。どのように自分を保ったら良いのだろうか。自信を失った人たちの中には、強い政府を求め、強い政府と自己同一化を図ることでアイデンティティを保とうとする者たちがある。そこでは過去の過ちは美化され、社会を一色に染めようと同調を強いる声ばかりが大きくなっている。さまざまな可能性があるにもかかわらず、ひとつのフレームに閉じ込めようとする差別が拡大している。政治のあり方、国のあり方が、人間の本性を現す。ブレーキが失われている社会と政治の成れの果て、行き着く先を続く七―八節は描き出す。

罪は、的外れという意味とともに、道から迷い出るという意味がある。道から外れて迷い出た動物は獅子に狙われる。狼や豹の餌食になる。神の道から離れることは、これほど危険なことである。「不従順なエルサレムは、狂暴な獣のなすがまま」

（ブルッゲマン）となる。

獅子、狼、豹という具体的な獣の名が用いられている。ブルッゲマンは、三つのメタファーの中で、最も興味深いものは、豹であるといい、およそ次のように指摘している。豹は、町から逃げようとする者に向かって、飛びかかるために屈んで待っている動物として叙述されている。判決は、追放ではなく、死である（ブルッゲマン、前掲書六三頁参照）。脱出の余地などない。神の道から外れることは滅びを意味するからである。豹が「ねらう」という言葉は、一章一二節の神が「見張っている」と同じ言葉である。豹のように神ご自身が見張っておられるということである。神が、豹のようにエルサレムに対して、裁きを行われるために、屈んで飛びかかる準備をしている（同六三頁参照）。そのような裁きの差し迫った状況が、ここに描き出されているのである。

七―八節　罪のカタログ

「正義」と「真実」の心の崩壊が混沌と破壊をもたらす。七節の「わたしを捨て」と訳されているヘブライ語「アーザブ」には、「神を見捨てて顧みないこと」という意味がある。神を捨てるとどうなるのか。その結果は、七節後半に多様な罪として列挙されている。

木田献一は、七節後半から八節について「一層の富を求め、バアルを礼拝するようになった。遊女の家、隣人の妻とは、富と欲望の満足を約束するバアルを指す」としている（『新共同訳　旧約聖書略解』日本キリスト教団出版局、二〇〇一年、八二八頁）。

関根正雄は「七～一一節は、具体的な罪、具体的な淫行――祭儀的ではなく――が責められる。八節は、十戒の第十の違反である」（『エレミヤ書註解　上』新地書房、一九八一年、一二一頁）としている。C・ヴェスターマンは、結婚の腐敗に関する社会的告発（『預言者エレミヤ』新教出版社、一九九八年、一〇五頁）とし、共同体が崩壊していることを指摘する。

木田のように偶像礼拝と解するのか、関根正雄、ヴェスターマンのように「具体的な罪、具体的な淫行」と解するのか。

関根清三が、この箇所について「7―8節の性的逸脱は、『神でないもの』による『誓』い（7節）、『軛』と『縄目』の無視（5節）、『さかりが付』く（8節）〔※新共同訳聖書では『情欲に燃える』〕といった表現を鑑みると、二20―25に活写されていたような、イスラエルの異教祭儀への狂奔を指すとも解せるが、祭儀的淫行より一般的に、モーセの第七戒や第十戒（出二〇14、17）に反する性的放埒の罪とも解し得る」（『旧約聖書Ⅲ　預言者』岩波書店、二〇〇五年、二二九頁）として議論を慎重に進めている。信仰と生活が密接な当時の状況を考え合わせると、神の民が、どのような信仰を持ち、どのような礼拝をしているのか、そのことがただちに共同体の倫理的価値観に強い影響力を持つと我々は理解してよいのではないだろうか。

ヴォルフは「ヤハウェのイスラエルに対する愛の関係が、ただ一つという性格をもっていることが、原則的に姦通を禁じる（出エジプト記二〇・三、一四）」（『旧約聖書の人間論』三四一―三四二頁）と記している。このことは重要である。カール・

バルトは、人間の悪について「神に対しての反乱であり、隣人に対しての戦いであり、同時に自分自身に対しての人間の罪である」（『和解論Ｉ／３』井上良雄訳、新教出版社、一九六〇年、七三頁）と書いている。これを受けてＥ・ブッシュは「この三つのものは、相互に関連しあっている」と語り、次のように記す。「したがって人間は一つの側面で違反すると、それは他の二つの面にも関係する。人間が神に敵対しているところでは、彼は隣人にとって狼となる」（『バルト神学入門』佐藤司郎訳、新教出版社、二〇〇九年、一三三頁参照）。神への不信仰という垂直の次元は、必ず水平の人間関係に波及するのである。

すべての人が神に与えられた命を豊かに用いて社会を作り上げるようにと期待され、力と知恵を与えられているのに、なぜ悪に走るのか。なぜ空しいものを追いかけ、そのために自らも空しくなっているのか。「罪とは、個々の掟に違反することよりも前に、後を追うべきものをまちがえること」（雨宮慧『旧約聖書の預言者たち』ＮＨＫ出版、一九九七年、一五三頁参照）なのである。

九節　人々の罪が審判の機会を熟させた

「信仰こそは倫理の構成原理であって、信仰の無い場所では倫理的な行為は存在しえない」（熊野、前掲書一六三頁）。神の判決には、根拠がある。エルサレムも、我々も赦される理由を持っていない。主イエスの御業に到着せずに、赦しは実現しなかった。罪にまみれた我々が救われるためには、たった一人の正しいお方、主イエスによる神の赦ししかなかったのである。

黒人教会襲撃事件が、二〇一五年六月、アメリカ南部のサウスカロライナ州チャールストンのエマニュエル・アフリカン・メソジスト・エピスコパル教会で起こった。牧師を含む黒人九人が白人至上主義者の二十一歳の男に射殺された。射殺された黒人九人の追悼式があったことを二〇一六年一月一日付けの朝日新聞が、およそ以下のように伝えている。

「大勢の参列者を前に……オバマ大統領が壇上に立った。力強く進んでいたスピーチが、突然止まった。沈黙が十秒ほど続いた。……オバマ氏は伴奏なしで歌い始めた。《アメージング・グレース　なんと甘美な響き　人でなしの私を救って下さった》たちまち総立ちの大合唱に。天を見上げ、涙を流す人もいた。ふだん冷静に振る舞う大統領が、この日は、犠牲者一人ひとりの名を、叫ぶように読み上げた」。

大統領が、この賛美歌を歌ったのには次のような出来事が影響していた。

「追悼式の一週間前。逮捕された容疑者が出廷した。遺族は一人ひとり、モニター越しに男に語り掛けた。『あなたは私から大切な人を奪いました。もう彼女（母）と話し、抱きしめることもできません。でも私はあなたをゆるします』『私は自分がとても憤っていることを告白しますが、憎むことはありません。ゆるさねばなりません。あなたの魂のために私は祈ります』。地元の教会で二十三年、ゆるすことの意味を説いてきたブレイルスフォード牧師もその言葉に圧倒された」。

教会で、二十三年間、ゆるすことの意味を説いた説教者の言葉が、聴き手の心に出来事を起こした。神の赦しは、語った説教者自身が圧倒されるほど、信じる者の心に、人を赦し祈る思いを与える。この出来事は、そこまで神の恵みが我々に深く届くことを証明している。

神は常に人間に先行し、我々のあらゆる務めが、主イエスに由来する。したがって、神から赦しを与えられる。それは自分自身だけの救いに関わることだけではない。溢れ出るほどいただいた神の赦しの恵みを隣人に分け与えていくことをも意味している。それは新しい関係を作り出し、社会の可能性を広げ、人生と世界を豊かなものにする。神はそのような恵みを我々にくださった。日々の生活の中で、罪を赦された喜びを感じながら生きていく。そのような毎日の積み重ねが、そして、そのような人が増えることが、やがて社会を、政治を、世界を変えていく。長期にわたる体質改善が、この国とこの世界には、必要なのである。来るべき御国を待ち望むことは、現在にこのような深みを与える。神の御業に参与することがゆるされるからである。

和解の反対は敵対である。解決する唯一の道は相手を赦すことである。人間が神に対して罪人であるということは、神に反逆し敵対しているということである。真の和解をもたらし、まことの平和を生み出すにはどうしたらよいのか。赦ししか道はない。「イエス・キリストにあって神は恩恵の神として顕れる。しかし、この神は同時に人間の罪悪に対する厳しい裁決をおろそかにしたまわない」（熊野、前掲書三七七頁）。神は正義と真実のお方である。憐れみの神であると同時に義の神である方は、赦しの愛を貫かれると同時に義をも貫徹される方でもある。罪の解決なしに、赦すということは起こらない。神はひとり子である神の子イエスを十字架上において死に渡し、我々人間のすべての罪を引き受けさせる仕方で赦しの愛を貫かれるのである。ひとり、全く正しいお方がいらした。それが主イエス・キリストである。このお方によって、我々は罪赦されたのである。

参考文献

W. Brueggemann, *A Commentary on Jeremiah: Exile and Homecoming*, Grand Rapids: Eerdmans, 1998.

Jack R. Lundbom, *Jeremiah 1-20*, The Anchor Yale Bible Commentary, 1999.

関根正雄『エレミヤ書註解　上』（関根正雄著作集14）新地書房、一九八一年

『新共同訳　旧約聖書注解Ⅱ』日本キリスト教団出版局、一九九四年

A・ワイザー『エレミヤ書1―25章　私訳と註解』（ATD旧約聖書註解20）月本昭男訳、ATD・NTD聖書註解刊行会、一九八五年

並木浩一『古代イスラエルとその周辺』新地書房、一九七九年

並木浩一『並木浩一著作集3　旧約聖書の水脈』日本キリスト教団出版局、二〇一四年

関根清三『旧約聖書と哲学――現代の問いのなかの一神教』岩波書店、二〇〇八年

旧約聖書翻訳委員会訳『旧約聖書Ⅲ　預言書』岩波書店、二〇〇五年

小泉　仰『預言者エレミヤと現代』教文館、二〇〇二年

H・W・ヴォルフ『旧約聖書の人間論』大串元亮訳、日本キリスト教団出版局、一九八三年

エレミヤ書　六章一六―二一節

蔦田　崇志

エレミヤ書の全体がそうであるように、この段落における土台には神の審判は下されるという厳粛な現実がある。すなわち、エレミヤの告知や宣告には状況の逆転や改善は含まれていない。彼の語る福音に希望があるとしても、それは神の審判を受けてから後のこととなる。来たるべき災禍や脅威を回避するための預言ではなく、その不幸や脅威の意味するところをわきまえるための語りかけなのである。

滑稽なくらいの頑迷（一六―一七節）

主の招きと、その招きを拒むイスラエルの民の問答が二節にわたって繰り返される。第一の招きは「主はこう言われる」とエレミヤが紹介する。四辻のような分岐点に立った者に対して正しい道を選択して進むようにと勧め、先達の生き様と証詞とに耳を傾け目を留めるように、と戒めが続く。律法の中には「昔からの道」が豊かに記録されていて、彼らは先祖が辿ってきた歩みを吟味することができる。いにしえの父祖たちが犯した過ちを避け、彼らが選択した正義と公正に倣い、取るべき道を定めるようにと主は促された。

このように迫るエレミヤの姿はちょうどモーセが約束の地を目の前にして、民にゲリジム山とエバル山とを指さして、祝福と呪いのうち前者を選び取るように迫ったときを（申命記一一・二九、二七・一一―一二）、また民の前に「命と幸い、死と災い」を置き（三〇・一五）、「あなたは命を選び、あなたもあなたの子孫も命を得るようにし、あなたの神、主を愛し、御声を聞き、主につき従いなさい」と訴えた場面を（同一九―二〇節）思い起こさせる。

イスラエルの民にとって「幸いに至る道」（エレミヤ書六・一六）がどれなのかは謎ではなかった。祝福の山はいにしえから示されており、命と幸いとを選ぶことは決して難解な選択ではなかった。そしてその道を選び取るときに得られる魂の安らぎも、欺きの宗教家たちが吹聴する偽りの「平和」（六・一三―一四）とは異なる憩いが備えられているという。「得よ」とはマツァーの訳語で「見出せ」の意である。幸いに至る道も、その道の果てにある魂の安らぎも見出すことのできる、手が届くところにある賜物であった。「あなたがたは（直訳は「あなたがたの魂は」）安らぎを得られる」（マタイ一一・二九）と呼びかけられたキリストの招きを想起させる。パウロもまたイザヤの預言を引用して神が備え給う究極の賜物について証しする（Iコリント二・九）。

目が見もせず、耳が聞きもせず、
人の心に思い浮かびもしなかったことを、
神は御自分を愛する者たちに準備された。

パウロもまた、神が準備された賜物に大いに期待をする。そしてキリストの十字架によって成就された贖いのみわざを指差し、人知をはるかに超えた神の賜物に大いに感嘆する。エレミヤをとおして神が招かれた道は、民にとって確かに祝福と幸いをもたらすものであった。

ところが民はこの上なく明瞭に拒絶する。かつてゲリジム山とエバル山との間でモーセに迫られた民は、厳かに「アーメン」を繰り返して応答した（申命記二七・一五—二六）。ヨシュアに戒められた民もまた「わたしたちの神、主にわたしたちは仕え、その声に聞き従います」と繰り返し誓った（ヨシュア記二四・一六—一八、二一、二四）。同様にこの民は歴史の節々で、この誓いと告白とを繰り返してきた。ところがここにきて彼らは手のひらを返したかのように「そこを歩むことをしない」と拒む。ヴァ・オムルー・ロー（しかし彼らは言った、「否」と）が一六、一七節の締めくくりに繰り返され、民の断固とした拒絶を突きつける。拒む背景もなければ理由も付されない。ただ頑として断る民が描かれている。そしてここにこそ頑迷の骨頂がある。もはや筋道の通った説明にも耳を傾けない。権威に基づいた戒めも通じない。慈しみに溢れた招きも届かない。彼らの返答はすでに定まっている。「そこを歩むことをしない」。

この駆け引きが一七節で繰り返される。詩的には並行法を用いた連句で、礼拝などで歌われる詩歌を模擬したものだと考えられている（P. Craigie, 105-106）。とすれば一七節は前節の主旨をさらに強め、あるいはさらに発展させるために書き加えられている。直接発話の始点が「あなたたちのために」（新共同訳）から始まるのか「耳を澄まして」（P. Craigie, W. McKane）からなのかによって多少意味合いに違いが生じる。前者であるならば見張りを立てる動作主は呼びかけられているイスラエルの民である。自分たちで角笛の音を聞きつける見張り人を立てるように命じられていることになる。後者であるならば、見張りを立てるのは神自身である。この場合、「耳を澄まして角笛の響きを待て」が神から見張りを通して伝えられた命令だということになる。

前者を採用するならば神（わたし）は民に二つのことを促している。第一に見張りを立てること。民のうちから相応しい者を選出してこの責務に当たらせるべきこと、これから後に起こることについて洞察のある者を用意するようにとの勧告である。さらに、角笛の響きを注意して（耳を澄まして）待つようにと警戒する。クレイギーはこの「耳を澄まして待つ（カシャヴ）」が六章全体の要となっていると解説する。エルサレムの民は「耳を傾けることができない」（六・一〇、ロー・ユクルー・レ・ハクシーヴ)。また後述するが、神の言葉に「耳を傾けず」(六・一九、ロー・ヒクシーヴー)、その教えを拒む(P. Craigie, 105-106)。とすれば、「耳を澄まして……待て」に対して「耳を澄まして待つことはしない」という拒絶はまさにこの段落全体の要とも言える。意地でも警戒の角笛に対して全く関心を寄せまいと決意する民の頑迷が生々しく浮き彫りにされる。

以前、家屋が全焼する火災が発生し、逃げ遅れた住人の何人かが生命を落としたと報道された。逃げ遅れた理由は火災警報器が作動しなかったためだと判明した。なんとその家の住人は、日頃から火災警報器が調理などで煙が発生するたびに警音をけたたましく鳴らすのが鬱陶しくて電源を切ってしまったという。生命を守るはずの機器を自らの手で作動できないようにしてしまったことが悔やまれた。エルサレムの町では神の言葉を預かるはずの者たちがこぞって平和を連呼して止まなかった。彼らは神の警告を語ることをせず、民の耳に居心地の良い言葉を語った。それで警戒の角笛に耳を傾けず、いわんや見張りを立てることなど、気にも留めなかった。

ちなみに、もしも発話の始点が「耳を澄まして」からであったとすれば、見張りの数々を立てたのは神ご自身である。クレイギー他によれば「見張り」は預言者たちを象徴している(エゼキエル書三・一七、三三・七、ハバクク書二・一)。すなわち、神は預言者たちを繰り返し民に「見張り」として送り続け、耳を傾けよと戒めてきたが、民は「耳を澄まして待つことはしない」と拒んだ、ということになる。いずれにしても、民の滑稽なくらいに頑迷な拒み方が読者の目に焼きつく。そして彼らの姿は読者にも問いかける。「あなたには神の迫りに対して否と拒むところはないか?」と。

やりきれない結末(一八―一九節)

神の民が固執した頑迷のもたらす必然の末路が痛々しく宣告される。彼らの拒絶は決して無鉄砲や無邪気で済まされる次元ではない。まして勇敢な反骨精神や見上げた度量でなどない。唯々愚かな選択で、無念な結末を呼び寄せるだけである。

神は周囲を見渡して「国々よ、聞け」と呼びかけなさる。この民にこれから起こることを目撃するように、そして弁えるようにと呼びかけがなされる。警報器を取り外して、虚しく平和を歌っている町に突如禍いが訪れてもなんら不思議はなく、むしろ襲撃の的と化してしまっていることは火を見るより明らかであるが、神はその全てをご自身の御手のうちに収めて「わたしが彼らにしようとすること」だと宣言される。これからエルサレムの住人にもたらされる結末を全て一人称で担われる。彼らが被る災禍は断じて耳を傾けない民に対する神の報復ではない。

そのことが一九節にてますます明らかになる。再び神は見渡して「この地よ、聞け」と呼びかけられる。そして今度こそ明らかに「わたしが(アナキー)」「この民に災いをもたらす」と宣言される。確かに一面から見れば、この災いは民の背信に対する神の審判と読み取ることもできる。正義と公正を尊ばれる神がご自身の栄光を現すために下される判決である。しかし同時にこの災いは「彼らのたくらみが結んだ実」なのである。マハシャヴァーは「計画」や「企て」を意味する語であるが（エレミヤ書四九・三〇「お前たちを滅ぼす企てを立てている」参照のこと）、ここでは神に対する悪意を含めた「たくらみ」と訳されている。すなわち、彼らに訪れる災いは、そのたくらみがもたらす当然至極の結末でもある。箴言の冒頭に、この真理を言い表す格言が記されている（箴言一・二九―三一）。

　彼らは知ることをいとい
　主を恐れることを選ばず
　わたしの勧めに従わず
　懲らしめをすべてないがしろにした。
　だから、自分たちの道が結んだ実を食べ
　自分たちの意見に飽き足りるがよい。

「彼ら」とは浅はかな者（一・二二、三二）、不遜な者（一・二二）、そして愚か者（一・二二、三二）であるが、イスラエルの民もまさにここに及んで「彼らのたくらみが結んだ実」を食らうことになる。彼らのたくらみに対抗して神もまたわざわざたくらみをこしらえるに及ばない。実はおのずと結ばれるものである。

ところがこのやりきれない結末について、神は「わたしは（が）災いをもたらす」と言い放たれ、「彼らがわたしの言葉に耳を傾けず、わたしの教えを拒んだからだ」と仰せられてご自身と結びつけなさるのである。神は一貫してご自身の民に対して「聞き従う」ことを求めて来られた。アダムは神でなく「女の声に従い、取って食べるなと命じた木から食べた」ために収穫の苦しみが増してしまい（創世記三・一七）、イサクをささげたアブラハムは「地上の諸国民はすべて、あなたの子孫によって祝福を得る。あなたがわたしの声に聞き従ったからである」と主に喜ばれる（創世記二二・一八）。サムエルはサウルに失望して諭す。「主が喜ばれるのは、焼き尽くす献げ物やいけにえであろうか。むしろ、主の御声に聞き従うことではないか。見よ、聞き従うことはいけにえにまさり、耳を傾けることは雄羊の脂肪にまさる」と（サムエル記上一五・二二）。他に例を拾うならば枚挙にいとまがない。エレミヤ書六章においても幸いに至る道を尋ねて、その道に歩むように命じてきたのに、「歩むことをしない」と拒み、「耳を澄まして待て」と警戒したのに「耳を澄まして待つことはしない」と言って従わなかった。そして今、彼らはその実を食らうと言われている。それなのに彼らは「平和だ」と言って疑わない。いまだに聞く耳を持たないままでいる。神は厳かに宣告する、「わたしはこの民に災いをもたらす」。

悲壮なくらいの虚構（二〇―二一節）

民にもたらされる災禍について、神ご自身が「わたしが彼らにしようとすること」だと宣告されるとき、二つのことを意味する。一つには、神が「しようとすること」は徹底してなされることになる。容赦もなければ妥協もない。確実な災禍が訪れることになる。しかし、今ひとつ、神ご自身が災いをもたらすときに、そこには必ず贖いと回復が備えられている。後者については今しばらく神のときを待たなければならない。

　ここで語られているのは容赦ない審判と、それにもかかわらず神をなだめようと試みる民の虚しい姿である。彼らの試みはまず物珍しい贈り物に象徴されている。シェバからの乳香への言及がある。シェバとは恐らくアラビア半島南部の沿岸地域であろうと言われている。この辺りが乳香の産地だという裏付けはないが、あるいは乳香が商われていたということだろうか。エレミヤ書には再び乳香が（一七・二六、四一・五、五一・八）、特にギレアド産の乳香が登場するが（八・二二、四六・一一）、これらは薬用のもので、シェバからの乳香は香料であったと言われている。高貴な香りで神の怒りをなだめようとでも考えたのだろうか。

　それから産地は特定されていないがはるか遠い国から取り寄せた「香水萱《こうすいがや》」なるものが貢がれてきたという。シェバの乳香同様香り高い品物と見える。クレイギーはアフリカ北東部産のものであろうと推測している。この二つに共通するのは外地から取り寄せた品物で、香りが高く高価なものであること。あるいは高貴な香りは祈りを象徴するものであったかもしれない（詩編一四一・二他）。何が暗示され、あるいは意図されていたにせよ、神にとっては「何の意味があろうか」と拒まれる。そもそも神の前に焚く香料は厳密な調合が求められている（出エジプト記三〇・三四―三八）。そこには海外からの高価な香料は含まれていない。

　民はまた「焼き尽くす献げ物」を携えて、また種々のいけにえを携えて、神の前に参じている絵が描かれている。まるで焼き尽くす献げ物から始めて、各種のいけにえを試し、どれか神の気に入る物を見出そうとするがごとくである。神はすべてのいけにえについて喜ばず、好まないと拒まれる。無論神はいけにえや献げ物を全否定しておられるのではない。主が献げ物を喜ばれた顕著な例を福音書に見出す。レプトン銅貨を二枚賽銭箱の中に入れた貧しいやもめの献金について「だれよりもたくさん入れた」と喜ばれた（マルコ一二・四一―四四）。それは彼女の献げ物が彼女のすべてであったからで、翻して言えば彼女の献げ物だけが、神への全幅の信頼を表していたからである。神はエルサレムの民から、そのようないけにえを得ることができなかったのである。高額な舶来の品物が陳列され、あるいは伝統に則った各種のいけにえは滞りなくささげられたかもしれない。しかし、そのひとつたりとも神に信頼し、聞き従う証を伴うものはなかった。悲しいほどに空虚な陳列棚であり、祭壇である。

　とうとう主は宣告される。躓きを置く民は「この民」だと名指しで定めなさる。「そこを歩むことはしない」「耳を澄まして待つことはしない」と言った民、主の御声に耳を傾けず、そのみ教えを拒み、虚しい贈り物といけにえとで神をなだめたつもりになっている「この民」が間違いなく、確実に躓く。そしてその及ぶ範囲は広い。世代を越えた審判がくだり、「父も子も共に」その下で躓く。躓きは一人で止まらず、「隣人も友も皆」周囲の者たちをも確実に巻き込む。そしてその倒れようは致命的で「滅び」と言い表される。

恵みに応答しない愚か

この滅びは間違いなく民の頑迷によってもたらされた不幸である。彼らは敢えて幸いが備えられている道を選び取らなかった。神は決して彼らから正しい道を隠しておられたのではない。彼らには尋ね求めることのできた「昔からの道」があり、見張りは立てられ、角笛は鳴り響き、魂に安らぎを得る術はいくらもあった。彼らはそれらを愚かにも拒んだ。そしてその結実を当然ながらに刈り取ることになる。

しかし、神は彼らとその運命とを成り行きに任せるようなことはなさらない。神はご自身の彼らの運命に巻き込ませ、「わたしが彼らにしようとすること」だと宣告し、「わたしが（は）この民に災いをもたら」し、「わたしはこの民につまずきを置く」と仰せられる。神が民の行く末に介入された瞬間である。彼らは枯れ木が朽ちていくに任せて躓き倒れ、滅びるのではない。その躓きのひとつひとつ、彼らの滅びさえも神が御手を差し出しておられる。それゆえ審判は容赦なく、徹底したものとなる。しかし、同時にそれらは皆、神のみこころのすべてを映し出したものとなる。

民が躓き倒れるのは、神がご自身の憤りをなすままに解き放ってのことでは決してない。むしろご自身が慈しまれる民の愚かさを嘆き悲しみ、御心を痛めての審判なのである。エレミヤが涙の預言者であるとすれば、それは彼が神の痛みと、悲しみとしか言い表しようのない御思いを鏡のごとくに映し出しているからに他ならない。そして神の痛みがもたらす「滅び」はそれ自体が終焉ではない。その先に、神への信頼の回復がおぼろに見えてくる。信頼するがゆえに聞き従う歩みの足音が聞こえてくる。そしてその歩みの先には確実に「魂の安らぎ」が備えられているのである。

それだから、審判は下らなければならない。彼らは躓き倒れ、滅びを味わい、絶望しなければならない。そのようなときに、虚しく「平和だ、平和だ」と連呼することは許されない。それは単なる偽りではなく、神が備え給う回復の道筋に覆いを掛けるような妨げに他ならない。

そのような災禍、躓きと滅びとを越えて回復をしたときに、民は真摯に自らが神の慈しみと恵みによってのみ、生き返ることを許され、再び自らの足で立ち歩くことができることを弁《わきま》え知ることになる。内より湧き出る謙《へりくだ》り、またいけにえに勝る従順をもって神の御前に自らを差し出すのである。

参考文献

Peter C. Craigie, Page H. Kelley & Joel F. Drinkard, Jr., *Jeremiah 1-25*, Word Biblical Commentary Vol. 26, Word Books, 1991.

R. K. Harrison, *Jeremiah And Lamentations*, Tyndale Old Testament Commentaries, IVP, 1973.

William McKane, *Jeremiah* vol.1 I-XXV, International Critical Commentary, T&T Clark, 1986.

エレミヤ書　七章一―一五節

小副川　幸孝

背景

エレミヤ書七章一―一五節は、新共同訳聖書の小見出しにあるように、エレミヤの「神殿での預言」あるいは「神殿説教」と呼ばれるものである。この部分は、前の詩文とは異なって散文で記されているが、この預言の背景については、エレミヤと歩みを共にし、書記・弟子として記録を残したネリヤの子バルクが編纂したと思われる「エレミヤ受難記」と呼ばれるものの一部である二六章一―一九節に詳しく述べられている。

それによれば、この「神殿説教」がなされたのは、「ヨシヤの子ヨヤキムの治世の初め」（二六・一）とされている。

歴代誌によれば、ヨシヤ王は、その治世の第十二年（紀元前六二八年）に、それまで各地にあった聖所がカナン地方のバアル宗教の影響を受けてイスラエル本来の信仰が失われているとして、すべて廃止し、エルサレム神殿への集中化を行い、また、エルサレム神殿から一切の異教的祭儀物を取り除いた（歴代誌下三四・三―七）。そして、エルサレム神殿の修復の際に発見された「律法の書」（申命記法典の主要部分）に基づいてユダ王国全土にわたっての宗教改革運動を展開した（歴代誌下三四・八以下、列王記下二二・八以下）。しかし、紀元前六〇九年、エジプトの王ファラオ・ネコが、衰退したアッシリアの残存勢力を助けて新バビロニア帝国を撃破しようと上ってきた際に、領土内に侵入したエジプト軍と戦い（メギド――ハランの戦い）、そこで戦死した（列王記下二三・二九）。そこで、かってヨシヤを王位につけ、ヨシヤ王の宗教改革を担っていたと思われる「国の民」と呼ばれた人々はヨシヤの子ヨアハズを選んで王とした（列王記下二三・三〇）。しかしヨアハズは在位三か月で、エジプト王ファラオ・ネコによってシリア北部のリブラに幽閉され、ファラオ・ネコは、ヨアハズに代えて、同じくヨシヤの子であるエルヤキムを王とし、名前を「ヨヤキム」と改めさせた（列王記下二三・三三―三四）。

「ヨヤキム」という名前は「ヤーウェが立てられる」という意味で、「エルヤキム（神は立てられる）」という名前よりもいっそうヨシヤ王が行おうとした宗教改革の意図を強調しようとするものであるが、そこにはファラオ・ネコによる巧妙な意図が含まれていた。それは、表面的には「国の民」の意を迎えようとしながらも、内実は、政治、宗教、外交のあらゆる面でヨシヤ王の政策を逆転させ、エジプトに従わせようとするものであった。

当時の世界状況は、長年に渡ってオリエント世界を支配してきたアッシリア帝国が急速に衰退し、紀元前六一二年に、その首都ニネベが新バビロニア帝国と東部のメディア王国によって陥落し、激変していた。エジプト王ファラオ・ネコは、勢力を拡大している新バビロニア帝国に抗する防塁としてユダ王国を取り込もうとしたのである。

そうした意図の下で王位についたヨヤキムは、歴代誌や列王記では「主の目に悪とされることを行った」（歴代誌下三六・五、列王記下二三・三七）とされ、エレミヤは「あなたの目も心も不当な利益を追い求め、無実の人の血を流し、虐げと圧制を行っている」（エレミヤ書二二・一七）と激しく批判している。列王記によれば、ヨヤキムの治世のときに、ヨヤキムは新バビロニア帝国に反逆し、ついにネブカドネツァルによるエルサレム攻撃を招いている（列王記下二四・一―二）。

エレミヤが「神殿説教」を開始したのは、このヨヤキムの治世の初め（おそらく紀元前六〇八年）のことであろう。

エジプト王ファラオ・ネコの傀儡として王とされたヨヤキムが即位しても、人々は、激動する世界情勢の中で王ヨヤキムに信頼を寄せることはできなかったに違いない。それゆえ、人々は、唯一の聖所であるエルサレムの神殿で神に祈る以外にはなかったであろうし、ヨヤキムもまた、そうした人々の心理を利用して、エルサレム神殿の不滅性を訴えて擬似的な安心感を与えようとしたであろう。

ヨヤキムが王位についた翌年（紀元前六〇八年）の新年を迎え、多くの人々がエルサレム神殿に集ってきた。新しい年に神の祝福と平安を求めるためである。そこで、預言者エレミヤは神殿の門に立ち、「主の神殿、主の神殿、主の神殿という、むなしい言葉に依り頼んではならない」（エレミヤ書七・四）と呼びかけたのである。その呼びかけが、この「神殿説教」である。先述したように、散文で記されているここには、文体的にも思想的にも「申命記」や「列王記」などを編纂したと思われる申命記学派のものと似ている面も見受けられるが、内容はエレミヤ独自のものであろう。

主の言葉を聞け

年が明けて、エルサレム神殿に集まった人々に対して、エレミヤは「主を礼拝するために、神殿の門を入って行くユダの人々よ、皆、主の言葉を聞け。イスラエルの神、万軍の主はこう言われる」（二―三節）と呼びかけ、これから語ることが神の言葉として託されたことであることを明言する。「万軍の主（アドーナイ・ツェヴァーオート）」という表現は、イザヤ書でよく使われる神の呼称であるが（旧約聖書全体では二百五十回ほどで、そのうちイザヤ書では七十回ほど用いられている）、「勝利をもたらす圧倒的な力強い神」を意味している。その力ある神が語られた言葉を聞け、と呼びかけたのであり、これから語られることが、人々への指針として重要なことであることを指し示すのである。

そのことは「主の言葉を聞け（シェマー）」ということでも

よく表されている。「シェマー（聞け）」は、「シェマー・イスラエル（イスラエルよ、聞け）」のように、申命記法典で最も重要なことが告げられるときに用いられる言葉である。

二節のこれらの呼びかけの言葉は、もちろん、預言者が託された神の言葉を語るときの常套句のような言葉ではあるが、不安のうちに新年を迎え、神の祝福を求める人々に、エレミヤは、まず神の言葉を聞くことから初めよ、という呼びかけを行ったと言えるであろう。

先述したように、ユダ王国を取り巻く国際情勢は大きく変化し、世界は不安定さを増している。新しく王となったヨヤキムは大国エジプトの王ファラオ・ネコの影響下に置かれ、敵対する新バビロニア帝国の勢力は拡大している。それらの大国にはさまれた弱小国家の南ユダは、まるで水面に揺れる木の葉のように、大国の政治と軍事力、経済力に翻弄されている。どこをとっても不安だらけである。そのような人々に、エレミヤは、まず、神の言葉を聞くことを求めたのである。

このことは、エレミヤ自身の預言者としての生涯を貫く姿勢でもあったであろう。

エレミヤは、その預言活動の初期の頃に「北からの災い」（四・五―三一など。これが具体的にはどういうことを指すのかの確定は難しく、後期では新バビロニア帝国と考えられたが、初期においては、状況的に騎馬民族のスキタイ人の襲撃であろう。スキタイ人は、アッシリア帝国の衰退期にコーカサス方面から侵入し、各地を略奪してまわり、その襲来は恐怖と不安を引き起こす要因となったであろう）の警告を発したが、幸い、それが実現しなかったし、しかし、そのことによってエレミヤは嘲笑の的となったし、初めはヨシヤの宗教改革に身を投じたために、故郷アナトトの人々によって暗殺を謀られたりした（一一・二一）。彼は、自分の生まれたことを呪い（一五・一〇）、妻も子もなく（一六・二）、孤独のうちに日々を過ごさなければならなかった。それゆえに彼はまた、ひたすらに神の言葉により頼んだ。「あなたの御言葉が見いだされたとき、わたしはそれをむさぼり食べました。あなたの御言葉は、わたしのものとなり、わたしの心は喜び躍りました」（一五・一六）と、告白している。そして、御言葉は、「聞く」ことから始まる。

エレミヤは、自らの預言者としての召命に際し、「わたしは語る言葉を知りません。わたしは若者にすぎませんから」（一・六）と躊躇したが、神が「若者にすぎないと言ってはならない。わたしがあなたを、だれのところへ遣わそうとも、行って、わたしが命じることをすべて語れ。彼らを恐れるな。わたしがあなたと共にいて、必ず救い出す」（一・七―八）と語られた、と述べる。彼自身が徹底して神の言葉を聞く人であったのである。

状況が悪くなったり、不安を覚えたり、自らの力のなさに直面せざるを得なくなったとき、そこで「神の言葉を聞く」ことができるかどうか、そこに信仰と信仰者のあり方がかかっている。不安のうちに新しい年を迎えた人々に、力強い神の言葉が指針として語られる。だから、まさに、「主の言葉を、聞け」なのである。

道と行いを正せ

そこでエレミヤが神の言葉として語ったことの最初は「お前たちの道と行いを正せ」（七・三）ということであった。このことは五―六節でも繰り返され、正すべき正しい行いとは、「お互いの間に正義を行い、寄留の外国人、孤児、寡婦を虐げず、無実の人の血を流さず、異教の神々に従うことなく、自ら災いを招かないこと」である。また、「盗み、殺し、姦淫し、偽って誓い、バアルに香をたき、知ることのなかった異教の神々に従わないこと」（七・九）である。

これらのことは、すでに「十戒」で厳しく戒められていることであり、「出エジプト記」や「申命記」の中で繰り返し述べられていることで、特に「寄留の外国人、孤児、寡婦」については、「人道上の規定（人道的律法）」（出エジプト記二二・二〇―二六、申命記一〇・一二―二二、二四・一七―二二）の中でも明瞭に規定されていることである。

つまり、神によって与えられた律法の遵守ということが、ここで改めて語られているのである。そして、「そうすれば、わたしはお前たちをこの所に住まわせる」（七・三）と語られるし、また「そうすれば、わたしはお前たちを先祖に与えたこの地、この所に、とこしえからとこしえまで住まわせる」（七・七）と、律法の遵守による神の約束が語られる。

このような律法の遵守とそれに伴う祝福、定住の約束は、それを守らなければ罰せられるということと合わせて、申命記学派的な因果応報的・合理的思想であると言うことができるであろう。しかし、その背後にあるものを見れば、国家の滅亡へと向かう状況下で、それまでの外面的・儀式的宗教形態から、「心を尽くし、魂を尽くし、力を尽くして」（申命記六・五）神を愛するという信仰の内実へと向かうことによって神の民としてのアイデンティティーを保持したとも言える。因果応報的発想は別にして、イエスもまた信仰の内実をこそ重要なこととして示された。「正せ（ヤータヴ）」は「改めよ」とも訳せる言葉で、真実の悔い改めは、それが「神の前」で行われるところで初めて意味を持つ。

エレミヤがここで「正しいこと」としているのは、言うまでもなく、愛の実践に他ならない。それゆえ、エレミヤは、人々に「神の前に立つ者」として愛を実践せよと呼びかけたと言うことができるであろう。

しかし、エレミヤは、彼の預言活動の中で、次第に人間の罪と悪の救い難い状態を認識していく。律法の遵守ということを楽観的に考えることができなくなっていくのである。「人の心は何にもまして、とらえ難く病んでいる」（一七・九）と、彼は語る。そしてその絶望の中で、彼は、人間のあらゆる罪や悪、矛盾を越えて救いをもたらされる創造者としての神を認識し、そこから「むなしいこと」と「真実」を見極めていく。それゆえここで、「むなしい言葉に依り頼んではならない」（七・四、八）と言う。

むなしい言葉に依り頼んではならない

エルサレム神殿の不滅性に対する信仰は、特に、紀元前七二二年に北イスラエル王国がアッシリアによって滅亡した後にアッシリアの属国状態にあった南ユダで、列王記によれば、紀元前七一五年ごろから王位についたヒゼキヤの治世の時、アッシリアの王センナケリブが南ユダの町々を占領し、エルサレムを包囲した際（紀元前七〇一年）、預言者イザヤの「彼がこの都に入城することはない。またそこに矢を射ることも、盾を持って向かって来ることも、都に対して土塁を築くこともない。……わたしはこの都を守り抜いて救う」（列王記下一九・三二―三四、イザヤ書三一・五も参照）という預言のように、突如、アッシリア軍が包囲を解き撤退して以来、ますます強いものとなっていった。神の都としてのエルサレムは守られ、その中心としての神殿は神の守りの要であるという神殿信仰がますます強くなり、また、ヨシヤ王が宗教改革を行って異教のバアル信仰の影響を強く受けていた地方聖所を廃し、エルサレム神殿への中央集権化を行う際の大きな根拠づけとして働いたであろう。

実際、当時の人々の心の拠り所は、外形的には、もはやエルサレム神殿以外にはなかった。目に見える外形的なものを依り所として安心を得ようとすることはどこにでもあることではあるが、エルサレム神殿は神の守りと、それによる平安を得ることの象徴にほかならなかった。神殿で礼拝する人々が、「主の神殿、主の神殿、主の神殿」と賛美の声をあげたであろうことは想像に難くない。

しかし、エレミヤはそれがむなしいことであり、「主の神殿、主の神殿、主の神殿という、むなしい言葉に依り頼んではならない」（七・四）と言う。また、「お前たちはこのむなしい言葉に依り頼んでいるが、それは救う力を持たない」（七・八）と語る。神殿で祭司たちが「救われた」と言っても、それは実体のない虚像に過ぎない。「彼らは、わが民の破滅を手軽に治療して、平和がないのに、『平和、平和』と言う」（六・一四）。そこには神の前にへりくだる信仰の内実もなければ、真実もない。真実の信仰、あるいは信仰の内実化を求めたエレミヤにとって、中身のない「むなしい言葉に依り頼む」人々の姿は「偽り」に満ちた姿であったに違いない。そして、そのようなむなしい言葉をもたらす神殿そのものを激しい言葉で非難する。

神殿批判

エレミヤは、人々が依り頼んで、そこから偽りの平安を得ようとすることがむなしいことであると語るだけでなく、神の名によって呼ばれる神殿そのものが「強盗の巣窟と見える」（七・一一）と厳しい批判の言葉を投げかける。神殿が人間の欲望を満たすためだけのものとなってしまっているというのである。宗教が人間の欲望充足手段として利用されることは多々あることであり、イエスがこの言葉を引用してエルサレム神殿の宮清めの行為をされたことが共観福音書に記されている（マタイ二一・一三、およびその並行記事）。

そしてさらに、かつて士師時代に聖所があったシロが破壊されたように、人々が頼りにするエルサレム神殿も破壊されると語る（七・一四）。サムエル記によれば、ペリシテとの戦いの中で契約の箱がシロに置かれることによって、一時、イスラエル軍は高揚したが、契約の箱がペリシテ軍に奪われ、イスラエル軍は壊滅した。そのとき、祭司であったエリも死んでいる

（サムエル記上四章）。エレミヤは、アナトトの祭司の家の出身で、ソロモンによってアナトトに追放された祭司アビアタルの出来事をよく知っていたであろう（列王記上二・二六―二七）。祭司アビアタルはシロが壊滅したときの祭司エリの子孫である。それゆえ、士師時代に神の臨在を示す契約の箱が置かれたシロで契約の箱が奪われ、シロの聖所が破壊されたことをエレミヤはよく知り、かつてのシロと同じようにエルサレム神殿も破壊されるだろうと語り、目に見える外形的なものは、頼りにならないのだと宣言するのである。

そして、エフライムの子孫（北イスラエル王国）が滅亡したように、南ユダ王国も滅亡すると語る。神は「お前たちの兄弟である、エフライムの子孫をすべて投げ捨てたように、お前たちをわたしの前から投げ捨てる」（七・一五）と言われる、と警告するのである。二六章六節では「この都を地上のすべての国々の呪いの的とする」という厳しい言葉が記されている。

エレミヤ書二六章七節以下に依れば、エレミヤは、この神殿批判によって祭司たちと預言者たちによって、「この人の罪は死に当たる」（二六・一一）とされ、死の危険にさらされ、かろうじて高官たちや長老たちの説得で死を免れた。しかし、その後も神殿で南ユダの滅亡を語り続けたので（一九章）、神殿の最高監督者である祭司パシュフルはエレミヤを捕らえ、ベニヤミン門に拘留した。それ以後エレミヤは神殿に近づくことを禁じられている。

それは、言い換えれば、エレミヤの神殿批判と南ユダに対する警告が、エレミヤが自らの生命を賭したものであったということであろう。

偽りの安心を得ようとする人々の信仰を問題にし、それをもたらすものの破壊を告げて、それらのむなしさを命がけで語ることによって、エレミヤは、神の前で神の真実に立ち返り、へりくだって神の言葉を真実に聞くことを求めたのである。

まとめとしての説教黙想のために

この箇所からわたしたちが聞くことができることがいくつかある。そのひとつは、神の言葉を真実に聞くことの重要性である。自分の都合に合わせて安価な恵みを得るためではなく、自らの指針として神の言葉の前にへりくだることである。神の前で真摯であることである。もうひとつは、イエスが「『主よ、主よ』と言う者が皆、天の国に入るわけではない。わたしの天の父の御心を行う者だけが入るのである」（マタイ七・二一）と教えられたように、神は、弱いものを虐げず、無実の人の血を流さないという愛の実践を求められるが、だからと言ってそれが免罪符になるわけではなく、目に見える外形的なものに頼るのではなく、常に神の前に立って、ただ神によってのみ与えられる真実の救いの道を歩むことである。信仰の真実さということである。そのほかにもあるが、特にそれらを心に留めて黙想したい。

参考文献

関根正雄『エレミヤ書註解　上』（関根正雄著作集14）新地書房、一九八一年、他。

エレミヤ書　七章一六―二九節

河野　行秀

コンテキストの把握

まず歴史的背景をみることから始める。

季節は秋の収穫を祝う祝祭日であったであろう。イスラエルは、遠くから近くから、エルサレム神殿に詣でる人々で賑わっていた。「主を礼拝するために、神殿の門を入って行く」（七・二）という言葉がそのことを示している。その群衆に向かって預言することを、エレミヤは主から命じられた。内容は、国民が不信仰と悪しき行いを悔い改めるなら救われるが、拒むなら滅ぼされる、ということと、彼らが頼みとしている神殿も、神の審判によって破壊されるであろう、ということである。

なぜ、エレミヤはこのような厳しいことを預言したのか。一つには、民の不信仰、罪悪がある。彼らは神殿を商売の場、盗賊の巣のようにしていた。しかし、理由はそれだけではなく、歴史的な事柄でもあった。当時ユダ王国は、政治的にはなはだしく動揺していた。宗教、社会の改革のために熱心であったヨシヤ王は、エジプトとの戦争で改革の半ばに死んだ。次の王ヨアハズ（エホアハズ）はエジプトに拉致された。さらに次の王ヨヤキム（エホヤキム）は、エジプトの傀儡として即位した。

これまで、パレスチナを抑えていたのはバビロニアであったが、今度はエジプトが支配するようになった。そのために、ユダ王国は政治的に動揺し、何か不安なものが国全体を覆っていたのである。そこで彼らは、何かによって落ち着きを得たい、自分たちの不安な心を鎮めたいと願っていた。それで祭りの度ごとに、エルサレム神殿に多数集まったのである。「主の神殿、主の神殿」（七・四）という言葉は、そのような気持ちを表している。この神殿があれば、我々は大丈夫だという気持ちである。日本でもかつて明治神宮や伊勢神宮をたよりにしたのと似た状況である。

エレミヤは、神殿に対するこのような信頼はまったく迷信だと言ったのである。真心からヤーヴェに対する信頼があるならば都は救われるのであって、神殿があり、そこで盛んな祭りが行われるなら救われるということではないのである。そこで預言者の言葉は、迷信打破であり、偶像破壊となる。

次にテキストを把握する。

第七章は神殿でエレミヤに臨んだ主の言葉である（七・一）。第一部は「主の神殿」において異教の祭儀を執り行う民への警告である（七・一―一五）。第二部が、本稿で取り扱うことになる「執り成しの拒否」の部分であり（七・一六―二九）、第三部が神殿とベン・ヒノムにおける異教祭儀の実態と審判予告である（七・三〇―八・三）。

本ペリコーペ（七・一六―二九）は内容からして、四つに区分できる。執り成しの禁止（一六節）、天の女王に菓子をささげる異教的行為に対する批判（一七―二〇節）、出エジプト以来、神が求めたこと（二一―二六節）、そして最後にエレミヤの預言を聞かない民に対する裁きである（二七―二九節）。

「天の女王」のための献げ物に対する批判については、エレミヤがエジプトに連行されたときの預言にさらに詳しく述べられている（四四・一五―三〇）。このような異教的行為は、ヨシヤ王の宗教改革によって厳しく禁じられたはずであるが、改革運動の最中にも家庭ではひそかに行われていたらしい。「天の女王」は、バビロニア、アッシリア地方の女神イシュタルであり、金星によって象徴される。その夫はタンムズである。これらの異教礼拝は、アッシリア帝国の支配下にあったマナセの治世に、すでに行われていた可能性がある。ヤーヴェ宗教は女神がないために誘惑されやすかった。広い意味でバアル礼拝に包括される農耕に関わる豊穣宗教である。

出エジプト以来、神が求めていたことは、祭儀ではなく主の道を歩むことである。「エジプトの地から導き出したとき」（二二節）、「エジプトの地から出たその日から」（二五節）と、イスラエルの歴史的アイデンティティを、出エジプトに置いていることが分かる。神の求めたことは、神に聞き従うことと再確認させている。出エジプト以来、神は、焼き尽くす献げ物を要求したことはない。このことは、預言者の立場から見た場合、イスラエルの宗教の本質的意味は、倫理的行為に強調があるということであろう。イスラエル宗教が内面化していく過程である。詩編において、「神の求めるいけにえは打ち砕かれた霊」（五一・一九）と言われるようになる過程である。出エジプト以来、神は預言者を何度もイスラエルに派遣したが、民は耳を傾けなかった。その民への神の怒りが続く。

最後は、エレミヤの預言に聞こうとしない民に対する裁きである。イザヤが召命に当たり、主から受けた「心を頑なにするメッセージ」（イザヤ書六・九―一〇）に相当する。二九節まで含めるのは「アレテイア」の編集主任の判断によるのであるが、適格な判断と言える。マソラはどちらにも取れる不思議な区切り方をしている。

執り成し、祈るな

一六節は本ペリコーペの主題文に相当する記事であり、それ以降は、その理由と審判である。それゆえ、一六節をパラフレイズすることで、黙想を深めてみることにする。

「あなたはこの民のために祈ってはならない」。驚くべき言葉である。一瞬、これが神の言葉かと疑ってしまう。何が神と民との間にあったのかと。神はいつでも、イスラエルのために、民のために、教会のために、祈りを求めるのではないか。それがなぜ、この民のために祈るなといきなり言われるのか。神の憤りの興奮が聞こえて来そうな言葉である。神が憤っている。

神が顔を赤らめている。

「彼らのために嘆きと祈りの声をあげてわたしを煩わすな」。預言者は国のために祈ることこそ、彼の使命ではないのか。確かに、神の言葉を預かり民に伝えることが第一の仕事であろうが、預言者は民のためにも主に向かって祈る。執り成しの祈りをささげる。それが、今、主はエレミヤに「彼らのために祈るな」と命じる。人を分け隔てなさらない主が、彼らのために執り成すなと言われる。何をして、ユダは主を怒らせたのか。彼らのために嘆くなというのだから、彼らが行っていること、彼らが置かれている状況はすでに好ましい状況にはないことが想像される。エレミヤがユダのために嘆かなくてはならないことがある。民の愚かさを嘆くことがある。また、民に加えられた苦難のゆえに、彼らの傍らに一緒になって座り、嘆くこともある。嘆きが主に向かうとき、それは祈りともなる。そのような祈りを、今、主は拒否しようとしておられる。「わたしを煩わすな」と。主が民の祈りを聞くことが、主を煩わすことになるのか。主は、祈りこそ、わたしとあなたの対話と言って喜ばれることではないのか。

「わたしはあなたに耳を傾けない」。今、エレミヤは神殿にいる。主がその名を置くと言われた所である。主は神殿に住むことはないが、その名が置かれている所に向かって、民が祈るとき、その祈りを天から聞くと言われたのではないのか。それが今、主は耳を傾けないと言われる。モーセに率いられた民が金の子牛を作ったときに主が怒られたが、そのとき以来の激しい怒りである。あの時、主はモーセにこう言われたのであった。「今は、わたしを引き止めるな。わたしの怒りは彼らに対して燃え上がっている」（出エジプト記三二・一〇）。主はイザヤにも同様のことを語ったことがある。「お前たちが手を広げて祈っても、わたしは目を覆う。どれほど祈りを繰り返しても、決して聞かない」（イザヤ書一・一五）。後にエレミヤはこのような言葉を聞くことにもなる。「たとえモーセとサムエルが執り成そうとしても、わたしはこの民を顧みない。わたしの前から彼らを追い出しなさい」（エレミヤ書一五・一）。主が怒るのはめずらしいことではないかもしれない。しかし、預言者に、彼らの執り成しをするなというのであるから、主は彼らを見放そうとしている。災いがユダに襲い掛かろうとしている。

イスラエルが見せかけの祭儀を執り行っている。神がイスラエルに要求していることは、真心である。真実である。たとえ困難であろうとも、民が主に信頼して従うなら、神は自らの犠牲をも顧みない。神は彼らの意気に感じて働く。神への信頼を捨てることが、神の怒りとなる。しかし、神がエレミヤに執り成し祈るなと言っても、神が仕事を放り出すということはありえない。それでは、神が神でなくなる。神はご自身の思いを理解してほしいだけに、神の心は激しく燃える。神の体の痛みとなる。神は神の苦悩をエレミヤにも理解してもらいたいのか。神はご自身の苦悩の対話者を求めている。その激しさが、反転した言葉としてはじける。「彼らのために祈るな。彼らに同情は必要ない。わたしは彼らを顧みない。わたしを煩わせるな。わたしは彼らを捨てた」と。愛は自己を破壊するほどに激しい。イスラエルの神は熱情の神である。「愛は死のように強く、熱情は陰府のように酷い。火花を散らして燃える炎」（雅歌八・六）。

バアル信仰

旧約の神はその名をヤーヴェと呼ぶ、「主」なる神である。これに対して、ヨシュア以後、カナンの地に定着したユダヤの民が翻弄されてきた土着の宗教がある。後者の神々を包括して「バアル神」と呼ぶことができる。本章の「天の女王」もこれに含まれる。このバアル神は、農耕に益をもたらすと信じられている豊穣の神である。バアルは、春の回帰、作物の成長、作物を産出する恵みの雨に責任をもつ神として崇拝された。このような宗教的、社会的背景の中で、旧約の神は、ヤーヴェにのみ忠誠を求めた。バアルをはじめとする、諸々のカナン宗教になびいていくユダヤの民を批判し、それは国の滅亡につながると警告するのである。

かつてドイツでナチスが台頭した時、ヒットラーはドイツの土とアーリア人の血とが調和して、支配的民族を生み出すと主張した。カナンの豊穣宗教とナチ的イデオロギーとの間に等価値をみたのである。そのときバルトは、自然神学を糾弾し、自然が我々に神を啓示することはないと主張した。聖書に証された教会の信仰は、自然において神を啓示することはなく、神は歴史の過程における特別な出来事によってのみ、自らを啓示する、と彼は断言した。バルトを後押しするように、フォン・ラートも、神は出エジプトのような歴史的出来事によって啓示されるのであって、季節的循環においてではないと主張した。こうして、イスラエルの神・ヤーヴェは「歴史の中で働く神」として知られるようになった。フォン・ラートの業績である。

しかし、この強烈な対照は誇張されたもので、ドイツ告白教会ではひとつの役割を果たしたが、旧約テキストを十分に反映するものではなかった。

ヴェスターマンは、神が歴史的出来事において救済する神であることには同意しつつ、救済する神は「祝福する神」であることを強調した。祝福こそ、創造神が果たす役割である。また、人間にも、神は祝福を課したし、「祝福の基」となるとも約束した。祝福という基本行為が物質的な豊かさをもたらすという。それはすなわち、土地と民、植物と動物の再生産的生成である。創世記一章二四節の「産み出せ」という命令は、創造神が豊穣を約束する祝福の典型的事例である。その神は豊かさを産む神であって、誤ってバアルのものとされているその豊穣を、実現する神なのである。

「あなたは再び『捨てられた女』と呼ばれることなく、あなたの土地は再び『荒廃』と呼ばれることはない。あなたは『望まれるもの』と呼ばれ、あなたの土地は『夫を持つもの』と呼ばれる」（イザヤ書六二・四）。

「夫を持つもの」と訳されている語は、原語では「ベウラの地」であり、「ベウラ」とは、「バアル」という語から発展したものである。「バアル」には、「夫になる」の意味がある。したがって、ヤーヴェは、土地をバアル化したのである。つまり、肥沃にしたのである。

バルトの論争的な命題は、一九三〇年代の教会闘争では必要不可欠であった。しかし今や、まったく異なったコンテキストがある。そこでは、「自然」か「歴史」かの二者択一は、それほど有効な区別ではない。なぜなら、ヤーヴェはイスラエルの証言において、歴史の主であり、同時に自然の主でもあるからである。自然を治める主は、嵐をも治める。「いったい、この方はどなたなのだろう。風や湖さえも従うではないか」（マルコ四・四一）。

祭儀でなく、打ち砕かれた霊

二一節以下で、まず神が求めるのは祭儀よりも主の声に聞き従うことである。宗教一般は祭儀を執り行う。キリストの教会も聖礼典がある。リタージーを重んじようという声も聞く。今やブライダル教会は儲からないらしい。片や、キリスト教が葬儀キリスト教になりそうな危険がある。いずれも牧師がサラリーマン化して、儀式だけを決まった言葉で執り行うのだ。牧師はもはや説教の準備に苦しむこともない。五百年前に、改革者らがカトリックを批判したことは、今や、プロテスタントにおいても自己批判しなければならない。

彼らは「主の神殿、主の神殿」と言いながら、そこを盗賊の巣としている（七・一一）。これは新約時代においても同様であった。主イエスは、宮清めといわれている行動において、神殿から商人たちを追い出した。主イエスは、両替人の台や鳩を売る者の腰掛をひっくり返された。そして、イザヤ書とエレミヤ書の言葉を引用して、「わたしの家は、すべての国の人の祈りの家と呼ばれるべきであるのに、それを強盗の巣にしてしまった」と言って、怒りを露わにしている（マルコ一一・一五―一七）。エレミヤ書における神の怒りは神殿とユダ王国を滅ぼした。新約におけるイエスの憤りは、神殿なるイエス自身の身体と災禍となる。神が神自らを罰する。主なる神が、主イエスを捨てる。

「むしろ、わたしは次のことを彼らに命じた。『わたしの声に聞き従え。そうすれば、わたしはあなたたちの神となり、あなたたちはわたしの民となる。わたしが命じる道にのみ歩むならば、あなたたちは幸いを得る』」（二三節）。前半の「わたしの声に聞き従え。そうすれば、わたしはあなたたちの神となり、あなたたちはわたしの民となる」は、申命記学派的表現である。「聞け、イスラエル」の響きがこだましている。これは契約の定式文でエレミヤ書の中にも多い。後半は、新改訳は異なる訳をしている。「あなたがたをしあわせにするために、わたしが命じるすべての道を歩め」と訳している。主の声に従うことは、先に具体的に述べられている。「お前たちの道と行いを正し、お互いの間に正義を行い、寄留の外国人、孤児、寡婦を虐げず、無実の人の血を流さず、異教の神々に従うことなく、自ら災いを招いてはならない」（七・五―六）と。「しかし、彼らは聞き従わず、耳を傾けず、彼らのかたくなで悪い心のたくらみに従って歩み、わたしに背を向け、顔を向けなかった」（二四節）。彼らは「聞け」という声に耳をふさいだ。神に顔を向けず、背を向けた。かたくなな心と悪い心の企みゆえである。彼らはうなじこわき民である。「わたしは頑《かたくな》な心の彼らを突き放し、思いのままに歩かせた」（詩編八一・一三）。「彼らは、そのかたくなな心に従い、また、先祖が彼らに教え込んだようにバアルに従って歩んだ」（エレミヤ書九・一三）。

次に、神は何度も預言者をイスラエルに送ったが、民は彼らをあしらったことである。主イエスのたとえ話には、この種のものは多い。イエスが語った「ぶどう園と農夫」のたとえに通じるものである（マタイ二一・三三―四四）。「神の知恵もこう言っている。『わたしは預言者や使徒たちを遣わすが、人々はその中のある者を殺し、ある者を迫害する。』こうして、天地創造の時から流されたすべての預言者の血について、今の時代の者たちが責任を問われることになる」（ルカ一一・四九―五〇）。「常に繰り返しお前たちに遣わした」を、新改訳は「毎日朝早くから、たびたび送った」と訳している。「ぶどう園の労働者」のたとえを連想させる（マタイ二〇・一―一六）。

頑迷な民、癒しがたく病んでいる心

「あなたが彼らにこれらすべての言葉を語っても、彼らはあなたに聞き従わず、呼びかけても答えないであろう」。イザヤ書の「心を頑なにするメッセージ」に通じることである（六・九―一〇）。頑迷預言と言われるものである。新約聖書に最も多く引用される聖句である。人間の心は癒しがたく病んでいる。

「それゆえあなたは彼らに言うがよい。『これは、その神、主の声に聞き従わず、懲らしめを受け入れず、その口から真実が失われ、絶たれている民だ』」（エレミヤ書七・二八）。「彼らは舌を弓のように引き絞り、真実ではなく偽りをもってこの地にはびこる。彼らは悪から悪へと進み、わたしを知ろうとしない、と主は言われる」（九・二）。エレミヤは真実の預言者である（浅野順一）。

「お前の長い髪を切り、それを捨てよ。裸の山々で哀歌をうたえ。主を怒らせたこの世代を、主は退け、見捨てられた」（七・二九）。長い髪は女性の美しさである。ユダの栄光を表していたのであるが、それが切り捨てられる。苦難の人ヨブは、家族に災いが襲ったとき、髪をそり落とし、「わたしは裸で母の胎を出た。裸でそこに帰ろう」と言った（一・二一）。裸の山々は、偶像礼拝をしていたところである。彼らは「捨てられた銀の滓《かす》」（エレミヤ書六・三〇）である。そこで哀歌を歌うことになる。嘆きからくる、悲しみの歌である。主は一六節で、エレミヤに「彼らのために嘆きと祈りの声をあげてわたしを煩わすな」と言っていた。嘆きと哀歌はユダの民自身が歌うことになる。しかし、その時には、もはや主が耳を傾けない。「裸の山々に声が聞こえる、イスラエルの子らの嘆き訴える声が。彼らはその道を曲げ、主なる神を忘れたからだ。『背信の子らよ、立ち帰れ。わたしは背いたお前たちをいやす』」（三・二一―二二）。このように主に言っていただけるのはいつの時か。

参考文献

浅野順一『真実――予言者エレミヤ』創文社、一九七三年
木田献一、清重尚弘「エレミヤ書」、高橋虔、B・シュナイダー監修『新共同訳　旧約聖書注解Ⅱ』日本キリスト教団出版局、一九九四年
W・ブルッゲマン『旧約聖書神学用語辞典　響き合う信仰』日本キリスト教団出版局、二〇一五年、「豊穣宗教」の項

エレミヤ書　八章四―一二節

小泉　健

立ち帰り

四―七節は神の民の背信を指摘する。その際、四節と五節で動詞「シューブ」が五回繰り返されているのが目を引く。エレミヤ書は旧約聖書の中で「シューブ」をもっとも多く使用している書である（千六十回中百十二回）。「シューブ」は「帰る、戻る、転じる」といった意味を持つ。向きを変えることである。より正確には、「最初の出発点に戻ろうとして、反対の方向に行く」ことであると言われる（ホラデイ）。その語がここでは転義的に「背く」ことと「立ち帰る（悔い改める）」ことの両方の場合に用いられている。同じ語が繰り返されていることを際立たせて訳してみよう。

　あなたは彼らに言いなさい。主はこう言われる。
　彼らは倒れたなら、起き上がらないだろうか。
　もし彼が向きを変えたなら、（再度）向きを変えないだろうか。
　なぜこの民エルサレムは向きを変えてしまって
　いつまでも向きを変えたままなのか。
　彼らは偽りに固執し、向きを変えることを拒んでいる。

向きを変えて、神から顔を背けること。神から離れること。それが罪である。向きを変えて、まっすぐに神に向き直ること。神に帰ること。それが悔い改めである。罪を犯すことも、悔い改めることも、単なるわたしの内面の状態のことではない。罪とは、悪い心で生きることではなく、神に反逆することである。悔い改めとは、心を入れ替えることではなく（「メタノイア」は字面だけ読むとそのような響きがあるが）、神に立ち帰ることである。「シューブ」はそのことを端的に表現している。

前記の私訳での二行目の主語が複数（「彼ら」）であるのに対して、三行目の主語が単数（「彼」）になっていることから、三行目は神のお姿を語っているのだと解する注解者もいる。その場合は、「主はいつでも向きを変えて帰ってきてくださるのに、なぜ彼らは向きを変えて主に立ち帰らないのか」という意味になろう。「シューブ」が転義的に「立ち帰る」という意味で用いられる場合でも、神が主語になる例は多い。たとえば、「主よ、帰って来てください」（詩編九〇・一三）という叫びである。立ち帰るべきなのはわたしたちのほうだが、わたしたちは自分で立ち帰ることができない。そのようなわたしたちのところに、あなたが来てくださいと祈る。そのような旧約聖書的背景からすると、この解釈は魅力的である。しかしここでは、前行と同じく人間の当たり前の姿を語っているものと思われる。道を外れたならば、外れたままであることはあり得ない。戻るのが当然である。いるべき場所から離れたのなら、向きを変えて、帰っていくのが当たり前のはずなのである。

さらに、帰っていくためには、帰っていく先がなければならない。向きを変えるだけでは、帰ることはできない。神に向き直るのでなければならない。

ここで思い起こされるのは、甦られた主イエスにお会いしたときのマグダラのマリアの姿である。マリアは死んでしまったお方を探している。主イエスはすでに甦られて、マリアの背後に立っておられるのに、マリアにはそれがわからない。マリアが「後ろを振り向くと、イエスの立っておられるのが見えた。しかし、それがイエスだとは分からなかった」(ヨハネ二〇・一四)。主イエスと言葉を交わしても、まだわからない。主イエスが、「マリア」と呼んでくださった時に、初めてマリアは主イエスを見分けることができるようになる。そのとき、「彼女は振り向いた」(同一六節)と言われている。マリアはすでに振り向いて、主イエスのほうを向いていたはずだった。しかし、生きておられる主イエスを向いてはいなかった。

わたしたちは、自分で神に向き直ることはできない。悔い改めて心を入れ替えたつもりでも、神のほうを向いたつもりでも、自分でそう思っているだけで、見当違いの方向を向いているだけである。どちらを向いても、どうしても神のほうを向くことができない。主に向き直ることができるためには、主イエスがマリアを呼んでくださったように、主に呼びかけていただく以外にない。そして主は呼んでいてくださる。何度でも呼びかけ続けていてくださる。呼んでくださるお方に向き直ること。呼びかけに答えること。それが立ち帰りである。

立ち帰ることができるのは、「立ち帰れ」と呼びかけてくださるお方がいるからである。だから、「立ち帰れ」との呼びかけは福音である。主イエスは神の福音を宣べ伝えて、「時は満ち、神の国は近づいた。立ち帰って福音を信じなさい」(マルコ一・一五)と言われた(「メタノエオー」は「シューブ」の意味で理解すべきである)。主はご臨在を現して「わたしはここにいる」と言われ、「わたしに帰れ」と呼びかけてくださる。生きておられるお方のもとに立ち帰りたい。

立ち帰るべき民

呼びかけられているのは、「この民」(五節)、「わが民」(七節)である。神の民である。立ち帰らなければならないのは、まだ神を知らないでいる異邦人ではない。神を知っているはずなのに、神から向きを変えてしまっている神の民なのである。

四—七節と八—一二節は、本来は相互に独立した言葉だと注解者たちは指摘する。しかし現在の形においては、明らかに関連しあう言葉として並べられている。八節以下と併せて読むならば、エレミヤが語りかけている民は、自分たちが主に背いているとはそもそも考えていない。主の律法を持ち(八節)、主に従って、知恵深く生きていると思っている(八、九節)。これは、わたしたち自身の問題である。わたしたちも、ここで語りかけられている神の民である。

一人一人の小さな生活においても、わたしたちが作り上げている社会の成り立ちや、そこでの振る舞いにおいても、わたしたちはしばしば神の御顔を求めることを忘れている。神の御声を聞き逃している。神にまっすぐに向いてはいない。道をそれている。そしてそのことに気づくこともしないでいる。いや、自分はキリスト者として、良心を痛めずに生きていると思っている。そう思い込もうとしている。「偽りに固執して」いるのである（五節）。

「偽り（タルミート）」の語は一四章一四節、二三章二六節でも使われていて、どちらの箇所でも「偽りの預言」について語られている。神から出たことではないのに、自分の思いやこの世的な考えに過ぎないのに、神に背いていないと思い込んでいる。それが「偽り」である。宗教改革者のルターはこの「偽り」を「偽りの礼拝」と訳した。神を別のものと取り換えて、それを神として拝んでいる。偶像礼拝である。

現代の偶像礼拝は何だろうか。わたしにとっての偶像は何だろうか。たとえば、安全や確かさ。快適さ。健康であること。周りの人々と摩擦を起こさないでいられること。そういうことが重みをもち、あがめられ、生きておられるお方の声は聞こえなくなってしまう。貧困の問題にかかわること。難民を助けるために立ち上がること。公正さを貫こうとすること。そうした一つ一つのことで、神に従うよりも、神でないものに従っている。結局は自分の腹に仕えている（ローマ一六・一八参照）。自分の中にうずくまっている。ルターは、神のためにではなく、自分のためにあくせくしてしまう罪人としてのわたしたちの本性を「自らの中へと深く歪曲している」（『ローマ書講義』）という言葉で表現した。わたしたちはまさに「自らの中へと歪曲している民 populus incurvatus in se ipsum」である。わたしたちはそこから呼び出されなければならない。

立ち帰りがたいわたしたち

四節の冒頭に「主はこう言われる」という言葉があるものの、四―七節はだれの言葉なのか、主の言葉か、それともエレミヤの言葉なのかが問われる。とくに問題となるのが六節である。「耳を傾けて聞いてみた」のは主ご自身なのか。それともエレミヤなのか。六節の語り手はエレミヤだと考える注解者も少なくない。あるいは、主の言葉と預言者の言葉とは渾然一体となっているのだと考えることもできるだろう。主が耳を傾けて、ご自分の民が語る言葉をひと言も聞き漏らさずに聞いていてくださる。預言者は街角に出ていく。民のただなかに入っていって、一人一人の表情を見つめ、声音に耳を澄ませ、心を聞き取ろうとする。けれどもそこで、立ち帰りの兆しを見出すことができない。

「正直に（語ろうと）しない（ロー・ケーン）」（六節）を「このように（語ろうと）しない」とする訳がある（関根清三）。これは七十人訳に従って「ケーン」を別の単語ととるものだが、多くの訳のように「ケーン」を「正しく」ととりたい。さらにこの単語のここでの意味を「正しく」とするか（口語訳、新改訳、関根正雄）、倫理的に「正直に」とするかでも（新共同訳）、訳が分かれる。しかし、「ロー・ケーン」が使われている二三章一〇節、四八章三〇節からしても「正しくないこと」（すなわち「偽り」五節）ではないだろうか。

倫理的に不誠実である（正しいことがわかっているのに、ごまかしている）のではなく、本人は大まじめに語っているのである。正しいと思って「正しくないこと」を語る。だから「自分の悪を悔いる者もなく、わたしは何ということをしたのかと言う者もない」（六節）。悪をしたつもりはないからである。とんでもないことをしでかしたなどと思ってもいないからである。ここに、わたしたち罪人の悲劇がある。

罪人は「自分の道」を行く（六節）。神の御心に背き、神から離れていく道である。自分ではしっかりと歩んでいるつもりでいる。しかしそれは偽りである。自分自身をも偽っている。預言者はそのような罪人の姿を一つの比喩を用いて語る。「馬が戦場に突進するように」と。軍馬は戦いの雄叫びや武器のぶつかる音や戦場に立ちこめる火と煙にいきり立っている。いったん走り出せば、興奮は増していくばかりである。自分の勢いをもう自分でも抑えることができない。走り出した方向へと突き進んでいくだけである。この世的な考え方、時代精神に駆り立てられている。悪霊に駆り立てられている。立ち帰るどころか、激しい勢いで離れていくのである。

軍馬か渡り鳥か

いきり立つ軍馬と対比して、もう一つの比喩が語られる。渡り鳥の姿である。この対比は、ヘブライ語ではより明瞭である。六節の「馬」の原語が「スース」であるのに対して、七節で「つばめ」と訳された語は「シース」だからである。母音記号が異なるだけで、つづりは同じである。スースかシースか。軍馬か渡り鳥か。死への突進か生への帰還か。自己実現のための力の解放か服従のための力の抑制か。悪魔に駆り立てられて突き進むのか聖霊に導かれて立ち帰るのか。スースかシースか。

渡り鳥は「その季節」を知っており、「渡るとき」を守る（七節）。冬を越すために南へ。夏を過ごすために北へ。正しい時を知り、守る。渡り鳥は神の秩序に従っている。自然なこととしてそれをする。「牛は飼い主を知り、ろばは主人の飼い葉桶を知っている。しかし、イスラエルは知らず、わたしの民は見分けない」（イザヤ書一・三）。渡り鳥との対比によって、当然のことをしない神の民の不自然が際立たせられる。

しかし、渡り鳥の姿が語られている意味は、それだけではないように思われる。渡り鳥は「時」を知っている。神が定めておられる時である。しかもそれは、渡り鳥にとっては「引き返す」時である。何千キロもの道のりを渡ってきたのに、向きを変えて、来た道をまた戻っていく。「最初の出発点に戻ろうとして、反対の方向に行く」のである。渡り鳥が示しているのは「シューブ」に生きる者の姿である。自分が歩いてきた道がすべて無駄になるように見えても、「自分の道」に固執しない。帰っていく。帰るべき時を知っている。それは「今日」である。「今」である。「今日、あなたたちが神の声を聞くなら、心をかたくなにしてはならない」（ヘブライ四・七）。「今や、恵みの時、今こそ、救いの日」（Ⅱコリント六・二）。重要なのは神の声を聞くことである。神の声を聞いたなら、呼んでいてくださるお方へと向きを変え、帰るのである。

説教者の罪

神に立ち帰らず、自分の道に固執する人間は「主の定めを知ろうとしない」（七節）。では、主の定めを知るとはどういうことなのだろうか。そのことを明らかにするために、四―七節に並べて、八―一二節の言葉が置かれている。

神の民は不信心に生きているのではない。信仰深く生きているつもりでいる。「我々は……主の律法を持っている」（八節）と言い、主の律法に従っているつもりでいる。けれども実際には主の声を聞かず、立ち帰ろうとしない。なぜそんなことになっているのか。それは、主の言葉を取り次ぐ責任のある者たちが、主の言葉を正しく伝えていないからである。

「まことに見よ、書記が偽る筆をもって書き、それ（主の律法）を偽りとした」（八節）。

「預言者から祭司に至るまで皆、欺く。彼らは、おとめなるわが民の破滅を手軽に治療して、平和がないのに『平和、平和』と言う」（一〇―一一節）。

主の言葉が正しく告げ知らされていない。偽りとなり、欺きとなっている。八節に二回出る「偽り」は「シェケル」で、五節の「タルミート」とは別の語である。「シェケル」は端的に「うそ、偽り、ごまかし」を意味する。「シェケルの証言」と言えば「偽証」のことだし、エレミヤ書では「偽りの預言（シェケルにおける預言）」という言い方がすでに用いられていた（五・三一）。一〇節の「欺く」も直訳すると「偽り（シェケル）を行う」である。

うその説教が行われている。説教者がごまかしをしている。聖書は朗読されているかもしれない。御言葉の緻密な釈義さえしているかもしれない。ほんとうの話をしているかもしれない。しかし、語り手自身は向きを変えることをしないままで語っている。上手にうそをついている。これはわたしたち自身の問題である。わたしたちもまた偽預言者となり、説教において偽りを行い、信仰者の偽りに手を貸してしまっているのではないだろうか。加藤常昭は説教の課題を問いながらこう語る。

「根源的な人間の罪は、何よりも言葉において現れるとすれば、その言葉をもって真理を語ろうとする説教が、自分自身において、それをどのように克服しているのであろうか」。

エレミヤの時代の説教者たちは「主の律法（トーラー）」を持っていた（八節）。しかし、彼らの説教は「主の言葉（ダーバール）」を侮ることになってしまった（九節）。すなわち、彼らは生きておられるお方の生きた言葉を聞いてはいなかった。神の生きた語りかけを取り次いではいなかったのである。

預言者が偽り（シェケル）の預言をする。それは「恐ろしいこと、おぞましいこと」である（五・三〇、三一）。説教者が偽りの説教をするなら、それもまた恐ろしいことである。恐れおののきながら、主の御声に耳を傾けたい。

主の定めを知る

主の生きた御声を聞かずにいる民は「主の定めを知ろうとしない」（七節）のだと言われている。「定め」と訳された原語は「ミシュパート」で、「正義、公正、裁き」などの意味を持つ。ここでは、渡り鳥の比喩が用いられていることから、「生きるために神が与えていてくださる秩序」という意味で「定め」と訳されたものと思われる。

同じようなことがすでに五章四節で語られていた。「(彼らは) 主の道、神の掟（ミシュパート）を知らない」。この箇所では「神のミシュパート」が「主の道」と同義的な言葉として並べられているようである。「主の道」とは、主に従って生きる生き方のことであろう。五章四節でもわたしたちの箇所でも、「ミシュパート」はとても広い意味で使われている。わたしたちが生きるすべての道、一歩一歩の歩みにおいて、神の判断、神が良いと見られる生き方がある。それを知らないでいてはならない。

五章でもわたしたちの箇所でも「知る」という言葉が出てきた。原語の「ヤーダー」は、たとえば結婚した者同士がお互いを深く知り合うことを指して用いられる。単に知識として知ることにとどまらずに、感情や意志も含めた人格的なかかわりを通して、より深く知ることである。「主の定めを知る」。それは、主のお心を知ること、主ご自身を知ることに他ならない。主がわたしたちに呼びかけ、立ち帰るようにと招いておられるのは、ご自身との親しい交わりの中に入れるためなのである。

主の定めを知らず、神に帰らないままでいるなら、倒れることになる。「彼らは、倒れる者たちの中に倒れる。わたしが彼らを罰する時に、躓き倒れるのだ」（一二節、関根清三訳）。「倒れて、起き上がらない者があろうか」（四節）との問いかけに対する答えがここにある。立ち帰るのが当然なのに立ち帰らないままでいるなら、起き上がって当然なのに倒れ伏すことになる。神の裁きの時に、最終的に打ち倒されることになる。

神は呼びかけておられる。わたしたちが倒れることのないためである。倒れても、もう一度起き上がるためである。必要なのは、神が呼びかけていてくださる生きた声を聞き取ること。そして、呼んでいてくださるお方に向き直ることだけである。主の声を聞き取りたい。主の声を届けたい。

参考文献

＊聖書、注解書
関根清三訳『旧約聖書Ⅷ　エレミヤ書』岩波書店、二〇〇二年
関根正雄『エレミヤ書註解　上』（関根正雄著作集14）新地書房、一九八一年
J. A. Thompson, *The Book of Jeremiah* (NIC). Wm. B. Eerdmans 1980.
Peter C. Craigie, Page H. Kelley & Joel F. Drinkard, Jr., *Jeremiah 1-25*, Word Biblical Commentary Vol. 26, Word Books, 1991.
J. R. Lundbom, *Jeremiah 1-20* (AB). Doubleday 1999.
＊説教黙想、引用文献
R. Stuhlmann u.a., Jeremia 8,4-7: Lernt von den Vögeln unter den Himmel. in: Predigtstudien für das Kirchenjahr 1989. Stuttgart 1989, S. 272-279.
加藤常昭「説教の課題」『説教論』日本キリスト教団出版局、一九九三年

エレミヤ書　八章一三―二三節

楠原　博行

一　二重の打撃を受けるエレミヤ

この箇所のエレミヤの立ち位置は、まったくわれわれ説教者の立ち位置と重なっている。「エレミヤは、預言を告知するとき、自分が全く神の側に立たされているということを、深くわきまえている。しかしだからと言って彼は、自分が告白する出来事から距離を置いて、平然としていられるような人間ではなかった。むしろ彼はそのことで自らいたく苦しみ、アモスとは異なり、自らに対して心の苦悶を語らねばいられぬのである（四章一九節以下参照）。彼は、苦悶が彼のうちにどのように高まり、どのように彼を悩まし尽くすかを感じとる」（アルトゥール・ヴァイザー『エレミヤ書』ＡＴＤ旧約聖書註解21、月本昭男訳、一九八五年、二二六頁）。

「預言者は二重の打撃を被っている（「うちのめされたの」語呂合わせに注目）。つまり、彼は〔災いの審判の〕予見者としてかつまたその審判を共に受ける者として、この二重のうちのめしに苦しんでいるのである」（同二二七頁以下）。語呂合わせとは、二一節の名詞シェベル（うちのめし）と動詞シャーバールのホファル形（うちのめされた）であり、彼の訳は「わが民の娘がうちのめされたゆえに、わたしはうちのめされている」となっている。

神の言葉の語り手であると同時に、聴衆と共に、その言葉にうちのめされる預言者。しかし彼は語り続けるのである。「この箇所と一四章一七節がわれわれがエレミヤを『the weeping prophet（嘆きの預言者／涙の預言者）』と呼ぶ典拠となっている」（Ｗ・ホラデイ『エレミヤ書1』二九五頁）。

二　この箇所の区切り方

この箇所について本誌は新共同訳聖書とは異なる区切り方を採用している（ちなみにＷ・ホラデイ『エレミヤ書1』二八七頁は新共同訳に同じ）。本誌と同じ区切り方をするピーター・クレイギーは、範囲と、語り手は誰か、の二つの問題が合わさって、問題をより複雑にしていると述べて、以下のような判断をしている。1．一三節の神の裁きの託宣（「主の託宣」ネウム・アドナイ。新共同訳は「主は言われる」）は主としてそれに続く箇所に結びつけられる。2．一四―一六節は先立つ裁きの宣言に対する民の嘆きである。3．もう一つの神の裁きの託宣である一七節が、続くエレミヤの嘆きを導入している。4．一八―二三節は、来るべき裁きについてのエレミヤの嘆きの言葉である（P・クレイギー『エレミヤ書一―二五章』一九九八年、一三八頁）。

語り手についてのW・ホラデイの説はより複雑である。P・クレイギーが一三節（主）、一四―一六節（民）、一七節（主）、一八―二三節（エレミヤ）とするのに対してW・ホラデイは、そのうちの一五節をエレミヤ、一六節を主、一九節の引用のうち、新共同訳聖書のカッコ内を民、それ以降を主とし、さらに二〇節を民、二一節をエレミヤ、二二節の「……医者がいないのか」までを主として、それ以降、二三節までエレミヤの言葉と考えている。

三　語彙

一三節　最初の二語の訳出が困難である。一つは二語とも同じ語根のアーサフ（集める）との理解であり、新共同訳聖書は「わたしは彼らを集めようとしたがと」と訳している。さらに二語目をスーフ（終わりをもたらす）と理解して、アーサフ／スーフと語根は異なるが似た音の語を続けて用いていると考えて、例えば、L・アレン（『エレミヤ書』二〇〇八年、一〇六頁）は「わたしは彼らを集め、彼らを滅ぼす」と訳す。一方、P・クレイギーは二語目をアーサフの名詞の形アースィーフ（収穫）と理解して「わたしが彼らを収穫する時には」と訳している（P・クレイギー、一三五頁、およびその注。ケーラー、バウムガルトナーの辞書もその理解）。

最後の部分も直訳では「わたしは彼らに与えた。彼らは過ぎ去る（アーバル）」と意味をなさず、七十人訳では省略されている。「だから七十人訳で省かれたのは、ただ翻訳者のフラストレーションの故であろう」（L・アレン、一〇六頁）。ここをアーバルでなくヤーアル（やぶ、森）として「裸にされた森」とする理解もあり、P・クレイギーは「葉はしおれ、わたしは彼らを裸にされた森とした！」と訳している（P・クレイギー、一三六頁）。

一四節　二度現れるダーマム（黙る）により新共同訳は「我々は黙って……いよう／主が我々を黙らせ」と訳す。これをダマー（死を遂げる）の別の形と考えて、L・アレンは「我々は城塞に入って死のう／主は我々に死を遂げさせ」と訳している（L・アレン、一〇六頁。ケーラー、バウムガルトナーの辞書「ダーマムⅢ」もそう理解する）。一方P・クレイギーは上記辞書の「ダーマムⅡ」を取り、その意味は「泣く」であると考える。したがって、この箇所は、「我々は城塞に入ってそこで泣こう／主は我々を泣かせ」と訳している（P・クレイギー、一三六頁）。

「毒の水」のローシュ（毒。毒を持つ植物）（L・アレン、W・ホラデイも）はまた、一七節の「蛇」の毒と結びつけても理解された。一方P・クレイギーは、ローシュが一般的に「頭」を意味する語であり、ダーマムを「泣く」としたことから「メー・ローシュ（頭の水）」を「涙」と理解して、またそれが二三節の言葉とも一致していることを指摘する。「だからこの節は嘆くように呼びかけており。一五節は、その呼びかけの根拠を示している」（同一三九頁）。

一五節　一五節ａは一四章一九節ｂで全く同じ言葉遣いで繰り返される。

一七節　ナーハーシュは蛇一般、ツィフェオニーは毒蛇の一種でパレスチナの蝮と考えられる。蛇そのものとの理解もあるが、侵略する部隊のメタファーだと考えられる。

「と主は言われる」（「主の託宣」ネウム・アドナイ）は七十人訳にはない。

一八節　一八節ａの訳出は困難である。ヘブライ語のテキストは訳すことができず、推測によるしかない。七十人訳の理解に従い、最初の語を二つに分けて「癒やし（ゲーハー）はなく」と読み、二語目のアレーをアーライ（わたしに）あるいはアラー（上がる）と読む。問題は節の切り方であり、七十人訳の一七節に「と主は言われる」がないことから、七十人訳を採用して、この節を一七節に直接続けて「彼らはお前たちをかむ（一七節）癒やすことはない」とも読めるのである（Ｐ・クレイギー、一三七頁）。

もうひとつの可能性はゲゼニウスの辞典のように一八節の最初の語をバーラグ（元気づける、慰める）と理解する立場である。ニュー・インターナショナル・バージョンでは「悲しみの中の慰め主であるあなた」と呼びかけ、ルター訳では「わたしの悲しみの中で何がわたしを慰めようか?」と反問し、新欽定訳では「悲しみの中でわたしは自らを慰める」とさまざまな訳がなされている。Ｗ・ホラデイはアラーを「上がる」すなわち「飛び去る」と読み「わたしの楽しみ（上記の元気づけから）は飛び去ってしまった」としている。ただＰ・クレイギーもＬ・アレンもＡ・ヴァイザーも、最初の語について、むしろウルガタ訳のドロール・メウス（わたしの嘆き）を採用して、「わたしの嘆きはわたしのうちに高まり」と訳しており、新共同訳も同じようである。

一九節　メー・エレッ・マレハキーム「遠い地から」。マレハキームは、ここととイザヤ書三三章一七節のみに現れ、隔たりをあらわす言葉であり、捕囚の地を示していると考えられる。

二二節　「ギレアドに乳香がないというのか、そこには医者がいないのか」。「当然の答えは、ある、に違いない。しかし実際の状況はエレミヤに、ない、との答えを求める」（Ｐ・クレイギー、一四〇頁）。興味深いことにＷ・ホラデイはここを「ある！――なのになぜ、わたしのうるわしい民には新しい肉が生じないのか?」（Ｗ・ホラデイ、二八八頁）と訳している。「傷がいえる」はアーレター（アラー、成長する）・アルカト（アルカー、傷の上に生じる新しい皮膚のこと）である。

ここで「娘なるわが民」が四回繰り返される（一九、二一、二二、二三節）。ユダのこれからの運命についてエレミヤは動かされないではいられないとＬ・アレンは言う。しかしまた哀歌三章四九―五〇節の「わたしの目は休むことなく涙を流し続ける。主が天から見下ろし、目を留めてくださるときまで」のようなムードでもない。災いを止めたり緩和することを求めて神に叫ぶ嘆きの詩編と比較するのは誤解を招くと言うのである。「より助けになる並行箇所は、未来における防げないエルサレムの破壊についてイエスがお泣きになる箇所である（ルカ一九・四一―四四)。様式史的には、防ぐことのできない災害に対する嘆きに、葬りの嘆きの言葉を適用したのである」(L・アレン、一一一頁以下)。

四 付論

今回の範囲をはずれるが、二つの事を記すのを許して欲しい。

①天水桶

ルドルフ・ボーレン著、加藤常昭訳『天水桶の深みにて』(日本キリスト教団出版局、一九九八年)はわれわれに慰めについて語る書物である。「救い主は、私が悲惨のなかに座り込んだままにしてはおかれない。私をご自身にまで高めてくださるのである」(同書八五頁)。この書物の題の「Zisterne(ツィステルネ)/天水桶」の語について加藤常昭先生がエレミヤ書から解き明かされている。それはエレミヤ書二章一三節の「水溜め」あるいは三七章一六節の「地下牢」である。加藤先生は「書物全体の意図は絶望的な状況において福音の光のなかに立つ道を指し示すことにあり、その意味では、重いこころのもっとも深いところにおいて、天からの恵みの水に向かって開かれていることを暗示する『天水桶』」(同書訳者解説、二三四頁)の訳語のふさわしさをおっしゃって、「天水桶」という言葉の慰めの響きが愛されるだろうと記される。

加藤先生はエレミヤ書の二箇所と記されたが、ルター訳聖書によれば正確には二つのテキスト群である。それはエレミヤ書二章一三節に二回、三七章一六節、三八章六節に二回、同七、九、一〇、一一、一三節、四一章七、九節にZisterneの語が現れ、エレミヤ書の中でたいへん印象的に用いられている。

吉村和雄先生が二章四―一三節の黙想の中で、生ける水の源である神を捨てるだけでなく、「無用の水溜めを掘り、それゆえに自ら空しいものとなってしまった」、悪、罪(当合本二九頁)と記された。「水溜め」は、神から離れ、空しいものにより頼む民を象徴しているようである。

「Zisterne/天水桶」は、エレミヤ書の中では人が陥る場所であるが、上へと開かれているはずの場所である。三八章以下に繰り返しこの語が出てくるのは、捕らえられたエレミヤが天水桶の中に入れられたからであるが、国と民が崩壊する時代を生きたエレミヤの生涯を象徴する語になっているのではないかと筆者は思う。実際、天水桶と訳されたヘブライ語ボールは穴、墓穴、また死者の世界シェオールへの入り口をも意味する言葉なのである。エレミヤ書のキーワードとは言えないかもしれないが、旧約聖書七十回中十二回もエレミヤ書には現れる。

②映画エレミヤ

一九九九年イースターにドイツARDで放送された欧米合作映画『エレミヤ』を当時在籍していた大学のゼミで見て議論をしたことがある。指摘されたのは、物語が終わりに近づけば近づくほどエレミヤの姿に主イエスの姿が重なり合ってくることであった。明確な描写はないが、明らかにそのような演出であったろうと思われる。後述するように、われわれの箇所においても、エレミヤの語る言葉を聞きつつ、主イエスを仰ぎ臨むことになる。

五　説教のために

手元にあるドイツ語の黙想集にわれわれの箇所を扱うものはないが、オットー・ビュックマンによるエレミヤ書八章四―九節、エルハルト・ゲルステンベルガーによるエレミヤ書八章四―七節の黙想がある。民の背信について記す箇所であり、われわれの箇所は、そこで起きた状況についての民とエレミヤの反応が記される箇所である。

Ｏ・ビュックマンは、エレミヤは理解できない状況に立たされており、それをひとことで言うなら「わが民は主の定めを知ろうとしない」（八・七）ことだと言う。イスラエルはそれを知ることができたはずであり、これは命にかかわることであるから、当然、倒れた者は起き上がり、誤った者は悔い改めねばならないはずである。しかしエレミヤが見ている民は、この単純な認識から離れてしまっている。八章六節でエレミヤは民の中に入り、彼らの言葉に聞き耳を立ててみる。民は自分たちの歩みは大丈夫だと思っている。「彼らは軍馬に似ている。自信満々で、死をもたらす戦線へと突っこんで行く」（Ｏ・ビュックマン、一六三頁）。

Ｅ・ゲルステンベルガーは主題である「神への立ち返り」と言って、現代における神からの疎遠の例を次々に挙げる。フォイエルバッハ、マルクス、フロイトの名前から始め、大戦後のドイツ復興の時代、平和運動、行き詰まった国際政治なども挙げる。彼は言う。「西洋文明における、あらゆる現代的な逃げ場のなさを『神からの疎隔／疎遠』のキーワードのもとに扱うことは正しいのだろうか？　確かに神学的根本問題に関わっているのであるが、それをエレミヤのテキストから語らせてよいのだろうか？　私は、はい、であることを信じている」（Ｅ・ゲルステンベルガー、二二八頁）。

Ｐ・クレイギーのこの箇所の説明を短いので全文記す。旧約聖書と新約聖書、エレミヤの預言と主イエスの出来事とをはっきりと関連づけて述べている。それはＡ・ヴァイザーも、Ｌ・アレンも同じであり、特に後者はＰ・クレイギーと同じくここの並行箇所はエルサレム滅亡に涙する主イエスの記事だと言っていた。

エレミヤ書八章四―一二節は絶えず背信を続ける民の、ほとんど聞くことをしない状況を描いている。これらの節でわれわれは、この状況に対する民とエレミヤの反応を見るのである。これらの節はバビロニア侵攻の影響のもと記された。民は自らが受ける罰の理由を知らず、みずからの運命に覚悟しているようである。彼らは城塞の町に甘んじて逃れ、自分たちの喪失を嘆いている（八・一四）。自分たちは神を信じていたのに無駄だったと感じている。敗北の物音が彼らに近づいている（八・一五―一六）。エレミヤもまたこの状況を嘆く。ただ民の不幸が近づいているから嘆くのではなく、民が理解していないことを嘆くのである（八・一九―二一）。民は自らの罪に気づいておらず、すべての責任を神に帰せようとしているようである。エレミヤは、なぜ民の無理解が直らないのか（八・二二）、自分たちの罪深さを受け入れることができないのか理解できない。状況の希望のなさがエレミヤを覆い尽くす。彼の心は折れ、激しく泣くのである。

新約聖書が、イエスとエルサレムの民を巻き込んだ驚くほどに似た状況を記録している。イエスの公の宣教の最後において、われわれはイエスが最後にエルサレムに近づいて行かれるのを見る。「エルサレムに近づき、都が見えたとき、イエスはその都のために泣いて、言われた。『もしこの日に、お前も平和への道をわきまえていたなら……。しかし今は、それがお前には見えない。やがて時が来て、敵が周りに堡塁を築き、お前を取り巻いて四方から攻め寄せ、お前とそこにいるお前の子らを地にたたきつけ、お前の中の石を残らず崩してしまうだろう。それは、神の訪れてくださる時をわきまえなかったからである』」（ルカ一九・四一―四四）。

（P・クレイギー、一四〇頁）

エレミヤは、神の啓示の担い手であり、啓示の受領者であり、自らが告知せねばならない事態に、自らが捕らえられてしまう人間であった。だから彼は災いの審判を預言しつつ、かつその審判を共に受けて、二重の打撃を被っている。エレミヤは民と共に苦しむ。「その嘆き自体は神を語ることがないとしても、実は神の啓示の領域に属するもの」（A・ヴァイザー、二二八頁）である。「共に苦しむ預言者のこのような人間としての在り方こそが、まさに聞き逃してはならない神の厳粛さの、しかし同時にその神の愛のことばを語っているのである」（同）。

最初に「われわれ説教者の立ち位置」としるした。われわれはエレミヤの言葉、その置かれた状況、その嘆きを見る。エレミヤは涙を流して泣いたのである。われわれはエレミヤに語られる神の言葉、民の言葉を聞く。神の言葉は厳としてあり、民のさばきは確定事項である。ところが民は神はいないと嘆くのみである。A・ヴァイザーの次の言葉に説教者自身慰めを受けるだろう。「エレミヤは、神のために人間として共に苦しむということを通して、イエス・キリストを暗示し、また証言しているのである」（同）。

参考文献

P. C. Craigie, *Jeremiah 1-25* (Vol. 26), Dallas, TX: Word, Incorporated, 1998, p. 138.

L. C. Allen, *Jeremiah: a Commentary* (W. P. Brown, C. A. Newsom, & D. L. Petersen, Eds.) (First Edition). Louisville, KY; London: Westminster John Knox Press, 2008.

William L. Holladay, *Jeremiah 1: a commentary on the Book of the Prophet Jeremiah, chapters 1-25* (P. D. Hanson, Ed.), Philadelphia: Fortress Press, 1986.

L. Koehler, W. Baumgartner, M. E. J. Richardson & J. J. Stamm, *The Hebrew and Aramaic Lexicon of the Old Testament* (electronic ed.), Leiden: E. J. Brill, 1994-2000.

Otto Bückmann, in Hrsg. Georg Eichholz, Herr, tue meine Lippen auf, Band 5, S.161ff., Wuppertal-Barmen: Emil Müller Verlag, Zweite, neu geschriebene Auflage, 1961.

Erhard Gerstenberger, in Hg. A. Falkenroth und H. J. Held, hören und fragen Band E5+6, S. 225ff., Neukirchen-Vluyn: Neukirchener Verlag, 1983.

エレミヤ書　九章二二―二五節

加藤　常昭

テキスト

新共同訳のテキストで問題はないであろうが、原文に問題がないわけではないし、さまざま翻訳が試みられるところである。より原文のニュアンスを反映しているものとしては関根清三訳が適切であると思うので、ここに紹介しておく。

誇るべき唯一のもの

ヤハウェが、こう言われる、
「誇らないように、知恵ある者は自分の知恵を。
誇らないように、強い者は自分の強さを。
誇らないように、富む者は自分の富を。
誇る者は、ただ、これを誇れ。
悟りを得て、わたしを知っていることを。
まことに、わたしこそヤハウェ、
地に、恵みと公正と正義を行なう者。
まことに、これらのことをわたしは喜ぶ。
――ヤハウェの御《み》告《つ》げ――」。

心に割礼を受けていない者

「見よ、それらの日々が来れば――ヤハウェの御告げ――、わたしは罰する、包皮に割礼を受けている者すべてを。すなわち、エジプトを、ユダを、エドムを、アンモンの子らを、モアブを、そして荒野に住んで揉み上げを刈り上げている者たちすべてを。まことに、これらすべての諸国民は割礼を受けておらず、すべてのイスラエルの家は心に割礼を受けていない」。

よい翻訳である。新共同訳と併読しつつ黙想すれば、多くのことが与えられるであろう。

ここでわれわれに与えられている単元は、ひとつの単元として取り上げることもできるが、元々は別々の資料であったと考えるのが自然であろう。関根訳が示すように文体も異なる。語られている内容も、それぞれ別のことであると考えるのが自然である。説教においても、必ずしも一回の説教で説こうとはせず、二回に分けて説教した方がよいかもしれない。

新共同訳では、第九章全体に「ユダの堕落」と小見出しがつけられているが、そのような主題で大きくまとめることができるでもあろう。かなり多くの断片が、この大きな主題の元、ここに集められていると考えられるのである。預言者エレミヤの使命は、神の民に遣わされ、その罪の審きと解放の将来を指し示すことであった。神の民の罪状を明らかにする言葉の断片である。それだけに予想以上に重い言葉である。

これらの断片が、預言者エレミヤの波乱に満ちた生涯のどこで語られたのであろうか。それを推定する直接の手がかりをテキストそのものの中に求めても無駄であろう。

スタンリ・ホッパーは、テキスト前半の、誇りをめぐる、主なる神の警告は、ネブカドネツァル侵攻が始まる前、二年か三年という短期間、ヨヤキムの治世のもと、いささかの安定期があった時の言葉ではないかと、かなりの確信を持って推測する。

後半の二四節、二五節を説くときには、ヴァイザーをはじめ、多くの注解者が引用する、ルードルフが示した興味深い解釈が参考になる。エジプト以下、ここに示される諸民族は、その中にユダ自身も含まれているが、いずれも割礼を行う民族である。そして今、エジプトを盟主として反バビロン同盟を結んでいる。バビロンの民は割礼を行わない。そうとすれば、割礼をする諸民族が、割礼を行わないバビロンに対抗していることになる。これを背景として理解することができる、というのである。

そういうことであるとするると、互いに無関係な断片的伝承と思われたものが、案外、結びつきを持つものであることに気づく。民族の危機にあり、真実には平和が深く脅かされているのに、偽りの平和に生きているのではないかと警告を発し続けたエレミヤらしい預言の言葉であることに気づく。危機に直面しておりながら、神が主であられることを無視して、知識、力、富を誇り、それに安住している人々の姿が浮かびあがる。これらの人間的な自分の力で、安定を確保し得るという思い込みである。ひとつの言い方をすれば、〈世俗〉の諸力に依存して、しばしの安全に頼ろうとする努力である。他方、神との契約に根ざす割礼のしるしを肉体に刻んでいることに安住する思いがある。それはエレミヤが厳しく批判した、ヤハウェを礼拝すべき神殿が全く偶像化されてしまうのと同じように、割礼の〈宗教化〉に他ならない。割礼は、宗教的な安定の保証である。

改革者マルティーン・ルターが預言者的な視点から厳しく批判した安心（securitas）を求めるこころと行為が、〈世俗的〉、〈宗教的〉両面において、ここですでに厳しく批判されているのである。エレミヤは、ルターの遥かに先立つ信仰改革の先駆者であり、その意味でも預言者である。

真実の誇りを問う

二二節と二三節に関して、ホラデイは、こんなことを言っている。この短い文節は、知恵文学のスタイルのものであり、エレミヤにはふさわしくないと考えられたことがある。抽象的であり、エレミヤの言葉としては似つかわしくないとも言われたのである。しかし、すでに、ブルッゲマンが、特にこれらのテキストに注目し、これはエレミヤ特有の預言者的表現であることを明らかにしているし、自分もそれを受け入れる。こういうホラデイの議論が起こるのは、これらのエレミヤの言葉が、その時代にふさわしいものであったろうが、それとともに、その時代に限定されず、抽象的というよりも、いつの時代においても聴くべき真理を語っているということでもあるのである。もちろん、現代日本においてでもある。むしろ、われわれは、ここで、われわれが語るべき最も適切なみ言葉が与えられているというべきである。

誇るということは、「自慢する」という言葉でも訳されることがあるように、自分に深く関わる。自分を最も積極的に受け入れ、高く評価する思いである。それが、自分がやっていけるという自信を生む。確かなこころを造る。ここでは、知恵、強さ、富のいずれかがあれば、誇り得るし、実際に、それらを自分のものとしていると自負しているひとが、神によって戒められている。関根清三は、現代では、これに美と名誉を加えれば、誇りのリストは完成すると言っている。もちろん、なお数えれば、きりがないかもしれない。

エレミヤは、それらの誇りは虚しい、とのみ批判するわけではない。誇ることができるものは、本当はただひとつだと言う。それは、「わたし」、つまり主である神を知るということである。神を知る知恵を得ることである。誰もがここで「主を畏れることは知恵の初め」という箴言第一章七節を思い起こすであろう。知恵文学との何らかの関わりがあるかもしれない。

言うまでもなく、ヘブライ語で言う神の知識は、単なる認識、知識の問題ではない。神が生きておられることは、自分の生き方に深く関わる。神を知ることは、信仰と深く関わる。神がわれわれの主であることを信じるということは、われわれが生きる生における主であることを認めることである。だから、ここでも、ヤハウェが地上で、「慈しみと正義と恵み」を行われていることもわきまえるのである。この三つの徳目は、それぞれに検討し、丁寧に説明することもできるかもしれない。たとえば、最初に掲げられているヘセドは、英訳ではラヴと訳されることも多いが、関根清三は、これを「恵み」と訳す。「憐れみ」とも訳される。後のふたつの訳語は、実にさまざまである。フランシスコ会訳では「誠実と正義」である。第二二章一五節では、王ヨシヤの子シャルムに対して、エレミヤは、「あなたの父は、質素な生活をし、正義と恵みの業を行ったではないか」と言っており、そこでも同じ重ね方で用いられている。いずれにせよ、社会が社会として成り立つためには不可欠な〈愛と正義〉である。

ところで、ここでは、愛と正義をヤハウェご自身が地上で実践してくださることとして理解している。多くのひとがそう読んでいる。しかし、新共同訳では、神を主として知ること、それと並んで、「慈しみと正義と恵みの業を行う事」が併記されている。そうすると、これらの徳目を地上で実践するのが、主なる神を知るものであるということになる。そういう読み方もできる。むしろ、愛と正義は、主なる神のみわざであり、また神を知る者のわざであると読むことを勧める者もある。

ついでに言えば、「その事をわたしは喜ぶ」とあるが、「このようなひと」と訳すこともあるし、「これらの事」と訳すこともできる。原文は複数代名詞であるので、「これらの事」と訳すことが多い。もちろん、「これらの人びと」という訳もある。

いずれにしても、神が主であられることを知り、その神が地上で愛と正義のみわざをなさることを誇りとするひとの姿が浮かび上がる。そして、そのようなひとが、ご自身を主なる神と知るとともに、社会における愛と正義の実践に生きていることを、主なる神が喜びとしてくださると語るのである。

まずこの区分だけで説教をすることができる。しかも預言者として語ることができる。そう思う説教者が多いのではないであろうか。まず現代社会と向かい合って語るのである。そして、その社会に生きるひとりの魂に向かい合って語るのである。社会も個人も深く病んでいる。まさに〈誇り〉をめぐって病んでいる。しかも、ここで問われているのは、誇りを一般的に、道徳的に批判して語ることではない。神を喪ったまま、誇りに生きることで危機を克服しようとする生き方である。われわれは〈誇り〉に病んでいると言える。人間の傲慢である。

現代の預言者のひとりは、明らかにリヒャルト・フォン・ヴァイツゼッカーであろう。私は、一九八六年秋、ハイデルベルク大学創立六〇〇年を記念して開かれた国際説教学シンポジウムに招かれ、そのままボーレン教授宅に滞在、一学期、客員教授として過ごした。創立記念日の集会は、最初の授業がなされた聖霊教会の礼拝堂で行われた。ボーレン教授とともに、その集会を家のテレビで視聴した。多くの祝辞が述べられ、教会指導者のものもあったが陳腐で閉口した。そこで大統領は、こんな趣旨のことを述べた。大学の自然科学研究は優れた業績を挙げている。それは認める。だが、自然科学者の皆さんに、今、お願いしたい。天地万物を造り、支配する神に、今一度畏敬と従順の思いを回復していただきたい。ある新聞記者は書いた。参列者全員が、それから主の祈りを唱えた。自分は子供の時に習い覚え、それから以後、全く口にしたことのなかった、この祈りをどんなに深い思いで唱えたことであろうか。明らかに、大統領は、その年に起こったチェルノブイリ原子力発電所の惨事を思い起こしながら、この警告を語ったのである。

これまでの日本の教会はインテリにしか伝道してこなかったという批判の言葉が繰り返されてきた。しかし、いわゆる官学の教育を受けてきた私が身をもって体験したのは、国立の学校を作り、支えてきたのは、神抜きの西欧文化でしかなかったということである。高等教育を受けた誇り高き者たちは、神を礼拝するような無知な生き方などとは無縁でいられると思い高ぶる人びとを育ててしまった。せめてインテリだけにでも届く言葉を教会が持ち得たらと思う。それは頭ごなしに、神なきプライドに生きることを非難する言葉ではなく、知識人の傲慢に気づき、真実に悔い改めて、主なる神に帰る道に立たせる慰めと赦しの言葉であるはずである。

しかし、預言者エレミヤの言葉は、誰よりも神の民ユダに向けられたものであった。神の民の罪を指摘するものである。神を神とし、神が先立って示してくださった愛と正義の道を生きることを捨てて、自分たちの誇りを虚しく維持しようとする罪を指摘するものなのである。ユージン・ピーターソンの名著『牧会者の神学』（越川弘英訳、日本キリスト教団出版局、一九九七年）は、宗教商売にうつつを抜かすアメリカの教会に悔い改めを迫るものであった。富める大教会とは無縁に見える日本の諸教会は、神に生きる誇り高いこころを失っていないと言えるであろうか。繰り返すが、ここで問われるのは、誇りを捨てることができるかということではない。真実に誇りに生きることができるかということである。

ここで改めて問う。新約聖書は、この預言者の言葉にどう対応するのであろうか。ほとんどすべての注解書が指摘するのは、コリントの信徒への手紙一第一章三一節、コリントの信徒への手紙二第一〇章一七節で、パウロが「誇る者は主を誇れ」と聖書に書いてあると言ったのは、このエレミヤの言葉だということである。その通りなのかもしれないが、この時「主」という言葉は、主キリストを意味しているとパウロは理解しているとするのが自然であろう。誇るべきファリサイ派であったパウロにとって〈誇り〉はただ廃棄すべきものではなかった。新しい誇りに変わったのである。『新約聖書釈義事典』第Ⅱ巻により〈カウハオマイ〉の項目を読んで、特にパウロの手紙のなかで、〈誇る〉、あるいは〈誇り〉という言葉が何を意味していたかを、なおよく調べてくださるのも有益であろう。ここでは、ふたつの言葉だけを引用する。「だから、キリストの力がわたしの内に宿るように、むしろ大いに喜んで自分の弱さを誇りましょう。……なぜなら、わたしは弱いときにこそ強いからです」（Ⅱコリント一二・九―一〇）。「彼らではなく、わたしたちこそ真の割礼を受けた者です。わたしたちは神の霊によって礼拝し、キリスト・イエスを誇りとし、肉に頼らないからです」（フィリピ三・三）。特に、ここでは、イエスがキリストであられることを強調している。まさに「主を誇る」のである。

心に割礼を

今引用したフィリピの信徒への手紙第三章三節の言葉が、エレミヤ書第九章末尾の言葉と深く対応する。

ここで捉えられている政治的構図は、とても興味深い。明らかにエジプトを盟主とする諸民族の同盟は、政治的思惑、当時の政治的力学から生まれたものであろう。そのなかに南王国ユダを、エレミヤは数え入れている。しかし、その上で、これを割礼民族連合軍であり、無割礼のバビロンに対抗するものであったと見ている。エレミヤが、そのように見ていたとする、このような解釈は、確かに成り立つであろう。

わざわざ「包皮に割礼を受けた者」という表現は、後に出てくる「心に割礼」というのとの対比で語られたことは明らかであろう。割礼だけを語ればよいのに、「もみ上げの毛を切っている人々」を付け加えることによって、ますます割礼の霊的意味を薄れさせている。ユダの民にとって割礼は、選ばれた神の民であることのしるしであったろうが、このような語り口によって、その聖なる意味はなくなってしまう。そこで痛烈にも、「すなわち割礼のない諸民族」という、一見、自分がそれまで語ってきたことと全く矛盾した表現をしておりながら、ことの真相をえぐり出しているのである。

「心に割礼のないイスラエル」という最後の表現は、今のユダは神の民イスラエルの名に値しないと断言している。いかに、からだに割礼の傷を負っても無意味である。他の民族の割礼とともに論じ得る民俗的慣習に過ぎなくなっている。私はかつてベルリンのある教会で、堅信礼教育を手伝ったことがある。少年少女たちに、君たちにとって、堅信礼とは何かと尋ねたことがある。それが済んだら、もう教会の集会に来なくて済むようになることだと平然と答えられて唖然としたことがある。洗礼も信仰告白式も単なる〈宗教的〉社会的慣習に過ぎなくなっている。そこでもエレミヤが伝える厳しい神の審判の言葉を聴くべきであろう。罰せられるべきことなのである。

神が求められるのは、こころに割礼を受けることである。第三一章が伝える新しい契約には、こう記されている。「わたしの律法を彼らの胸の中に授け、彼らの心にそれを記す」(三三節)。これに対応する言葉が、第六章一〇節にある。

誰に向かって語り、警告すれば
聞き入れるのだろうか。
見よ、彼らの耳は無割礼で
耳を傾けることができない。
見よ、主の言葉が彼らに臨んでも
それを侮り、受け入れようとしない。

エレミヤの預言は、神殿礼拝の虚しさ、罪深さだけではなく、イスラエル民族の急所である割礼にまで向けられる。この批判もパウロに継承される。ローマの信徒への手紙第二章には、こう書いてある。「あなたが受けた割礼も、律法を守ればこそ意味があり、律法を破れば、それは割礼を受けていないのと同じです」(二五節)。

ここで問われるのは、ただ単に外形と内面の対立ではない。人間は外形の生活ではなく、そのこころの姿勢が問われるのだという説教をすれば、それで済むというようなことではない。一方では、キリスト者の生活の外面の生活、肉体の生活、そこで営まれる神の面前で生きる生活を無視することはできない、ということを知るべきであろう。洗礼は、そのような具体的な生活に食い込む救いの事実である。そして他方、ただ内面というのではなく、神の言葉を聴き続けるということこそ、こころに割礼を受けていること、つまり、洗礼を受けているということのしるしとなる。つまり、洗礼を受けている者は、そのように神の言葉を聴き続けることによってこそ、確かさに生き得るであろうことを説き続けるべきであろう。

参考文献

関根清三訳『旧約聖書Ⅷ　エレミヤ書』岩波書店、二〇〇二年

Stanley Romaine Hopper, 'Exposition of the Book of Jeremiah,' in; *Interpreter's Bible*, Vol. 5, Abingdon, 1956.

Artur Weiser, Der Prophet Jeremia, Kap. 1-25/13, Das Alte Testament Deutsch 20, Vandenhoeck & Ruprecht, 1952.

William L. Holladay, *Jeremiah 1*, Hermeneia: A Critical & Historical Commentary on the Bible, Fortress, 1986.

その他

エレミヤ書　一〇章一－一六節

高橋　誠

テキストの響きと説教の構想

クレイギーは「偶像礼拝は巧みな現実逃避」であると言う。一見、〈偶像礼拝〉と〈現実逃避〉はつながらないように思うが、考えてみると含蓄のある言葉で、この箇所を説く上で重要である。ひっくり返してみると理解できるようになるのではないか。つまり、〈偶像礼拝が現実逃避である〉を〈まことの神を礼拝することは現実から逃げないことである〉とひっくり返してみるのである。そうすると、エレミヤの使命、すなわち捕囚の現実を、なお神が働いておられる現実として受けとめさせようとしている使命と重なる。エレミヤが感知している危険は、捕囚民がその現実から逃げ出してしまうことである。この視点から見れば、エレミヤが捕囚民に見ている二つの状況、すなわち偶像礼拝と偽りの平和を語る預言者の手軽な治療（六・一四、八・一一、一四・一三）に共通した危険であることがわかる。偽りの預言で問題にされているのは「偽りの幻」（一四・一四）に逃げることであって、神が働かれることが夢物語になってしまう危険である。それも現実逃避であるし、われわれのテキストで扱う偶像礼拝の誘惑の中に見えてくるのも同じく偶像の夢物語という形での現実逃避である。いずれにおいても陥るのは、惨憺たる有様に見える現実にも、なお真実に救いの業を成してくださる創造の神の忘却である。捕囚のユダヤ人にとってかけがえのない光明であった創世記第一章二節で混沌と闇を覆う神の霊として想起されている神と、エレミヤが語るバビロン捕囚の混沌と闇の中でなおイスラエルを造る業を進めなさる神は重なっており、その混沌と闇から逃げ出して自分で光を作るようなことは、神の慰めの喪失なのである。

偶像礼拝は、人間が目の当たりにする闇と混沌によってそっぽを向いた神の姿を想起するところに場を持つ。もっと明るい今日を約束してくれる神の創出が始まる。要するに、神を待つのではなく救いに自分で形を加えようとするのである。この民の姿は、「我々に先立って進む神々を造ってください」という民の要請で金の子牛を造るところから始まっている（出エジプト記三二・一）。民は、モーセの示した神はもう自分たちの方を向いていないと考えたのである。この物語が示すのは、人間が正しい道を踏み外す時には自分で神を造ることに迷い入るという既定路線である。第一戒の反故は第二戒の反故へと進ませるのである。神の喪失は別の神の創出につながる。人間が神の啓示を受動的に受けとめるはずのところで、能動的に救いを造りはじめる。こうした誤った意味での人間の能動性が、このテキストが語っている一つの事柄である。もちろん、能動性それ自身が問題ではない。能動性は、神の恵みへの応答としては健やかに存在しうる。能動的行為は、ハイデルベルク信仰問答が順序としてたどるとおりに、人間の悲惨、それからの救い、そして第三部での感謝としての行為として語りうるものである。しかし、このエレミヤ書のわれわれの箇所での人間の能動性は、それがどんなに「巧み」なものであったとしても、救いへの感謝を飛び越えて、いきなり救いの姿を自分で工作するものとなっている。このことが示す領域は、思いのほか広い。もちろん、科学文明による救いの創出も異なる神を刻むことと論評できるだろう。それのみならず、われわれ教会の民であっても、特定の礼拝形式や伝統や礼拝の場所や無謬の書物などにこだわるときに、容易に偶像礼拝は顔をのぞかせる（クレイギー）。現実を広やかに受けとめることを忘れて、責任や可能性などの自分の能動性のみが意識されている時に、われわれはそうとは気づかないまま、何かを自分で作り出すことに夢中になるのである。

端的に言えば、われわれのテキストは、創造者は神かそれとも人間かということである。人間の創造性の限界は、テキストから改めて語らなければならない。それと同時に、なぜそのように〈人間が造ること〉が宗教的な情熱の次元にまで高められるのかについても、「倣うな」（二節）に含意されている（詳細後述）。その上で、神の創造が語られている。彼らの経験する捕囚が生じているのも、神が創造された「大地」（一二節）の上、「世界」（同節）の中、「天」（同節）の下であることを語っている。彼らが生きている現実の大地、世界、天の下が、依然として創造のみ業の中にあることが告げられている。

以下の説教の構想を提案する。一、異国の民の道に倣うな。二、創造者――死への慰め。三、万物の創造者。

一　異国の民の道に倣うな

人間による救いの創出が、まことの神とは別の神を造り出すことに至ることがわれわれのテキストでは捉えられている。それが「異国の民の道に《倣うな》」という言葉で表現されている。この《倣う》についてクレイギーは特有の意味合いを持つと指摘し、「倣うことによって巻き込まれる」や「やみつきになる、中毒になる」というニュアンスを読み取る人々の見解を紹介している。それは人間にとっての偶像礼拝の一定の魅力、つまり宗教的な実感とも言えるだろう。主体的に物事に関与する欲求と充足が人間にはあるが、偶像礼拝はこうした主体的関与の欲求を不健全な形で充足させるのである。そうしたことに比べ、七十年の捕囚の期間をバビロンで生きるということ、しかも彼らが、ヤハウェが自分たちの苦境に対して変化を与えてくださったという実感のないままに、ヤハウェへの信仰を保って生きることを余儀なくされるのである。その苦悩は、捕囚の詩編が「なぜうなだれるのか、わたしの魂よ、なぜ呻くのか。神を待ち望め」（四二・六、一二、四三・五）と繰り返す呻きと重なっている。自分の行為が何かを作っているという実感を得られず、ただ「神を待ち望む」ことだけがその信仰の行為となるのである。このまことの神を待つ信仰と、まことの神ならずとも自分の主体的な関与が何かを作っている実感を得られる宗教と、いったいどちらがたやすいかと言えば、後者が人間の手近なところにあると言いうる。要するに、何かをする実感によって虚しさを埋めようとするということは、苦悩の中にある人間にとって、幾分魅力的な招きとなるのである。

このような主体的な人間の行為は、要するに〈造ること〉である。人間の業として、すなわち、木を切り出す行為、木工の造るという行為（三、九節）として描かれている。われわれのテキストの語る基本的な事柄は、造られたものが所詮人間の行為の結果以上のものではないという批判である。造る行為は素材に形を加えている自己満足に過ぎない。目の前の現実の形を変え、別の現実になったかのように思い込むだけのことなのである。その実感とは「巧み」（九節）に造ることによってより確かにされた気分を与えるが、そうであったとしてもそれは空虚だと語っているのである。「きゅうり畑のかかし」（五節）で言われるのは、いかに巧みであろうとも、人間の創作であるという観点ではかかしと同じという批判である。アイロニカルであるし、コミカルですらある。

二、三節に三回使われる〈なぜなら・キー〉は、偶像礼拝における神秘性は人間による偽装であって、実のところ力点と作用点の両方とも、全く合理的に遡及可能だということを表している。新共同訳をはじめ日本語訳には訳出されていないが、二節c、三節a、bに使われている。「なぜなら」を拾い上げて意味をたどると、「偶像、天のしるしを恐れるな。なぜなら、それは異国の民のすること、なぜなら虚しい、なぜならそれは森の木」と言える。異国の民の道に倣うことの空疎さの理由を諄々と説く語調が聞き取れる。倣うことにどんなに創出の宗教的実感があろうとも、それは森の木だと言うのである。像や建築物などの文化財に込められる〈巧みさ〉は、その時代の人々の悩みや救いを物語るものとしての興味はあるとしても、しかし救済と言うことについて言えば、そうした想念としての救済と、歴史において救済者として振る舞い給う神は、どこまで行っても重なることはない。

本黙想の冒頭で触れたクレイギーの、「われわれが特定の礼拝形式や伝統や礼拝の場所や無謬の書物などにこだわるときに、容易に偶像礼拝は顔をのぞかせている」という指摘は鋭い。キリスト教会も別ではないと言うのである。われわれが、特定の形へのこだわりを見せているという状況は、雑多な現実を思い通りの形へと「のみを振るって」（三節）形づくる行為であるとも言えるだろう。教会が真理の闘いのつもりでしかねないことは、措定した一点の真理に向けて現実を切り分けてしまうことである。混沌と神の現実の間に明確な隔てを設け、僭越にも混沌と理想とを人間が峻別しはじめるのである。教会形成はキリストの形が成ることであることを忘れ、うっかり牧師の理想という「のみを振るって」邪魔なものを取り去り、思い描いている形を削り出そうとする危険もあるのである。その時に、やはり現実に働いておられる神とは別の群れを夢見ながら、現実から逃避することになるのではないか。

イーヴァントの説教学講義の一節を思い起こす。「農夫が、種が死ぬことによってどのようにして新しいいのちが生まれるのかを知らないように、牧師は、自分の言葉から、どのようにいのちの花が咲くのかを知ることは許されない。もしそれを知っているならば、その瞬間、自分自身がいのちを造ることになり、もはや喜びの僕《しもべ》ではなく、信仰を支配する主人になってしまっている。……一九三三年に人々は言ってのけた。今こそわれわれはドイツ民族のなかにキリスト教を造ろう！　われわれが、今こそ信仰告白に忠実な説教をしようではないかと言ったとき、その人々と同じことをしていることになるとすれば、禍いである！　そうであるならば、まるで反対の立場に立ちながら、同じことをやってのけたことになる」（『説教学講義』加藤常昭訳、二九頁）。大変興味深いのは、たとえ信仰告白に基づいて闘ったとしても、それが「自分自身がいのちを造ることになり、もはや喜びの僕ではなく」なるとイーヴァントが考えていることである。一九三七年の講義の言葉である。バルメン宣言が一九三四年であるから、すでにそれに基づく闘いをしていた彼が、信仰告白で教会を造るのではないと言うのである。これは当時の告白教会の闘いにおいては切実な問題だったのではないかと想像する。自分たちの正しさや力によって切り開かれていく闘争が考えられるとき、闘争が功を奏さない焦りや恐れや苛立ちに捕らえられるか、仮にそれがうまく進んだとしても、それを打ち立てる自らの力の礼賛に捕らえられるかのいずれかに陥る危険が存在する。つまり、いずれにしろ、ナチズムとのイデオロギーの抗争に堕してしまいかねないのである。神の言葉が人間の言葉に入れ代わる。神の霊の闘いが人間の霊の闘いに変えられてしまう。信仰告白を単に譲れぬ綱領としてこだわる不自由な奴隷根性は、たとえそれがどんなに熱心であろうとも「喜びの僕」ではない。信仰告白は賛美である。現実がいかに複雑であろうとも、今ここに自分自身が存在するというのは神の創造の業だという感謝こそ、まことの信仰の証しである。感謝の歌を歌いつつ闘う「喜びの僕」としての姿こそ、神の創造の業に参与する健やかな姿である。仮にこうした歌としての信仰告白が尽き果てて傲慢や焦りや苛立ちに捕らえられているとすれば、与えられている現実とは別のところに自分で理想像としての偶像を造っている病理が存在するのである。

告白教会の闘いのみならず、われわれの教会に見えている様々な現実のなかで、たとえば一見真理をめぐっての信徒と牧師との対立というような状況が、実のところ――たとえそれが牧師の所信表明であろうと――お互いが描く理想像をぶつけ合っているだけ、ということも生じうるのではないだろうか。現実のなかで造り続け給う神を忘れるときに、偶像はいろいろなところに――たとえ真剣で悲壮な信仰の闘いにも――造られる。

二　創造者

われわれのテキストでエレミヤは「ヤコブの分である神はわれわれの創造者」（一六節）と語り、造り給うのは神だと示す。

ワイザーは一節から一六節は、もともと第九章二一節から第一〇章一七節へと続いていたところに挿入されている部分だと言う。すると、われわれのテキストがここに置かれている理由を問わざるを得ない。それは第九章で語られる悲惨きわまる死の状況に対して、いのちの創造の神を語るという理由である。単に異教の地におけるユダヤの真正の信仰のための護教論ではなく、彼らが目の当たりにした殺戮への慰めなのである。たしかに第九章二一節まで語られているのは、惨憺たる殺戮である。そうした極限の困窮に対して、それよりも強く確かな神の創造の業を想起させる必要が、配置の理由である。

第九章二一節ではこう言われる、「人間のしかばねが野の面を糞土のように覆っている。刈り入れる者の後ろに落ちて集める者もない束のように」。つまり、イスラエルが直面しているのは、いのちが激しく損なわれていくという状況であって、ひとり人生のスパンの中で災い転じて福となすという人生訓などは全く打ち砕かれてしまう状況である。累々たる屍が答えという状況に対して、いったいどのような希望を語ることができるのかという問いが突きつけられている。人間の可能性や希望を寄せ集めても及ばない知恵の限界が「知恵ある者は、その知恵を誇るな。力ある者は、その力を誇るな。富ある者は、その富を誇るな」（二二節）と語られる。その上で、「むしろ、誇る者は、この事を誇るがよい、目覚めてわたしを知ることを。わたしこそ主」（二三節）と言う。二二節まで語られる絶望が、この二三節では主を知ることを誇るという一点でひっくり返される。累々たる屍が答えであると考えはじめる人々に対して、それでも主を知ることが誇りになると預言する。主を知るとは、それほどのことなのである。「目覚めてわたしを知る」（九・二三）という知恵を受けて、第一〇章におけるいのちの創造の神を指し示す言葉は語りはじめられているという関連で文脈はよく理解できる。ワイザーも「おそらく九章二三節を顧慮して、（一〇・一―一六は）この位置に挿入された」と言う。

命が失われる死の深みにまで御手を届かせる神は、「主は真理の神、命の神、永遠を支配する王」（一〇節）をほかに考えられない。創造者としての神を指し示すことは、人造の偶像へのアンチテーゼというよりも、死の嘆きに満ちた現実への有効な慰めなのである。

三　万物の創造者

そうした神が創造者であることが、万物を支配し給う神という信仰への通路を開く。おひとり創造者であり給い、ほかのすべては被造物であることが想起される時、バビロンもまた神の御手にあることが合わせて想起されるのである。

この確信は一一節が、当時の国際語であってバビロンの人々もまた理解したアラム語で語られていることと関連する。神が創造者であることは、ただエルサレムでだけ通用する真理ではない。ユダヤの言葉でのみ語り得て、それ以外の言葉で語る時に、その有効な響きが消え去ってしまうようなものではない。翻訳を易々と乗り越えて揺るがぬ真理である。バビロンの存在も、在らしめる方の許しのもとに置かれている。もちろん、単純化してバビロンに見えている暴虐も神の創造だとまでは言えない。しかし、ヨブに与えられる苦悩が天上での主とサタンとの会議の中で神によって限界付けられているような関与は語られている（ヨブ記一・六―一二）。バビロンも神によって限界付けられ、神の御手のもとに置かれている。

バビロンで通じる言葉で語られる一一節は「天と地を造らなかった神々は、地の上、天の下から滅び去る」という言葉である。ユダヤ人たちがバビロンの神々を当地の神としてそれなりに承認するかもしれない危険の中で、改めて、「バビロンで拝まれている神はバビロンの神ですらない。それは天と地を造らなかったからだ」という響きを持つだろう。直後の一二節からはまことの神が「御力をもって大地を造り」と、ヤハウェの活動が語りはじめられる。そのことは、捕囚の人々が立っている大地もまた神が造ったものであることを思い起こさせているのである。どこであっても、足を着けて立つところは、神の創造の上であると語られている。

〈バビロンの大地の肯定〉と言ってもよい。こうした観点から一二節が語っていることを改めて聴き取ると、人々はたとえそれが捕囚の地であろうとも神の造られた「大地」であることは変わりなく、「世界」は依然として神の「知恵」をもって据えられており、どこに生きようとも「英知」をもって広げられた「天」の下であると語っているとも聴き取れるだろう。

クレイギーは、この一一節が第二九章のエレミヤの手紙の縮小版であるとする人々の見解を紹介している。第二九章のエレミヤの手紙には、たしかにこうしたバビロンの大地の肯定とも言いうるものが読み取れる。「わたしは、エルサレムからバビロンへ捕囚として送ったすべての者に告げる。家を建てて住み、園に果樹を植えてその実を食べなさい」（二九・四―五）。またそれに続けて、「預言者や占い師たち……の見た夢に従ってはならない」と言われている。「夢」とはバビロンから自由に解き放たれ、そこを飛び去って生きるという夢である。なぜそんな夢を抱くかと言えば、バビロンではバビロンの神が力を振るって支配していると考えてしまい、そこに働くヤハウェを信じることができないからである。それゆえ、そこで自分が生きている現実を受け入れることができないのである。

教会が夢に生きず置かれた大地を信頼して生きることをこのテキストは語るだろう。しかもその教会はバビロンに捕らえられた中にあるとも言いうる教会である。ユダヤ人たちがバビロンで生きることの中になお神の関与を見出しつつ、バビロンの大地もまた神の大地と信じて生きたことは、われわれをこの時代へと解き放つ。ルターの「教会のバビロン捕囚」とは形こそ異なるが、実際現代の教会にもバビロンがしみ込んでくる如何ともしがたい状況は存在する。しかししみ込んでくるものには神を上回る力はない。われわれには、現代に通用する言葉への翻訳で「天と地を造らなかった神々は、地の上、天の下から滅び去る」と語ることは許されているのである。

参考文献

A・ワイザー『エレミヤ書1―25章　私訳と註解』（ATD旧約聖書註解20）月本昭男訳、ATD・NTD聖書註解刊行会、一九八五年

R・E・クレメンツ『エレミヤ書』（現代聖書注解）佐々木哲夫訳、日本キリスト教団出版局、一九九一年

Peter C. Craigie, Page H. Kelley & Joel F. Drinkard, Jr., *Jeremiah 1-25*, Word Biblical Commentary Vol. 26, Word Books, 1991.

エレミヤ書　一一章一―一四節

吉村　和雄

与えられた箇所は、ヨシヤ王の命によってなされたエルサレムの神殿の修復作業中に、神殿から「律法の書」が発見されたことによって始まるヨシヤ王の改革という歴史的出来事を背景にしている。この改革は、民の信仰生活の中にあった異教的なものを捨てて、ヤハウェとの契約に忠実に生きることを目指したもので、例えば地方にある、異教の影響を受けた聖所を廃して、祭儀をエルサレムの神殿に集中させるなど、相当の困難を伴うものであったが、王の熱意により推進された。しかしヨシヤ王が、エジプト王ネコとの戦いで戦死し、代わってヨヤキムが王として即位することになると、改革は頓挫し、契約はふたたびないがしろにされてしまう。そういう時代の動きの中で、預言者エレミヤが神から命じられて語った言葉が、今回の箇所である。

そのように、これは旧約の歴史を背景に語られた言葉であるが、神がご自分の民に語られた言葉として普遍性を持っており、わたしたちも耳を傾けるべき言葉である。特にわたしたちは主イエスの福音によって生きているものであって旧約の信仰を生きているものではないが、しかし自分たちの信仰の中には、ともすれば曖昧になりがちな部分があることを自覚している。旧約のメッセージは、そのような部分を明確にし、自分たちが生きている福音の輪郭をはっきりさせてくれる。そのような意味で、わたしたちも耳を傾けるべき内容を持っている。

与えられた箇所は、一―五節、六―八節、九―一〇節、一一―一四節の四つの部分に分けられる。それぞれの主題を示しながら、順を追って考察をしていく。

契約の言葉

この部分は、エルサレムの神殿における契約更新の祝祭が背景にあると言われる。そこで預言者によって契約の言葉の告知がなされ、説き明かしがなされる。ここではエレミヤにその任が与えられるのである。

ここで預言者が命じられたことは「この契約の言葉を聞け。それをユダの人、エルサレムの住民に告げよ」ということである。ここで初めに「契約の言葉を聞け」と言われる。これは単に、契約の言葉が朗読されるのを聞けという意味ではなく、契約の言葉に耳を傾けよ、という意味であろう。そこで聞こえてくるメッセージがある。それは、契約の言葉を通して語っておられる神の御言葉である。それは神の御心を告げる。それを聞き取れ、そしてそれをユダの人、エルサレムの住民に告げよと言われるのである。聞き取ったものが神の御心であるからこそ、その語りかけは「イスラエルの神、主はこう言われる」という形を取る。神が語られるのである。それを告げるのが、預言者の役割である。

　このことは、聖書の信仰においては本質的なことである。特に旧約の信仰においては、それが条項を伴った契約という形で示されているので、問題がはっきりする。契約には守るべき条項がある。契約を守るとは、その条項を守ることである。律法として示されたその条項を、神との交わりの外で理解することもあり得る。つまり「どうすればよいか」という問いの答えとして、律法を理解するのである。その問いに対して「こうすればいい」という形で律法が示されるとき、それは神との関わりなしに理解される。「律法を守ってさえいればいいのでしょう」ということである。神の御心とは別なところで律法の条項を守り、それによって自分は義とされていると考える。これはファリサイの道である。

　このことは、キリストの福音によって救われているわたしたちにおいても、同じである。信仰が、信仰という名の行為になることは、容易に起こりうる。天の父でいます神との深い交わりなしに、行為のみの信仰を生きてしまう。行為を誇りとして、周囲を見下す生き方をしてしまう。これはわたしたちキリスト者の受ける誘惑である。それゆえに、預言者は神の御心を聞くことを求められ、それを告げることを求められる。

契約の背後にある神の御心

　この御心を、わたしたちは五節の言葉に見ることができる。「それは、わたしがあなたたちの先祖に誓った誓いを果たし、今日見るように、乳と蜜の流れる地を彼らに与えるためであった」とある。与えられた契約には、それを支える神の誓いがあった。乳と蜜の流れる地を彼らに与える、という誓いである。この誓いは、あるいはこの誓いを生み出す神の御心は、契約に先立つ。契約はこの誓いを実現するためのものである。イスラエルが契約を守り、約束された乳と蜜の流れる地を手に入れることが、神の願いである。守るべき条項は、乳と蜜の流れる地を手に入れる前の、乗り越えるべきハードルではない。契約条項こそ、乳と蜜の流れる地に至る道である。神はその道を、契約によって開いてくださったのである。

　この御心にこそ、祝福がある。三節に「この契約の言葉に聞き従わない者は呪われる」とある。逆に言えば「この契約の言葉に聞き従う者は祝福される」となる。祝福は、健康や長寿や豊かさなどの具体的な内容を持つが、しかしそれらの根底にあるものがあるだろう。それは、神がこのわたしの神となってくださることである。健康や長寿や豊かさは、神がこのわたしの神になってくださる、という事実の結果であって、だからこそそれらに意味がある。土地が与えられることも同様である。創世記一七章八節に「わたしは、あなたが滞在しているこのカナンのすべての土地を、あなたとその子孫に、永久の所有地として与える。わたしは彼らの神となる」とある。カナンの土地が与えられることと、神が彼らの神となられることは、別なことではない。神が彼らの神となられるという祝福が与えられるから、土地が与えられることが、祝福なのである。

神とその民の関係

このことは、四節において「あなたたちはわたしの民となり、わたしはあなたたちの神となる」という言葉で示されている。これは神の基本的な願いであって、この願いによって、救いの歴史が展開していくのである。この言葉は、わたしが数えたところでは、旧約聖書全体で十五回出てくるが、そのうち七回はエレミヤ書であって、これが一番多い。どれほどエレミヤ書がこれを重んじているかがわかる。

もっと細かくこれを調べると興味深いことがある。エレミヤ書では七回出てくるが、そのうち七章二三節では「わたしの声に聞き従え。そうすれば」という条件が、また一一章四節では「わたしの声に聞き従い、あなたたちに命じるところをすべて行えば」という条件がこの言葉の前に付いている。しかし二四章七節では「わたしは、わたしが主であることを知る心を彼らに与える」という言葉が前に付く。もはや「聞き従えば」という条件はない。また三〇章二一節では「ひとりの指導者が彼らの間から、治める者が彼らの中から出る」という言葉が、三〇章二四節では「主の激しい怒りは、思い定められたことを成し遂げるまではやまない」という言葉が前に付いている。さらに三一章三三節では「わたしの律法を彼らの胸の中に授け、彼らの心にそれを記す」という言葉が付く。

つまり、第二四章以下では、神が主体となって行動されるのである。「聞き従え。そうすれば」というのではなく、神ご自身が「あなたたちはわたしの民となり、わたしはあなたたちの神となる」という現実を造り出すために、行動をされる。神はその民の前に契約条項というハードルを設けて、これを飛び越えて来たら受け入れてやろう、と言っておられるのではない。ぜひとも、その民との間に深い愛と信頼の関係を造り上げたいと願っておられるのである。

契約の不履行

一―五節が、エルサレムの神殿における契約更新の祝祭を背景としていると考えられるのに対して、六―八節では、神殿での祝祭の枠を超えて、「ユダの町々とエルサレムの通りで」、そこに住む人々に向かって、神の御心を語れ、と言われる。

そこで問題にされるのは契約の不履行である。主は彼らの先祖をエジプトの地から導き上られたときに、先祖たちを厳しく戒め、今日に至るまで、繰り返し戒めて、ご自分に聞き従うことを命じてこられた。これは、種々の時代を通じて規則正しく伝えられてきた契約の祝祭の伝承、およびそれに基づく預言者たちの説教を物語るものであろう。しかしながら、そのように繰り返し彼らを戒めてきたにもかかわらず、彼らはその言葉に耳を傾けず、聞き従わず、おのおのその悪い心のかたくなさのままに歩んだと言われる。それゆえに、契約の条項に記されている災いが彼らの上に臨むというのである。

この契約条項の不履行を考えたときに、福音書が語る主イエスの姿を思い起こさせられる。主の周りには、多くの徴税人や罪人がいて、主イエスと食卓の交わりを共にしていた（マルコ二・一五）。契約条項の不履行という点では、彼らもまた非難されるべき者たちであったにもかかわらず、主は彼らを拒否なさらなかった。かえって、律法の行いという点ではずっと彼らよりも忠実であったファリサイ派を厳しく批判されたのである。使徒パウロもまた、キリストを知る前は、律法の行いにおいて非のうちどころのない者であったと言う（フィリピ三・六）。しかしながら同時にその当時のことを「神を冒瀆する者、迫害する者、暴力を振るう者」であったと言う（Ⅰテモテ一・一三）。契約条項の忠実な履行と、義人として生きることは、イコールではないのである。

結局、神が求めておられることは、「正義を行い、慈しみを愛し、へりくだって神と共に歩むこと」（ミカ書六・八）なのであろう。もちろん契約の不履行をそのままにするのではない。主イエスは律法を廃するためではなく、完成するために来られたのである（マタイ五・一七）。だから主は、悔い改めさせるために罪人を招かれたのである。

わたしたちは律法に従うのではなく、主イエスの戒めに従っている者であるが、それでも戒めに従わない、あるいは従えないことがある。その時のわたしたちのとるべき姿勢は、やはり悔い改めである。それは「七の七十倍」（マタイ一八・二二）に至るまで、あるいはそれ以上の悔い改めである。悔い改めこそ「へりくだって神と共に歩む」時の、わたしたちの姿勢なのである。

民の反逆

しかしながら、それに続く九―一〇節で問題になっているのは、単なる契約の不履行ではない。明らかな反逆である。ユダの人とエルサレムの住民が、共謀して神に反逆を企てたというのである。これは具体的には、ヨシヤ王の時代に、契約を中心とした信仰生活を確立しようとしたことが、ヨヤキム王の時代になって崩れてしまったことを示している。それが、あからさまな神への反逆と見なされたのである。彼らは、先祖たちの罪に「戻り」、主に聞き従うことを「拒み」、他の神々に「従って」、契約を「破った」。心ならずも不履行になったというのではない。あきらかな意図をもって、主に反逆を企てたのである。いったい何が問題なのであろうか。

最近の若い人の多くが、結婚はコスト・パフォーマンスが悪いと考えていると聞いて驚いたことがある。つまり、失うものに比べて得るものが少ないと言うのである。人を愛し、共に生きるために、捨てなければならないものがあるのは事実であるが、問題はそこで何が得られるかである。共に生きる生活で得るものは、共に生きるということそのものであって、それが目的である。その時に、相手との関係を考えずに、自分のための何かを得ることを考えたら間違えるだろう。

神との関係においても同じである。「へりくだって神と共に生きる」ことこそが、信仰生活の目的である。それができればよいのである。しかしそれを間違えて、自分のための何かを得ることを考えるから、正しい道から外れていくのではないか。それで結局は「神に仕えることはむなしい。たとえ、その戒めを守っても……何の益があろうか」（マラキ書三・一四）ということになる。恐らくこの時のユダの人とエルサレムの住民たちは、ヤハウェに従うよりは、他の神々に従う方が、コスト・パフォーマンスがよいと考えたのである。

神の審きとしての災い

神に対して反逆する民に対して、当然のことであるが、神の審きがくだされる。それは災いとして与えられる。この世でわたしたちが遭う災いにはいろいろなものがあるが、神から来た災いからは、他の何ものも救い得ない。神ご自身に助けを求めて叫んでも、聞き入れないと神は言われる。また、自分たちが主である神を捨てて依り頼んだ他の神々も、彼らを救うことはできない。この時は、預言者もイスラエルのために祈ることを禁じられ、彼らのために嘆くことを許されない。

神の審きとしての災いを、わたしたちはどのように受けとめるべきであろうか。現代に生きるわたしたちは、このような問いと真正面から向き合うことが少ないように思う。しかし、神がわたしたちを審かれ、災いをくだされることはないのだろうか。例えば大震災のような出来事が起こった時に、それは神の審きだと主張される場合があるが、殆どの場合、それはあり得ないこととして否定され、そのような主張が顧みられることはない。しかし、無条件に、神が我々を審かれることはないとしてしまうことは、果たして適切であろうか。

ここで注意しなければならないことは、これがあくまでも当事者の問題だということである。つまり、自分が災いに直面したときに、自分がそれを神の審きとして受けとめるかどうか、ということである。当事者でないものが、他人の受けた災いについて、それを神の審きだと主張することは、決して許されないことである。しかし、自分の問題として、受けた災いを神の審きとして、あるいは警告として受けとめることは、あり得ないことであろうか。

例えば聖書の中には、神の審きとしての放任を語っているところがある（ローマ一・一八以下）。災いをくだすことは、神がまだ関わりを持ってくださっているという点で、放任よりも望みがあると言えないだろうか。そうであるとすれば、神の審きなどはないと頭から決めつけて、審きを審きとして受けとめないことは、神からの重要な語りかけを無視することであり、不信仰の行為なのではないか。

審きを審きとして受けとめることは、哀歌が伝える次のような姿勢に現れているだろう。

軛を負わされたなら
黙して、独り座っているがよい。
塵に口をつけよ、望みが見いだせるかもしれない。
打つ者に頬を向けよ
十分に懲らしめを味わえ。
主は、決して
　あなたをいつまでも捨て置かれはしない。

（哀歌三・二八―三二）

くだされた災いを、避けるのでもなく、そこから逃げ出すのでもない。災いを災いとして、正面からそれを受け尽くす。望みは、災いを避けたところにあるのではない。それを突き抜けたところにある。これは、繰り返し神に対して罪を犯し、厳しい審きを受けて来た神の民が、わたしたちに対して証言してくれていることである。そして「主は、決して、あなたをいつまでも捨て置かれはしない」という彼らの信仰に、神が答えてくださったことを、わたしたちは知っている。そうでなければ、イスラエルはその歴史の途上で消滅していたであろう。

もちろん、わたしたちの罪とは無縁の災いもある。それには、摂理の信仰をもって対することになる。それをハイデルベルク信仰問答は、次のように教えている。

木の葉も草も、雨もひでりも、豊作の年も不作の年も、
食べ物も飲み物も、健康も病も、富も貧困も、
すべてが偶然によることなく、
父親らしい御手によって、
わたしたちにもたらされるのです。

（ハイデルベルク信仰問答・問二七）

最後に、「この民のために祈ってはならない。彼らのために嘆きと祈りの声をあげてはならない」と預言者は命じられたが、わたしたちは主イエスが、エルサレムのために嘆き（ルカ一三・三四―三五）、そのために涙を流されたことを知っている（ルカ一九・四一―四四）。民の罪を、誰よりも深く嘆かれるのは、主ご自身であることを、忘れることはできない。

参考文献

Peter C. Craigie, Page H. Kelley & Joel F. Drinkard, Jr., *Jeremiah 1-25*, Word Biblical Commentary Vol. 26, Word Books, 1991.

木田献一、清重尚弘「エレミヤ書」、高橋虔、B・シュナイダー監修『新共同訳　旧約聖書注解Ⅱ』日本キリスト教団出版局、一九九四年

松田明三郎「エレミヤ書」、『口語　旧約聖書略解』日本基督教団出版部、一九六〇年

R・E・クレメンツ『エレミヤ書』（現代聖書注解）佐々木哲夫訳、日本キリスト教団出版局、二〇〇五年

吉田隆訳『ハイデルベルク信仰問答』新教出版社、二〇一二年

エレミヤ書 一一章一八節—一二章六節

鈴木　浩

本文の入れ替え

エレミヤ書の研究者たちによると、エレミヤ書のこの箇所には本文にやや乱れがあって、本来の本文と想定される文章に戻すには、一二章六節を一一章一八節に続け、一二章三節後半を一一章二〇節に移す必要があるという。そこで、新共同訳聖書の本文をそのように並び替えてみる。

18 主が知らせてくださったので
わたしは知った。
彼らが何をしているのかを見せてくださった。
(6) あなたの兄弟や父の家の人々
彼らでさえあなたを欺き
彼らでさえあなたの背後で徒党を組んでいる。
彼らを信じるな
彼らが好意を示して話しかけても。
19 わたしは、飼いならされた小羊が
屠り場に引かれて行くように、何も知らなかった。
彼らはわたしに対して悪だくみをしていた。
「木をその実の盛りに滅ぼし
生ける者の地から絶とう。
彼の名が再び口にされることはない。」
20 万軍の主よ
人のはらわたと心を究め
正義をもって裁かれる主よ。
わたしに見させてください
あなたが彼らに復讐されるのを。
わたしは訴えをあなたに打ち明け
お任せします。
(3b) 彼らを屠られる羊として引き出し
殺戮の日のために取り分けてください。

それだけでなく、一二章四節後半は、一二章二節の後ろに置いた方がよいという指摘もあるので、並び替えてみる。

2 あなたが彼らを植えられたので
　彼らは根を張り
育って実を結んでいます。
口先ではあなたに近く
腹ではあなたから遠いのです。
まことに、彼らは言う。
(4b)
「神は我々の行く末を見てはおられない」と。

確かにこのように置き換えた方が、この箇所全体（一一・一八―一二・六）の座りがいいように思われる。そこで、このように再配置した本文に従うことにする。

エレミヤ殺害の陰謀

エレミヤの周辺で、エレミヤを殺害しようとする陰謀が企てられていた。エレミヤはそのような企てが進められているのをまったく知らなかった。エレミヤは「飼いならされた小羊が、屠り場に引かれて行くように、何も知らなかった」（一九節）と語る。「屠り場に引かれて行く小羊」のイメージは、イザヤ書の「主の僕の歌」にも出てくる。「主の僕」は「屠り場に引かれる小羊のように、毛を切る者の前に物を言わない羊のように、彼は口を開かなかった」（五三・七）と記されている。だから、「屠り場に引かれる小羊」には、無邪気で、疑うことを知らない、素直な子供というイメージがあったのかもしれない。

その無防備なエレミヤが殺害の陰謀を知ったのは、「主が知らせてくださった」からであった。主の告知は具体的であった。「彼らが何をしているのか」を「主が見せてくださった」とエレミヤは語る。「見せてくださった」とあるので、「幻」によってか、あるいはヨセフがそうであったように、「主の天使が夢で」エレミヤに現れたのであろうか。いずれにしても、パウロが、「その後十四年たってから、わたしはバルナバと一緒にエルサレムに再び上りました。その際、テトスも連れて行きました。エルサレムに上ったのは、啓示によるものでした」（ガラテヤ二・一―二）と語っているように、それは「主が知らせてくださった」ことであった。

他ならない「兄弟や父の家の人々」が、エレミヤの「背後で徒党を組んで」、「木をその実の盛りに滅ぼし、生ける者の地から絶とう。彼の名が再び口にされることはない」と語っていた。エレミヤは自分が深刻な危機に陥っているのを知った。エレミヤ殺害の陰謀だから、ことは穏やかではない。

復讐を願うエレミヤ

「兄弟や父の家の人々」が、エレミヤの「背後で徒党を組んで」、自分を殺害しようとしていることを知ったエレミヤは当初、非常に驚き、「まさか」と思ったであろう。しかし、それは「主が知らせてくださった」情報であった。だから、誤報ではない。

そこで、エレミヤに思わず復讐心がわき上がる。窮地に追い詰められたエレミヤからすれば、やむを得ないことであったであろう。陰謀を企んでいたのが、何と言っても「兄弟や父の家の人たち」だったから、「裏切られた」という思いもあったかもしれない。エレミヤは「あなたが彼らに復讐されるのを」「わたしに見させてください」と訴える。「屠り場に引かれて行く小羊」のようだったエレミヤが、「彼らを屠られる羊として引き出し」てと立場の逆転を願い、「殺戮の日のために（彼らを）取り分けてください」と重ねて訴える。

しかし、エレミヤは、神が「人のはらわたと心を究め」「正義をもって裁かれる」ことを知っている。だから、エレミヤはここでも「神の義」が貫かれることに望みを置く。エレミヤは自分では復讐しようとは思わない。「わたしは訴えをあなたに打ち明け、お任せします」と語って、いっさいを神に委ねていく。パウロがローマ書で「愛する人たち、自分で復讐せず、神の怒りに任せなさい。『復讐はわたしのすること、わたしが報復する』と主は言われる』」（一二・一九）と語っているように、申命記には、「わたしが報復し、報いをする」（三二・三五）とあるからである。

神の答え

エレミヤの訴えに、神の答えが返ってくる。神は「兄弟や父の家の人々」だけでなく、故郷（アナトト）の人々も「あなたの命をねら」っていることをエレミヤに告げる。人々がエレミヤの命をねらっているのは、彼らには耳の痛い言葉をエレミヤが「主の言葉」として語ってきていたからであった。だから、彼らは「主の名によって預言するな」と言い、「我々の手にかかって死にたくなければ」とエレミヤを恫喝する。

それに対して、「それゆえ、万軍の主はこう言われる」と主の言葉が語られる。

「見よ。わたしは彼らに罰を下す。
若者らは剣の餌食となり
息子、娘らは飢えて死ぬ。
ひとりも生き残る者はない。
わたしはアナトトの人々に災いをくだす。
それは報復の年だ」。

こうして報復が行われ、彼らに災いが下され、そのことで神の正義が確立する。

しかし、復讐や報復が本当に神の正義なのだろうか。

異議申し立て

一二章一節は、口語訳で育ったわたしにとっては、いまだに諳んじている章句である。

主よ、わたしがあなたと論じ争う時、
あなたは常に正しい。
しかしなお、わたしはあなたの前に、
さばきのことを論じてみたい。
悪人の道がさかえ、
不信実な者がみな繁栄するのはなにゆえですか。

エレミヤは神が「正義の神」であることを信じている。しかし、その一方で、この世に不条理、不正、悪がまかり通っている現実がある。エレミヤ自身も、「兄弟や父の家の人々」が自分を殺害しようと陰謀を企てていることを知った。愕然としたエレミヤは冷静さを失って、思わず神に復讐を願ってしまう。しかし、復讐や報復によって本当に神の正義が貫かれるのか。本当にそうなのか。

エレミヤはその矛盾に苦しみ、遂に公然と神に対して異議申し立てをする。「主よ、わたしがあなたと論じ争う時、あなたは常に正しい」とエレミヤは語る。わたしには、この言葉には辛辣な「皮肉」が込められているように思われてならない。しかし、「あなたは常に正しい」という言葉そのものは真実である。そうでなければ、エレミヤには立つ瀬がない。だから、エレミヤは辛くても「主の言葉」を語ってきていたのだ。しかし、それとは大いに矛盾する現実がある。この落差は、エレミヤには耐え難いものであった。

エレミヤはそこで、痛切な思いを込めて、「しかしなお」と語る。「わたしはあなたが常に正しい」ことを知っている。「それでもなお」わたしには言いたいことがある、それを聞いてもらわねばならない、というのである。あえて神に抗議すると腹を決めたエレミヤの必死の訴えである。戦前の日本の状況に置き換えてみれば、「天皇への直訴」に似ているかもしれない……それは越えてはならない一線であった。エレミヤは、あえて「越えてはならない一線を越えた」のだ。

エレミヤの異議申し立ては、一点に集約されている。新共同訳に戻れば、「なぜ、神に逆らう者の道は栄え、欺く者は皆、安穏に過ごしているのですか」とエレミヤは抗議する。エレミヤには神の正義が見えないのだ。見えてくるのは、不正、不義、悪、不条理である。どうして神の正義が見えないのか、エレミヤは苛立つ。

そこで、エレミヤの異議申し立ては、さらに続く。

あなたが彼らを植えられたので
　彼らは根を張り
育って実を結んでいます。
口先ではあなたに近く
腹ではあなたから遠いのです。

彼らがのさばっているのは、神が「彼らを植えられた」からだ、とエレミヤは激しい憤りの言葉を吐く。エレミヤには、どうしてもそのようにしか見えなかったのだ。「あなたが彼らを植えなければ、どうして彼らが繁栄するのか」とエレミヤはつい言いたくなる。

神が彼らを植えたので、彼らは「根を張り、育って実を結んで」いた。こんなことでいいのか、神の正義はどこにあるのか。だから、エレミヤは、「しかしなお、わたしはあなたの前に、さばきのことを論じてみたい」（口語訳）と神に迫ったのだ。エレミヤは「あなたの正義は、一体どこにある」と言いたいのだ。「言いたくはないが、そして申し訳ないが、それでもあえて言わせてもらいたい。わたしにはあなたの正義が分からない」とエレミヤは必死の訴えをする。その昔、五十年以上も前のことであるが、高校生のわたしは、このエレミヤの異議申し立てに激しく感動したことを覚えている。こういう人こそ、「神の人」だと思った。しかし、同時に「なぜ神は『神の人』をこれほどまで苦しめるのか」とも思った。

目に見えない「神の支配」

しかし、「神の正義」あるいは「神の支配」が見えない、という事実は、主イエスが四十日四十夜にわたる「荒野の試練」で直面していたことでもあった。ルカによれば、「更に、悪魔はイエスを高く引き上げ、一瞬のうちに世界のすべての国々を見せた。そして悪魔は言った。『この国々の一切の権力と繁栄とを与えよう。それはわたしに任されていて、これと思う人に与えることができるからだ』」（四・五―六）と語る。そして、「だから、もしわたしを拝むなら、みんなあなたのものになる」と続ける（七節）。

確かに不条理に満ちたこの世の現実を見渡せば、「それ（一切の権力と繁栄）はわたし（悪魔）に任されて」いるように見える。エレミヤが見ている現実もそうであった。しかし、この世はわたしの支配下にあるとうそぶく悪魔に対して、イエスは「あなたの神である主を拝み、ただ主に仕えよ（主だけに仕えよ）」と書いてあると申命記六章一三節の言葉で応じる。主イエスは戦ったのだ。「確かに、この世の現実は、お前の支配下にあるかのように見えるかもしれない。だが、その背後には、まだ見えないとはいえ、神の支配が揺るぎなく立っているのだ。だから、わたしが膝を屈するのは、神だけである。サタンよ、退け」。

確かに、この世は悪魔の支配下にあるように見えるという現実がある。それは否定できない事実である。しかし、イエスは、まだ見えないかもしれないが、もっと確かな現実があると指摘する。それが「神の支配」という事実である。辛いことではあるが、「神の支配」はまだ見えない。しかし、「見えない」からといって、「ない」ことにはならないのだ。

マタイによれば、ヨハネの逮捕後、その宣教を受け継ぐようにしてガリラヤで宣教を始めたイエスの宣教第一声は、「悔い改めよ、天の国は近づいた」（四・一七）であった。ヨハネの宣教第一声（三・二）とまったく同じである。

しかし、「天の国」とは、マルコ福音書にあるように、「神の国」のことであり、「神の国」とは「神の支配」のことである。「天の国は近づいた」とは、「神の支配が見えるようになる」という意味である。目に見える現実（悪魔の支配）の背後に、もっと確かな現実（神の支配）があって、それが見えるようになる。それがイエスの宣教第一声の中身であった。イエスの存在、イエスの活動、イエスの言葉の中に、神の支配が見えてくる、そうイエスは語られたのだ。

苛立つエレミヤ

しかし、「神に逆らう者の道は栄え」、「欺く者」が「皆、安穏に過ごしている」のを見ているエレミヤには、「神の支配」、「神の正義」がどうしても見えずに苛立ちが募る。エレミヤは、彼らは「口先ではあなたに近く、腹ではあなたから遠いのです」と神に訴える。

そして、神はエレミヤのその苛立ちも知っているはずだと指摘する。「主よ、あなたはわたしをご存じです。わたしを見て、あなたに対するわたしの心を究められたはずです」と訴える。

エレミヤの苛立ちと嘆きはさらに続く

いつまで、この地は乾き
野の青草もすべて枯れたままなのか。
そこに住む者らの悪が
　鳥や獣を絶やしてしまった。

「そこに住む者らの悪」は、社会に不正、不条理、悪をもたらしただけでなく、自然界の破壊にもつながっていた。それが、エレミヤが見ている現実であった。

苛立つな

苛立つエレミヤへの神の応答は、しかし、エレミヤが期待するようなものではなかった。それは、神に激しく問い掛けるエレミヤに対する問い掛けであった。それは、エレミヤに対する神の叱責のようにも聞こえる。それはまた、ヨブの問いに対する神の問い（三八章）にも似ている。

あなたが徒歩で行く者と競っても疲れるなら
どうして馬で行く者と争えようか。
平穏な地でだけ、安んじていられるのなら
　ヨルダンの森林ではどうするのか。

神はエレミヤに「こんなことで苛立ち、慌てふためいてどうするのか」と逆に問う。

エレミヤの疑問、嘆き、憤りは却下される。おそらくは「信仰の試練」に直面しているエレミヤに、この先彼を待ち受けているさらに大きな事態と比べれば、今のエレミヤの状況は些細なことに過ぎない、と語っているかのようである。「それは単に、人生の不可解に対する『なにゆえ』という疑問を自分自身で勝手に洞察することの放棄、すなわち、知性を犠牲にすることばかりではない。目を閉じて信頼すること、及び無言の服従による全き恭順を要求しているのだ」（A・ワイザー『エレミヤ書1―25章』二九一頁）。

こうしてエレミヤは、新たな視点から事態を見つめ直すことを求められる。「悲しみの預言者」エレミヤの苦闘は続く。しかし、あえてそれを担っていくことがエレミヤに対する神の召しであった。

参考文献

A・ワイザー『エレミヤ書1―25章　私訳と註解』（ATD旧約聖書註解20）月本昭男訳、ATD・NTD聖書註解刊行会、一九八五年
三田和芳『エレミヤ書・哀歌』（信徒のための聖書講解　旧約15）聖文舎、一九八二年

エレミヤ書　一三章一―一一節

石井　佑二

一　私訳

一節　主はこう言われる。「行け。そして麻の腰帯を買い取り、腰に身に付けよ。水に浸してはならない」。
二節　そこで私は主の言葉の通りに腰帯を買い取り、腰に身に付けた。
三節　そうして主の言葉が再び私に臨んだ。
四節　「あなたの腰の上にある、あなたが買い取った腰帯を外し、立ち上がり、ユーフラテスに行きなさい。そしてそこにある岩の裂け目にそれを隠しなさい」。
五節　そこで私は行って、主が命じられた通りに、ユーフラテスにそれを隠した。
六節　そうして多くの年月が経った後、主は私に言われた。「立ち上がり、ユーフラテスに行き、そこに隠すように命じた、あの腰帯を取り出しなさい」。
七節　私はユーフラテスに行き、探し求めて、隠しておいた場所から、あの腰帯を取り出した。すると見よ、腰帯は腐り果てて、完全に何の役にも立たなくなっていた。
八節　そうして主の言葉が私に臨んだ。
九節　主はこう言われる。「私はユダの傲慢も、エルサレムの尊大な傲慢も、このように砕く。
一〇節　この悪しき民は、私の言葉に聞き従うことを拒み、頑なな心のままに歩んでいる。そして彼らは他の神々に従い、仕え、礼拝している。彼らは完全に何の役にも立たない、この腰帯のようになる。
一一節　……本当に私は、腰帯が人の腰に密着するように、イスラエルの全ての家と、ユダの全ての家を、私に密着させた――これは主の言葉である――。それは彼らが私の民となり、私の名声となり、私の栄誉となり、私の輝きとなるためであった……。しかし彼らは聞かなかった！」

二　文脈――心が引き裂かれる預言者

我々のテキストの執筆年代、背景を、厳密な意味で確定することは困難である。紀元前五九八年の第一次バビロン捕囚、および紀元前五八七年の第二次バビロン捕囚を経験している者が、エレミヤの言葉を想起し、再構成しているとも考えられるが、ここではエレミヤの活動の第二期、ヨヤキムの治世の時代、紀元前六〇九年から五九八年の間に語られた預言だと考えたい。いや、テキスト自身がそう読まれることを望んでいる。

ヨシヤ王の政治は、紀元前六〇九年の彼の戦死によって終わりを告げた。列王記下第二三章によれば、それを継いでヨシヤ王の子ヨアハズが王として立てられた。しかしその三か月後、エジプトのファラオ・ネコは、代わってエジプトの傀儡として、同じくヨシヤ王の子エルヤキム、その名を変えてヨヤキムをイスラエルの王として立てた。民はエジプトに差し出すための重税を課せられた。そういう状況の中でヨヤキム王はどうしたか。民衆の危機感を煽る政策を取ったのである。明確にはその政策内容は記されていない。しかしおそらくは、隣国の危険性と、それに対抗するために、エジプトとの軍事的な同盟の必要性を説き、そうしてイスラエルの国の重税を正当化したと考えられる。そしてその重税の更なる正当化のために、「このエジプトとの同盟行為は愛国のため」と語り、宗教的な熱狂を呼び起こそうとしたのである。その象徴として「神殿」が強調された。しかし、その国家的欺瞞をエレミヤは批判する。エレミヤ書第七章四節「主の神殿、主の神殿、主の神殿という、むなしい言葉に依り頼んではならない」。事実、人々は国の先導によって「この神殿さえあれば滅びることはない」という熱狂主義に陥っていた。しかしそれは、表面的には愛国のための、そして主のための行為であるかのようであるが、実は違う、とエレミヤは主によって語らせられるのである。エレミヤは神殿の崩壊を預言する。そのことによって迫害を受けることとなる。そうまでしてでも、エレミヤは言葉を語らなければならなかったのであるが、その行為は売国奴的なものではない。むしろ誠の愛国心として、誠に民を愛し、導こうとされる神に、悔い改めをもって立ち帰る、そのために必要な行為であった。R・E・クレメンツは言う。「神の代理者である預言者は、神の怒りと不快を啓示し、彼らの行動に潜む危険から離れるよう人々に警告したのである。また、その預言者は、民のために弁明し、神の怒りを鎮める手助けをする仲保者の役目も果たした。いずれにしても、預言者は、民とかれらの神との間の交流を保持するために、神の代理人、また、仲保者として行動したのである。……神が擁護し祝福するという〔契約における神の〕誓いの逆の側面として、軍事的な敗北や政治的な破壊を招くことによって、イスラエルの不従順を裁く必要があった。……預言者は、神への服従と、民の代表という相反する要求によってかれの心が引き裂かれていることを自覚していた」（クレメンツ『エレミヤ書』一〇七―一〇八頁）。

我々のテキストであるこの散文は、そんなエレミヤの葛藤の中で語られる裁きの言葉である。そしてそのことは、民を愛しながら裁くという、神の葛藤をも言い表しているといって良いのではないか。聖書の神は生ける心を持った神である。その神の葛藤、心が引き裂かれん程の痛みの中で、この裁きの言葉を語って下さっておられると読み取ることができる時、そこにある真実の深い愛と、救いのご決意とが、今のこの日本という国に生きる、私に語られている言葉として聞こえて来るであろう。

三　ユダとエルサレム。神と「密着」する、腐り果てた「腰

帯」

　エレミヤ書第一三章一―一一節。エレミヤは主によって、象徴行為によって預言の言葉を語るように示される。「腰帯」（私訳）、それは「最も私的で個人的な身に着ける衣類であ」る（クレメンツ、前掲書一二〇頁）。ユダとエルサレムがそれに譬えられている。エレミヤを通じて、主がそれを、無くてはならないものとして身に付けていた、と言う。いや、それどころか、一一節「私の名声」「私の栄誉」「私の輝き」（私訳）、それを言い表すものとして、大切にしていた。それが「私の民」、ユダとエルサレムだ、と言うのである。ところが、七節「腰帯は腐り果てて、完全に何の役にも立たなくなっていた」（私訳）と言う。もはや主の身に付けられるものではない。捨てられるしかないものとなってしまった、かつて無くてはならないものとされたユダとエルサレムである。しかし彼らは主の御心を理解せず、主から離れてしまった。その主の嘆きが語られる。一〇節「この悪しき民は、私の言葉に聞き従うことを拒み、頑なな心のままに歩んでいる。そして彼らは他の神々に従い、仕え、礼拝している」（私訳）。その姿が、罪の悔い改めを果たさず、エジプトへの傀儡を認め、さも自分は愛国的で信心深いのだと思わせている、熱狂主義の正体なのだ、と言うのである。その心は、隣国に対する敵対心、危機感が煽られることでもたらされている心である。しかし主はそれを認められない。隣国を危険な敵国だと強調することによって愛国心を育み、他の大国との軍事同盟によってしか自分を保とうとしない者を裁かれる。それこそが積極的に平和をこの地に造り出して行くのだと主張する者を裁かれる。主は、真実にあるべき「私」へと、悔い改めによって立ち帰ることをこそ求められる。本当の私とは、主の「名声」「栄誉」「輝き」、それを豊かに示す者とされている者なのである。しかし、それにふさわしい者となっていない。隣人を愛し、赦し、共に歩む者となれていない。主は、その罪の姿を示される。そのことを知らしめる裁きが語られ、真実の悔い改め、主への立ち帰りこそが求められるのである。

　四―七節で言われる、エレミヤが腰帯を隠した「ユーフラテス」とはすなわちバビロンのことである。預言として、これから起こるバビロン捕囚が語られていると言って良いであろう。しかし私たちは、なお七節の前半を見たい。主の命令によってユーフラテスに、バビロンに遣わされたエレミヤは言う。「私はユーフラテスに行き、探し求めて、隠しておいた場所から、あの腰帯を取り出した」（私訳）。腰帯を、つまりはバビロン捕囚のユダとエルサレムの民を「探し求めて」、そこから「取り出す」。ここにもまた、象徴行為による預言の言葉があると言うべきではないだろうか。主は、絶望の中で、腐り果てて、完全に何の役にも立たない者を探し求めて、そこから取り出して下さり、真実の私たちの生きるべき道へと立ち帰らせて下さる。主はあの腰帯を、ご自身に「密着」（一一節、私訳。新共同訳では「しっかり着ける」）させるべきものとして、思い起こして下さる。興味深いことであるが、一―二節においては、ただ「腰に身に付けた」（私訳。新共同訳では「腰に締めた」）としか言っていないものであった、そのものの言い表し方が、最後には「密着」するものである、と変化しているのを見ることができる。腰帯としてのユダとエルサレムが腐り果てる、その裁きを語り進める中で、最後には、まるでその者への愛着の思いが溢れてしまったかのように、「それは私に『密着』するべきものなのだ！」と言わんばかりの口調で、腰帯のことを言い表すのである。生ける神が、その葛藤の中で、ユダとエルサレム、そして私たちの罪に対しての裁きを語っておられるのが見える。私たちはこういう神の心に、どこまでも救いの希望を持つことが許されている。だからこそ、悔い改めることができる。預言者は、そして私たち説教者は、こういう神の心、私たちへの愛ゆえに葛藤を持つことすら恥とされない神の心、それを明らかにする中でこそ、裁きの言葉を語れるのではないか。

四　イーヴァント説教。ただ神のみが、私たちを用いられる

ドイツ告白教会のハンス・ヨアヒム・イーヴァントが、一九三六年二月に、このテキストによって説教をしている。一九三三年、ナチスが政権を確保し、イーヴァントはナチスとの戦いに入っている。しかし弾圧が激しくなり、教授職にあったケーニヒスベルク大学を追われることとなった。そこで一九三五年、すでに設立されていた東プロイセン告白教会会議は、牧師補研修所を設立し、その指導をイーヴァントに委ねた。一九三六年一月、正式にこの研修所の開所式が開かれている。しかし、ナチスの弾圧は激しく、イーヴァントは公に発言することを禁じられ、それに背いて逮捕されたりするようになった。翌年一九三七年五月には研修所そのものが東プロイセンから追われ、解散させられてしまう（イーヴァント『説教学講義』、加藤常昭による「訳者あとがき」より）。そんな嵐の中の闘いにあった、イーヴァントその人の説教である。

イーヴァントはエレミヤ書第一三章一―一一節によって、まずこう語る。「預言者が神の委託を受けて演じたこの腰帯のドラマは、ただ一つのことを表わします。それは人間が、ある民が、その主を捨て去るとき、いったい何が起こるかということです。背信が何を生むかということです。神はその栄誉のゆえに、人間の背信行為を甘受しようとはなさいません。……それゆえに、このドラマは人間の歴史全体と、すべての人間の生を支配する法則を不思議な仕方で、しかも雄弁に物語ります。なぜならば、神のもとに留まるか、それとも神を捨てるか、神に対して信実を守るか、それとも偶像を拝んで滅びるか――この『あれか・これか』は究極のところ、すべての人間、すべての民、すべての時代にとって生死の問いだからです」。エレミヤを通して語られる問い掛けは、真実に私たちに対しての問い掛けである。「神のもとに留まるか、それとも神を捨てるか」。裁きの言葉の中で、その決断が私たちに求められている、と言うのである。そしてその神を捨てる者、エレミヤの警告に耳を傾けない者の姿勢を受けて、こう語る。「わたしたち人間は、神の言葉を語る者の舌を押し黙らせることができる、と傲慢にも思い込むものです。そうすれば何か獲得できるかのごとくに。まるでそうすれば、み言葉の語っている出来事そのものまでも、取り除くことができるかのごとくに。わたしたちはどこまでも義しいと思うとき、誇り高ぶることになります」。しかしその時でも、神は真実の神として歴史に介入される、と言う。そし

て「歴史の中で働き給う神」を語るのである。その神とは「すでに起こったことに対し『然り』、『アーメン』と言ってくれる……神ではありません。そうではなくて、み言葉が先に現われるのです。そしてその後に続くのが……歴史の神なのです。人間がもはやその言葉に耳を傾けない時でも行動される神、……わたしたちの行動した後から現われるのではなくて、行動し、大能を帯び、歯向かうあたわざる神として、そのみ言葉の背後から立ち現われる方――それが神です。神が語られると、そのようになるのです。それが歴史の神です」。このように語りながら、いったい私たちが何に依って立つべきなのか、その歴史の神を明らかにしつつ、エレミヤが語る腰帯について、そして私たち自身について、言葉を進める。「しばしば人が口にするように、わたしたちが神を必要とするかぎりで、神はわたしたちのものだというのではありません。事柄はもっと不思議で素晴らしいのです。つまり、神がわたしたちを用いて、み名を栄えあるものとされるのです。ただ神のみがそれを果たされます。ただ神のみがその義の栄光を罪人に対して明らかにし、死に定められた者たちに対して、生命を造り出す力を輝かせられるのです。ただ神のみが、誤り多く疑い深いわたしたちに対し、ご自身を真理として開示されるのです」（圏点引用者）。私たちはこの世界の中で、神に対して心配をしてしまう。それは、神の御名の栄えと、その義の栄光を、世において私たちが現さなければならない、という心配である。しかしイーヴァントは、そんな心配は不要である、と言いたいのである。神の恵みの真実が言い表されているとは言い難い世界、そして罪人である私たちである。エレミヤも、イーヴァントも、そして私たちも、その現実に苦しんでいる。しかしそこで、捉えるべきことを間違えてはいけない、とイーヴァントは言う。ただ神のみが、私たちを用いられる。神は「わたしたちにおいてご自身の栄光を現わすために、わたしたちを用いられます。その意味で、わたしたちは神の栄光を全世界に輝かせるための神の道具、その手段であるだけで十分なのです」。あの「腰帯」の真実の姿を見よ。「わたしたちは神の飾りとされるのです。神がほかならぬご自身の戦いと勝利のために、わたしたちを帯として締められるので、わたしたちはいま現にある者となっているのです」。このことの真実に、この悪しき時代精神の中で、全てを委ねることができるか。そのことが問われているのである。しかし私たちキリスト者にとって、それは勝利の確信に満ちた問いである。こうも言う。「わたしたちが聞くかぎり、神に聞き、神に聞こうと欲するかぎり、また神が生けるみ言葉たるイエス・キリストにおいてわたしたちに向かって語られるかぎり、わたしたちは神の周りに巻かれております。帯が人の腰の周りに巻かれるように。だれもわたしたちを神から引き離すことはできません。……悪魔がどれほど手管を弄しても無益なのです」（イーヴァント『清き心をつくり給え』六六―八三頁）。

五　「〈今日〉という時を告げる」言葉を聴く

イーヴァントはこの説教において、それでもなお、この御言葉に耳を傾けない世界があること、そのことに対しても我々のテキストは言葉を語っていることを指摘している。我々はこの御言葉への招きを語るしかないと言いながら、最後にヘブライ人への手紙第三章一二―一四節の言葉に耳を傾けることを勧め、説教を閉じている。新共同訳で見てみよう。「兄弟たち、あなたがたのうちに、信仰のない悪い心を抱いて、生ける神から離れてしまう者がないように注意しなさい。あなたがたのうちだれ一人、罪に惑わされてかたくなにならないように、『今日』という日のうちに、日々励まし合いなさい。――わたしたちは、最初の確信を最後までしっかりと持ち続けるなら、キリストに連なる者となるのです。――」。ここで注目されるのは「今日」という言葉である。「説教黙想 アレテイア」第五八号、五九号において、クリスティアン・メラーが「〈今日〉という時を告げる」と題して、イーヴァント論を記している。そこでも引用されているイーヴァントの、一九三七年の『説教学講義』の言葉を読むことが、ここでの我々の黙想の最も良き助けとなるであろう。「諸君が説教するのは今日である。神の今日である！　今、諸君は宣教の言葉を語らなければならない！……。そこから何が生まれるのか、それは神に委ねなければならない。神は諸君を守ってくださることがおできになる。しかし、また教会を間違った教えに委ねておしまいになることもおできになる。諸君が今日もなお教会員に説教することが許されるならば、感謝してほしい。その様なことをわれわれはここ何年もの間体験してきた。しかもこの一切を否定し切ろうとする敵に直接向かい合うぎりぎりのところ、ここでこそ真実の意味での神の証人になるのである。そこでは、われわれは永遠の厳しさに直面しつつ立っている。われわれが永遠なるものを打ち立てるというようなことではない。そうではなくて、われわれがこの世によって死の境界線にまで押し付けられてしまうということである。……まさしく世がわれわれを脅かすことによって、世はわれわれにこの今日という日をまったく神の言葉よって満たすことを強いる。それは今日という日における神の声になることを強いる。このような賜物が与えられているとき、初めてわれわれがはっきり見えるようになるのは、神がこの世が与える困窮の中から喜びを呼び起こしてくださるということである。この喜びが支えてくれるからこそ、この世の苦しみは、来りつつある栄光に比べれば取るに足りないものとなるのである。……」（イーヴァント『説教学講義』五二―五三頁）。

永遠の神の真理としてエレミヤの言葉を語る時、我々はこの「今日」を告げる言葉に辿り着く。裁かれるべき世、私たち。その困窮の中から、喜びを呼び起こして下さる神の声がある。説教者の声は、そのような「今日」を告げる神の声になる。

参考文献

ハンス・ヨアヒム・イーヴァント『イーヴァント著作選１　説教学講義』加藤常昭訳、新教出版社、二〇〇九年

ハンス・ヨアヒム・イーヴァント『清き心をつくり給え――H・J・イーヴァント説教集』出村彰訳、日本キリスト教団出版局、一九八〇年

左近淑『旧約聖書緒論講義』教文館、一九九八年

R・E・クレメンツ『エレミヤ書』（現代聖書注解）佐々木哲夫訳、日本キリスト教団出版局、一九九一年

エレミヤ書　一四章一七節―一五章九節

橋谷　英徳

一　はじめに

与えられたテキストは、神と預言者エレミヤとの対話からなる。主なる神が語られ、さらに預言者が応答する、それに対して、さらに神が語られる。だが、神と預言者の「対話」と言うのはあまりに穏やかすぎるかもしれない。むしろ、「対決」（関根正雄）と呼ぶべきであろう。

ここで預言者は祈る。民のために執り成し祈ることによって、対決する。しかし、主なる神はその祈りを聞き入れられようとはされない。そればかりか、民のために執り成し祈ること、そのものまでも禁じられる。

直前の一四章一節以下のペリコーペもまた同様の構成を持つ。主なる神が語られ（一―六節）、預言者は、民全体の罪を告白し、執り成す（七―九節）。しかし、神はそれを聞き入れられることはない。さらに民のために祈ることをやめるように預言者に命じられる（一一節）。さらに、偽りの平和を語る預言者たちと、それに耳を傾ける民への裁きが語られる（一四―一六節）。それに続くのが、一七節以下の与えられたテキストとなる。

一四章一―一六節と一四章一七節―一五章九節は、前者が旱魃を背景とし、後者が戦争を背景としているとされ、別々の預言として区別して読まれることもある。しかし、ここでは区別性よりも連続性が強調されるべきではないか。この繰り返し、反復にこそ意味がある。しかも、ただ繰り返されているだけではなく、繰り返されることによって、対決はより、激しくなり、より先鋭化されたものとなっていくのである。

二　涙

テキストは、次のような言葉から始まっている。「あなたは彼らにこの言葉を語りなさい」（一七節）。エレミヤ書で何度も繰り返される「主の言葉がわたしに臨んだ」（一・四、二・一ほか）と同種の言葉である。エレミヤは自分の思いを語るのではなく、いつも神の言葉に聞いて、それを信じ受け入れて語った預言者である。ここでもそうである。それゆえ彼が語った言葉は、彼の言葉であると同時に神の言葉なのである。

「わたしの目は夜も昼も涙を流し、とどまることがない。娘なるわが民は破滅し、その傷はあまりにも重い」（一七節）。

この言葉を語っているのは、エレミヤなのか、神なのか、と二者択一的に問う必要は必ずしもない。主がこう語れと言われたのだから、とめどなく涙を流しているのは、神ご自身である。しかし、同時に、これはエレミヤ自身の涙でもある。

「涙」はすでにここまでも「エレミヤ書」で語られてきた。

「わたしの目が涙の源となればよいのに。そうすれば、昼も夜もわたしは泣こう、娘なるわが民の倒れた者のために」（八・二三）。

「あなたたちが聞かなければ、わたしの魂は隠れた所でその傲慢に泣く。涙が溢れ、わたしの目は涙を流す。主の群れが捕らえられて行くからだ」（一三・一七。九・一七も参照）。

そして、この書でエレミヤの「涙」について直接に触れられるのは、ここが最後である。

「涙」はエレミヤ書、否、聖書そのものを読み解く隠れたキーワードと言っても良い。エレミヤは「涙の預言者」と呼ばれる。このエレミヤの涙は、神の涙を証しする。主イエスもまたラザロの死の知らせを聞いた時、「涙を流された」（ヨハネ一一・三五）。使徒パウロもまたエフェソの教会の長老たちに「わたしが三年間、あなたがた一人一人に夜も昼も涙を流して教えてきたことを思い起こして、目を覚ましていなさい」（使徒二〇・三一）と語りかけている。

もう何年も前のことになるが、説教塾セミナーで、ある聖書テキストから「涙」について、共同の黙想をした記憶がある。どこの聖書のテキストであったかは、もう思い出せないが、ずいぶん多くの時間を「涙」について黙想することに費やした。

そのとき指導者の加藤常昭が、私たちに「涙」について十分に思い巡らすことを、非常に強く求められた。聖書の語る「涙」を知るか、どうかは説教者の存在の核心部分に触れることだということであった。

エレミヤは涙することを知っていた。しかも、この涙は「夜も昼もとどまることがない」。涙がこぼれ落ちてきて、とどまることを知らないのである。暗い夜の間というだけではない、明るい昼間も……。あなたはこのように涙することを知っているだろうか。

この涙は、自分自身や親しい人のために流すだけの涙、感傷的（センチメンタル）な涙では断じてない。ただ世を憂い、儚むような涙でもない。エレミヤの涙がどのようなものであったのかを知るためには、続いて語られる言葉を聞かなければならないであろう。

「娘なるわが民は破滅し
その傷はあまりにも重い。
野に出て見れば、見よ、剣に刺された者。
町に入って見れば、見よ、飢えに苦しむ者。
預言者も祭司も見知らぬ地にさまよって行く」。
（一七節後半―一八節）

町の外にも内にも戦争や旱魃に苦しむ者が溢れていた。しかし、預言者が見ていたのは戦争、旱魃という目に見える現象そのものだけではない。むしろその現象の奥にあるものである。預言者は霊的な洞察、想像力をもって出来事を見る。彼が凝視しているのは、民の神への背き、神からの離反そのものである。

その帰結である滅びそのものである。罪がもたらす、あまりに重い傷である。神の眼差しもまた同様である。神が悲しまれ、涙を流されるのも、現象ではなくその奥にあるものである。

今の私たちは、この世界の有様を見ている。自然災害、悲惨なテロ、残酷な事件……。教会の内にも、病、苦難がある。私たちはそれらの現象を見ている。しかし、見るべきはその現象の奥にあるものではないか。現象は、その結果でしかない。

生ける神から離れて人が生きることそのものが、人間に、この世界に悲惨をもたらす。それは人間の外にも内にも、荒廃、悲惨、死と滅びをもたらす。神は、今もこの私たちの現実をそのようにご覧になり、涙を流される。ここで「見よ」と繰り返して呼びかけられていることにも注意を払いたい。この「見よ」は、ただ私たちの目の前にある現実を肉の目で「見よ」ということではない。神の眼差しによって、霊的な眼によって「見よ」ということである。そして、そのようにして見るときに、その眼から、涙が流れ落ちてくる……。

私たちはこのような眼差しで神から見られている、そして、私たち自身もまた、このような眼差しで他者を、また教会を、そして、今日の世界を見ることを求められている。エレミヤの時代には、預言者たちも祭司たちも、このような眼差しを失ってしまっていた。それゆえ、彼らはなすすべもなく、「この地をさ迷い歩いて、途方にくれて」（関根正雄訳）いたのではないか。

三　とりなし

しかし、問題は、このような重い傷、死と滅びに至る病を見出した時に、どうするかである。忘れてはならないのは、すでに先に、エレミヤは神に民のために罪を告白し、執り成し祈ったのである。しかし、この祈りは聞かれなかった。そして、「この民のために祈り、幸いを求めてはならない」（一一節）とこれ以上祈ることまでも禁じられた。その上でのことなのである。当然のことながら、もはやなすすべはない、万事休すのはずである。あとは諦め、神のみ前に黙し、神に服従し、ただ悲嘆に暮れて生きる他ない。

しかし、この預言者はそうはしない。その道を行こうとはしない。ここでなお口を開き、なお祈る。「あなたはほとんど人間的な常識では考えられないことである。「あなたはユダを退けられたのか。シオンをいとわれるのか。なぜ、我々を打ち、いやしてはくださらないのか。平和を望んでも、幸いはなく、いやしのときを望んでも、見よ、恐怖のみ」（一九節）。エレミヤは、ここで「なぜ」、「どうして」と神にくってかかっていく。ぶつかっていく、対決していく。さらに、彼は以前と同じように、もう一度、民の罪を告白し赦しを乞う（二〇節）。確かにここでエレミヤが見ていた根源的な事柄は、神に対する背き、罪なのである。さらに預言者は、「栄光の座」、つまりエルサレムの神殿の聖所を指差しつつ、懇願し、こう語りかける。「御名にふさわしく、我々と結んだ契約を心に留め、それを破らないでください」（二一節）。これは、ほとんど危険地帯である。「あなたは神であるにもかかわらず、契約をお破りになるおつもりなのか」と言うのである。このような預言者はエレミヤ以外にはない。

祈りとは何かをつきつけられる。エレミヤにとって、祈ることは、決して安全なことではなく、危険地帯に足を踏み入れるような決死の出来事なのである。

エレミヤは知っている。

神は簡単に慰めを与えたり、答えを与えたりなさらない方だと。

またエレミヤは知っている。

この罪の問題、この死に至る重い傷を癒しうるのは、ただ神しかいないということを。

だから彼は、神に向かい、なお続けてこう祈る。

「我々の神、主よ。それをなしうるのはあなただけではありませんか。我々はあなたを待ち望みます。あなたこそ、すべてを成し遂げる方です」（二二節）。

ただ神が恵みの雨を降らせてくださる、そこにしか救いはない。このような全き神への信仰が、エレミヤを神への対決に向かわせている。

エレミヤが、このようにして神と向かい合い、対決しているということ、それは、エレミヤと神との関係を示す。神との関係が近く、深く、親しくなければ、このような祈りをささげることはできない。エレミヤと神の対決は、神との親しい交わりがあったがゆえのことであった。神は祈ることを禁じられたとしても、エレミヤ自身を拒まれてはいない。

四　拒絶

このように祈るエレミヤに主が再び語られる。

「たとえモーセとサムエルが執り成そうとしても、わたしはこの民を顧みない。わたしの前から彼らを追い出しなさい」（一五・一）。主は、またしてもエレミヤの祈りを拒まれる。モーセも、サムエルも、イスラエルの歴史の中に現れた代表的な人物である。この人たちもまた神と特別な関わりに生きた人たちである。彼らも危険地帯に踏み入って神にとりなしの祈りをした。しかし、このモーセとサムエルが祈ったとしても、その祈りを聞き入れられることはないと断言される。

なぜ、このエレミヤのとりなしの祈りを、神は聞かれないのであろうか。さらに神は、彼らをみ前から去らせるように、求められる。そのとき、民は、「それなら一体、どこへ行けばいいのか」とエレミヤに問うであろう。その時の答えまで、神はエレミヤに示される。

「疫病に定められた者は、疫病に。剣に定められた者は、剣に。飢えに定められた者は、飢えに。捕囚に定められた者は、捕囚に」（二節）。

疫病、剣、飢え、捕囚、これら「四種のもの」は死と滅びを意味する。だとすれば神は、イスラエルに「滅びよ」と言われたことになる。なんと酷い言葉なのかと思う。しかし、同時に神に帰ることがなければ、人間は滅びるしかないのだと改めて知る。およそ、すべての人間が死と滅びの危機の中にあることをエレミヤ書は、明らかにしている。神に祈り、神の言葉に聞くとき、このことを知らされる。私たちは、神の慈しみと共に、神の峻厳に目を向けなければならない（参照：ローマ一一・二二、口語訳）。

五　絶望

五節以下でなお神は語られる。ここではさらにイスラエルへの裁きの宣告が語られる。

「お前はわたしを捨て、背いて行ったと、主は言われる。わたしは手を伸ばしてお前を滅ぼす」（六節）。

この六節前半を関根は「君はわたしを捨てた、そして、うしろに退いてゆく」と訳している。この場合、「捨てた」は完了形の動詞、「退く」は未完了形である。関根は、「捨てた」という一回的な出来事が先に書かれ、「退く」ことがその後に記されていることが重要であると指摘する。私たちは、ともすると神から次第に離れていき、その結果、神を捨て、神に捨てられたと考えるが、実はそうではないと言う。「神から離れ、縁遠くなったのは実はその前に神を捨てたという決定的な出来事が、露わにまた隠された形で我々の中に起こったからである」と言う。そして、そのことに気づくことが、「信仰への緒口」となり、そこに私たちが神に帰るという信仰の決断が生まれてくるのだと言う。言い換えれば、ここでの問題は、行いの問題ではなく、信仰の問題だということである。神に帰るということはあくまでも信仰のことだからである。

五節以下で語られる神の言葉には悲嘆の響きがある。多くの注解者たちも、そのことを聞き取っている。「やもめ」（八節）、「七人の子の母」（九節）への言及がそのことを示しているとされる。そして、「お前を憐れむことに疲れた」（六節）とさえ語られる。私たちは再び冒頭の言葉、「わたしの目は夜も昼も涙を流し、とどまることがない」（一七節）に立ち戻るであろう。神はここで峻厳な言葉を語りつつ、実はその目からは涙がこぼれているのではないか。

九節で七人の子を持つ母の「絶望」が語られる。新共同訳が、「絶望」と訳している言葉は、「あわてふためく」（関根）、「うろたえる」（協会訳）とも訳され、必ずしも「絶望」とは訳されない。しかし、新共同訳がいささか意訳ぎみに、「絶望」と訳していることにも心惹かれる。このテキストの全体が語っているのは、まさにこの「絶望」である。

この人間の「絶望」の先にあるのが神の「救い」である。人間の望みの先に、その延長線上に、神の救いがあるのではない。人の望みの絶えた、その先に救いはある。それゆえ、人間の可能性は、一旦すべて絶たれなければならない。まず「抜き、壊し、滅ぼし、破壊し」が徹底的に起こされ、その後に「建て、植える」という神の業が成される（一・一〇）。それがエレミヤ書の使信である。

六　終わりに

このテキストからの説教のかたちとしては、さまざまな道があるであろう。テキストの流れに即して物語るようにして語る道もある。主題となる一七、一八節を中心にして全体を説くこともできるであろう。いずれにしても、エレミヤ書の全体（特に三一章の「新しい契約」の理解が重要となる）、聖書の全体の使信の中に位置づけて語られる必要があるであろう。そうでないと説教の福音の響きが失われてしまうことになるのではないか。

神の、そしてエレミヤの悲しみと涙は、主イエス・キリストの涙と悲しみに通じる。ルカは、エレサレム入城の際に「イエスは、その都のために泣いて、言われた」（ルカ一九・四一―四二）と記している。十字架上での主イエスの叫び、「エロイ、エロイ、レマ、サバクタニ」（マルコ一五・三四）もまた、このエレミヤ書の語る涙と重なる。「夜も昼も涙する」神こそ、主イエス・キリストにおいてご自身を現された神である。エレミヤの嘆きは、主イエスの十字架上での嘆きに通じる。「とりなし」ということが、一体、どれほどの重みをもったことなのか、どれほどの悲嘆の中で行われることなのか、それを私たちは十分に知らない。ただ、このテキストからそれが想像もできないほどに、途方もないことであることはわかる。そして、やがてこの悲しみは喜びに変えられる。神は、失われていたものが見出され、死んでいたものが生き返ったことを大喜びされるようになる（ルカ一五章）。

エレミヤの祈りの姿は、私たちの祈りを揺さぶり、目覚めさせる。K・M・オコナーは、エレミヤの祈りについてこんなことを述べている。

「壊滅状態に陥った共同体に霊的な疑念や動揺を直視して表現する手段を与えると同時に、いかにして霊的に生き延びるかを教えてくれるのだ。絶望のただ中でできること、神にしがみつくことである」。

このテキストの言葉は、私たちを激しく揺さぶる。こうだと自分が思い込んでいたこと、こう思いたいという願望のようなものがバシャッと叩き潰されてしまう。しかし、気づけば、同時にそこでまっすぐに神に向かうことが起こされる。エレミヤは、私たちを生ける神の前に導く。そこで私たちは神のみ前にある危機的な状況に直面させられる。それは確かに恐ろしいことである。しかし、このことがないとき、私たちから畏れは失われ、私たちの信仰は死んだようになる。祈りは独り言のようになってしまう。私たちの存在そのものが退屈になる。心は動かなくなり、硬直化してしまう。これが霊的な眠り、死である。

まさにそのような霊的な状況が、エレミヤの時代であり、まさにそこにおいて私たちの時代と重なる。繰り返すが、それは表層のことではない。霊的な眠りから私たちを目覚めさせ、死から生き返らせる、神の言葉がここにある。心して説教したい。

主な参考文献

関根正雄『エレミヤ書注解』新地書房、一九八一年
安田吉三郎「エレミヤ書」、『新聖書注解　旧約4』いのちのことば社、一九七四年
雨宮　慧『旧約聖書の預言者たち（上）』日本放送出版協会、一九九四年
W・ブルッゲマン『叫び声は神に届いた――旧約聖書の12人の祈り』福嶋裕子訳、日本キリスト教団出版局、二〇一四年
K・M・オコナー他『日本版インタープリテイション82　エレミヤの肖像』聖公会出版、二〇一三年

エレミヤ書 一五章一〇―二一節

浅野 直樹

祝福された胎児

エレミヤはある日ある時、神に召し出された。それはヨシヤの治世第十三年（一・二）、紀元前六二七年だった。当初エレミヤは、「わたしは語る言葉を知りません。わたしは若者にすぎませんから」（一・六）と、神の召しを受けようとはしなかった。けれどもその後も止むことなく迫りくる主の言葉は、エレミヤを預言者へと徐々に駆り立てていく。そしていつしかエレミヤは、「アーメン、主よ」と、応答するまでになり（一一・五）、預言者として自覚をもった。エレミヤは神に選ばれ遣わされたのである。そして彼自身、怖じ気心を振り払って、主の声の伝道者となることを固く決意したのであった。「わたしはあなたを母の胎内に造る前から、あなたを知っていた。母の胎から生まれる前に、わたしはあなたを聖別し、諸国民の預言者として立てた」（一・五）。この主の言葉を心から喜んだのだ。

呪われた胎児

そのエレミヤが、ある日あるとき神に向かって嘆き訴えた。「ああ、わたしは災いだ。わが母よ、どうしてわたしを産んだのか。……だれもがわたしを呪う」（一五・一〇）。召命のときに受けた神の声を、まるで全否定するような思いを吐露したのである。いったい何があったのだろうか。どのような状況があってここまで落胆し、思い詰めたように苦しい心境を告白することになったのだろうか。木田によればエレミヤは自身の苦悩と嘆きをかなり多く書き残しており、そうしたエレミヤの告白は大きくわけて五箇所ある。そして書かれた順序として見るならば、本箇所は時期的に最後に位置するという。したがってこの部分は、預言者としての活動の後期の言葉だとする。「わたしは災いだ」と嘆くほど激しく落胆したエレミヤだったが、神はその告白を受けとめ、一五章後半に至り、もう一度彼を預言者として立ち上がらせた。

絶望の背景

自分が生まれたことを嫌悪するほどの激しい否定感情は、エレミヤが預言者として受け入れられなかったという過去の苦渋の体験を表している。ひとつの出来事で腹を立ててこうなったわけではない。積年の負の感情がここに噴出したのだ。ヨシヤ王の宗教改革（紀元前六二二年）の頃からエレミヤの預言活動は始まったが、当初エレミヤはヨシヤ王に賛同し、宗教改革運動を呼びかけた。この宗教改革は、他民族の影響を受け偶像礼拝へと走った地方聖所を廃絶し、聖所をエルサレム一箇所だけにするという政策だったがために、エレミヤは出身地アナトトからも大きな反発と非難を浴び、危うく暗殺されそうになった。あるいは北方からの災いが来るとの預言をしたが、実現しなかったがために人々から嘲りを浴びた。こうしたことが重なって、エレミヤは地元民たちにも理解されなかったのだ。

それだけではない。預言活動の後半になるとエレミヤは、当初支持をしていた宗教改革運動に対してしだいに批判的になっていく。エルサレム神殿に対して厳しい審判が下ると預言し、今度はウリヤをはじめとする他の預言者や祭司、高官たちの反感を買ったのだ。

彼に対する反感は、宗教界だけにとどまらなかった。ヨヤキム王がとった親エジプト政策を批判し、かえってユダにとって大きな脅威となって現れたバビロンの王ネブカドレツァルを「神の僕」と呼ぶ。そしてエジプトに従うな、バビロンに抵抗するなと預言した。それゆえエレミヤは命をねらわれ、捕らえられ監禁されてしまう。当代社会の権力者と時の趨勢に反目し、ことあるごとに「否」を預言してきたがために強い反感と責めを受け、エレミヤは立場を失う。そして自暴自棄になっていく。その結果、とうとうこらえきれずにこのように弱音を吐いてしまったのである。それがこのエレミヤの告白の背景にある。

「国中でわたしは争いの絶えぬ男、いさかいの絶えぬ男とされている」（一〇節）。祭司ヒルキヤの子、神に選ばれし預言者。預言活動を始めた頃は地元アナトトの名誉でもあったであろうエレミヤだが、その口からあふれる言葉は、民を守ってくれる心地よいメッセージとはならなかった。国の行政にも大きな影響を及ぼす預言者だったはずが、彼の言葉は当代為政者の思惑とは真逆の政策を指摘した。まさしく四面楚歌。地元も行政もそして宗教界も、エレミヤはすべてを敵に回してしまったのだ。

恵みの素粒子

エレミヤは預言者として立てられてから、誠心誠意全力を尽くした。神の真《まこと》を伝えることが自分の使命と受け止めた。「彼は真なるものと偽りのものとを区別することが、自己の使命にとって中心的な課題であると考えるようになった」（木田）。神の真を語るという一点に徹底的にこだわった。だがこうした頑《かたくな》なまでのこだわりは、強いインパクトをもったメッセージを伝える反面、その人の思考を硬直化させてしまうという一面をもつ。融通の利かない輩という烙印を押される。その結果、真実を語っているにもかかわらず、メッセージそのものは伝わらず、語り手自身が疎まれて批判を浴びてしまうことがある。エレミヤがまさしくそうだった。そしてこれはエレミヤ固有のことではない。今日の社会にもそのまま当てはまる。人と人が向き合ったとき、その人自身を受け入れることができないために理解されないことがある。礼拝において、説教者と会衆の間でもそれは起こりうる。信仰者は説教者が語る御言葉によって神と出会い、霊的な養いと祝福を受けるはずだが、これがうまくいかなかったりする。説教者が誠意をもって語った御言葉でも、そのように届かないのだ。エレミヤは心を込めて語ったが、ユダの民はそれにきちんと耳を傾けなかった。なぜこうしたことが起こるのか。アナトトの民は、礼拝における会衆にたとえられよう。会衆ひとりひとりには、自身の人生観がある。社会での複雑な利害関係に独自に絡まれて生きている。加えて信仰者は教会に関わり固有の信仰観がある。千差万別の信仰観や人生観、さまざまな利害関係といったひとつひとつの要素が一枚一枚のフィルターとなり、聞こえてくる御言葉を取捨選択している。心を開いて御言葉を御言葉として聴こうとしない限り、こうしたフィルターが先入観や偏見となり、御言葉はブロックされてしまう。説教者が語る御言葉は、フィルターを次から次へとくぐり抜けて、その人の心の奥底へと入り込んでいかねばならない。そこまでたどり着くと、ようやく御言葉は霊的な養いや祝福となる。考えてみればエレミヤだけでなく他の預言者にしてもイエスにしても、彼らの説教はいずれも強い反発や抵抗に遭った。時間をかけて説教原稿を練り上げるという作業はしなければならないが、それでも恵みと祝福が確実に届くというわけでもない。逆に、説教者が意図していなかった言葉が、意外にも会衆の心を掴むということも起こる。神の真は、人間の耳には実に微弱で伝わりにくい。と同時に、説教者自身で掌握できるものでもない。

この伝わりにくさを素粒子にたとえてみたい。ノーベル物理学賞を受賞した小柴昌俊さんや梶田隆章さんが研究する素粒子のひとつニュートリノは、すべての物質をすり抜けていくという。それも一秒間に数十兆個の素粒子が我々の身体を通り抜けている。けれどもそうした物理的現象に誰も気づかないという驚くべき事実がある。神の恵みはニュートリノのようだ。事実として毎日あふれるほどに届いているのだが、それが神からの恵みであることに気づくことができない。預言者そして福音の説教者は、恵みの素粒子に人々が気づくようにと神から遣わされている。

固い鉄

一二節はハイアットが、翻訳不可能と唱える学者がいると指摘するほど解釈が困難である。ハイアットによれば、神がエレミヤに対して「(おまえを)鉄の柱、青銅の城壁として……立ち向かわせる」(一・一八)と宣べており、それをここでも適応し、エレミヤ自身が鉄に喩えられている。確かに本章二〇節でも、「わたしはあなたを堅固な青銅の城壁とする」となっている。一方、「北からの鉄と青銅」とは、北方から採掘される非常に強固な鉄のことで、エレミヤの鉄よりはるかに固い。これは頑《かたくな》なユダの民の心を表している。エレミヤの鉄は、頑ななユダの民に耐えきれず、あえなく砕け散ってしまう。そうしたエレミヤの嘆きともとれる。

もうひとつの解釈は、「北からの鉄と青銅」が「北からの災い」を暗示していて、ユダの民はそれになすすべがないことを預言しているというものである。ただし「北からの災い」の預言は、結局は起こらなかった。

預言と告白

一三―一四節は、エレミヤに敵対する民への災いの預言であり、エレミヤの告白ではない。これとほぼ同文が一七章三―四節にあり、そちらはユダの罪と罰についての預言となっているので、内容から考えてハイアットがいうように後者のほうが本来的には文脈としてふさわしい。

実際のところ、エレミヤ書全体を見渡すとその中味は、エレミヤがユダに対して告知した本来的な預言だけではない。彼自身の告白も多く含まれている。預言の書といえども預言だけではないという事実を踏まえておきたい。エレミヤがユダの王や高官、人々に語った預言というのは、たしかに当代のユダの人々を意識し彼らに向けられた。それは当然のこと、アッシリア、後にバビロンそしてエジプトに囲まれた小国という地政学的状況を踏まえた発言である。その意味では、預言は地域も時代も特定の人を対象に語られている。同時代を生きていない現代の我々が、ユダの心境になって聞くということでもない。ユダに対する警告を、直接的に我々への預言とすることはできない。預言の書にある警告や非難をそのまま現代に当てはめて、いたずらに現世を非難して終末観を煽り、人々の不安を駆るといった聖書解釈は避けなければならない。

現代人にはむしろ、エレミヤの告白の言葉のほうが直接的に受け取れる。なぜならこの告白は、地域も時代も超えて全人類が共感できるからである。エレミヤは紀元前七世紀のイスラエルを生きた。神に従い真摯に生きた。告白に表されたエレミヤの苦悩は、毎年三万人が自死するという二十一世紀の日本人の苦悩と本質的に変わらない。生命の危機と孤独の淵に立たされた彼の叫びは、苛めや虐待を受け親や家族を含めて誰にも理解してもらえないと思い込み、生まれてきたことを呪いたくなるほどの絶望へと追い込まれた小さな心にも届くだろう。現代社会にとっては、エレミヤの告白こそが預言のことば、神が人間に託し、絶望を生き続ける人々を励まし慰める力となる。

神が原因の苦悩

エレミヤの苦悩は、王やアナトトの人たち、神殿関係者からの攻撃だけが原因ではなかった。木田は、「彼の迫害の第二の理由が、他ならぬ神の言葉そのものであった」と述べる。

そのあたりが一五—一八節に随所に出ている。「わたしがあなたのゆえに、辱めに耐えているのを知ってください」（一五節）、「あなたはわたしを憤りで満たされました」（一七節）、「あなたはわたしを裏切り、当てにならない流れのようになられました」（同）。自分が迫害を受けて苦しむ原因を作ったのは、神様あなた御自身ではないかと直訴する。無論これは、神が徒にエレミヤを苦しめたわけではない。エレミヤの苦しい胸の内からあふれ出た思いに過ぎない。しかしエレミヤにしてみれば、神に召し出され使命を受け止め、実直にやり遂げようとした結果起こった迫害なのである。神の言うとおりにすべきでなかった、神を信じて生きるべきではなかったという思いを、つい口にしてしまうことは不思議ではない。

苦悩の叫び

それにしてもエレミヤは、なぜこのように激しい言葉で自分の苦痛を神に訴えねばならなかったのか。その理由としてひとつ考えられるのは、その課題と責任の大きさと広さである。ホッパーは自身の注解の中で、エレミヤは「民に対しては神を代表し、神に対しては民を代表している」というある神学者の言葉を引用している。代表者というのは人々に委ねられ選ばれた個人という立場から、非常に重い責任を担う。エレミヤは、神に成り代わってユダの民に語りかける責任と、ユダの民に成り代わって神に取り次ぐ責任とを合わせ持っている。このふたつの責任を担わねばならないのが、まさしく預言者なのである。預言者は、二重の責任に押しつぶされかねない。双方の代表する者として板挟みになるのだ。エレミヤの苦悩の告白にはまさしくそれが表れている。

ただ、それでもエレミヤはユダのために執り成した。「主よ、わたしは敵対する者のためにも幸いを願い、彼らに災いや苦しみの襲うとき、あなたに執り成しをしたではありませんか」（一一節）。同様の言葉は一四章にもある。「我々を見捨てないでください」、「我々と結んだ契約を心に留め、それを破らないでください」（二一節）。神は、罪に汚れた背信のユダを退けようとする。それに対してエレミヤは懸命に執り成す。「あなたがたを迫害する者のために祝福を祈りなさい。祝福を祈るのであって、呪ってはなりません」（ローマ一二・一四）。エレミヤはパウロの教えの実践者だった。

激しい言葉を吐いたもうひとつの理由として筆者があげたいのは、エレミヤと神との霊的なむすびつきの一時的弱まりである。バビロニアの興隆によってユダが再び危機に曝されたとき、エジプトに頼らずバビロンに抵抗するなというのが、エレミヤが神から受けとったメッセージであった。彼はこれを行政にもはっきりと告知したがゆえに理解されなくなり、両者の間に緊張関係が生まれた。確かにこれは、国の未来を左右する重大メッセージだったが、発言がここまで具体的に政治問題と絡んでくると、政策の一部始終すべてを神の導きを待って下すことにはならない。人間の知恵に多くを依拠せざるを得ないのが現実だ。そうしたなかエレミヤも、いつのまにか神に頼ることを忘れ、自らの知恵と考えで発言し行動するようになっていくと考えるのは、決して不自然なことではない。我々自身がそうだからである。神の御心に沿って行動しているつもりが、気がついてみるとそこから遠く離れたことをやっている。「わたし自身は心では神の律法に仕えていますが、肉では罪の法則に仕えているのです」（ローマ七・二五）。預言者エレミヤもこの法則を避けられない。激しい言葉の背景にはこうした事情を推察したい。「あなたが帰ろうとするなら、わたしのもとに帰らせ、わたしの前に立たせよう」（一九節）も、エレミヤが一時的に神から離れていたことを暗に示している。み旨に沿って正しく忠実に預言するには、常に神に依り頼み、祈りと御言葉によって霊的なつながりを保つことによって、自らの思慮を神に引き戻していくという作業が不可欠である。「あなたが軽率に言葉を吐かず、熟慮して語るなら、わたしはあなたを、わたしの口とする」（一九節）。挫けそうになったエレミヤに、神がもう一度語りかけ、預言者として立たせたときの言葉である。「熟慮して語る」とは、この作業を意味している。

涸れた谷に神を求めて

「当てにならない流れ」（一八節）とは、雨期には雨水で勢いよく流れる川だが、乾期には乾ききってしまう涸れた谷ワディのこと。いつも水をたたえてさらさらと流れているわけではなく、水が流れているかどうかはそこに行ってみなければ分からない。「涸れた谷に鹿が水を求めるように、神よ、わたしの魂はあなたを求める」（詩編四二・二）。この詩編がこのときのエレミヤの心であろう。エレミヤは自分の魂の渇きを潤そうと神を求めたが、案の定そこに水は流れていなかったのだ。求めているものを苦労して探しても、結局は見つからなかったときのショックは計り知れない。かつては神によって渇きを潤してもらったことがある。けれども今回はそうではなかった。かつて祝福にあふれ満たされたときのことをエレミヤは、次のように宣べる。「あなたの御言葉が見いだされたとき、わたしはそれをむさぼり食べました。あなたの御言葉は、わたしのものとなり、わたしの心は喜び踊りました」（一六節）。苦悩の中で御言葉と出会い、御言葉によって満たされ励まされたときのことを、このように思い起こしている。神の召命を受け、御言葉によって突き動かされた喜びと興奮が、エレミヤにとってどれほど大きかったかがこの一言でわかる。御言葉をむさぼるように食べて満たされたときの感動をもう一度との思いで、再び谷底へ向かっていったのだが、残念ながらそのときワディは涸れきっていた。

とはいうものの、かつて御言葉によって満たされた体験は、エレミヤにとって貴重であった。それが彼の預言活動を支え続けた。それがあったがゆえに、倒れそうになりながらも神を信頼し続けることができた。二重の重荷に耐えかねて嘆きと窮状を神に訴えたりしながらも、神はわたしの神であるという確信を保ち続けることができた。他者からみれば、冒瀆とも思えるほど大胆に激しい言葉で辛い心の内を神にぶつけたが、それは神を打ち消すことではなかった。迫害と試練に怯まずまた立ち上がり、神の呼びかけに応えて預言活動をしていくのである。エレミヤの嘆きは、神への信頼の証でもある。

我と汝

神はしばらくの沈黙の後、とうとうエレミヤに対してこう告げる。「わたしはあなたを、わたしの口とする」（一九節）。先に、エレミヤ書の中には本来的な預言とエレミヤ自身の告白があると述べたが、もうひとつの要素をここで付け加えなければならない。それは神御自身が預言者エレミヤに対して語る言葉である。神である「わたし」が、「あなた」エレミヤに対して直接に語りかけている。これは、谷底のワディが再び水をたたえて流れ始めた瞬間である。一人称の神が、二人称のエレミヤに対して語りかけている。神の語りかけは、このあと最終節まで繰り返されていく。「わたしはあなたを堅固な青銅の城壁とする」、「わたしがあなたと共にいて助け、あなたを救い出す」、「わたしはあなたを悪人の手から救い出し、強暴な者の手から解き放つ」。繰り返して語られる「わたしはあなたを」という直接的な神からの語りかけは、そのまま現代の私たちへの御言葉として聴くことができる。地域や時代に拘束されない、永遠のみことばとして強く響いてくる。

参考文献

木田献一、清重尚弘「エレミヤ書」、高橋虔、B・シュナイダー監修『新共同訳　旧約聖書注解Ⅱ』日本キリスト教団出版局、一九九四年

木田献一『エレミヤ書を読む』（旧約聖書4）筑摩書房、一九九〇年

James Philip Hyatt & Stanley Romaine Hopper, *The Interpreter's Bible :The Book of Jeremiah*, V5, Abingdon Press, 1987.

エレミヤ書 一六章一―九節

徳田　宣義

「エレミヤにおいては、預言に基本的である神の使者という概念が、単に語るということだけでなく、命すべてを賭けて仕えるという問題になっている」

（J・ブレンキンソップ『旧約預言の歴史』樋口進訳、教文館、一九九七年、一八三頁）

「神と人との関係を正しゅうするは
すなわちその根底的事業なり」

（植村正久『福音新報』第二〇号）

テキストの射程

申命記第七章七―八節に「主が心引かれてあなたたちを選ばれたのは、あなたたちが他のどの民よりも数が多かったからではない。あなたたちは他のどの民よりも貧弱であった。ただ、あなたに対する主の愛のゆえに、あなたたちの先祖に誓われた誓いを守られたゆえに」とある。神の選びは、神の側の一方的な恵みである。続く申命記七章九節に、神の恵みに応える生き方が記されている。「あなたは知らねばならない。あなたの神、主が神であり、信頼すべき神であることを」。

イスラエルは、神の一方的な愛によって選ばれ、契約によって神の民とされた。イスラエルが、律法を守ることが条件であった。しかし、神の選びに応えず、神に背くイスラエルが、厳しい裁きを受けるのは、当然であった。

当該箇所で問われているのは、神に対する信仰を失っている神の民である。神の民は、「かたくなで悪い心に従って歩み」（エレミヤ書一六・一二）、神に聞き従わなかった。自分たちがしていることを信じ、自分が神に代わって人生の主になった。偶像に仕えた。エルサレムには正しい者はひとりもいなかった（エレミヤ書五・一―九参照）。つまり、神の民は、神を信じないという全体主義の中にあったのである。

現在、ナショナリズムが世界各地でいきおいを増している。国境をめぐる混乱が生じ、それが各国の国内政治に影響を与えている。どの国でも、人々は他国に負けない強力な指導者を求めている。ナショナリズムが、国の人々をひとつにまとめあげ、その結束をはかる力となって働いている。

現代日本はどうか。何に対して、身を硬くしているのか。中国の軍拡か。北朝鮮の愚行か。現行憲法か。それとも立憲主義の旗標か。

すでに現政権は、「第一次内閣の時代には『教育基本法』を国家主義的な方向に変更」（近藤勝彦『いま、震災・原発・憲法を考える』教文館、二〇一五年、一一二頁）している。「真の教育は国家を越えた視点に立ってなされるべきであるのに、国家のための教育の方向に変え」（同頁）てしまった。そして、現在、国家が個人の自由に枠をはめ、特定の価値観を強要しようとする動きが顔を出し始めている。

奥にあるものを見極めなくてはならない。決定的に欠けているものがある。見るべきものを見ることができず、過ちを過ちとすることができず、過去に目をつぶり美しい国であると夢見ている。そのような国の指導者が、極めて内向きな、自分だけの物語を描こうとしている。それでは、客観性を維持することはできない。美化されたところに対象化は起こらず、批評の言葉は届かなくなる。こんな危険なことはない。ナショナリズムは、絶対的な神の前で相対化されなければならない。丸山眞男は、次のような言葉を記している。「自己を歴史的に位置づけるような中核あるいは座標軸に当る思想的伝統はわが国には形成されなかった」（『日本の思想』岩波書店、一九六一年、五頁）。この考察は正しい。多くの価値が共存しながら、しかしどれを追求したらよいかわからない戦後日本において、その反動からしばしば右傾化現象が起こってきた。国としての一体感を保つために、極めて狭い愛国物語が語られてきた。しかし、かつてこの国の小さな物語が、日本の独自性を強調し、独特の国体を作り、個人の生活を国家が縛りつけ、侵略戦争へ駆り立てたのではなかったか。人間という複雑な存在と、一言で語り得ない状況が簡略化され、視野狭窄的に語られると何が起こるのか。イスラエルも、我々のこの国も、我々を超える存在である神が生きておられるという事実を信じることが、決定的に抜け落ちるのである。その意味で、この国も、かつての神の民同様、神でないものに従う偶像礼拝という全体主義の中にいるのである。

「したがって国家以上の存在が重要な意味を持つ。そして、そのようなまことの神を信じる人々が現実にその国の中にいるかどうかということが大きな意味を持つ」（近藤勝彦、前掲書八九―九〇頁参照）。この指摘は重要である。巨大なうねりのなかで、時流に流されず、空気におもねらない生き方。個の限られた命を超えて、個を支えるものがある。エレミヤは、我々に絶対的客観性を持つ神の視点を指し示している。神の視点から神に創造された世界を、神に造られた人間は見る必要があるからである。

戦前に立ち返らせようとする声が大きくなっている。しかし、神へと立ち返る新しい人間を神は待っておられる。エレミヤが、神に対して完全に身をささげていることは、神と神の民との契約関係もそうあるべきことを指し示しているのである。

一―四節　第一の象徴行為――禁じられた結婚

創世記には、アダムとエバの結婚の物語がある。神は、結婚を聖なるものとしている。しかし、エレミヤは結婚すること、子をもうけることを禁じられる。なぜなら、結婚したとしても、訪れる出来事によって子孫は親と共に滅びに定められ、婚宴の喜びの声が絶える日が近いからである。そのことを結婚の断念によって知らせよと命じられているのである。エレミヤは、イスラエルに対するしるしとして、独身を続けなければならなかった。独身であることによって神と、イスラエルとの間に、致命的な支障があることを示す必要があった。神と民との交わりの断絶が象徴的にエレミヤにおいて示されているのである。

デビッドソンが当時の様子を概観している。「通常の環境での結婚は個人の自由になるものではなかった。これは家族の事柄であり、通常はかなり年少の頃から定められていた。結婚を通してのみ、家族の名が世代を超えて生きつづけるという希望があった」（R・デビッドソン『エレミヤ書・哀歌』荒井章三・加藤明子訳、新教出版社、一九八七年、二二九頁）。現代とは違って、伝統やしきたりの強制力が強かった古代の社会にあって、独身でいることは人々の目には異常に映り、社会全体から排斥される結果を招いたはずである。「御手に捕らえられ、独りで座っていました」（一五・一七）という当該箇所直前の告白は、この孤独の反響である（W・H・シュミット「試練の預言者エレミヤ」『聖書を識る――国際聖書フォーラム二〇一二年講義録』日本聖書協会編、二〇一三年、六五―六六頁参照）。五章一七―一八節の理由説明が、当該箇所に記されているのである。

結婚ができなくなるような国家の行き詰まった事情をエレミヤが語ったとき、民は強烈な印象を受けたに違いない。誰もまだ知らない将来を、言葉と行為で指し示すという途方もない使命にエレミヤは生きたからである。

ブルッゲマンは、これは単に預言者エレミヤのための禁止令ではなく、ユダ王国に生まれるすべての人に関係すると指摘する。その理由について、「このところで」（二節）、「このところで」（三節）、「この地で」（三節）という三重の強調がなされることで、その地そのものが、人々と共に、死の宣告の下にあるからだとしている（W. Brueggemann, *A Commentary on Jeremiah: Exile and Homecoming*, Grand Rapids: Eerdmans, 1998, 一五一頁参照）。したがって、エレミヤが預言者として優れた働きをするために、禁欲的であったと我々は理解すべきでない。家庭が破壊され、社会の秩序や慣行がくつがえる厳しい神の裁きが「このところ」「この地」で、つまりエルサレム、あるいはユダにおいて近く起こることをエレミヤは身をもって指し示しているのである。

四節の「彼らは弱り果てて死ぬ。嘆く者も、葬る者もなく、土の肥やしとなる。彼らは剣と飢饉によって滅びる。その死体は空の鳥、野の獣の餌食となる」について、ブルッゲマンは、これらの災いは、一五章二節、三節に列挙されたものの組み合わせであると言い、それはユダが道の終わりまで来たという事実を表す信じられないほど残酷な告知である（前掲書同頁）と説明している。

バビロニアの圧迫の下、ユダ王国では、指導者たちも民衆も、不安を吹き払うような神の加護を語る預言者たちの幻を歓迎した。しかしエレミヤは、エジプトに頼って神の厳しいことばに耳を傾けない国家には滅亡の時が迫っていると語り、これらの人々の敵意をかったのである（並木浩一・荒井章三編『旧約聖書を学ぶ人のために』世界思想社、二〇一二年、一九四頁参照）。

五―七節　第二の象徴行為――禁じられた嘆き

「弔い」と訳されているヘブライ語「マルゼアハ」は、死者のための嘆きを指す。エレミヤは、葬式に参加しないようにと告げられている。エレミヤの象徴行動はすべて、バビロンの侵略と関連している（『日本版インタープリテイション78』ATD・NTD聖書註解刊行会、二〇〇九年、三八頁参照）。日常生活を終わらせる災いがバビロニアから来る。葬りの儀式さえ執り行えない時が来るとエレミヤは指示するのである。

「死者が出ると、その『喪のある家』（一六・五）には家族をはじめ近隣の者、友人さらには職業的泣き女が集まり、笛などの楽器も悲しみの楽奏を奏でる。古代社会においてこの通過儀礼に参与することは極めて重要な意味をもつ」（左近淑「詩篇および文学小品」、『総説　旧約聖書』日本キリスト教団出版局、一九八四年、四四〇頁）。したがって、普通ならば出席するはずの家族、あるいは村の葬りの式にエレミヤが欠席したとき、「なぜ」という問いが出たであろう。日常の葬式の習慣をすることができないような災いが迫っている、エレミヤは、そのように答える他なかったであろう。

六節に「身分の高い者も低い者もこの地で死に、彼らを葬る者はない」とある。どのような立場の者にも、終わりの時が迫っている。神を捨てる。その悲惨が記されているのである。同じ六節にある「体を傷つける」こと、「髪をそり落とす」ことは異教的な嘆きの習慣であって、律法では禁じられている（レビ記一九・二八、申命記一四・一参照）が、ここでは葬儀の手続きとして言及され、それらを含めた葬儀がなされないように記されている（関根清三「エレミヤ書」、『旧約聖書Ⅲ　預言書』岩波書店、二〇〇五年、二七九頁参照）。七節にある「パン」と「杯」は、喪中が終わった家族のために近所の人たちが用意した食事のことであろうと考えられている。

「禁止令の神学的な背景が、五節bで与えられる。神は、ご自身の平和、不変の愛、憐れみを取り上げられる。……神の最も根本的な関わり合いは、現在反抗的なユダによって……終わらせられる」（ブルッゲマン、前掲書一五一頁）。これが、中心的なことである。神の民から「神の平和」、「不変の愛」、「憐れみ」が取り去られる。それは裁きを意味する。神が民とのつながりを破棄する。命の源である神から離れることは「憐れみ」を取り上げられることであり、死を意味するのである。

八―九節　第三の象徴行為――禁じられた宴

「酒宴」は、文脈から考えると結婚の宴のことであろう。五―七節において嘆きが禁じられていたが、ここでは反対に、結婚の祝宴の喜びが禁じられている。「酒宴の家に入るな。彼らと共に座って、飲み食いしてはならない」と主は言われるのである。

社会生活は、神のぐらつかない愛と憐れみに依存している。神からの贈り物をとりあげられるとき、神との親しい関係だけではなく、隣人との生活もとりあげられる。社会の可能性は、最初の混沌の暗闇と同じ、形のない空虚なものとなる（ブルッゲマン、前掲書一五二頁参照、エレミヤ書四・二三―二六参照）。したがって、エレミヤは、親しい者たちとの交わりの放棄を通して、あらゆる喜ばしい行為を終焉せしめる神の審判を表現しなければならなかった。これらすべては民の偶像礼拝から来たのである。

神を映し出す生活・ひとりの人の苦難を通して

「エレミヤがここでこの時に求められていることは差し迫った危機の時代の神の意志を正しく映し出して生きることである。彼は具体的な行動を通し、生き様によって神を映し出すことを求められているのである」（左近淑『左近淑著作集　別巻　聖書研究』教文館、一九九八年、五〇五頁）。説教者と説教の聴き手が共に、立ち止まって熟考すべき考察である。「聖書の言葉を外からの言葉として聴きつつ、それとひとつになり、自分がそれに生かされるとき、言葉と存在の一体化」（加藤常昭『説教者を問う』キリスト新聞社、二〇〇四年、九七頁）が起こる。説教の出来事が教会の歴史を新しく創造する。そのようにして常に新しくされる礼拝共同体が、神が造られたこの世界、人間の社会にあって、それを変革する力さえ持つからである（加藤常昭『説教論』日本キリスト教団出版局、一九九三年、二七五頁参照）。説教が持つ社会性を否定することはできないのである。

　エレミヤは、裁かれるべき神の民の身代わりになって苦しんだ。「ここには第二イザヤの苦難のしもべを超えて、さらにキリストの受難に通じる一本の道が開かれているのが見える。この隠された神の救済の道が、今やひとりの人間の苦難を通して、初めて切り開かれたのである」（C・ヴェスターマン『預言者エレミヤ』大串肇訳、新教出版社、一九九八年、七五頁）。ヴェスターマンは、このようにエレミヤの象徴行為は、主イエスの十字架を指し示していると省察する。フリーゼンも、「神の僕としての予言《ママ》者たちは、全く神と人との交わりの回復のために身をささげられた神の子、イエス・キリストの似姿である」（T・H・C・フリーゼン『旧約聖書神学概説』田中理夫・木田献一訳、日本キリスト教団出版局、一九六九年、三六〇頁）としている。エレミヤの物語と主イエスの物語には、物語としての連続があるのである。

　当該箇所で示されているように罪は、人間に本質的に存在する。罪からの救いは神による他はない。罪の理解が浅ければ、恵みの理解も浅いものになる。エレミヤは存在をかけて、罪の重さと、徹底的な罪の裁きを示す。世の罪を取り除く、主イエスが救い出してくださる他ない状況を指し示しているのである。

　罪の認識は、主イエスに来ていただく場所を獲得することである。ボンヘッファーが、「教会とはまさに、キリストの恵みによって、キリストに対する罪の認識にまで導かれた人間の集団なのである」（ボンヘッファー『現代キリスト教倫理』新教出版社、一九六二年、六三頁）としていることは正しい。

「悔い改めは、自分の主人（所有者）の変更である。自分自身が自分の主人ではなくなり、自分の属する国家の支配者が自分の主人なのでもなく、キリストが自分の主人であり所有者であるという者になることである」（大住雄一「神が私を知っている」、松永澄夫編『言葉の働く場所』東信堂、二〇〇八年、二〇六頁）。国民主権、平和主義、基本的人権の尊重の憲法三原則は、自己と利益や価値観が同じことで結びつく国家主義のもとでは、実現不可能である。神の前における人間の平等と尊厳、そして神の愛を映し出す平和主義を、真実の意味で理解しているキリスト者が、社会に必要とされている。神が造られた秩序を語る言葉が、共鳴作用を起こすことをこの国も、この世界も待っているのである。主イエスのものとされることは、我々に冷静な心と遠くまで眺めることのできる視野を与える。罪を犯す人間にではなく、神に信頼を寄せる共同体、神の恵みを映し出す教会が、今こそ求められているのである。

政治や行政への不信、見込めない経済成長、急速に進む高齢化、医療費の膨張、貧困と格差、少子化、人口減少、すでに将来に対する楽観的な期待は砕かれている。見えない明日が、さらに見えなくなっている。聖書は、この国に基盤を与える言葉を語ろうとしている。戦前の一時期へのゆがんだ郷愁が政治家によって語られ、間違いなく誤った方向に向かっているこの国で、しかし、神という支持基盤の上でなら、我々は神に源泉を持つ語るべき言葉を得ることができる。すでにあるものの見方に対して、事実はそのようなものでない、このようなものであると語る、神による視点が設定されなくてはならない。そのために日本の（いや世界のすべての）教会で、預言者的説教が求められている。まわりの状況がどうであろうと、まことの神を、存在をかけて語るエレミヤ的説教者が、必要とされているのである。

参考文献

W. Brueggemann, *A Commentary on Jeremiah: Exile and Homecoming*, Grand Rapids: Eerdmans, 1998

関根正雄『エレミヤ書註解　上』（関根正雄著作集14）新地書房、一九八一年

『新共同訳　旧約聖書注解Ⅱ』日本キリスト教団出版局、一九九四年

R・E・クレメンツ『エレミヤ書』（現代聖書注解）佐々木哲夫訳、日本キリスト教団出版局、一九九一年

A・ワイザー『エレミヤ書1―25章　私訳と註解』（ATD旧約聖書註解20）月本昭男訳、ATD・NTD聖書註解刊行会、一九八五年

R・K・ハリソン『エレミヤ書、哀歌』（ティンデル聖書注解）富井悠夫訳、いのちのことば社、二〇〇五年

C・ヴェスターマン『預言者エレミヤ』大串肇訳、新教出版社、一九九八年

関根清三『旧約聖書と哲学――現代の問いのなかの一神教』岩波書店、二〇〇八年

『日本版インタープリテイション34　エレミヤ』ATD・NTD聖書註解刊行会、一九九五年

『日本版インタープリテイション82　エレミヤの肖像』聖公会出版、二〇一三年

旧約聖書翻訳委員会訳『旧約聖書Ⅲ　預言書』岩波書店、二〇〇五年

G・フォン・ラート『旧約聖書神学Ⅱ』荒井章三訳、日本キリスト教団出版局　一九八二年

W・H・シュミット「試練の預言者エレミヤ」、『聖書を識る――国際聖書フォーラム二〇一二年講義録』日本聖書協会編、二〇一三年

古屋安雄・大木英夫『日本の神学』ヨルダン社、一九八九年

隅谷三喜男『近代日本の形成とキリスト教』新教出版社、一九六一年

エレミヤ書　一七章五—一三節

蔦田　崇志

この区切り（五—一三節）は神が人に示された二つの生き方を描写的に指し示している詩的な預言である。その中でご自身の民がどのような道を辿っているのかを神は明らかになさる。「主はこう言われる」とエレミヤは呼びかけて「呪われた道」（五—六節）と「祝福された道」（七—八節）を並べるように描き、彼らの進む道がどちらに属していて、その末路がどうなるのかを預言する。しかしある意味、その預言はすでに一節から語り始められていると言えるかもしれない。冒頭の四節には神がご自身の民を告発なさる様子が描かれている。実のところこの部分（一—四節）は写本的に乱れており、さらに七十人訳では脱落しているために、再現が困難な部分ではあるが、今手元に残されている内容でも十分に五—一三節の理解に役立つと思われる。

　神の告発はこの上なく確かな形で書き表され、万民の目に晒されている。心の板に、そして祭壇の角に書き記され、それは深く刻み込むことのできる筆記具（鉄・ダイヤモンド）で書きつけられている。告発は当事者の自覚や反省のためのみならず、後代に伝えることまでが意図されている（二節「子孫に銘記させる」）。本段落最終節（一三節）で再び「筆記する」ことへの言及があるのは興味深い（「地下に行く者として記される」）。彼らの罪は偶像礼拝であることが「祭壇」「アシェラ像」「聖なる高台での罪」というような文言から明らかになってくる。しかもその証拠は「どの緑の木の下にも、高い丘、野の山の上にも」あり、蔓延しているという（二節）。

　告発に続けて、その罪に対する報い、審判が下される。彼らの富と宝は敵が奪うに任され（三節）、神からの嗣業は失われ、やがて敵の奴隷と化し、最後には知らない国に連れ去られる（四節）。神は聖なる怒りに燃える審判者として描かれる（四節後半）。一二、一三節に再び神が希望の主、生ける水の源である主として描かれているが、これもまた四節の審判者イメージがあっての締めくくりだと言えよう。

祝福の道、呪いの道（五—八節）

「主はこう言われる」との呼びかけに導かれて、エレミヤは神が「二つの道」を指し示されて民に迫っておられることを語り伝える。ちょうどモーセが告別説教の中で民に呼びかけて

「わたしは今日、天と地をあなたたちに対する証人として呼び出し、生と死、祝福と呪いをあなたの前に置く」と迫り（申命記三〇・一九）、「あなたは命を選び」なさい、と招かれた姿を想起させる。再び神は民の前に二つの道を敷かれた。

呪いの道とは人に信頼し、頼みとする生き方を指す。「肉なる者を頼みとし」とは直訳すると、「肉（なる者）を彼の腕とする」というような文言であり、人に寄りすがる面もありつつ、人を己の手腕のように操るあざとさも指摘されているように見受けられる。また、ここで「人」と訳されている原語はゲベルであって、「強者《つわもの》、強い男」の意味をも含む。

しかし人間、殊更に強者への信頼が、単に神への信頼に打って変わったというだけのことでは終わっていない。人への信頼は取りもなおさず偶像礼拝に匹敵する。ここで一―四節までの告発が生きてくる。彼らは文字通り偶像を作成してはそれを崇拝していたのかもしれないが、たといそのような形は取らずとも人の力をもって「野から山に登」り「聖なる高台で」神でないものを称えたのである。それでこれは心が主から離れてしまっている道だと警鐘が鳴らされる。

さて、ここで彼らの「心」が言及されていることは、この預言の核心に向けての伏線となっている。民の罪、そして神の審判と報いはまさに彼らの「心」に関わる深刻な問題なのである。彼らの振る舞いや関心事が神から遠ざかっている現実は、その心に端を発する。

「呪われよ」と対比される形で「祝福されよ」が続き（七節）、こちらの道は人ではなく主に信頼を寄せる生き方を指すことが歌われる。五節（人間に信頼し）と七節（主に信頼する）の「信頼する人は」は原語では共にアシェル・イベタハ・べの繰り返しで、何に信頼を寄せるかが鍵であることが一層明確にされている。神にこそ信頼を寄せる人に祝福が注がれて、彼に対しては神が自らその人の確信（よりどころ）となって下さるというのだ。ここにも呪われた道との明瞭な対比がなされていて、己の手腕で人を「腕とする」道と、神ご自身がよりどころとなるためにお出でになられる道、どちらを選択することが賢明であり、幸いなのかを敢えて問う迫りが暗示されている。

この二つの道はさらに二本の木に例えられる。一本は「荒れ地の裸の木」（六節）と呼ばれている。この木の特色は三つ、「恵みの雨」を知らないということ、そして炎暑の荒れ野に植わっていること。それに加えて名称のごとく裸であることもまた特色として挙げられよう。炎暑から身を守る樹皮が剝けてしまっている有様。まさに呪われた存在らしい虚しさと苦悩がこの哀れな樹木に表れている。ちなみに新改訳聖書では「むろの木」だと訳されている。葉は固く針葉樹で樹齢は千年にも及ぶとされている。生命力もあり、水の少ない地域でも生息が可能な樹木である。しかし、いかに剛健な樹木であっても、そこに佇んでいるだけの存在ならばあまりにも虚しい。恵みの雨が降り注いでもそれに浴することなく、訪れる人もいない場所に不動のまま、何世紀も立ち続ける木である。目的もなければ、価値を見出されることもなく、ただそこに存在しているのである。

今一つの樹木は「水のほとりに植えられた木」と呼ばれている（八節）。この木の特色もまた三つに整理することができよう。第一にその根を水路のほとりに張り、暑さに対応していること、第二に葉が青々としていて干ばつに耐え得ること、そして絶えることなく実を結ぶこと。この木と同様に水路に植わった樹木として想起されるのは詩編一編の「流れのほとりに植えられた木」であろう。「ときが巡り来れば実を結び、葉もしおれることがない」（一・三）。また川のほとりに植わる樹木の麗しさはエゼキエル書にも描かれている。

　川のほとり、その岸には、こちら側にもあちら側にも、あらゆる果樹が大きくなり、葉は枯れず、果実は絶えることなく、月ごとに実をつける。水が聖所から流れ出るからである。その果実は食用となり、葉は薬用となる。
（エゼキエル書四七・一二）

　エゼキエル書の預言の主題は聖所から流れる川とその水であるが、エレミヤが語る預言は果樹そのものが主題となっている。主に信頼する道を取るか、それとも人を信頼する道を選択するかが、著しい結末の違いをもたらすことを戒める樹木のたとえである。ここにきて、想起されるのはいちじくの木を遠くからご覧になって「実がなっていないかと近寄られた」主イエスのお姿である。人が、主の民が実をたわわに結ぶことをこの上なく望まれるのが我らの主であることを改めて思う。

道を選ぶ心、その心を見極める主（九―一〇節）

九、一〇節でいよいよこの段落の核心に差し掛かる。二つの道のいずれを選択するかを決定するのが「人の心」だということが明かされる。五節ですでに人の心への言及がされているし、さらにさかのぼれば一節ですでに「心の板」に刻み込まれた罪状がある。一連の問題提起はそもそも「心」に関わることなのである。さて、その心について三つのことが言われている。

　第一にその陰湿さが生々しく映し出されている。「とらえ難く」とはアコヴの訳語で、「ゆがんだ」という意の形容詞。単につかみどころがないのではなく、悪質なのでとらえ難いのである。また「病んでいる」も、原語はアーヌシュという語で「不治の」という意。単に病んでいるのでなく、治癒の余地がないほどに、という意味が含まれている。この二つの惨状を浮き彫りにさせるようにミ・コル（全てに増して）と付記されていて、その程度が致命的であることを描き上げている。そして絶望的なことに人はそれを見極めることができない。

　第二にしかし、神がその心を見極められることをご自身で宣告される。前節の絶望はここでにわかに希望に変わる。人の心を探り、究めなさる主がおられる。「はらわたを究める」とは劇的な訳語であるが、エレミヤの思いの高揚を生き生きと描いているように思われる。人は密かに悪や汚れを心の中で呟く（詩編一〇・六、一一、一三、一四・一、マタイ三・九、マルコ二・六他）。それは、そこに込められていることは見えず、分からないからである。しかし神こそは人の最深部にまで及ばれ、そこに潜む全てをご覧になる（詩編四四・二二、一三九・二三、サムエル記上一六・七、マルコ二・八、使徒一・二四他）。この事実は、人々から誤解され、先入観などで不当に評価され、また訴えることばも機会も与えられない人々にとってはこの上ない慰めとなる（詩編三一・七、一三九・一―四他）。しかし、その心に潜む思いが偽りと欺き、悪と汚れであるならば、この事実はこの上ない脅威となる。

そして第三にその心に主が正しく報いなさる。この報いを心待ちにする人々もあれば、何よりも避けたく抗う者もある。「それぞれの道……に従って」とは仰せられるが、この段落の中で神は明らかに後者に対して報いを宣告されている。ここで神が「業の結ぶ実に従って」と仰せられていることは注意に価する。詳細は次節にて取り上げられるが、実のところイスラエルの民は彼らの「心」とは裏腹に「富と宝」とを積み上げてきた（三、一一節）。傍目には実を結んでいたのである。古今東西に通じる醜い現実である（詩編七三・三―一二参照）。しかし神の報いはこの深みにまで及ぶ。

不正の富と呪いの道（一一節）

ここで畳み掛けるように、呪いの道の本質と現実とが描かれる。何故ならばこの道こそを主の民は選びとってしまっているからである。その最たる産物が「不正の富」である（一一節）。しかしその富の行く末が巣に就くしゃこ（鳥類・キジ科）の様子と重ねて描かれる。他の鳥の卵を翼の下に集めるように、イスラエルの民は不正をもって富を積み上げたのである。しかし、動物学的な真偽は別として、やがて孵《かえ》る雛も親鳥が本物の親でないことに気づいてその巣を去るように、不正の富は人生の半ばで「彼を見捨て」てしまう、というイメージである。不正で得た富が去ってしまうのみならず、致命的な結末として「神を失った者」として彼は果てるのである。原語ではナバルすなわち「愚か者」となっている。これは後にダビデの妻となったアビガイルの元夫の名でもあり、彼女は元夫のことをこう述べている。「名前のとおりの人間、ナバルという名のとおりの愚か者でございます」（サムエル記上二五・二五）。

その心が主から離れ去った「強者」（五節）を、今や不正で得た富が見捨ててしまっている皮肉が痛快である。人の力に頼った強者が、今や雛たちに逃げられたしゃこである。その哀れな姿を総じて「神を失った者」と憐れむのも一つの読み方であろう。

さて、本題はここからである。呪いの道と不正の富が結びつくのはあくまで、古代イスラエルの事例である。この預言が今日に厳しく問いかけるのは、我らの時代にあって、我らの会衆にあって、否、私の歩みにあって呪いの道が何であるのかを、鮮明に捉えることである。この点を捉えない限り、その対極に約束されている祝福もまた輪郭の見えないものとなってしまう。そして我らが見上げる神ご自身のお姿もエレミヤのような照準をもって見据えることができずに終わってしまう。

呪いを語り得ないということは神の審きを語り得ないということである。ここに預言者の言葉の基本的な特質があるにもかかわらず、それを語り得ない。しかし、呪いは祝福の裏側にあるものである。呪いを語り得るためにはまず祝福を語ることができなければならない。そして、そのようにして祝福と呪いの双方を語り得て、初めて輪郭のはっきりした祝福を語り、祝福への招きを語り得るであろう。

（加藤常昭、六九二―六九三頁）

エレミヤが見上げる神（一二―一三節）

さて、一連の預言はエレミヤが改めて仰ぎ見る神の御姿で締めくくられる。一二節は神が臨在される場所を描く。輝かしい御座も、古くからの高き所（いにしえよりの天）も、聖所も神の臨在を想起させる。興味深いのは三つ目の「我らの聖所」である。厳密にはマコーム・ミクダーシュヌーと記されていて「我らの聖所である場所」と訳される。エレミヤ書にあって主の神殿はもはや神の不在を象徴する場となっている（七・四―一五「強盗の巣窟」他）。あるいは「栄光の御座といにしえよりの天が（今では）我らの聖所と見なせるところ」と読むことが可能かもしれない。エレミヤは神の臨在を確かめられる場所に立ち、神を仰ぎ見ているのである。干ばつのために地は荒れ果て、不毛となり、炎暑の荒れ地と化してしまっている最中にも（六節）、神の臨在を確かめて仰ぎ見ることのできる場所（マコーム）は存在する。

エレミヤはそんな聖所と見なせる場所に立ち、神を仰ぎ見た。彼が目の当たりにした神は、同胞イスラエルの希望の主であられた。先にエレミヤは干ばつに見舞われたときに（一四・一―九）神に祈りをささげ、「イスラエルの希望、苦難のときの救い主よ」（八節）と呼びかけて助けを仰いでいる。干ばつを引き起こしたのは他でもない「我々の罪、我々の背信」であった（七節）。それでも神は憐れみをもって、またご自身の御名のために救ってくださるとエレミヤは大いに期待をして祈りをささげている。今聖所と見なせる場所に立つ彼は、同じ神を仰ぎ見て救いを期待している。そして同時に彼の期待と信仰とに和さない愚かさを激しい文言で戒める。「あなたを捨てる者は皆、辱めを受ける」。換言すれば希望の主を捨てる者は愚かさを露わにし、低くされて辱めを受けるのである。

続けて「あなたを離れ去る者は、地下に行く者として記される」と宣告がなされる。詩的な形では前行と並行しての強調と取ることができよう。「あなたを捨てる者」は「あなたを離れ去る者」となり、神からの離脱が一層強い描写となっている。「辱めを受ける」結末はさらに深刻なものとなり、「地下に行く者として記される」ことになる。しかし、これは単なる反復とは考え難い。これは神を仰ぎ見るエレミヤの焦点が絞られていく過程である。イスラエルの希望である主を仰ぎ見たエレミヤは、そんな希望の主を捨てる者たちを横目で見つつ、再び栄光の御座を仰ぎ見たのである。そのときに彼の目に映ったのが「生ける水の源である主」であられた。それだからこのお方を「イスラエルの希望である主」として期待を寄せることが許される（一二節）。命の源であられるからこそ人の心までも探り、その中を究めることがおできになる（一〇節）。水の源であられるから、この方に信頼する者は水のほとりに植えられた木に例えられる（八節）。しっかりと根を張り、葉は繁り、結実は止まないのである。

さて、結びに代えてもう一点釈義的な寄り道であるが、一三節で並行しているように見える「あなたを捨てる者」と次行の「あなたを離れ去る者」について。前者の「あなたを捨てる者」については「捨てる者」という語の接尾辞が二人称になっているので、訳文通りになるものの、次の「離れ去る者」という語の接尾辞は一人称をとっていて、したがって「わたしを離れ去る者」と読むことができる。とすれば、最後の文節は神ご自身が仰せられたことになる。

わたしを離れ去る者は
地下に行く者として記される。
生ける水の源である（わたし）主を捨てたからだ。

このように訳すと、締めくくりはエレミヤが言葉を重ねて神が希望の主であり、そして究極的には命の源であられる主だという真理に辿り着くというよりは、希望の主である神を見出したエレミヤに対して神ご自身が自らを現して下さり、「生ける水の源である主」としてご自身を啓示された、と理解することもできる。祝福と呪いの道を示された神ご自身が、人の心を探り、究めなさる神が、最後に現れて下さり、エレミヤの祈りと信仰に応えて下さった。そして、神が生ける水の源であられる限り、私たちに意図されている道は命に至る道に他ならない。確かに私たちの前には二つの道が見えている。ひとつは呪いと死、今ひとつは祝福と命に至る。しかし神の御心は一つで、すべての者が祝福と命を得、その命を豊かにして根を張り、葉を生い茂らせ、絶え間なく実を結ぶ存在となることである。

参考文献

Peter C. Craigie, Page H. Kelley & Joel F. Drinkard, Jr., *Jeremiah 1-25*, Word Biblical Commentary Vol. 26, Word Books, 1991.
R. K. Harrison, *Jeremiah And Lamentations*, Tyndale Old Testament Commentaries, IVP, 1973.
William McKane, *Jeremiah vol.1 I-XXV*, International Critical Commentary, T&T Clark, 1986.
加藤常昭編訳『説教黙想集成1　序論・旧約聖書』教文館、二〇〇八年、六八七―七六一頁

エレミヤ書　一七章一四－一八節

小副川　幸孝

初めに

この箇所は、エレミヤ書の中に五つある「エレミヤの告白（嘆き・祈り）」（一一・一八－一二・六、一五・一〇－二一、一七・一四－一八、一八・一八－二三、二〇・七－一八）の三番目のものである。基本的に、これらの「告白」は詩編の中にある多くの「嘆きの詩」（三、五－七、一二－一四、二二篇など多数）と呼ばれるものとの様式の類似性が認められる。それらの詩編では「感謝、苦難の訴え、神の告発」という構造が見られるが、エレミヤの告白も同じような構造をもっている。

しかし、宗教的祭儀の中で育まれてきた多くの詩編の「嘆きの詩」と異なり、信仰の内面化を深く掘り下げたエレミヤの告白は個人的な色彩が強いものとなっている。詩文で記されている彼の告白にどれくらい編集者の手が加えられているのかの判断は難しく、それよりはむしろ、エレミヤの告白の様式は、特にこの一四節以下では、おそらくアナトトの祭司の子であったエレミヤが自分の思いを吐露するときに自然に採った様式であると考える方が無理のない気がする。その意味で、ここに記されているエレミヤの告白は、信仰者として、また神の言葉を託されたひとりの預言者としての真実の告白であろう。

これらの告白の中で、エレミヤは神の前に立ってありのままに自らの思いを搾り出すようにして吐露する。彼は、語らなければならない神の言葉と、自分自身、そして、自らが置かれている現実との間で葛藤し、その姿をうめくように赤裸々に示す。それはまた、預言者としての活動の深刻な挫折の証しでもある。

たとえば、最初の告白として収録されている一一章一八節－一二章六節では、初期のころに、アナトトの祭司の子でありながら、地方聖所を廃止するというヨシヤ王の宗教改革に賛同したために、故郷アナトトの人々から祭司の家を裏切る者として嘲笑され、暗殺を企てられるという生命の危機にさえ直面したことが背景となっている。暗殺が企てられたことを知った彼は、「なぜ、神に逆らう者の道は栄え、欺く者は皆、安穏に過ごしているのですか」（一二・一）と神に訴え、「主よ、あなたはわたしをご存じです」（一二・三）と神に頼るのである。

この一七章一四－一八節でも、その背景となっているのは、彼が語った「災い」が実現しなかったことで人々から嘲笑され、「主の言葉はどこへ行ってしまったのか。それを実現させるがよい」（一七・一五）と罵られたことが背景となっている。この「災い」が、エレミヤが預言活動の初期に警告した「北からの災い」（恐らくは当時のオリエント世界を席巻していた騎馬民族の襲撃）なのか、それともバビロン帝国の攻撃を指しているかの判断は難しいが、この告白が初期のものであるとするなら、それは「北からの災い」を意味しているであろう。エレミヤはその警告が実現しなかったと嘲笑され、侮辱されて、預言者としての生命の危機にすら直面したのである。この告白には、その非難や迫害の中で神の真実を知る者が経験する苦悩が滲み出ている。

しかし、エレミヤの告白（祈り・嘆き）で重要なことは、彼がそれを神に向かって行っているという点である。受け入れられないことの愚痴や不平や不満を人々に向かって投げつけるのではなく、またそれゆえに卑屈になるのでもなく、エレミヤは、目をまっすぐ神に向けて祈る。彼の「告白」は切実な「祈り」である。そこに神の前に立つ信仰者としてのエレミヤの姿がある。それは嘆きの歌や復讐を求める祈りをしている多くの詩編も同じであるが、まず自分の思いを人々ではなく神に向けること、そこに大きな意味がある。思いを神に向けることによって真実の道が開かれるからである。「主よ、あなたがいやしてくださるなら、わたしはいやされます」（一四節）で始まるこの箇所は、そのことを最もよく表している。

あなたがいやしてくださるなら

エレミヤは、この告白の中で、まず神への絶対的な信頼を語る。彼は、「いやしと救い」を求めざるを得ない状況に置かれ、嘆かざるを得ない状態にあるが、まさにそこで、神が「わたしをいやし」、「わたしを救われる」と、神への深い信頼を語るのである。

「いやし（ラーファー）」は、「病からの回復や失われたものの回復」、あるいは「立て直し」や「良くする」ことを意味する言葉であるが、真実の回復や救いが、ただ神からのみ与えられることを、エレミヤは知っている。回復や救いは、それが神から与えられるときにのみ真実なものとなる。だからエレミヤは、それを神に求めるのである。エレミヤは自分の人間的な弱さをありのままに語る。その弱い自分に与えられる神の真実の回復と救いを求めるのである。その意味で、彼は極めて人間的である。

人は、傷ついたときに手近で安価ないやしを求めたがるが、エレミヤは真実のいやしを求める。だから彼は、「主よ、あなたがいやしてくださるなら、わたしはいやされます。あなたが救ってくださるなら、わたしは救われます」（一四節）と神に祈り、回復と救いを与えられる神を賛美するのである。この神への賛美（「たたえます」）は、神に絶対を帰すことにほかならない。それはまた、自らが陥っている苦境や嘆きの一切を神に委ねることでもあるだろう。弱さを抱えつつも、信頼をもって自分の嘆きを委ね、「わたしはいやされ、救われる」という確信をもって苦難の中にしっかり立つこと。それが神を真実に信じる者の姿であるに違いない。エレミヤは、自分の嘆きを神への深い信頼をもって始める。このことがこの箇所全体を貫いていることであることを、わたしたちは覚えておきたい。

嘆きの理由と神による証明

エレミヤが何故嘆かざるを得ないのかという嘆きの理由が次の一五―一六節で示されている。それは、先述したように、彼が語った「災い」が実現しなかったことに対する人々の嘲笑によるものである。彼は人々のために語ったが、返ってきたのは、その人々からのあざけりであり、侮辱であった。そのことでこの心優しい預言者は傷つき、挫折し、絶望の淵に立たされたのである。

「主の言葉はどこへ行ってしまったのか。それを実現させるがよい」（一五節）と記されている人々のあざけりの言葉は、災いを伝える預言者に対する非難の常套句のようなものであろうが、単に預言者に対するものだけではなく、その奥底にあるのは神の言葉そのものに対する拒絶であり、不信である。同じ内容のものが「主を拒んだ」ものとして五章一二―一三節に記されている。そこでは明瞭に、それが「主を拒む」ことであることが示されている。

わたしたちは、ここで、同じようなあざけりとして、十字架上のイエスに向けて人々が「おやおや、神殿を打ち倒し、三日で建てる者、十字架から降りて自分を救ってみろ」（マルコ一五・二九―三〇、およびその並行記事）とののしり、あざけったときの出来事を思い起こすことが可能かもしれない。イエスの十字架の歩みとエレミヤが経験した苦難とが重なる。

人々のあざけりというのは、たいていの場合、そうした形で行われる。そして、「お前は本当に神の預言者なのか」、「お前は本当に神の子なのか」、あるいは「本当に神から遣わされたのか」、「神は本当にそう言われたのか」という御言葉を語る者の実存を鋭く問う問いとして問われ、御言葉を語る者の実存を根底から覆すようにして否定し、最終的には「神は正しいのか」という神義論の形で争われる。あざけりは人間の傲慢の極みである。だから、神への深い信頼をもち、人間の内面を深く掘り下げるエレミヤにとって、このあざけりは大きな打撃となった。

さらに、エレミヤが人々の嘲笑以上に痛みを覚えざるを得なかったのは、彼が人々のために最善を尽くそうと苦労したにもかかわらず、人々からエレミヤが自分たちに災いを下すように神に求めたと誤解されたことである。エレミヤは「悪しき意図をもって災いを願う者」（一六節、関根正雄訳）とされてしまった。彼の意図とは全く正反対に理解され、エレミヤは「悪しき者」とされた。

しかし、そんなことは決してないと、エレミヤは強く否定する。彼は、それを「あなたはよくご存じです」（一六節）と、自分の潔白を神の前に立つ者として証しする。「わたしの唇から出たことは、あなたの御前にあります」（一六節）とは、自分が語ったことは、紛れもなく神から出た言葉であるという意味である。彼は、神の前に立って、神の預言者としての潔白性を確信しようとするのである。エレミヤは、ただそれだけを自らの拠り所として立とうとするのである。

このエレミヤの姿は、わたしたちに大きな示唆を与えているように思われる。つまり、あざけりやののしり、誤解の嵐の中に置かれたとき、ひとり神の前に立ち、「あなたはよくご存じです」と神の前での確信によってそれを乗り越えようとすること、そこに信仰者としての道があるということである。ひとりの信仰者として、深い祈りをもって行った言動や立場は、たとえそれが誤解を受けたとしても、いたずらに弁明を繰り返す必要はない。「神がよくご存じです」と確信することによって誤解の嵐を乗り越える道を歩むことができる。一六節のエレミヤの姿は、わたしたちにそのような在り方を示唆してくれているように思われるのである。

しかも、エレミヤは、自分が語った「災い」の預言が、紛れもなく神によって告げられたことであることを確信している。だからこそ一人の人間として、そのことに恐れすら感じるのである。自分もまた、その圧倒的に襲い来る破滅の中にいる人間であることを自覚しているのである。一七節は、そのエレミヤの恐れを素朴に告白し、神の助けを祈り求めたものであろう。

滅ぼす者とならないでください

一七節の最初の言葉である「わたしを滅ぼす者とならないでください」は、訳しにくい言葉で、関根正雄はこれを「わたしを恐れしめ給うな」と訳している（二八一頁）。要するに、圧倒的な破滅で自分を恐れさせないでください、滅ぼさないでください、と神に祈り求めているのである。この表現の中には、滅亡に至る災いをもたらされるのが、ほかならぬ神自身であるという災いの理解が横たわっている。その意味では、この表現の中に、イスラエルの歴史を神の審判と見なす申命記学派的な歴史理解があると言えるかもしれない。それには更なる聖書学的検証が必要であるが、しかし、それを文献的に確証したとしても、説教にとって意味のあることは、破滅の中にいる一人の人間として、恐れを抱きつつも、エレミヤが神に向かって「わたしにとって滅ぼす神にならないでください」と訴える点である。エレミヤは、裁かれるのも救われるのも神であるという神の自由を認めつつ、その神の自由に訴えて、「滅びの神にならないでください」と救いを訴えるのである。

そして、後半で「あなたこそわが避け所（マハセ）です」と、自分の救いが、ただ神にのみにあることを語る。神を「避け所（マハセ）」とする表現は、詩編などでもよく見られ、代表的なのは、詩編四六篇の「神はわたしたちの避けどころ」（四六・二）である。「避け所（マハセ）」は、嵐や危険から身を守る所という意味で、「マハセ」の語根である「ハセ」には、「保護を求める」などのほかに「神に信頼を置く」という意味もある。つまり、エレミヤは、ここでも徹底して神に信頼することを告白するのである。

だが、逃れられない破滅の中に置かれたひとりの人間として、自らの置かれた状況を思うとき、彼は、自分を「迫害する者」への復讐を叫ばざるを得なかった。そこにひとりの人間としてのエレミヤの苦悩を読み取ることができるであろう。

打ち砕いてください

状況判断を誤り、安価な安心感の中で自分の都合や利益によって神の言葉を拒絶し、誤解や曲解によって嘲笑い、理不尽に預言者の口を封じようとしたり、迫害したり、苦しめたりすることは、神の民としてゆるされないことであった。何事でも悪をもって報いることは神の民にはゆるされていない。イエスは、「迫害する者のために祈れ」（マタイ五・四四、およびその並行記事）と教えられた。しかし、悪の理不尽さに抵抗しようとすることは人間の自然な感情でもあるだろう。苦しめられる者は苦しめる者をいつまでも忘れない。エレミヤもまた、神への絶対的な信頼を寄せるがゆえに、「わたしを迫害する者が辱めを受ける」ようにと祈り、「彼らを恐れさせて」くださいと願わざるを得なかった（一八節）。「彼らをどこまでも打ち砕いてください」というのは「彼らの破れを倍にしてください」とも訳せる言葉である。預言者を通して告げられる神の警告を無視し、破滅（破れ）を招く者たちの結果は、想像以上に過酷なものとならざるを得ない。エレミヤは神の怒りが激しいことをよく知っている。そして、怒りは裁きとして現われ、神の裁きは神の義と公平をもって実現される。その結果、辱める者が辱められ、恐れさせる者が恐れさせられるようになる。エレミヤは、その神の義と公平を求めるのである。

エレミヤは、決して破滅の到来を進んで望んだわけではないが、迫害する者や苦しめる者に神の裁きが下るように祈らざるを得なかったのである。それはひとりの人間としてのエレミヤの正直な心情であったであろう。

しかし、エレミヤは、自分を苦しめる者たちへの単純な復讐を望んでいるのではなく、幾度の警告にもかかわらず、それを聞き入れなかった彼らの破滅は彼ら自身が招いたことであり、彼らはその責を負わなければならないと語っているのである。「人は、自分の蒔いたものを、また刈り取ることになる」（ガラテヤ六・七）のである。

また、それが実行される「災いの日」は、エレミヤ書においては極めて具体的で現実的な破滅の到来を意味するが、それはまた、神の審判のときを意味する言葉であり、エレミヤは、ここで、神の裁きが行われることを願っているのである。

こうしたエレミヤの姿勢は、詩編の「嘆きの詩」の作者も同じであるが、たとえそれが復讐を願い求める叫びであったとしても、その思いのすべてを神に委ね、神の判断と裁きに任せていることを示している。そこには神への深い信頼が横たわっているのである。いみじくもパウロは「愛する人たち、自分で復讐せず、神の怒りに任せなさい。『復讐はわたしのすること、わたしが報復する』と主は言われる」と書いてあります」（ローマ一二・一九）と語っているが、エレミヤはまさに彼の復讐の叫びを神に委ね、神の義を信頼し、それを行ってくださいと祈り求めているのである。

説教黙想のためのまとめとして

これまで見てきたように、エレミヤは自分が置かれた苦境と自分の思いや葛藤を神の前に立って赤裸々に告白し、自分の救いを神に祈り求める。彼は、ただ神だけを拠り所とし、祈ることによって苦境を乗り越えようとする。自分を苦しめる者たちに対しても、彼が望むのは、自らが裁きの手を下すことではなく、また、自ら復讐をしようというのでもなく、神の公平な裁きであり、神の義の実現に他ならない。

　緊迫した世界情勢の中で滅亡の危機にさらされた人々に、神の真実を託された預言者として幾度も警告を伝えるが、返ってきたのは、一時的で安価な平安を求める人々の嘲笑であり、暗殺の計画ですらあった。そのことで彼は傷つき、痛めつけられ、絶望の淵に立たされる。

　しかし、その絶望の中で、エレミヤは神に向かって、うめくように叫びを上げつつも祈るのである。「主よ、あなたがいやしてくださるなら、わたしはいやされます。あなたが救ってくださるなら、わたしは救われます」（一四節）と。「どうか、わたしをいやし、救ってください」と神に祈り求めるのである。

　そして、多くの誤解や非難、迫害の中で「あなたはよくご存じです」（一六節）と、ただ神だけを拠り所（避け所）として立とうとする。

　これほどの深い神への信頼を、わたしたちは他に見ることができるであろうか。徹底した神への信頼が、この告白（嘆き・祈り）の中を貫いているのである。

　彼は、世に存在する一時的で安価な慰めやいやしが偽りであることをよく知っている。それらの偽りが人を誤った方向へと導くことを知っている。危機的状況ではそうした偽りは「甘い美酒」となり、蔓延しやすい。その中で、エレミヤは冷静に現実を判断し、それをよく認識して、真実の歩むべき道を見つけようとした。その意味で、預言者としてのエレミヤの活動は、その偽りとの闘いであったとも言えるであろう。

　その際、エレミヤが示したのは、神の前で、ただ神を拠り所として立つ姿である。それが、この告白の中で示されているエレミヤの姿ではないだろうか。

　預言者イザヤは、エレミヤに比べれば、厳然と神の側に立ち続けた預言者と言えるだろうが、そのイザヤが「お前たちは、立ち帰って、静かにしているならば救われる。安らかに信頼していることにこそ力がある」（イザヤ書三〇・一五）と告げた姿をエレミヤに見ることができるような気がする。苦境の中で、イザヤの言葉とは異なって、決して安らかではなく、心が騒ぎつつではあるが、エレミヤは神への深い信頼を失わないからである。エレミヤは、神の前で、神を信頼して祈ることによって、自分の道が開かれていくことを知っているからである。

　それはまた、神による救いの到来の実現のために十字架への道行きを黙々と歩まれたイエス・キリストの姿につながるものであるとも言えるだろう。

参考文献

関根正雄『エレミヤ書注解　上』（関根正雄著作集14）新地書房、一九八一年

木田献一、清重尚弘「エレミヤ書」、高橋虔、B・シュナイダー監修『新共同訳　旧約聖書注解Ⅱ』日本キリスト教団出版局、一九九四年

E・W・ニコルソン『エレミヤ書』（ケンブリッジ旧約聖書注解17）松浦大訳、新教出版社、一九八〇年、他

エレミヤ書　一八章一―一二節

河野　行秀

陶器師と器、すなわち神と人

「イスラエルの家よ、この陶工がしたように、わたしもお前たちに対してなしえないと言うのか、と主は言われる。見よ、粘土が陶工の手の中にあるように、イスラエルの家よ、お前たちはわたしの手の中にある」（六節）。

新共同訳では、一八章に「陶工の手中にある粘土」、一九章に「砕かれた壺」と小見出しをつけている。いずれも神と人間の関係を類比しているのである。まず基礎となる定式は「エヒエー・アセル・エヒエー」「わたしはある」（出エジプト記三・一四）である。新約ギリシア語では「エゴー・エイミー」「わたしはある」（ヨハネ八・二四）定式となる。「エヒエー・アセル・エヒエー」定式に目的語を付加すると「わたしは陶器師である」と、主が言われていることになる。さらに対話者を設定することで、「わたしは陶器師である。あなたがたは器である」となる。イザヤ書では、「主よ、あなたは我らの父。わたしたちは粘土、あなたは陶工」（イザヤ書六四・七）と的確に述べている。新約では、「わたしは農夫、あなたがたはぶどうの木」という言い回しになろう。ただしヨハネ福音書一五章の場合では、神が農夫で、イエスがぶどうの木で、人々はぶどうの枝となり、三者の関係で論じられている。

旧約において、陶工はしばしば神を表す比喩として使われている。これは神の創造の業を、陶工の作業になぞらえているのである。神の創造の業は、人間の創造にあたり、次のような意味深い言葉で表されている。「主なる神は、土（アダマ）の塵で人（アダム）を形づくり、その鼻に命の息を吹き入れられた」（創世記二・七）。主なる神が土をこねている情景が浮かぶ。この人間の創造に重ねるようにエレミヤ書においては、陶器師が土をこね、ろくろに粘土を置いて陶器を制作している作業場が映し出されている。神は土をもって人間を創造したのである。まさに人間は「土の器」として創造された。しかし、神の似姿として造られた（創世記一・二七）。人間は、神の目にもはなはだ良いものとして創造された。この器に宝を宿しているのである。ところが、その人間が神の似姿を失っていった。神に対して傲慢になった。

「お前たちはなんとゆがんでいることか。
陶工が粘土と同じに見なされうるのか。

造られた者が、造った者に言いうるのか
『彼がわたしを造ったのではない』と。
陶器が、陶工に言いうるのか
『彼には分別がない』と」。　（イザヤ書二九・一六）

いずれの場合も、陶工である神が、陶器である人間に対して持っている創造者としての自由が強調されている。神はかつて、エルサレム神殿を守り、ダビデ王朝を支えると約束されたが、ユダの民、王が悪を行い、主に聞き従わないならば、それを滅ぼすことを再確認する。

一八章、一九章には、陶工に関する象徴行為がある。陶工の権威と彼が壺を壊すことに中心が置かれている。陶工は自分が使用する材料に対して完全な支配権を持っている。粘土を細工する陶工と、人間の生命を形造る神の類比である。この類比は、ユダ王国の崩壊が、神の業として正しく理解されるように新しい方向へと展開されている。陶工は素材を扱う中で、細工している壺を自分の手で壊し、再びやり直す。それはさらに良い別の作品を期待しているからである。あくまでもユダと神殿の崩壊は、神の摂理の範囲内で起こることと理解されている。最初の器が壊されたにもかかわらず、それが「別の器に作り替えられる」という視点を失ってはならない。

「彼らは言った。『それは無駄です。我々は我々の思いどおりにし、おのおのかたくなな悪い心のままにふるまいたいのだから』」（一二節）。「思いどおり」を新改訳は「自分の計画」と訳している。主の計画に対抗する自分の計画があると言うのである。うなじの固い民は、「はい」と言わない。かたくななままである。「悪に留まりたい」と性懲りもなく言う。彼らの心は癒しがたく病んでいる。悪にそまると、そこは泥沼と化し、抜け出ることは、はなはだ困難である。ついに、神はイスラエルを捨てざるをえない。エレミヤはそれを象徴預言として示す。陶器師のところから壺を買い、人々の見ている前でその壺を砕くのである（一九・一、一〇）。「陶工の作った物は、一度砕いたなら元に戻すことができない。それほどに、わたしはこの民とこの都を砕く」（一九・一一）。この時も、エレミヤはイザヤ同様に執り成したい気持ちであったであろう。「しかし、主よ、あなたは我らの父。わたしたちは粘土、あなたは陶工、わたしたちは皆、あなたの御手の業《わざ》。どうか主が、激しく怒《いか》られることなく、いつまでも悪に心を留められることなく、あなたの民であるわたしたちすべてに目を留めてくださるように」（イザヤ書六四・七―八）。

抜くこと、建てること

「あるとき、わたしは一つの民や王国を断罪して、抜き、壊し、滅ぼす」（七節）。主はエレミヤを預言者として召したときに、彼に言った言葉をここでも繰り返す。あのとき、主はこう言われたのであった。「見よ、わたしはあなたの口に、わたしの言葉を授ける。見よ、今日、あなたに、諸国民、諸王国に対する権威をゆだねる。抜き、壊し、滅ぼし、破壊し、あるいは建て、植えるために」（一・九―一〇）。エレミヤの言葉は、神からの言葉である。それゆえに、神の権威の言葉である。今は、その権威をもって神自らが先に語る。

「もし、断罪したその民が、悪を悔いるならば、わたしはその民に災いをくだそうとしたことを思いとどまる」（八節）。「断罪したその民」は、「断罪された民」、あるいは「わたしが断罪したその民」としなければ誤解が起こる。原文は「わたしが災いを語ったその民」である。エレミヤは神殿での預言ですでに語っていた。「お前たちの道と行いを正せ。そうすれば、わたしはお前たちをこの所に住まわせる。……この所で、お前たちの道と行いを正し、お互いの間に正義を行い、寄留の外国人、孤児、寡婦を虐げず、無実の人の血を流さず、異教の神々に従うことなく、自ら災いを招いてはならない。そうすれば、わたしはお前たちを先祖に与えたこの地、この所に、とこしえからとこしえまで住まわせる」（七・三、五―七）。神の本心は、民を救うことである。だから悔い改めてほしいのである。エゼキエルに向かって語られたとおりである。「悪人であっても、もし犯したすべての過ちから離れて、わたしの掟をことごとく守り、正義と恵みの業を行うなら、必ず生きる。死ぬことはない。彼の行ったすべての背きは思い起こされることなく、行った正義のゆえに生きる。わたしは悪人の死を喜ぶだろうか、と主なる神は言われる。彼がその道から立ち帰ることによって、生きることを喜ばないだろうか」（エゼキエル書一八・二一―二三）。出エジプトした民が金の牛を作って礼拝したときに、神はイスラエルに対して怒りを燃え上がらせた。そのときモーセは、「どうか、燃える怒りをやめ、御自分の民にくだす災いを思い直してください」と言って、主に執り成した。こうして、「主は御自身の民にくだす、と告げられた災いを思い直された」（出エジプト記三二・一四）。ニネベの王たちでさえ、悔い改めれば、神が思い直されるのでないかと考えたではないか。事実、「神は彼らの業、彼らが悪の道を離れたことを御覧になり、思い直され、宣告した災いをくだすのをやめられた」（ヨナ書三・一〇）。

「またあるときは、一つの民や王国を建て、また植えると約束するが、わたしの目に悪とされることを行い、わたしの声に聞き従わないなら、彼らに幸いを与えようとしたことを思い直す」。この九―一〇節は、七―八節で語られた言葉を反意的に置き換えた内容である。「抜く」に対して「植える」であり、「壊す」に対して「建てる」、「災いをくだそう」に対して「幸いを与えよう」である。共通しているのは、「思いとどまる」「思い直す」である。並行法の理解は、二者択一、右か左かと理解するよりも、九―一〇節の強調として理解されるべきである。つまり、神の本心は災いをくだそうとしていることを思いとどまりたいのである。

エレミヤの召命は、彼の時代の政治的状況に彼を巻き込む。神は彼を諸国民、諸王国に対峙するかたちに置く。ヤーヴェはユダだけの神ではなく全世界の神である。古代イスラエルでは、宗教と政治は結び付けられている。エレミヤの業は、宗教的、政治的に定められた人間の人生全体に影響する。彼の業は、世界を立て直すことに他ならない。

神が世界を立て直す前に、まず古いものを取り壊さなければならない。エレミヤに語るべく命じられているのはこのことである。それは大胆で嫌われる告知である。それは挑発的な言葉で表現されている。「抜く」「壊す」「滅ぼす」「破壊する」。この四つの動詞は破壊的である。ユダ王国の滅亡を示唆する。新しく「建てる」「植える」の二つの動詞は建設的である。続くイスラエルの創造を示唆する。再創造、再生は、まず古くて役に立たない構造を取り壊し、分解せざるをえない。エレミヤ書の焦点は、ユダとその愛されている首都エルサレムの解体であるが、将来における再建という希望が前提とされている。

「そのような言葉は聞きたくない」、と言う人々に語ることがエレミヤの義務となる。宮廷と神殿の指導者たちは、神がユダをすべての危害から保護するという誤った思い込みに固執する。しかし、神は彼らの罪のための審判として、彼らの小さい世界を解体することを始める。

意図すべきことは再創造であるのだが、語るべき順序は破壊からである。その意図は支配者たち、政治家たち、祭司たちには聞き取れない。主イエスの受難予告のときも同様であった。フィリポ・カイサリアにおけるペトロのメシア告白の後、主イエスが、弟子たちにご自分が「苦しみを受けて殺され、三日目に復活することになっている」（マタイ一六・二一）と言った。十字架とともに復活を語ったのである。しかし、弟子たちの耳にはイエスが殺されることしか、聞こえていなかったように、である。

「主の神殿、主の神殿、主の神殿」（七・四）と、エルサレム神殿により頼むユダヤ人たちがいる。神殿そのものが偶像礼拝化していた。主イエスは過越祭が近づいたとき、エルサレム神殿に行かれた。神殿が商売の場となっているのを見ると、台を倒し、金をまき散らした。ユダヤ人たちは、「こんなことをするからには、どんなしるしをわたしたちに見せるつもりか」と迫る。そのとき主イエスは、「この神殿を壊してみよ。三日で建て直してみせる」（ヨハネ二・一九）と応えられた。

神のイノベーション

進化論を立てたダーウィンが言っている。「生きながらえたのは強い種ではない。生きながらえたのは優秀な種でもない。生きながらえたのは変化に対応した種である」と。イスラエルの民は強い民ではない。弱い小さな民族である。神もこの民を選んだのは、「他のどの民よりも数が多かったからではない。あなたたちは他のどの民よりも貧弱であった」（申命記七・七）と言っている。イスラエルは世界史の本流に登場する民ではない。イノベーションは主流、本流からではなく、支流から生まれる。イスラエルは歴史の変化にすばやく対応し、時には耐え、まったく新しい道を見出して生きた。日本の教会は弱く、貧しく、小さい。その点、イノベーションを起こしやすい。

イスラエルの歴史には、二つの大きな神のイノベーションをみる歴史的事件がある。一つは出エジプトという事件であり、もう一つはバビロン捕囚である。

ユダの民はエジプトで奴隷として苦しんでいた。民の叫びは神に届き、神は指導者モーセを立て、その地からカナンへの脱出を勧告した。イスラエルの再出発である。ここでは民のイノベーションが求められた。モーセは、民にエジプトでの定住を止めさせる。そして葦の海を渡る決断をせまる。民のイノベーションは、エジプトの生活を止める決断と、カナンを目指して歩みを進める勇気である。しかし、イスラエルの民はいざとなると動こうとしないばかりか、後に戻ろうとさえする。「今のままで良い」と。

　創造の神は被造物を秩序づけようとするが、人は素直にそれに従わない。神は堪忍袋の緒が切れそうになる。それがよりよく現わされるのがバビロン捕囚だ。北王国イスラエルがアッシリアに滅ぼされたのに続き、南王国ユダもバビロニアに滅ぼされる。民の多くはユダの地を離れ、バビロニアへと強制移住を余儀なくされる。イスラエルの歴史はパレスチナから消えたように見えるが、舞台をバビロニアに移して、彼らは生きていく。神もそこで御力と御恵みにおいて、より一層、神の御旨に応える新しい民と世界を創造しようとされた。

　イノベーションはすでにあることを前提にはしない。ゼロからの出発である。我々被造物すべても、いつかどこかで死滅する。被造物は暫定的で、有限である。聖書的信仰は、確かさを被造物に置くのではなく、創造主に向けることである。創造主は、御自身が定められた時に、定められた仕方で喜びに満ちた新しい創造を引き起こされる。次の言葉は、今日の私たちが聴くべきメッセージである。「見よ、わたしは新しい天と新しい地を創造する。初めからのことを思い起こす者はない。それはだれの心にも上ることはない。代々《よよ》とこしえに喜び楽しみ、喜び躍れ。わたしは創造する。見よ、わたしはエルサレムを喜び躍るものとして、その民を喜び楽しむものとして、創造する。わたしはエルサレムを喜びとし、わたしの民を楽しみとする。泣く声、叫ぶ声は、再びその中に響くことがない」（イザヤ書六五・一七―一九）。

　キリスト教は本質において終末論的であり、従来の考え方、生き方を無効にする。「『新しい世界』は、私たちの世界にたいして単純に語りかけない。私たちの世界をまず破壊し、建て直す」（バルト。ウィリアム・ウィリモン『翼をもつ言葉――説教をめぐるバルトとの対話』宇野元訳、三七頁）。「神の言葉は世を改善するため、というよりむしろ揺さぶるため、世にのさばる偶像たちを取りのぞくため、世を危機に陥らせるために、歴史のなかに切り込んでくる」（同四二頁）。

神の思い直しと民の悔い改め

イスラエルによって破られた契約の回復は二つの方法によって可能であった。一つは祭儀によって赦しを宣言することであった。もう一つは、神的布告によって和解させることである。そのような行為には、神の側の「思い直し」が含まれている。ヤーヴェが、進む方向を反転させることである。怒りと審判を終わらせ、イスラエルを再び受け入れることである。もちろんそのためには、イスラエル側の意識的関与が必要である。イスラエルがヤーヴェとの契約関係に立ち帰ることは、イスラエルの悔い改めによって生じる。

　悔い改めに関して鍵となる用語は「シューブ（向きを変える）」である。そこにあるのは、「道を歩く」というイメージである。捕囚の道は帰還の道を期待させる。罪というのはそのような道を妨害することである。それは命の道、トーラーの道である。悔い改めとは方向を変えて、トーラー遵守の道を再び歩き始めることである。「神に従う人の道を主は知っていてくださる」（詩編一・六）。悔い改めとは意志的な行為であり、トーラーの中で知られているような、ヤーヴェの意志と道に従って、それまでとは違った行動をとることである。あの三人の博士たちがイエスを礼拝した後、「別の道」を通って帰って行ったように（マタイ二・一二）。

　エレミヤの心をしめている問題は、捕囚とされるであろうユダヤ人のエルサレム帰還と、民が神との契約に立ち帰ることである。捕囚と帰還という地理上の事柄として扱われる問題は、同時に契約の破棄と回復という神学上の課題である。その回復は、悔い改めとトーラー遵守への立ち帰りによる。

　主は言われる。
「立ち帰れ、イスラエルよ」と
「わたしのもとに立ち帰れ。
呪うべきものをわたしの前から捨て去れ。
そうすれば、再び迷い出ることはない。」
もし、あなたが真実と公平と正義をもって
「主は生きておられる」と誓うなら
諸国の民は、あなたを通して祝福を受け
あなたを誇りとする。（四・一―二）

　このような主題と対を成しているのが、神も「悔いる」ということである。つまり、災いを下そうとしたことを「思い直される」ことである。この語がヤーヴェに関して使われるときは「ニハム」という少し違った含蓄をもつヘブライ語が使用される。「もし、（わたしが）断罪したその民が、悪を悔いるならば、わたしはその民に災いをくだそうとしたことを思いとどまる」（一八・八）。しかしながら、そのような快諾は、神のパートナーの側にふさわしい信仰の意志や態度があるか否かによって決まってくる。

　しかしながら、人は完全な意味において、神の求めに応じることはできない。それでも、赦しがあるとすれば、ヤーヴェからの無条件の宣言しかない。「わたしは彼らの悪を赦し、再び彼らの罪に心を留めることはない」（三一・三四）。この宣言が有効となるまでには、長い時間と道のりを要する。

「皆、この杯から飲みなさい。これは、罪が赦されるように、多くの人のために流されるわたしの血、契約の血である」（マタイ二六・二七―二八）。「見よ、わたしがイスラエルの家、ユダの家と新しい契約を結ぶ日が来る、と主は言われる」（エレミヤ書三一・三一）。「この杯は、わたしの血によって立てられる新しい契約である。飲む度に、わたしの記念としてこのように行いなさい」（Ⅰコリント一一・二五）。

参考文献

R・E・クレメンツ『エレミヤ書』（現代聖書注解）佐々木哲夫訳、日本キリスト教団出版局、二〇〇五年

R・R・ラハJr.『エレミヤ書』（現代聖書注解スタディ版）深津容伸訳、日本キリスト教団出版局、二〇一〇年、三一―三三頁

W・ブルッゲマン『旧約聖書神学用語辞典　響き合う信仰』日本キリスト教団出版局、二〇一五年、「悔い改め」「赦し」「創造」の項

エレミヤ書 一九章一―一三節

小泉 健

預言者の象徴行為

エレミヤは主の命令によって陶器師の壺を買い、陶片の門を抜けてベン・ヒノムの谷へ出て行き、同行している民の長老や長老格の祭司たちの目の前でその壺を砕く（一―二、一〇節）。象徴行為である。

すでに一三章に、麻の帯を買って岩の裂け目に隠すという象徴行為があった。ただしこちらの場合は、エレミヤの行為を目撃する証人がいないこと、遠くユーフラテスまで帯を隠しに行き、もう一度取り出しに行くことが実行困難であると思われることなどから、実際の象徴行為ではなく、エレミヤに与えられた幻であると解する注解者もある。もしそうだとするなら、われわれの箇所がエレミヤ書で語られる最初の象徴行為だということになる。

象徴行為は、神がすでに決定してしまわれ、これからしようとしておられることを、具体的に目に見えるようにして示す。「象徴」といっても多義的ではない。行為の意味を解き明かす言葉が伴っているからである（一一―一二節）。むしろ象徴行為は、語られた言葉と共に働き、語られた言葉を強める働きをする。その場に居合わせた人々は、壺が投げつけられ、砕け散るのを見る。壺が砕ける鋭い音を聞く。手に取れば、もろい破片となっているのが感じられる。とがった破片で指を切ったかもしれない。そこらに散らばった汚物とまじりあって、見分けもつかず、拾い上げようとも思わなかったかもしれない。

象徴行為は、感覚によって受け取られる言葉である。体験される言葉である。祭儀にも同じ性質があるが、祭儀が繰り返されるのに対して、象徴行為は一度限りで、予測がつかない。それだけに、象徴行為を目の当たりにした者たちが受け取る衝撃は大きい。この時のエレミヤの象徴行為と、それに引き続いて神殿の庭で行った説教とは大きな反響を呼んだに違いない。だからこそ、祭司パシュフルはエレミヤを打たせた上、エレミヤを拘留するにまで至った（二〇・一―二）。

象徴行為と語られる言葉

ヘブライ語の「ダーバール」は周知のように「言葉」をも「事柄、出来事」をも意味する。

「主が仰せになると、そのように成り

主が命じられると、そのように立つ」（詩編三三・九）。

神がお語りになるとき、神はすでに行為しておられる。神の言葉は神の行為である。わたしたちの言葉はそうではない。預言者の言葉はそうではない。しかし今エレミヤは象徴行為を伴う説教をすることによって、まったくささやかな形ではあるが、神の力ある言葉、神の行為そのものである言葉を映し出すようにさせられる。象徴行為と語られた言葉とが共に働くことによって、預言者の語りかけは力を増すことになる。周りにいる者たちは、語られた言葉が出来事になるのを目の当たりにし、また、象徴行為が語りかけてくることを言語によって解き明かされるのである。

ひるがえって、わたしたちの説教はどうだろうか。わたしたちの言葉に、神の言葉の「力」はどのようにして映し出されているのだろうか。象徴行為が持つ力を思いめぐらしながら、出来事の言葉を語りたい。

また、わたしたちの聖餐礼典はどうなっているだろうか。聖餐礼典は繰り返される儀式ではあるが、しかしむしろ預言者的な象徴行為と比して考えることができる「可視的な言葉」である。聖餐礼典は生きた行為として体験されているだろうか。壺が砕かれたように、パンが裂かれ、ぶどう酒が注がれる。取り返しのつかない破壊行為が行われる。そして、その実りを受け取ることへと、会衆もまた行為をもって参与させられる。語られ理解される言葉と、行われ体験される言葉とが一つになり、それが自分自身にとっての事実となることによる力が発揮されているだろうか。このようにして、今回の箇所を思いめぐらすことは、わたしたちの礼拝を問い直すことにもつながる。

陶片の門、ベン・ヒノムの谷、トフェト

エレミヤによる象徴行為の舞台は、ベン・ヒノムの谷である。この谷にトフェトという名の聖所が設けられ、モレクのために子どもがいけにえとされていた。ヨシヤ王は宗教改革を行い、その一環として「トフェトを汚し、だれもモレクのために自分の息子、娘に火の中を通らせることのないようにした」（列王記下二三・一〇）。注解者たちが想像するように、トフェトが汚された結果、そこはゴミ捨て場となったのだろう。そして、これまた多くの注解者たちが指摘するように、陶片の門は「糞の門」（ネヘミヤ記二・一三ほか）と同じ門であって、陶片が捨てられている場所や汚物が捨てられている場所があったために、それらの両方の呼び名が生まれてきたのだろう。しかしヨシヤ王が戦死した後、ヨアハズの短い治世を経て、ファラオによって王位につけられたヨヤキムは、父ヨシヤとは正反対の宗教政策をとり、異教の祭儀の復活を許したようである。トフェトの聖なる高台が再建され、再び子どもが献げられた（五節。さらに七・三一参照）。

これが、象徴行為の舞台である。汚され、今やゴミ捨て場となっているかつての異教の聖所。それ自体がすでに警告になっているはずである。しかし少し離れたところには、性懲りもなく再建された異教の聖所。神は災いを「このところに」（三節）もたらされる。「このところ」とは、トフェトを指しているようでありつつ、実はトフェトではない。ユダとエルサレム

である（三、七、八、一一節）。そうであれば、神殿がユダとエルサレムを象徴しているのではなく、ヒノムの谷のこの場所こそが、ユダとエルサレムを象徴していることになる。

第一の託宣――異教的なものとの戦い

イスラエルの信仰を脅かし汚染してきたのは、宗教混淆である。主なる神を「捨てる」とは、主をまったく否定して別の神を祭ることではなく、若い雄牛の像について「これこそあなたをエジプトの国から導き上ったあなたの神々だ」（出エジプト記三二・四）と叫ぶことだった。主に対して「姦淫する」とは、主を忘れ果てて他の神々を慕い求めることではなく、主と並べて別の神々にもより頼むことだった。

トフェトで起きているのも同様のことである。トフェトの高台は「バアルのため」であり、子どもを「バアルに」献げたと言われているが（五節）、そうしながら人々は主なる神に（も）献げているつもりだった。主がこれを命じておられるのだと、人々は言っていたのだろう。だからこそ主は「わたしはこのようなことを命じもせず、語りもせず、心に思い浮かべもしなかった」（同）と言って、そのような考えを打ち消しておられるのである。

神への信仰の中に、異教的なものが忍び込んでくる。福音の中に、「ほかの福音」（ガラテヤ一・六参照）が混ざりこんでしまう。わたしたちはいつもこの危険にさらされている。

子どもを焼き尽くす献げ物とするようなことが、わたしたちの信仰に入り込んでくることなどあり得ない！　はたしてそうだろうか。神にふさわしい献げ物は、もっとも価値あるものであるはずではないか。自分にとって惜しくもなんともないものを献げたところで、それは献げ物と言えるのだろうか。国の存立を揺るがす危機に直面して、今こそ、心が引き裂かれても、これまで以上の献げ物をするべきではないか。

「何をもって、わたしは主の御前に出《い》で
いと高き神にぬかずくべきか。
焼き尽くす献げ物として
当歳の子牛をもって御前に出るべきか。
主は喜ばれるだろうか
幾千の雄羊、幾万の油の流れを。
わが咎を償うために長子を
自分の罪のために胎の実をささげるべきか」。
（ミカ書六・六、七）

長子を献げ物とし、胎の実を焼き尽くすのは、異教の礼拝の形に違いない。しかしそうした形が、礼拝者たちが不信仰だからではなく、むしろ信仰において熱心だからこそ入り込んできてしまうようなことがあり得る。なぜそんなことになってしまうのか。礼拝者たちが生きておられるお方の御声を聞かず、その御心を知らず、自分で勝手に神の像を描き、自分で勝手に神の御心はこうだと決めつけてしまうからである。これこそが本当の偶像礼拝である。そしてこれこそが、わたしたち自身もいつも直面している課題である。

自分で神の像を描き、その神の前にひれ伏し、自分を打ちたいてでもその神に従おうとするわたしたち。そのようにすることで、信仰深くあるつもりでいるわたしたち。神は、そのようなわたしたちの愚かさに立ち向かってくださる。そのようなわたしたちの倒錯に災いを告げてくださる。「それを聞く者は耳鳴りがする」(三節)。

「それを聞く者は耳鳴りがする」

「耳が鳴る」という言い方は、旧約聖書にあと二回出てくる。主がエリの家についてサムエルにお語りになった言葉と(サムエル記上三・一一)、マナセ王について預言者たちにお語りになった言葉である(列王記下二一・一二)。それらのいずれにおいても、災いが告げられている。さらにそれらのいずれにおいても、礼拝が問題になっている。エリの息子たちは祭司でありながらいけにえの肉を自分のものとし、マナセ王は神殿の中に異教の祭壇を築くなど、数々の忌むべき事を行った。実にマナセが行った事こそが、申命記史家によれば、ユダ王国の滅亡を決定的にしたのであった(列王記下二三・二六、二四・三、四。エレミヤ書一五・四参照)。

カイン以来、人間は神への礼拝のただ中でさえ罪を犯す(創世記四・五参照)。いや、礼拝のただ中でこそ、神の御顔の前でこそ、もっとも直接に神に反逆してしまう。しかし、礼拝が真の神への礼拝でなくなってしまうならば、いったいどこで神に立ち帰る機会を持つことができよう。だからそれはあってはならないことである。礼拝における転倒に対して、神は災いをもって立ち向かってくださる。

神がもたらす災いを聞く者は耳鳴りがする。両耳にわんわんと鳴り響き、もはやほかの言葉が聞き取れないまでになる。それは、危険や災害を知らせるサイレンが鳴り響いているのに似ている。だれしもが歩みを止める。即座に手を止めて、行っていた行為を中断する。何か恐ろしいことが起きている。自分の行為がそれを引き起こしたのか。何が悪かったのか。すぐにはわからなくても、とにかくそれまでのあり方を押しとどめ、危機の内容を知ろうとする。自分に誤りがあるのなら、可及的速やかに正さなければならない。

災いの到来を告げる、神からのサイレンが鳴り響いている。聞き逃すことがあり得ない最後の呼びかけである。これほど大きな声で呼びかけられなければならないほどに、神の声が聞こえなくなっていたのだ。そのことに気づかねばならない。そして、今度こそ神の御声に耳を澄まさなければならない。

第二の託宣――名をつけ直す

エレミヤは、ベン・ヒノムの谷で神の言葉を取り次いでいる。第一の託宣が「見よ(ヒンニー)」(三節)で始まっていたように、第二の託宣も、改めて「見よ(ヒンネー)」(六節)と告げられることによって始まる。そこで語られるのは、エレミヤが立っているその場所の呼び名が変わる、という予告である。

名づけることは、相手の本質をあらわにすることであり、呼び名を変えることは、相手に新しい性質、使命、将来を与えることであろう。たとえば、アブラムがアブラハムという新しい名を与えられるのは、神が彼を「多くの国民の父」としてくださるからである(創世記一七・五)。

エレミヤ書において名をつけ直すことは、預言の言葉の中に出てくるほか、預言者による象徴行為としても行われる。すでに三章一七節でエレミヤは語っていた。「その時、エルサレムは主の王座と呼ばれ（る）」。それは約束であり、希望である。その希望にすがって、エレミヤは神に叫ぶ。

「我々を見捨てないでください。
　あなたの栄光の座を軽んじないでください」。

（一四・二一）

しかしわたしたちの箇所では、名をつけ直すことはむしろ裁きを意味している。トフェトでの象徴行為の後、エレミヤは主の神殿の庭で説教するが、そこで祭司パシュフルによって拘留されるに至る。そのパシュフルに対してエレミヤが言う。「主はお前の名をパシュフルではなく、『恐怖が四方から迫る』と呼ばれる」（二〇・三）。ここで、もう一つ名をつけ直すことが行われる。これもまた裁きである。

「殺戮の谷」

トフェトは「殺戮の谷」と呼ばれることになる。この場所で行われていることは「殺戮」以外の何ものでもないからである。子どもを焼き尽くす献げ物とすることは殺戮である。それ以外にも「無実の人の血」（四節）を流したのかもしれない。それも殺戮である。さらには、そのようなことをしながら、それで神を拝んでいるつもりでいる！　それで神を喜ばせているつもりでいる！　そうやって神を、子どもを焼き尽くす献げ物とするように求める神にしている。これほどに神を神でないものとすることはあるまい。これほどに神を汚し、神を否定し、神を殺すことはあるまい。

「ホロコースト」は、もともとは「焼き尽くす献げ物」を指すギリシア語に由来する。その語が今日では「大量殺戮」の意味になり、とくにナチによるユダヤ人虐殺を指して用いられるようになった。すべてを献げ尽くす礼拝の形を指すはずの言葉が、もっとも恐ろしい犯罪を指す言葉になってしまった。トフェトにおける倒錯は現代においては、名をつけ直されるまでもなく、もっともよいわざの名前がはなはだしく汚されるまでに至ったのである。

殺戮がもたらす実りは殺戮である。殺戮でしかない礼拝をしてきた者たちは、自分たちが殺されることになる（七節）。さらには、互いに互いの肉を食らうことになる（九節）。

壺はまず空にされる

第二の託宣の中で、「わたしはユダとエルサレムの策略をこのところで砕く」（七節）と主が言われる。ここでの「砕く（バーカク bqq）」は、一〇節の「砕く（シャーバル）」とは別の語である。「壺（バクブク bqbq）」と同じ語幹を持っていて、どちらも、細首の壺から水を注ぐときのブクブクという音から来ていると言われる。「バーカク」は「荒廃させる、空しくする」といった意味を持つが、「バクブク」（一、一〇節）の縁語であることからして、ここでは「注ぎ尽くす、空にする」という意味合いを帯びていよう。

一〇―一三節を待たずに、ここですでにユダとエルサレムが壺と同一視されている。そして壺はまずすっかり空にされる。「策略」というと悪いことのようだが、原語は「助言、計画」を意味する「エーツァー」である。知恵を絞って考えた計画がある。熱心に語られる助言がある。しかしそれは、結局は殺戮にしか行きつかない。そのようなものは壺の中からブクブクと音を立てて注ぎだされてしまう。エレミヤが立っているのがゴミ捨て場そのものであるならば、人間の計画はゴミとみなされ、汚物の上にまき散らされてしまう。それでいいのである。人間の計画が人間を救うことはないのだから。

そして壺は砕かれる

二つの託宣（三—五節と六—九節）を経て、いよいよ預言者の象徴行為が行われる。壺は砕かれる。「陶工の作った物は、一度砕いたなら元に戻すことができない」（一一節）。そのことをありありと目の前に見る。壺がエレミヤの手を離れる。もうどうすることもできない。壺は地面の岩にあたり、数えきれない破片になる。

一八章にも陶工が登場していた。そこでは、器はまだ粘土の状態だった。粘土の器はまた作り直すことができる。そのようにイスラエルの家は主の裁きに直面しているが、作り直していただくことが可能だった。主による断罪と破壊が行われても、民が主に立ち帰るならば、主は思いとどまって、滅ぼし尽さずにはいてくださる可能性が残されていた。わたしたちの箇所では、もはやそうではない。壺は砕かれる。もはや癒しや回復は不可能である。文字どおりの裁きが誤解の余地なく告げられている。

トフェトに立つ十字架

門を出たところ、都の外で災いが告げられる。それを聞く者は耳鳴りがする。神の御子が屠られるのだからである。わたしたちが主イエスを十字架につけたとき、他の神々に香をたくのにまさる徹底的な神への反逆が行われた。「無実の人の血」が流された。関根正雄は「十字架における神の独り子の刑死は神の側からの小児犠牲であ（る）」と語る。「イスラエルの罪、人類の罪から離れた場所で神は我々の救いを成就されたのでなく、我々の罪の形をとりつつ、我々の罪の場所そのものにおいて我々の罪になりきりつつ神は我々を救い給うたのである」（一五六頁）。壺は砕かれる。神の御子は粉々に砕かれる。

ゴルゴタの丘は（それ自体がすでに「されこうべ」という意味だと言われているが）「殺戮の丘」と呼ばれなければならない。そこで行われたのは殺戮である。わたしたちはこの方の「肉を食らう」（九節参照）ことによって救われる。神の裁きが貫徹される。わたしたちの箇所以上に徹底的に。そこでこそ、救いが成し遂げられている。

参考文献

関根清三訳『旧約聖書Ⅷ　エレミヤ書』岩波書店、二〇〇二年
関根正雄『エレミヤ書註解　上』（著作集14）新地書房、一九八一年
J. A. Thompson, *The Book of Jeremiah*, NIC, Wm. B. Eerdmans, 1980.
P. C. Craigie and others, *Jeremiah* 1-25, WBC vol. 26, Word, 1991.

エレミヤ書　二〇章七―一三節

楠原　博行

一　あなたの勝ちです

東京神学大学入学直後に、この箇所でされた説教に力づけられた経験がある。「あなたに捕らえられました。あなたの勝ちです」の言葉に励まされたのである。また後述するが、アンデルス・J・ビヨルンダーレンが言うように「このテキストは、いかなる苦難にあっても、神に呼びかけることができることを教えてくれる」。そういう慰めのテキストでもある。またブルームハルト父子の「イエスは勝利者」の言葉も思い起こす。イエスはお勝ちになるのである。「わたしたちが陥ってしまっている、聖書には一言も触れられていない利己的な個人主義から、今こそ、わたしたちのキリスト信仰は解き放たれる時である。わたしたちのキリスト信仰は、十分なほどしばしば、『わたし自身』だけのまわりを、また自分の救いだけのまわりを回っているのである。聖書の中では、ただ神の国についてのみが扱われているのであり、個人個人の救いは当然のこととして、そこに含まれている」（オイゲン・イェック「ブルームハルト。父と子。ふたりの使信」）。

二　語彙

（a）惑わす、勝つ

新共同訳聖書で「惑わす」と訳されたパーターについて、特にハーザク（「勝る」）との併用から、出エジプト記二二章一五節以下の処女の誘惑の規定を典拠とし、そこに性的誘惑、時に性的暴行の含みがあると説明されてきた。

他方、R・モーシス（『旧約聖書神学辞典』英訳版第七巻一七〇頁以下）は、主が、若い、未経験の少女であるエレミヤを、誘惑した過程が強調されているとの見解について、そのようなメタファーはエレミヤの文脈的に不適当と述べて、「ここでエレミヤは、預言者として召すことにより自分を『笑い者』にされた主を非難しているのである。エレミヤは今や主の預言者であり、自らを最も利すること、またそれにより危険からのがれるためのものを、もはや知覚できないからである」とする（同頁）。この理解は七節以下にも良く合っている。「エレミヤはまさに主の言葉のゆえに笑い者、嘲りの対象となっているからである（八節b）」（同頁）。

ピーター・クレーギーも性的誘惑の意味を否定する。彼はパーターが「惑わす、誘惑する、説得する」などさまざまに訳されると述べ、むしろこの箇所で多くの英語訳が「惑わす（deceive）」と訳すが、文脈では決して主はエレミヤを惑わしていないことを強調するのである。「その召命以来、主は、遭遇するであろう敵についてエレミヤに警告を与え続けてきた。むしろ文脈は、説得という意味を示唆している。クラインとガンはパーターの語が、必ずしも成功の伴わない、説得の試みを扱うと言うが……この部分においては、文脈によれば、主がまったく成功されたことは明らかである。主は説得され、エレミヤは十分に、完全に説得された。主の説得はエレミヤを圧倒した（ハーザク）。主は勝たれた（ヤーコール）のである」（P・クレーギー、二七三頁）。ウィリアム・L・ホラデイは、クライン、ガン、クレーギーの「説得する」にも説得されない。彼は「説得を試みること」と「惑わすこと」に何の違いがあろうかと言うのである。「この節においてエレミヤは主に激しく訴えている。主が彼をみじめで危険な状況に導いたからである。結婚のメタファーは別の告白（一五・一六）にもあり、ここで『誘惑する』というニュアンスも決して強すぎるものではない。誘惑のイメージが第二文節のハーザク（圧倒する）でさらに推し進められると言うことも可能である」（W・ホラデイ、五五二頁）。彼は列王記上二二章を挙げる。四百人の宮廷預言者はラモト・ギレアドを攻めることを良しとしたが、そのように預言者たちにアハブを唆す（パーター）霊を送ったのは主であった。預言者を主が「惑わす／唆す」ことにも典拠があるのである。

七節のP・クレーギーとW・ホラデイの訳を記す。

「ああ主よ、あなたはわたしを説得し（persuaded）、わたしは説得されました。あなたはわたしを圧倒し、勝たれたのです」（P・クレーギー）。

「主よ、あなたはわたしを惑わし（deceived）、わたしは惑わされました。あなたはわたしより力勝っておられ、わたしに勝たれたのです」（W・ホラデイ）。

(b) 勝ち（ヤーコール。主語は神、あなた）、負け（ヤーコール。主語はわたし。否定形）

ヤーコールの語は多くの場合不定詞を伴い「できる、成功する」の意味で用いられるが、また「まさる、勝利する」などの意味を持つ。

ヤーコールの主語が神である時、この動詞はイスラエルの神の全能に神学的にふさわしいものでなければならないとソギンは言う（『旧約聖書神学辞典』英訳版第六巻七四頁）。しかしそのように用いられることはまれで、しばしばネガティブな表現で用いられるとも言う。神を主語とする用例は、民数記一四章一六節、申命記九章二八節、歴代誌下三二章一四節、ヨブ記四二章二節、詩編七八編一九節以下、エレミヤ書一八章六節、二〇章七節、四四章二二節、ハバクク書一章一三節であり、そのうち三つの箇所だけで、神を主語としてポジティブな文脈で用いられるのである。

「エレミヤ書一八章六節は、粘土を好きなように扱える陶工のイメージで神の全能を際立たせ、二〇章七節で神は、預言者を惑わし、お勝ちになる。ヨブ記四二章二節によれば、神は全能であり、いかなる御旨も妨げられないのである」（同頁）。

一方ヤーコールの主語が人である時、多くの場合、動詞は否定されるか、そうでなければ肯定か否定かはっきりしないことが注目に値するとリングレンは言う（同書同項七二頁以下）。しばしば神の前で人間の力のなさが強調されるのである。

ヤーコールはわれわれの箇所に四回現れる（七、九、一〇、一一節）が、まさにエレミヤがそうであり、神の前にはじめから勝ち目はなかったのである。

三　説教のために

エレミヤの告白は神に向けられたものである。「ここでのエレミヤの訴えはまっすぐ主に向けられたものである。主こそこの任務のために彼を母胎から形造り（一・五）、預言者に召した方なのである。もしかすると彼が言う説得とはその召しに関係するものかもしれない。エレミヤが不服を唱えた時（一・六）、主は説得され、力勝り、お勝ちになったのである。その結果エレミヤは嘲りと笑いの対象となった」（P・クレーギー、二七三頁）。

主なる神はお勝ちになられた。エレミヤは神には勝てないと告げた。「九節最後の文は、主の言葉にとどまろうとしたエレミヤの消耗を語っている。この任務は不可能なのである。主はエレミヤにお勝ちになり（七節）、エレミヤは主の御言葉あるいは御旨に勝つことができなかった。今一度エレミヤは主に負けたのである！」（同書二七四頁）。しかしエレミヤの告白は、決して彼が、ひとりで嘆くところでは終わっていない。

「この箇所の最初から最後まで、個人の嘆きの詩編の形を取っている」とL・C・アレン（二二九頁）が言うように、この箇所の理解のためには、嘆きの詩編を理解することが不可欠となるだろう。

「主に向かって歌い、主を賛美せよ」（エレミヤ書二〇・一三）との「他の者に対し共に賛美しようとの呼びかけは、危機が去ったことを祝う、感謝の詩編の終わりのところに、明らかにもっともよく現れるものだろう（詩編三一・一一参照）。それは詩編二二編二四節のように、嘆きの祈りの後に、答えが与えられることが保証されたのだと、先回りをする役割を果たすものかもしれない。ここではエレミヤの、かつて自分の信仰が認められたように、今、自分は擁護されているのだとの確信が表わされている。ここには詩編第六四編の嘆きと緊密に並行する部分がある……主が将来介入してくださることへの確信（六四・八―一〇）には詩人の感謝に共に加わるようにとの勧告（同一一節）が続いている……また『貧しい』とは、神の助けなしでは、危機に対処する資質に全く欠けていることを言う霊的なメタファーであり、しばしば詩編に現れる（詩編三七・一四他）」（J・C・アレン、二三二頁）。

ハンス・ヨアヒム・クラウスは、その詩編の注解の中で、この「貧しい人」について次のように述べている。「祈り。心挫けて、主の御前に思いを注ぎ出す貧しい人の詩。主よ、わたしの祈りを聞いてください。この叫びがあなたに届きますように」（詩編一〇二・一―二）と祈るように、「嘆く人は、特徴的な自己認識を持って主の前へと来る。標題に『貧しい人の詩（テフィラー・レ・アニー）』とあるように、詩人はしばしば自分のことを、ヘブライ語でアニー、アーナウ、エブヨーン、ダル（『貧しい』）と呼ぶ……『貧しい人』とは助けを必要とする人なのである」（H・J・クラウス『詩編一―五九編』英訳版七七頁）。

　まさにエレミヤもそうであった。彼は自分を「貧しい人（ネフェシュ・エブヨーン）」（一三節）と呼ぶ。H・J・クラウスが挙げた語の、ダルは、小ささ、体の弱さを意味し、エブヨーンは、貧しい、乏しい、不幸を、アニー、アーナウは、低くされた者、辱められた者の意味を持つ言葉である。彼はこうも記している。「なぜ私は苦しまなければならないのか？の答えは、主が私を救いへと導くために、試み、あるいは懲らしめておられるのだろう、ということである（詩編六六・一〇、一一八・一八、一一九・六七）。主は良い目的へと向けて働いておられるのであり、苦しんでいる者に、神が良いお方であることを、真に味わわせられるのである（同三四・八）。卑しめは奇跡的に高められることを目標として持つ（同一一八・一二）。生きることを新たに目撃して、主の介入という恩恵を受けて、死の領域から命の世界へと引き戻されるのである（同一七節）」（H・J・クラウス、八〇頁）。

　加えるなら、H・J・クラウスが挙げた語群の中のアニーは、ゼカリヤ書九章九節で「高ぶることなく」と訳され、これがマタイによる福音書第二一章五節で「柔和な」と訳されて、エルサレム入城の主イエスの姿となる。ペーター・ブルンナーは、この「『柔和な方』ご自身がいつも、もっとも深いところ、苦しみの中、貧しさの中、無力なところにおられることである」と言って、他ならぬ、貧しい人の中の最も貧しい人こそ、主イエスその人であったと述べるのである（P・ブルンナー『主よわたしの唇を開けてください1』一二頁。筆者担当「説教黙想アレテイア」八一号、ルカ一九章の黙想も参照）。

　A・ビヨルンダーレンは受難節第三の日曜日、Oculi の日曜日（詩編二五・一五「わたしはいつも主に目を注いでいます Oculi mei semper ad Dominum」が入祭唱で唱えられる）のためのエレミヤ書二〇章七―一三節の黙想の中で、この日の説教で大切なのは、イエスが今とは別の新しい人生をプレゼントしてくださることを告げることであると述べる。

「われわれの説教の聴衆には、エレミヤの預言者の務めの召命を受ける者はいないが、神に仕えることを心から願い、しかしそれにより嘲りを受ける者があるだろう。そしてまた教会および信仰による行いが特に理由とはならない、苦しみ、悩みを数えきれない人々が知っている。このテキストが告げるのは、いかなる苦難にあっても、神に呼びかけることができるということである。いかなる苦しみも悩みも神の御前に携え、イエスがそうされたように（マタイ二七・四六、マルコ一五・三四）神の御前で訴えることができるということは、このわたしのことを神にお委ねして、神を信頼し、神をたたえることなのである。

　ひとつの特別な状況で、古い約束が新しい場所と力とを作り出す。それはイエスにおいて、イエスを通して、そのへりくだり、神から引き離された苦しみと死、その復活においてあらわれる。それゆえに、神は今日、共に歩んでくださるのである。

このことは、あらゆるところで有効であるが、〔このエレミヤの告白の説教においては〕イエスについての新約聖書の証言のような仕方では見ることはできない。説教は神の御言葉の力を証し、宣べ伝えるようなものでなければならない。その力により神はエレミヤにお勝ちになり、『私はあなたと共にいる』との約束において、さらにエレミヤを神の御前に生き続けさせる。

このテキストはさまざまな状況の下で、読者に問いかけることを促している。神はこのわたしにお勝ちになられたのかどうか。もしわれわれが神を信頼し、神の勝利を受け入れるなら、自分の姿はどのように見えるだろうかと。このテキストから二つの行き方がある。神のために人々の中に入っていくこと。そして神の前にすべての苦しみを言いあらわすことである。またこのテキストは次のようなことを思い起こさせもするのである。エレミヤにとって痛々しい経験となったのは、神のまことと恵みにより形として生じたものは、神の御手の中では決してこわれることなく守られるということでもあった。神は、イエスを通してお告げになられたように、神のみもとにとどまり、神と共に歩み、神に自身をゆだねるようにと、おせきたてになるのである」（同八四頁以下）。

四　一四節以下へ

エレミヤの四つめの告白は、「主を賛美せよ」との言葉で閉じられる。それなのに、続く二〇章一四節以下では一転して「呪われよ、わたしの生まれた日は」となるのである。これはどう説明されるのか。唯一可能な解決方法はP・クレーギーも挙げるエヴァルトによる一四―一八節を七―一三節の前に移動することであろう。ただ賛成するものは少ないとも彼は言う。

二〇一六年八月に開かれた説教塾、鎌倉説教者トレーニングセミナーにおいて、このエレミヤ書二〇章一四節以下も取り上げられた。筆者は加藤常昭先生にエヴァルトの説を問うてみた。「この順番になっているのは神の摂理だよ」と先生はおっしゃった。確かに、解き明かし困難だからと言って、聖書テキストの順序を変えてしまうのは、筆者の行き方としても誤っていた。そのセミナーの聖書テキストはマルコによる福音書一五章三四節であった。その中の「エロイ、エロイ、レマ、サバクタニ」、主イエスの「なぜですか」の問いについて、参加者皆で黙想したのである。エレミヤの嘆きについても取り上げられた。

「十字架によって赦されて、神との関わりの中にいる人間として『なぜ、なぜ』と問い続けることはできる……一生懸命生きていく。そういう自分を支えているものとしてのキリストの救いというのははっきりある。けれども『なぜ』という問いは依然としてあり続ける。しょっちゅう聞いているわけです。なぜですか。いつまでですか。前よりも神との交わりは親しくなっていますけどね……だから確かに『なぜ』って言う信徒の問いに答えなきゃいけないって言うのは牧会の課題だって言うけれども、牧師がいちいちそれはねって説明して歩くわけにはいかない。一緒にただ嘆くことはできるけれども。

バーゼルのある若い教授が急逝して、その奥さんが嘆きに嘆いた。『なぜ夫は早く死ななければならなかったのか』。もう自分は祈ることもできない。それでプロテスタント教会の牧師がたずねたら、もう本当に信仰を失うくらい、お祈りもできないって言ったら、祈れないんだったら祈るのよしましょうって牧師は帰って行った。その後に夫の同僚だったハンス・フォン・バルタザールと言う人が夫人を訪ねた。彼女は彼にも祈ることができないと告げた。でもフォン・バルタザールは言った。『あなたそれ違うでしょ。あなた祈れるでしょ。子どもの時から主の祈りを知っているでしょ。わたしも主の祈りをとなえるから、一緒に祈りましょう』。そして祈った。主の祈りは祈れるんですよ。祈れなくたって。主の十字架に支えられた祈りはできるんですよ。神との和解が成り立っている。どんなに『神様どうして早く死んだんですか』ともがいたって何したって神様の腕の中……だから『なぜですか』って言って、牧会者はその時に答えを出すことはなくても、『なぜですか』って言ってのたうち回るように苦しむ人と一緒にいることはできるはず。そしてその人と一緒にバルタザールのまねするならば、『あなた、それでも主の祈りはできるよね』って言って、『祈ろうか』って言える。あるいはただ黙って、もがいている人の手を握っていてあげるだけでもいい。それを支えているのは主イエスの十字架の祈り、叫びなんです」（加藤常昭）。

神の御腕の中にあってもエレミヤの絶望の大きさを軽んじることはできない。これを「確信しているがゆえの絶望」とＰ・クレーギーは言う。「エレミヤは事実を告げる。彼が生まれた日は呪われた日であり、彼は国の悲運と破壊を告げる神のメッセンジャーであるがゆえに、また彼自身もそれを経験しなければならないがゆえに呪われている。しかしこの部分はただ自分を呪っているだけではないし、ましてや自己憐憫ではあり得ない。確信しているがゆえの絶望がある。苦悩と悲しみがある。個人的にも、国家としても。しかし閉幕が問いかけに返事がないまま訪れる。返事はないが、神への呼びかけは残る。エレミヤはなお、わずかな希望／信頼を持ち続けている」（Ｐ・クレーギー、二八〇頁）。

参考文献

P. C. Craigie, *Jeremiah 1-25* (Vol. 26), Dallas, TX: Word, Incorporated, 1998.

L. C. Allen, *Jeremiah: A Commentary* (W. P. Brown, C. A. Newsom, & D. L. Petersen, Eds.) (First Edition.), Louisville, KY; London: Westminster John Knox Press, 2008.

Hans-Joachim Kraus, *Psalms 1-59*, Augsburg Fortress Publication, 1993.

William L. Holladay, *Jeremiah 1: A Commentary on the Book of the Prophet Jeremiah, Chapters 1-25*. (P. D. Hanson, Ed.), Philadelphia: Fortress Press, 1986.

Anders Jorgen Bjorndalen, in Hg. A.Falkenroth und H. J. Held, hoeren und fragen Band E5+6, S.84, Neukirchener Verlag, Neukirchen-Vluyn, 1983.

Peter Brunner, in Hg. Georg Eichholz, Herr, tue meine Lippen auf, Band 1, S.1ff., Emil Müller Verlag, 1937.

エレミヤ書 二〇章一四－一八節

加藤 常昭

説教者の課題

与えられているエレミヤの言葉は、まことにユニークなものである。エレミヤ書の中で特別な意味を持つというだけではない。全旧約聖書の中で特別である。しかし、たとえばドイツ福音主義教会の説教テキスト系列の中でも取り上げられたことはない。七節から一三節までの、いわゆる「エレミヤの告白」と呼ばれる部分はよく取り上げられる。しかし、それに直結するかと思われるこの箇所は省かれることが多い。そうかと言って、ここだけが独立して説教されることもない。これはドイツだけのことではない。エレミヤを読み、語ることが多い日本でも、ここに注目することは少ないのではないか。しかし、それでよいのであろうか。

関根清三は、その翻訳に注をつけ、こういう趣旨のことを述べている。これはエレミヤの告白に属するが、自殺願望に近い絶望で終わっている。これに並ぶのは、ヨブ記第三章一節以下の激越な章句であろう。ヨブ記は部分的にエレミヤ書第二〇章のこの部分に依拠していると思われる。しかし、ヨブもエレミヤも自殺そのものを望んではいない。旧約聖書における自殺の例は、サムエル記下第一七章二三節が伝えるアヒトフェルの縊死による自殺だけしかない。エレミヤ書も自殺は神に禁じられているということを受け入れている。その限り、ネガティヴな意味であるが、なお神に自分を委ねており、救いの可能性は開かれているという注解者の意見は正しい。

関根清三が言う注解者というのは、関根正雄のことかと思われる。関根正雄はこう書いている。エレミヤはグロテスクと言えるほどの言葉で自分の生まれた日を呪っている。自殺に近い絶望が語られている。ただセム人の間では自殺はほとんど考えられなかった。自分のいのちは神から与えられているのであり、自分で処理できるような自分のものとは思っていなかった。自殺をすれば最終的に神から独立し、創造者を否定することになるとしていた。絶望のどん底にあっても自殺しないでいる限り、「ネガティヴに自己を神に委ねており、そこから救いが開けてくる」。もっとも関根正雄の言葉は、ここで終わってはいない。まだ続くのである。エレミヤの告白録が、このような最も暗い言葉で終わっており、ここにエレミヤの預言者としての最後の姿があるが、エレミヤは、「この破れのままではるかに来るべき一人の人を指し示しているのである」。関根は、メシア預言をここに読み取るのである。エレミヤが絶望の底にあって自らの命を絶たなかったことは彼をも含めて総ての人の為に死を選ばれた主イエスの死の意味を照らしているのである。ここで関根が挙げる新約聖書の言葉はヨハネによる福音書第八章二二節、第一〇章一七節以下である。そして最後に、エレミヤ書の第一九章、第二〇章が嘆きで終わるのは、審判の将来に向かって開かれているというティールの言葉を紹介している。そして、その審判は捕囚によって実現し、「エレミヤの苦難を見過ごしにした人々への審判をもそれによって同時に」含意したと言うのである。

併せて言及しておきたいが、左近淑は、その『旧約聖書緒論講義』において、エレミヤの告白を、むしろ「エレミヤの祈り」として理解すると言い、祈りにおける神との対決だと言い切る。フォン・ラートはエレミヤが預言者であることを離れて、人間として語っているのではないかと言う。しかし、左近は、預言者としてエレミヤの存在全体が神を語っていると言うべきだと考える。自分と自分の魂の動きによって語っている。神の言葉を携えた人間として生き、その生きていることが預言者の本質をなす。左近は、そう言った上で先の関根の言葉を引用し、「エレミヤは、その存在において、その苦難において、彼自身の言葉を越えて、存在を越えて、来るべきキリストを指し示したと読むことができるのです」と語っている。やはりメシア預言のひとつの言葉としてエレミヤの言葉を聴くのである。

預言者エレミヤが語った最も暗い言葉は、旧約聖書全体においても最も暗い言葉である。知恵の言葉ヨブ記が見ている信仰者の最も暗い底が、ここに見えている。その意味で無視できない旧約聖書の言葉のひとつである。それを現代日本にキリスト者として生き、福音を生き、福音を語るキリストの教会の説教者であるわれわれが、どのように説教するか、これがわれわれの課題である。

テキストを読む

まず聖書テキストを改めて読んでみよう。一見したところテキストは単純に見えるが、案外多様な解釈がなされる。原文に混乱があるというよりも、どのように理解したらよいか。それを問うと、案外に複雑な問題があるからである。諸翻訳を読み、諸注解書を読むと、その多様性に気づくであろう。

① まず、この区分の位置付けである。内容的には、エレミヤの独白であり、七節以下のエレミヤの告白の一部とみなし得るが、直前の一三節からの移行もスムーズには見えない。主への賛美を促す一三節とはすぐには繫がらない。したがって、この部分は独立の単元だと見なすこともできる。それがエレミヤの告白と内的な関連があると考えられ、ここに挿入されたとも考えられるのである。似たようなエレミヤの内的な苦悩の言葉は、すでに第一五章一〇節「ああ、わたしは災いだ。わが母は、どうしてわたしを産んだのか」という文章に見られる。自分がなぜ、このような人生を強いられるのかという問いは、答えを得られないままに、常に預言者エレミヤが抱いた苦悩であったのかもしれない。その意味では、その内面の苦悩を語る、この

章の七節以下と結びつく。そのためか、むしろこの区分は、本来、七節以下の文章に先立つものであったのではないかと推測するひともある。しかしまた反対に、この後に続く第二一章から第二四章の預言の言葉の序論だとするひともいる。民族に対する厳しい預言を語る者の内面の苦悩が語られ、この苦悩との深い関わりで預言の言葉が生まれていると見るのである。

②これらの言葉はエレミヤの生涯のいつ頃の言葉なのであろうか。一六節では、創世記第一九章が語ったソドムとゴモラの滅亡に言及していると思われることから、紀元前五八七年のエルサレム陥落の頃かと考えることもできる。つまり、哀歌が悲しんだ都の惨状と関わるとも言える。また、一八節で恥辱について語るので、エジプトに追われた最後の日々の頃かと推測するひともある。預言者として生かされた生涯を、その終わりを自覚しつつ深く嘆いたとも見えるのである。しかし、エレミヤが国の滅びを神の言葉として告げ、しかも、その言葉の無力を味わう現実に、生涯を貫いて生き続けたことを考えると、いつ頃と、時を確定する必要はなく、むしろ、時を問わず、その存在に深く食い込んでいた経験が、こういう呻きの詩となったと考えることもできるであろう。

③まず一四節であるが、ドイツ語訳聖書でテキストを読むと、ルター訳は新共同訳と同じように「呪われよ、わたしが生まれた日は」であるが、改革派教会が用いるチューリヒ訳では「呪われている、わたしが生まれた日は」となっている。「呪われていた」と訳すひともいる。少し読み方を変えるだけでいずれの訳も可能である。主観的、主体的に自分の誕生日、つまりその日に生まれた自分の生を呪おうとするのか、それとも、今の自分の生を思うとき、この生は、もともと最初の日から呪われていたし、呪われているのだ、という客観的事実を語るのか。その違いがある。自分の人生を呪うのか、自分の人生が呪われているということを一種の諦観をもって受け入れるのか、ということである。新共同訳に従えば、自分の誕生日を呪っているエレミヤのこころの表白、これほどに預言者としての生に絶望している思いが率直に語られているのだと見ることができる。

④多くの人びとが指摘しているのは、エレミヤが、ここで神をも両親をも呪っていないということである。その意味では罪を犯していない、というのである。果たしてそうであろうか。自分が生まれた日を呪うということは、自分に生を与えた両親、そして神を呪うということはなかったとしても、両親、そして神の祝福を拒否しているということではなかろうか。両親というのちの源も、創造主といういのちの与え手の行為をも、否定的に見ているのではないか。まさにその意味で深く絶望的になっているのではなかろうか。

⑤一五節の言葉は不思議な言葉である。関根正雄は、「その人」は、擬人法の表現であり、本来は「その日」を意味するとした方が、整合性が生まれるとする。しかし、フランシスコ会訳（分冊版）は、それを支える根拠は乏しいとする。ホラディは、母音を変更し、この日に生まれた男の子、つまりエレミヤ自身を呪っていると読もうとするが、必ずしも解釈者たちは賛同していない。新共同訳はこう読める。父親というのは子の誕生に立ち会うことはない。離れて知らせを待つ父のところに、

おめでとうございます、男の子の誕生ですよ、と知らせてくれるひとがある。そのような時、父となった男は祝いのこころを込めて、メッセンジャーとなってくれた、その男に祝儀として金銭をもって労に報いたと言う。祝福に祝福をもって報いたのである。ところが、ここでは、呪いをもって答えている。言うまでもないことであるが、かつて自分の誕生の知らせをもたらしたひとを具体的に呪っているのではない。明らかに、歎きの詩が用いているメタファーである。したがって、何のメタファーであるのかが問われる。自分が生まれた時、メッセンジャーが男子誕生を告げ、両親も周囲の社会も共に喜んだのである。メッセンジャーが象徴する、自分の誕生を祝福した社会、この世界そのものを呪っていると見ることができる。一六節は、その男が、男が象徴する社会がソドム、ゴモラの破滅を知ると預言する。朝に救助を求める声を聞き、昼には遂に自分たちを攻める鬨《とき》の声を聞くようになるだろうと預言する。これに続く第二一章では、ユダの国を攻める国々からの攻撃を語る預言が語られ始めているように、自分の誕生を祝った人びとが作る国の呪いが語られているということもできる。このように考える時、解釈者たちのなかで、結局は、祝福を告げるべきであるのに、事実としては呪いを告げざるをえなかった男の姿は、国の滅亡を預言せざるを得なかったエレミヤ自身の姿であったのではないか、と理解するひとがいることも理解できないことではないであろう。呪われているのは、滅亡の危機のなかにありながら、偽りの平和に生き、相変わらず子が生まれたと言えば祝福を交わし合う神の民の現実である。

⑥ 一七節の主語は原文にはない。そのために一五節から一貫してメッセンジャーのことが語られているとすることが多い。新共同訳のように「その日」とするひともあるが、そうすると、それが「殺さず」の主語となるので少々わかりにくい。主なる神を、その主語とする解釈もあるようであるが、そうすると神そのものを呪うことになる。いずれにせよ、エレミヤは自分が母の胎内で死んでいた方がよかったと言っているのであり、そのような言い方で、生ではなくて死を選んでいるのである。自分の人生に死の判決を与えているのである。母が永遠にはらんだままに生きるという奇妙なイメージは、そのようなことを語る民話があったのだと説明するひともある（WBC参照）。それにしても現代人には異様なイメージである。ワイザーは、自己を苛む生への嫌悪感があると感じ取っている。絶望した人間の混乱したファンタジーが語られているとしている。預言者が神との生きた接触を失った時、どれほど魂が迷い得るかの実例であると言うのである。

⑦ ワイザーは一八節においても神との断絶を読み取る。したがって「なぜ」という問いも答えを得ないままなのである。この問いは、エレミヤの全存在に関わる問いとなって、苦痛をもたらし、エレミヤは自己を苛むことになってしまっている。自分の人生の無意味に固執し続ける。この奈落の底から、もちろん、自力では這い上がれない。この絶望をそのまま語り、自分がどのように危機を脱出したかを語らないところにエレミヤの預言者としての誠実さを見る。しかし、デヴィドソンはエレミヤが神に向かってこぶしを上げ、何故ですかと声を荒げてい

ると見ている。むしろ、そのような意味では神との完全な断絶を見てはいないとも言える。だから、ここにネガティヴな仕方で、エレミヤが神になお依存していると言うひともいるのであろう。

黙想を深める

① テキストを読み進めたところで足を止める。説教の言葉を求めつつ黙想を深めるために。そこで改めて問う。ワイザーは、ここでエレミヤと神との関わりが断絶している、と言う。しかし、そのようなことは可能なのであろうか。左近淑は、エレミヤの存在そのものが神の言葉を語ったと言う。預言者とはそういうものであろう。改めて、この部分が七節以下の「エレミヤの告白」の続きとされていることを考える。九節では、こう語っていたではないか。主の名によって語るまいと思っても、主の言葉が自分のこころの中、骨の中、つまり肉体の中に食い込み、そこで燃え盛り、その言葉を抑えようとして抑えようがなく、疲れ果てたと祈っている。「わたしの負けです」と叫んでいる。全存在が神の言葉の器になったのである。一八節が語る労苦、歎き、恥辱は、エレミヤが、神の言葉の器になりきっていたからこそ味わったのである。預言者であるからこそ知ったものである。自分が語らざるを得ない神の言葉を神の民が聴かないからこそ生まれる苦しみである。偽りの平和、かりそめの祝福に生きる民が神の言葉を無視するからこそ生まれる悲しみである。預言者としての絶望は、神の民の不服従のために生まれている絶望である。神との関わりの断絶どころか、むしろどのようなことがあっても切り離し得ない神の言葉のゆえに知る絶望であると言うべきであるかもしれない。いや、もっと正確に言えば、預言者であるがゆえに知る神との深い関わりに生きつつ、だからこそ知る神との関わりの断絶の現実があることに苦しむ。そうとすれば、エレミヤのこころから噴出するような呪いの言葉は、不従順の神の民に向かって語られているとも言える。神の言葉を語りつつ、神の言葉が通じない、民の頑なさに絶望し、呻き、呪っている。この状況は耐えられない。ここから出て行きたい。しかし、それができないのである。その意味では、預言者をしてご自身の言葉を語らしめながら、その言葉が通じない神ご自身のこころをここで読み取ることができるのではなかろうか。預言者の絶望は神ご自身の絶望であると言えないであろうか。いのちの言葉が通じないところ、死が支配するより他はない。存在の誕生を祝福として喜び祝う声は死に絶える。それでもなお祝福の言葉を交わすとすれば、それは偽善としか言いようがないのではないか。神の絶望、それはやがて使徒パウロの言葉になる。パウロは旧約聖書の言葉を引用しつつ書いた。「正しい者はいない。一人もいない」（ローマ三・一〇）。預言者エレミヤの苦悩は、使徒の苦悩でもあったのではなかろうか。

② かつて私は、『十字架上の七つの言葉』という書物に書いたことがある。ジュネーヴの改革者カルヴァンは『ジュネーヴ教会信仰問答』（渡辺信夫訳）において、主イエスが「陰府に降り」と使徒信条で告白することについて、こう説いた。それは主にとって恐るべき苦悶であった。神から見捨てられ、神を

敵に回したかのように、良心に不安の苦しみを負われたのである。十字架において「わが神、わが神、なぜわたしをお見捨てになったのですか」と叫ばれたのは、この窮地に立たれたからであった。主イエスは、「人間性に属する感情によって、このようなのっぴきならぬ境地で苦しみたもうたのです。このことが実行されるために、その間しばらく、彼の神性は隠れました。すなわち、その力を発揮しませんでした」。カルヴァンは、十字架の出来事に続いて陰府に行かれたのだとは理解しない。十字架において、あの叫びを挙げられた時、主イエスはすでに陰府に、地獄に行かれたとみている。「わが神、わが神」と神を呼びつつ、あなたに見捨てられたと叫ばれたとき、主は神であられるという力を発揮されなかった。ほんの一瞬であるかもしれないが、神であられることを止められたと、カルヴァンは理解したのであると言えよう。驚くべきことであるが、真実を言い当てていると言えるであろう。ここで、主イエスも「何故ですか」と神に問われたのである。エレミヤと同じように。世界中に、いつも、「何故ですか」という問いが満ちているであろう。しかし、旧約聖書における最も深い「何故ですか」という問いがあった。罪の夜、罪人、罪の世界だけが作る夜は至るところにある。しかし、神との関わりにおいて、その闇の深さを知り、深く悲しみ、それを自分の存在に食い込む闇であると苦しんだのは預言者でしかなかった。それは、神の審きの故の闇であった。そして、そこに再び立ち、預言者の苦しみと悲しみを共有してくださったのは主イエスである。神の光を失うという、徹底した絶望の闇の深さを知ってくださった。まことの神であられたからこそ、それが可能であった。関根正雄が語りたかったことも、このことではなかろうか。

十字架の主を預言するのは、第二イザヤの語る苦難の僕の歌だけではなかった。悲哀の預言者と呼ばれるエレミヤの存在そのものが、十字架の主の預言となったのである。

参考文献

William L. Holladay, *Jeremiah 1*, Hermeneia: A Critical & Historical Commentary on the Bible, Fortress, 1986.

Peter C. Craigie, Page H. Kelley & Joel F. Drinkard, Jr., *Jeremiah 1-25*, Word Biblical Commentary Vol. 26, Word Books, 1991.

関根正雄『エレミヤ書註解　上』（関根正雄著作集14）新地書房、一九八一年

A・ワイザー『エレミヤ書1―25章　私訳と註解』（ATD旧約聖書註解20）月本昭男訳、ATD・NTD聖書註解刊行会、一九八五年

R・デヴィドソン『エレミヤ書・哀歌』（デイリー・スタディー・バイブル19）荒井章三・加藤明子訳、新教出版社、一九八七年

左近淑著作集第三巻『旧約聖書緒論講義』教文館、一九九五年

エレミヤ書　二一章一―一〇節

高橋　誠

テキストの響きと説教の構想

恐れは命のありかを明確にさせるものである。恐れを抱いたときにどこに赴くか。「命の道」（八節）をどこに見るかが深く問われる。ゼデキヤが二人の使者をエレミヤのもとに派遣したのも、こうした命の道の模索に違いない。祈りのようでもある。しかし、それは《神をこそ支えとする》という命の源泉への集中ではなくて、いわば《神にも支えを見出す》といったものである。神はそうしたゼデキヤに「敵対」（五節）すら告げられる。神に支えを見出すということが厳しく問われている。神の支えとは、側方支援ではなく、命の重み全部を依りかける全面的な信頼である。ゼデキヤが立ち帰るべきは、ヨシュアが神の助けを「主の軍の将軍」（ヨシュア記五・一五）として知るところである。そこでは、神は傍らに立つ敵でも味方でもない。戦いの主導者そのものであり、人間が御前に履物を脱ぐべき方である。その命の戦いの主導者を側方支援とするのは、たとえそれが味方として呼ばれていても、神とは異なるもう一つの命の主体をそこに立てることにほかならない。こうした唯一の命の源泉に対する敵対に、神は敵対なさる。一見神に支えを見ているようでありながら神に敵対しているあり方は、現代の様相とさまざまに重なるだろう。宗教化する民族、国家があるし、それゆえに世界において越えがたい溝が作られている。「命の道」の渇望のようでもあり、祈りのようでもある。しかし、それがどれほど自らの「都」（四節ほか）に立てこもることになり、「死の道」に立つことになっているか。

ゼデキヤの考える救いでは、神の助けが「都」の存続と渾然一体となっている。都は託宣において繰り返し出てくる語である。それが示すのは、ゼデキヤの、命は神からも来るし都が存続することによってもやってくる、という命の複数の源泉という見立てである。それに対して、エレミヤが告げるのは、二つの道である。それは二者択一ではなく、命を得るという意味ではただ一つの道である。命を支えるのは都ではなく神、というメッセージが究極的な「カルデア人に、降伏する」（九節）という仕方で語られている。王の信念と決別するように民を招くのである。

神の支えは、人の目に自分を守るものがすべてなくなったかに見え、そこに敵しかいなくなったとしても、そこで「命だけは助かる」（九節）という形で深められて語られる。命の源泉であり給う方の強い主張が聞こえてくる。《生かすのはほかではない、わたしだ》という迫りである。したがって、二つの道はイーヴンなものとして提示されているわけではなく、命の道への神の招きである。都の悲惨が「疫病、戦争、飢饉」（七節）をはじめとした、三巡の三連構造で語られているのは、命の道への神の追い込みである（詳細後述）。招きは追い込みへと強められつつ、命の道への呼びかけに応じることを強い仕方で求めている。

次の説教の構成を提案する。一、都を信じること。二、都から追い立て給う神。三、命の道。

一　都を信じること

神は、ゼデキヤがこだわるのが「都」（四、六、七、九、一〇節）としてのエルサレムが保持され存続することであると見抜いておられる。彼と彼の使者の言葉にはこの語はない。都への集中は、彼にとっては改めて語ることもないほどに当然のことなのであろう。エレミヤの託宣に繰り返し出てくることで都へのこだわりは顕在化する。原文では「町」であるが、「都」の訳でこの語が醸す人間のこだわりも読めるようになる。この派遣が神への執り成しを要望するものであったとクレイギーは言う。預言者の本来の務めは託宣であるが、実際には執り成しもある。使者を通してゼデキヤが「伺ってください」（二節）と言うので、形式上は託宣を求めているようではある。しかし、その内容は「わたしたちのために」と、はじめから望む結果を願うものである。そうすると、ゼデキヤにとって必要であったのは、託宣と言うよりもエレミヤが持つ神との通路であり、それを用いて自分が思い描く都の守りを神に願うことである。

《神がわたしたちのため》ということは、パウロもローマの信徒への手紙第八章において「神がわたしたちの味方」（三一節）と言うように間違っているわけではない。ゼデキヤの問題は、神からの語りかけを真剣に受けとめることのないままに自分のための言葉を求めていることである。もちろん、ゼデキヤの言葉の「わたしたちのため」は、一義的には「自分たちについての託宣を」という意味であるが、同時に自分と同じ方向を向く言葉を求めているという含意を文脈では読める。「これまでのように驚くべき御業を、わたしたちにもしてくださる」（二節）と、自分たちのための奇跡こそ起こるべきと考えるのである。この御業が指すものは註解書を参照願う。いずれにしろ、このゼデキヤの言葉の問題は、あらかじめ救いの形を自ら考え続け、紡ぎ続けることである。都の存続は彼にとって揺るぎない救いの形なのである。

ゼデキヤにおいて、神の救いと都の存続が一体となってしまっているのである。たとえば、詩編第五九篇は、敵からの救出が祈り求められる点ではゼデキヤの祈りと似ている。しかし、この詩編は「あなたはわたしの砦の塔、苦難の日の逃れ場。わたしの力と頼む神よ」と神を呼ぶ。神ご自身が「砦の塔」（一七、一八節）として語られる。至高者は都を上回る方であり、都の守りはその方の守りの一つの表れなのである。一方、ゼデキヤは神と都を並列で捉えている。詩編の救いを求める祈りに救出の願いはつきもので、祈りが聞かれること、救われることを求めるが、ゼデキヤには神への呼び声がない。ゼデキヤは使者を通じてエレミヤに問わせるのであって、自分では神を呼んでいない。「わたしたちにもしてくださるかもしれません」（二節）と想像するばかりで、救いを求める詩編につきものの「神よ」という呼格や「あなた」としての呼びかけは見出されない。彼にとって神との人格的な関わりは消失している。神への注文書を抱えウロウロする異邦人の祈り（マタイ六・七）に陥っている。病んだ祈りを支配するのは、不安や恐怖である。視点は都に集中し、生きて自由に働かれる神に追従できない。

ゼデキヤには、神を「あなた」と呼ぶような祈りが失われている。この神への呼びかけを失うと、祈り自身が尽き果てる。逆に、本当に残る祈りは、「神よ」と神に呼びかける祈りである。哀歌が悲しみを吐露し尽くしつつも、「主よ」（五・一以下）と呼びかける祈りが残る。「旧約において祈りは、《汝》としての神の前に心を注ぎ尽くすことであり、近代人のいうように祈りは対話ではない」（関根正雄『詩篇註解下』教文館、一九七三年、二三頁）。都の現実を見つつ、神が対話に乗り出してくださらないということばかり気にするようになる祈りは、やがて尽き果てる。神との呼応性は神との対話性に言い換え尽くしてしまうことができない。呼応性は対話性より深い。人間が神に息を吹き与えられた者であるからこそ、息は神に吐く以外になく、その吐息で「主よ」と呼びかける祈りこそ、本質的なものであろう。こうした本質的な祈りこそが、都の崩壊をつらぬいて残っていくのである。ゼデキヤ本人が祈らず、二人を派遣したことがすでに、神との人格関係の喪失の証左である。

都が滅ぼされることは、現代におけるキリスト教会の事情とも重なる。欧米において、すべての人に与えられる福音は、民族主義を是正する実りも生んできた。政治や社会システムによい形で作用してきた。民主主義や人権思想は、キリスト者たちが主導的に描き出してきたものと言えるだろう。それは神の恵みに応答した教会の実りと言ってもよい。不十分ながらも差別に抗い、万民の住まう都を作り上げてきた。しかし、それが今日において、ヨーロッパでもアメリカでも、キリスト教会が作用した価値観は、結局は民族主義的な傲慢なものであったのではないかと訝らざるをえない状況に出遭いはじめている。連帯が壁に変えられてしまうのは、城壁への信頼であり、都への固執であり、神への信頼のもろさの表れである。都自身がやせてきている。こうした状況をどう見るかが、問われる。視点を神に集中することが求められる。状況に目を奪われないことである。視点を教会を取り巻く状況に固定してしまうと、生きて動き給う神を仰ぎ損ねてしまう。教会の今までのような形は保てるのか、教会を守る奇跡は生じるかといった心配に満ちた期待は、ゼデキヤの執り成しの求めとどこか通じている。それに対して残る祈りは、「神の前に心を注ぎ尽くす」（関根正雄）ものである。都の現状は神の恵みの蓄積ではあっても、神の確かさとは必ずしもつながってはいない。命のありかは都とは別のところにあるのであるから、現状にやり込められないで心を神に注ぐのである。

命の拠点が神と別のところに措定されると、エレミヤが告げる神の「敵対」（五節）は明らかになる。そこでは、命の責任者は詐称されている。神はそれに対してご自身の命の主としての存在を指し示しつつ、命の奪還のために敵対なさる。命の奪還の呼びかけは、ゼデキヤに対するものではない。ゼデキヤの扱いは、すでに滅んだ王朝の問題性を、命の別の拠点を設けた者がたどる「死の道」（八節）として編集的に描くものである。少し先回りするようだが、神の敵対ばかりではなく、「命の道」（同節）が語られるのであるから、「この民に向かって」（同節）の激しいまでの命への招きを読むべきだろう。

新共同訳が「敵対」と訳す言葉は、必ずしも英語の against you を意味しない（新改訳、口語訳参照）。クレイギーはwith you の読み方の可能性も言う。彼は、ゼデキヤに対する託宣は、曖昧なものから次第にはっきりしたものへと移り変わる文脈を言う。そして、六節になって「死」が語られて、神の敵対は一気にはっきりする。敵対する神の姿が表す峻厳さは、事柄が命と死をめぐるからである。人間の格闘が、死に結果するとすれば、たとえそれがどんなに人間的に優れた営みに見えても、命の神の敵対が見えているとも言える。

神の敵対は、反福音なのであろうか。こうした神と人間の敵対関係は、キリストの贖罪を通して告げられる「神は味方」（ローマ八・三一）ということに逆らうのだろうか。新約においても、この神の敵対状況は解消されるのだろうか。キリストの贖いによって人間には、神の和解が与えられている。しかし、神の和解は万民救済ではない。神の「命の道」の外に立つ事態は未だ存在する。神の命の招きに逆らうところで、神の敵対は命の陰として現れる。問題なのは命の神への人間の敵対であるとしても、命の陰では神は人間に敵対し給う方として見えている。しかし、後述するが、まるで死が滲み渡るような都を示し（六、七節）、そこで命の道と死の道の選択を迫る神は、命の道へと追い込み給う神と言ってよい。神以外のどこで命を得るのかと、命の道から迷い出る人間を揺り覚ますような神の激しい招きを読める。

二　都から追い立て給う神

神の激しいまでの命への追い込みに思いを深めたい。六節に言われる死は、七節以降、もはや曖昧に捉えようがないほどに明確に言い直される。クレイギーは、この託宣の三連構造での強調を指摘する。七節では三連構造が三巡する。《疫病、戦争、飢饉》、《ネブカドレツァルの手、敵の手、命を奪おうとする者の手》、《ためらわず、惜しまず、憐れまない》という形である。その手続きで、八節の民への命の道と死の道の託宣へとつながっている。つまり、テキストのゼデキヤへの託宣、民への託宣という二つの区分は、二つの事柄の並列ではなくて、ゼデキヤの死の道に立つことなく、命の道に進めという招きとなっていると見るべきだろう。三連構造はこの招きの緩みなさである。人間の命を保つあらゆる企ては命に間に合わない。それゆえに神の命の道に踏み込め、というドラスティックなプロットである。この招きには手招きだけではなく、背中を押すような追い立ても伴っている。民の前に置かれる二つの道は、二者択一に見えてそうではない。主体的で自由な選択が与えられているようであるが、都にとどまることが徹底的に死であると語られているのであるから、選択は命の道しかあり得ない。

人間は誰しも命の道を選ぶ。ゼデキヤも民も恐れのなかで模索しているのは命の道である。そうすると、本当のところ問われているのは、死か命かではなく、どの命の道かであり、だれが指し示す命の道が正しいかということである。人間の命の道の選択と神の命の道の提示が結びつくことを、神は求めておられるのである。

複数存在する命の道からの選択というようなことは、事実上ないのである。命の道の選択のなさは、われわれの命がただ神を本源としている在りようを写し取ったものである。筆者の仕える教会では、毎週の礼拝の中で、その週に誕生日を迎える教会員と礼拝に参加する求道者の名前を挙げて短く祈る。「だれ一人として自分で生まれようと思って生まれてきたものはなく、あなたが私どもを呼び出してくださった以外ではない」と祈ることがある。祈られた求道者が帰り際にポツリとこう言ったことがある。「説教はよく分からない部分もあるが、牧師が『人はだれ一人として自分で生まれようとして生まれたのではない』と祈ったことは、本当にそうだと思った」。神に造られた人間には、神を選ばないという選択はない。

人生における選択は見せかけである。よりよい生の選択として、生きる場所も生き方も選び続ける。よりよい生の選択は、言ってみれば死なないように生きようとすることであるが、そう考えるとそうした選択によっては思うように死を追いやることはできない。どれにも死が絡みついている。三連構造でエルサレムの町に絡みつく死が語られるように、滅びはわれわれの目にする町のあらゆるところに染み渡っている。同時にそれは命が神にだけあることを指し示している。死の都に「とどまる」（九節）ことなく、「出る」（同節）ようにと神は徹底的に都から追い立てなさるのである。

三　命の道

ブルッゲマンは、「神は民の将来への扉として〝降伏〟（九節）を望まれる」と言う。将来への扉が降伏であるというのは、違和感を生む。今見うる将来への兆しは敵の侵攻でしかなく、将来に参与することは敵に降伏するということなのである。今見るものと将来とが、全く分断されてしまっている。

神学生の頃、アメリカから迎えた説教者が、その説教で surrender を繰り返していたのを思い起こす。聖書のどの箇所からの説教であったかは忘れたが、神に降伏することを迫るものだった。信仰とは神に降伏することだというのは、確かに語り得ているところがあり、その言葉を受けとめた記憶がある。しかし、エレミヤが語る降伏は、神にではなく「カルデア人に、降伏する」（九節）のである。そうすると、将来はカルデア人が造り出してゆくと考えざるを得ない。正直な人間の感覚では、将来のための兆しをみじんでも求めるものである。残虐な敵に将来を委ねるというのが、この神の答えの受け入れがたさである。「降伏する者」を新改訳は、「くだる者」と訳す。BDBも「落ちる」という意味を記す。日本語でも「降伏」の文字がくだることを含む。自分では抗しきれない力に甘んぜざるをえなくなる状況である。「カルデヤ人にくだる」（九節、新改訳）というのは、まるで物体が落下するように、力関係の赴くままの成り行きである。その下に引っ張る力の中にも全能の父なる神の力を見ていることが求められている。

創世記で記される、神がこの世界を創造されたという世界の基本構造が、そこまでの深さで捉えられている。世界は神以外の何者も造らないという真理に支えられ、そこから一歩も退かずに語っている。それはおそらくエレミヤの信心の深さではなく、ただ神がご自分を創造者として啓示なさるのを、それ以上でもそれ以下でもなく聴き取っているということであろう。殺戮に直面しても揺るがないほどである。われわれのテキストで予見として記される都の陥落ではあるが、時間的に言えばすでに彼は第三九章および第五二章で報告されるエルサレムの陥落と、カルデア人による破壊と殺戮を知った上でわれわれのテキストを編集している。それほどの確かさと深さで、混沌に絡みつく神の支配を見ている。見かけ上の混沌の勝利は結論とはならない。「天地の造り主、全能の父なる神を信ず」という、新旧のイスラエルを貫く神の民の信仰に立つ時に獲得する言葉である。そこに存在する現実がどのようであっても、天が天として、地が地として、世界が世界として存在するのは、神の創造によるということ以外の見方ができないということであり、それが神を信じる信仰なのである。

本黙想を執筆している間にも、頻発するテロが報じられる。国内でも凄惨きわまりない殺戮が起こった。正直に言えば、町の風景が前とは違うように見えてしまう。筆者の思いだけではないはずだ。命の重さを共通の価値とすることができた時代が移ろいでいるように思われる。いったい何が時代を引っ張っているのかと思う。ヨハネの黙示録が描く「大バビロン」（一四・八、一七・一以下）の力を思わざるを得ない。抗しきれない力であることを、エレミヤも黙示録も伝える。徹底抗戦ですぐさま戦果を確認できるような闘いは許されず、その力に甘んぜざるを得ないものである。しかし、そのようななかで戦果に縛られるとわれわれは臆病になる。都の崩壊を見つつも、なお一つのよすがとして残されるのは、預言者に告げられる神の言葉を聴くことである。敗北に見える現実の中で、「主はこう言われる」（八節）と言われるとおり、神に集中する。神の言葉は尽きない。神殿を失ったユダヤ人たちが、捕囚期にシナゴーグを発達させたあの姿である。それは、教会の集まりの原型となった。敵《かな》わぬ闘いを味わわせられつつ、み言葉に聴く。自分たちの負けの傷をなめるためにではなく、生きておられる神のみ声に真剣に耳をそばだてる。命の道に立つとは、「主はこう言われる」という言葉のもとに立つことである。主の日の集いでみ言葉を語ること、聴くことが命の道に立つことなのである。そしてそのようにして降伏の下でなお闘うことが許されるのである。

参考文献

Peter C. Craigie, Page H. Kelley & Joel F. Drinkard, Jr., *Jeremiah 1-25*, Word Biblical Commentary Vol. 26, Word Books, 1991.

W. Brueggemann, *A Commentary on Jeremiah, Exile & Homecoming*, Wm. B. Eerdmans Publishing Co., 1998.

エレミヤ書　二二章一―九節

吉村　和雄

与えられている箇所は、名前が不明な王とその家臣、また民に対して、エレミヤが語った預言の言葉である。

初めに、エレミヤを遣わすために召される神の言葉が記される。「ユダの王の宮殿へ行き、そこでこの言葉を語って、言え」というのが、その命令の言葉である。そして「この言葉」の内容が、「主はこう言われる」という言葉に続く三節以下に記される。

神に立てられた預言者として

預言者は、神の言葉を語る者である。語るべき言葉は、神が与えてくださる。語るべき言葉が与えられる、ということと、預言者として召されるということは、切り離すことができない。それはエレミヤにおいても、他の預言者においても同様である。エレミヤにおいては、第一章にその出来事が記される。神はエレミヤを召す言葉を語られた後に、手を伸ばして彼の口に触れ、「見よ、わたしはあなたの口に、わたしの言葉を授ける」と言われ、同時に「諸国民、諸王国に対する権威をゆだねる」と言われた。そのようにして、語るべき言葉と、その言葉を裏付ける権威が与えられることが、預言者として召されることである。

そのことは、わたしたち説教者においても変わらない。説教者は神の言葉を語る。その言葉は、聖書を通して与えられる。誠実に聖書と向き合い、そこから、今自分に与えられている聴き手である人々に対して語るべき神の言葉を聞き取る。そしてそれを聴き手に対して、「これがあなたがたの聴くべき神の言葉です」と言って語るのである。それはエレミヤが王に向かい「あなたもあなたの家臣も、ここの門から入る人々も皆、主の言葉を聞け」と言って語ったのと同じである。そしてそのようにして語るべき言葉は、神から与えられる。説教者として召されることは、語るべき言葉が与えられることである。

新共同訳では、一節が「ユダの王の宮殿へ行き」となっているが、口語訳と新改訳はこれを「下り」と訳し、フランシスコ会訳は「下って行き」と訳している。このことから、この言葉を受けたときに、エレミヤは神殿にいたと考えられる。そこから、王の宮殿へと下って行くのである。たとい王であろうとも聴かなければならない神の言葉を携えて行くからである。わたしたちもまた、たとい自分が新人の牧師であろうと、あるいは神学生であろうと、教会によって講壇に立たされたならば、神の言葉を語るべき説教者である。その権威を委ねられていることを、忘れてはならないだろう。

預言とその背景

ここで預言を語るべき相手である王の名前は特定されていない。ただ「ダビデの王位に座るユダの王」とだけ記される。しかし、多くの仲介者はこの王を、ヨヤキムであろうと考えているようである。クレメンツによれば、この当時、ユダの人々にとって、ダビデ家の王が自分たちの中にいることは神の恩寵と守りの確実なしるしであり、彼らはそのことを確信していた。特にソロモンの死後、エルサレムのダビデ王権から脱落した北王国の短い歴史と比較するときに、三百年以上に渡る歴史がその確信を証明するかのように思われたのである。北王国がアッシリアの支配に屈したことは、彼らが神の定めたダビデ王家を放棄した結果であると広く解釈された。それゆえに、過去において神が「その僕ダビデのゆえに」ユダを祝福し守ったように、また将来においても、そのようにされるだろうという確信が広く行き渡ったのであった。

しかしながらそのような確信は、神の道徳的で霊的な要請を軽視する結果を招く。王もまた抑圧に専念し、特権的な地位を乱用するようになる。そのために苦しめられるのは、搾取の対象になる貧しい人々や、寄留の他国人、孤児、寡婦など、民の中で最も弱い立場にいる者たちである。律法は繰り返しこれらの人々を保護すべきことを命じているが、それがないがしろにされているという現実があったのである。エレミヤが託されたのは、このような現実に向かって語られた神の言葉であった。神がこのような現実に対して、沈黙しておられることはないからである。

もうひとつここで取り上げられていることは、無実の人の血を流すことについてである。具体的なことは挙げられていないが、これは例えば、ナボトのように、王によって不正な裁判が行われ、死を宣告されることを意味しているのか（列王記上二一章）、あるいはトフェトのようなカルト的な習慣で、罪のない子どもが殺されることを意味しているのか、あるいは、正しい生活をこそ喜ばれる神が願われない犠牲のことか（アモス書五・二一―二四）、そのどれもが考えられる。神の御心が真剣に顧慮されない世界においては、このような事柄もまた起こりうるのである。

ところで、ここで「あなたもあなたの家臣も、ここの門から入る人々も皆、主の言葉を聞け」と言われていることから、ワイザーは、この場面を、年ごとに繰り返される即位の祝祭の場ではないかと考えている。祝祭に先立って、王が多くの従者を従え、王宮の門を通る、厳かな王の入場行進があったことも、四節の「もし、あなたたちがこの言葉を熱心に行うならば、ダビデの王位に座る王たちは、車や馬に乗って、この宮殿の門から入ることができる、王も家臣も民も」という言葉に合致する。神の言葉に聞き従うならば、これからも、この祝祭を続けることができると言うのである。

そう考えると、この預言は王に対するものであるが、しかしこの言葉を聞くべきなのは、王だけにとどまらず、その家臣や、エルサレムの住民たちもその中に含まれるのである。責任の第一は、民を治めることを委ねられた王にあるが、しかし社会全体の問題の責任は、そこに住む者すべてが問われるべきことである。民もまた、「正義と恵みの業を行い、搾取されている者を虐げる者の手から救え。寄留の外国人、孤児、寡婦を苦しめ、虐げてはならない。またこの地で、無実の人の血を流してはならない」という神の言葉の前に立つべきなのである。

裁きと荒廃の預言

エレミヤの預言は続く。もし彼らが、預言者によって告げられる神の言葉を熱心に行うならば、王の即位の祝祭を続けることができる。しかし、もし彼らが神の言葉に聞き従わないならば、この宮殿は必ず廃墟となる。

ここで「熱心に行うならば」とある。他の翻訳では「忠実に行うならば」「真実に行うならば」「この言葉どおり行うならば」と訳される。いずれも、意図的に、積極的に、そのつもりで聞き従うことである。わたしたちは容易に、神の言葉に対して無頓着になりうる。だいたい、神に立てられた指導者である王が、民に対して正義と恵みの業を行うことは当然のことであって、自ら抑圧者になるなど、あり得ないことである。また民も、神の民として立てられている以上、これらのことを守るのは当然のことである。しかし、その当然であるべきことが、当然でないのは、わたしたちの現実である。だからパウロは「自分の体を打ちたたいて服従させます」（Ｉコリント九・二七）と言ったのである。神の言葉は、熱心に行わなければならない。それはわたしたちにおいても、真実である。

しかし、もし彼らが神の言葉に聞き従わないならば、この宮殿は必ず廃墟となる。ここで神は「自らに誓って言う」と言われる。神の並々ならぬ決意が表れている言葉である。

ここで考えるべきことの一つは、契約である。わたしたちの信仰は、契約に基づいていることである。神は恵みをもって、イスラエルを選び出され、これと契約を結ばれた。それによって彼らは、神の民となったのである。彼らが神の民であるのは、契約で定められた条項に対して忠実であることによるのである。それに違反すれば、契約は無効となり、彼らは神の民としての地位を失う。契約とはそういうものであろう。

もちろん、神は愛をもってイスラエルを選ばれたのであって、神とイスラエルとの関係は愛の関係であるから、契約条項に違反することが、直ちに神の民の資格を失うことにはつながらないが、しかしそれでも、契約のこの性質を考えれば、ダビデの王位に座る王がいるから自分たちは安泰であるというような考えには、ならないはずであろうと思う。わたしたちの信仰が、契約に基づいていることを、忘れてはならない。

もうひとつは、神の御心は最後まで貫かれることである。ここで神は、王や民が、ご自分の言葉を熱心に行うならば彼らを祝福し、行わなければ彼らを裁いて、宮殿を廃墟にすると、ご自分に誓って言われる。そのためには、外国人を聖別して、ユダを攻めさせるとまで言われる。そのような手段を講じても、神はご自分の言葉が軽んじられることを、お許しにならなない。神の言葉は、最後まで貫徹される。わたしたちはこのことを、心に刻んでおくべきであろう。

新約聖書においては、宴会を催した主人が、招待しておいた客に出席を断られて、招かれていなかった人を呼び込んで、宴席を一杯にしたという譬えを、主イエスが語っておられる（ルカ一四・一五以下）。ご自分と喜びを共にする存在を求める神の御心は、どのようにしてでも実現される。初めに招かれた者たちが断るのであれば、そうでない者たちを招いてでも、御心を通されるのである。ダビデの王位につくものがいるから安泰ということは、決してありえない。確かなものは、神の御心だけである。神は道ばたの石ころからでも、アブラハムの子を起こすことがおできになるし、必要があればそうなさるのである。

ユダに対する愛と、裁きの厳しさ

六節と七節で、ユダの王の宮殿について「ギレアドの森、レバノンの頂のようであった」と言われる。ギレアドもレバノンも山岳地帯であって、当時はその森の美しさで知られていた。特にレバノン杉はその長さと美しさで知られており、高価なものであった。神はユダの宮殿を、豊かな森で覆われた山のイメージで捉えておられる。それは、この宮殿の最初の主人であり、神に愛される僕であったダビデに対する愛を表している。そしてそれは当然のことに、その後を継ぐ、ダビデの王位に座るユダの王とその民に対する愛を表すものであった。神がこの民を選び、僕ダビデを選ばれてその王とされたのである。その選びを、神は軽んじられない。そのことを、わたしたちはこの表現からうかがい知ることができる。

実際にこの宮殿は、建物としても立派なものであって、ここでの表現は単なる例えではなかったと言われる。サムエル記下五章一一節によれば、ティルスの王ヒラムがダビデのもとに使節を派遣し、レバノン杉、木工、石工を送って来て、ダビデの王宮を建てさせたのであった。このようなことから、エルサレムの宮殿の一部は、「レバノンの森の家」と呼ばれていたと言う。恐らく建物を支える柱や内装に、多くのレバノン杉が用いられたのであろう。そのようにこの宮殿は、建物としても美しく立派な外観と内装を備えていたのである。

そのように、神による選びを示すものと思われるこの宮殿を、神は荒れ野とし、人の住まない町にすると言われる。このところでワイザーは、神の選びとは、安全装置ではなく、安全装置を外すことを意味すると言っている。つまり、神によって選ばれた者たちに対して、神が責任を負われるのではなく、選ばれた者が、神に対して責任を負う、ということである。神が神として選ぶ自由を有しておられたように、神が選ばれた相手が、その選びに伴う義務を怠った場合には、神はこれを捨て去る自由をも同時に有しておられる。神は自然の主として、自らの創造されたレバノンの見事な杉を壊滅し得るように、歴史の主として、選んだ王家の栄華を荒野と化し、巡礼者たちの歓呼が鳴り響くこの町を、住民に見捨てられた死の町に等しくする権能を持たれるのである。

その裁きの手段として、主は外国人をお用いになる。これは主の戦いである。通常、主の戦いにおいては、主がイスラエルのために敵と戦われる。当然、イスラエルも部隊を展開するのであるが、そこで戦って勝利を得られるのは主である。この戦いの前には、戦いを実行される方の聖なる性質にふさわしく、兵隊たちも聖別されなければならない。しかしこの戦いにおいては、主は破壊者たちを聖別して、ユダに対して聖なる戦いをさせるのである。兵士たちはそれぞれ武器を手にしている。その武器も、兵士たちも、ユダのために戦うのではなく、ユダに対して戦いを挑むのである。

　主に聖別されたこれらの破壊者たちは、最上の杉の木を切り倒し、それを多くの薪のようにして燃やしてしまう。ここでも、宮殿は森のイメージで捉えられている。美しいレバノン杉の森が切り倒され、燃やされてしまうように、宮殿は破壊され、火を放たれる。通常の主の戦いにおいては、包囲攻撃に用いられるものを除いて、木を切り尽くすことは禁じられる（申命記二〇・一九―二〇）。しかしここでは、そのようなことさえも守られない。ユダに対する主の裁きが、いかに徹底したものであるかがわかる。宮殿の誇りであったレバノン杉が切り倒され、火に投じられると同時に、ユダの神の民としての誇りもまた、火に投じられるのである。

　ここに示される主の怒りの激しさは、最後の、通りがかりの人々の対話の中にも示される。廃墟となったこの都を見て、通りがかりの人が互いに「なぜ主は、この大いなる都にこのようになさったのか」と問い、「彼らがその神、主の契約を捨てて他の神々を拝み、仕えたからだ」と答える。注解者の中には、ここで通りがかりの人とは、この町を破壊した当の外国の兵士たちだ、という者がある。なるほどと思う。自分たちが戦い、破壊した町を見て、彼ら自身が不思議に思う、というのである。主の戦いを知っている者たちは、主がユダのために戦われたなら、到底自分たちに勝ち目はないことを、知っていたであろう。それがこれほど容易に、かつ徹底的にユダを打ち負かすことができた。そのことに彼ら自身が驚いているのである。そして自分たち自身で問い、そして答えを見出している。主の民であるユダが、預言者の度重なる警告にもかかわらず、真実には受け止めなかった彼らの罪と主の裁きを、主の民でない異邦人が心に受け止めている。これはアイロニカルであるが、わたしたちに、自分たちのありようを、客観的に見ることを教えてくれる。

説教のために

　この箇所から、わたしたちはどのようなメッセージを聞き取り、自分たちの聴き手に語るべきであろうか。エレミヤが語るように命じられたのは、ユダの王であり、その家臣たちと民であった。ユダ王国全体が聴くべき神の言葉を委ねられたのである。しかしわたしたちが語るべき相手は、教会員であって、王でもなく家臣でもない。そのような者たちに、ここから何を語るべきであろうか。

　しかしながらここで、こういうことも考えなければならないだろう。わたしたちに委ねられているのは、神の言葉である。それは本来、この地上のすべての者が耳を傾けなければならない言葉である。特にこの箇所において問題になっているのは、社会において当然実践されなければならない正義である。正義と恵みの業を行い、搾取されている者を救い、弱い立場にある人々を虐げず、無実の人の血を流さない。これらを否定する社会はないだろう。しかしながら同時に、これがこの通りに実現している社会もないことを、わたしたちは知っている。ならばなお、これを神の言葉として語っていくことが、わたしたちに求められているのではないか。説教は、教会の言葉である。初めは説教者が会衆に語る言葉であるが、それは最終的に、教会がこの世に対して語る言葉になる。ならばヨナがニネベの市民に語ったことによって、最終的にはそれを伝え聞いた王が悔い改めに至ったように、わたしたちも、まず自分たちが聞き従うべき言葉としてこれを語りつつ、同時に国全体が聴くべき言葉として、そのことをも視野に入れながら、これを会衆に語ることができるし、そうしなければならないだろう。

もうひとつは、神の裁きについてである。ここで語られる神の裁きは厳しい。この厳しさは、ご自分の言葉が、そしてご自分の御心が、ないがしろにされることを決してお許しにならない神ご自身のお姿を示す。神の御心は最後まで貫かれ、実現する。

しかし、だからこそ、そこにはいつも赦しの可能性がある。人を滅ぼすことではなく、救うことこそが神の御心だからである。この御心も貫かれる。だからこそ裁きを受けて、荒れ野となり、人の住まない町となったエルサレムに希望がある。裁きによる滅びが、最後の出来事ではないと信じるからである。そこにわたしたちが、真実なる悔い改めをもって神の前に立つ道が開けている。

参考文献

Peter C. Craigie, Page H. Kelley & Joel F. Drinkard, Jr., *Jeremiah 1-25*, Word Biblical Commentary Vol. 26, Word Books, 1991.

A・ワイザー『エレミヤ書1―25章　私訳と註解』（ATD旧約聖書註解20）月本昭男訳、ATD・NTD聖書註解刊行会、一九八五年

R・E・クレメンツ『エレミヤ書』（現代聖書注解）佐々木哲夫訳、日本キリスト教団出版局、一九九一年

エレミヤ書　二三章一―八節

鈴木　浩

ダビデ王朝の終焉

二一章と二二章では、王と王家に対する神の裁きが語られていたが、直前の箇所、二二章二四節から三〇節は、その裁きが頂点に達するかのように、ダビデ王朝の家系がコンヤ（ヨヤキン）の代で途絶えるという預言が語られていた。

　コンヤは十八歳で父の王位を継承したが、その王位はわずか三か月で終わっていた。「わたしはあなたを、あなたの命をねらっている者の手、あなたが恐れている者の手、バビロンの王ネブカドレツァルとカルデア人の手に渡す」（二二・二五）とあるように、コンヤはバビロン軍によって捕らえられ、捕囚の地へと引かれて行った（列王記下二四・一二―一六参照）。彼の母親、王妃、宦官、国の有力者たちも同様であった。ネブカドレツァルはその上で、捕虜にしたコンヤに代えて、「おじマタンヤを王とし、その名をゼデキヤと改めさせた」（二四・一七）。傀儡政権の誕生である。

　他方、エレミヤはコンヤについては、次のように預言する。「この人を、子供が生まれず、生涯、栄えることのない男として記録せよ。彼の子孫からは、だれひとり栄えてダビデの王座にすわり、ユダを治める者が出ないからである」（二二・三〇）。こうして、コンヤの子孫は、ダビデの王座を継ぐことはなくなる。ダビデ王朝の終焉であった。

最後から一歩手前の神の言葉

　二三章は、羊飼いと羊を比喩に、羊の群れ（民衆）を散らした羊飼い（王たち）に対する裁きの言葉から始まる。主はエレミヤの口を通して、王たちに「あなたたちは、わたしの羊の群れを散らし、追い払うばかりで、顧みることはしなかった。わたしはあなたたちの悪い行いを罰する」（二節）と語る。二一章、二二章と続けて語られていた裁きの言葉は、二三章にまで流れ込んでいる。

　ところが、三節から突然、エレミヤの言葉の語調が変わる。「このわたしが、群れの残った羊を、追いやったあらゆる国々から集め、もとの牧場に帰らせる。群れは子を産み、数を増やす。彼らを牧する牧者をわたしは立てる」、と裁きの言葉がバビロン捕囚からの帰還……それだけでなく、各地に散った民の帰還……を仄《ほの》めかす言葉に劇的に変わる。

ここにある「群れの残り」という言葉は、エリヤへの神顕現の物語（列王記上一九・一一―一八）で語られた主の言葉を思い起こさせる。「イスラエルの人々はあなたとの契約を捨て、祭壇を破壊し、預言者たちを剣にかけて殺したのです。わたし一人だけが残り、彼らはこのわたしの命をも奪おうとねらっています」（一四節）と嘆くエリヤに、神は「しかし、わたしはイスラエルに七千人を残す。これは皆、バアルにひざまずかず、これに口づけしなかった者である」と語る。エリヤの時代と同じように、エレミヤの時代にも「群れの残り」はいたのだ。数はおそらく少ないのだろうが、この「群れの残り」は、群れを「牧する牧者」に導かれて、ユダの国に希望をつないで行くことになる。その希望は、ユダの国の回復へと通じていくだろう。

すると、ここまで語られていた神の裁きの言葉は、バルトの表現を使えば、「最後から一歩手前の神の言葉」であって、「神の最後の言葉」ではなかったのだ。ルターの区別に従えば、「最後から一歩手前の神の言葉」は律法に相当し、「神の最後の言葉」は福音に相当するということになろう。ともかくも、裁きの言葉は、神の最終的な意志表示ではなかったのだ。土俵際での起死回生の「うっちゃり」のように、「神の最後の言葉」が響く。

その日の到来

その際、「群れの残り」を牧する牧者が立てられるので、「群れはもはや恐れることも、おびえることもなく、また迷い出ることもない」（四節）、とエレミヤの言葉が続く。しかし、「その日」は一体いつ来るのであろうか。それこそが大事ではないのか。ここで思い出すのは、終末の到来に関連した「その日、その時は、だれも知らない。天使たちも子も知らない。父だけがご存じである」（マルコ一三・三二）というイエスの言葉である。

しかし、「見よ、このような日が来る」（五節）、「それゆえ、見よ、このような日が来る」（七節）と、「その日」が必ず到来すると繰り返し主の約束が語られる。ユダの民は、「その日」の到来に希望を託し、忍耐しつつ、いつ来るとも知れない「このような日」を待つしかないのだろうか。しかし、「その日」がいつなのか分からず、ただひたすら「その日」の到来を待つのは辛い。

預言者たちは、メシアの到来、あるいは終末の到来を預言して、繰り返し「その日」あるいは「そのとき」と語っていた。「その日には、ユダの地でこの歌がうたわれる。我らには、堅固な都がある。救いのために、城壁と堡塁が築かれた」（イザヤ書二六・一）、「その日、主は、厳しく、大きく、強い剣をもって、逃げる蛇レビヤタン、曲がりくねる蛇レビヤタンを罰し、また海にいる竜を殺される」（二七・一）、「そのとき、見えない人の目が開き、聞こえない人の耳が開く。そのとき、歩けなかった人が鹿のように躍り上がる」（三五・五―六）。預言者たちは、このように繰り返し「その日」、「そのとき」と語っていた。それは、解放の日であり、癒やしの日であり、祝祭の日である。

「その日」あるいは「そのとき」は、神の圧倒的な祝福が到来するときであった。しかし、「その日」がいつなのかは、具体的に語られることは、ついになかった。無実の罪で「無期懲役」の刑を強いられる人は辛い。釈放される「その日」がいつなのか分からないからである。「懲役十年」なら、なんとか忍耐できるかもしれない。「十年経ったら」、解放され、無実を実証することができる希望があるからである。

しかし、「その日がいつなのか」は、ついに語られない。しかし、「見よ、このような日が来る、と主は言われる」（五節）、「それゆえ、見よ、このような日が来る、と主は言われる」（七節）と「その日」の到来が重ねて語られる。キーワードは、「主は言われる」であろう。エレミヤにも「その日」が「いつか」は分からないが、「主が言われる」のだから、「その日」は必ず来るとエレミヤは語る。ここでは「信仰の忍耐」が試されているのだろう。イエスはだから、「気をつけて、目を覚ましていなさい。その時がいつなのか、あなたがたには分からないからである」（マルコ一三・三三）と言われたのだ。しかし、ユダの民は「目を覚まし」続けることができるのであろうか。

彼らを牧する牧者

エレミヤは、「このような日」の到来に加えて、ユダの民を導き、「彼らを牧する牧者」の到来も預言する。彼は、「わたしの羊の群れを散らし、追い払うばかりで、顧みることをしなかった」それまでの牧者たちとは違って、「わたしは良い羊飼いである。良い羊飼いは羊のために命を捨てる」（ヨハネ一〇・一一）と語り、良い羊飼いは、「自分の羊を知っており、羊も」その羊飼いを「知っている」（ヨハネ一〇・一四）と語るイエスを先取りしているかのようである。無論、エレミヤの預言自体はそこまで想定していたものではないであろう。しかし、「神の救済史における新たなメシアの時代の預言の成就、これを預言者はそれまでの伝統的な諸観念に基づいてここに告知するのであるが、我々は、キリスト教徒として、イエス・キリストにおいてこれが与えられた、と見るのである。もちろんそれは、我々が新約聖書の立場から、預言者の希望のもつ旧約的な限界がイエス・キリストにおいて突破されたのだ、成就は預言にまさった、と言わざるを得ないからである」（A・ワイザー『エレミヤ書1―25章』ATD旧約聖書註解20、月本昭男訳、四八六頁）とも言えるであろう。預言されている「彼らを牧する牧者」をただちにイエスと結び付けるのは性急すぎるにしても、エレミヤ自身の認識や意図を越えて、この預言は、そこまでの射程を持っている、と考えていいのではないか。

この牧者は、新たな王のことである。しかし、歴史上、新たな王になったのは、征服者のネブカドレッツァルが王に据えたゼデキヤであった。ゼデキヤという名前は「主は我らの義」という意味である。しかし、ゼデキヤは「ヨヤキムが行ったように、主の目に悪とされることをことごとく行った」（列王記下二四・一九）とあるので、エレミヤの預言に出て来る「牧者」ではなかった。だから、「このような日」はまだ来ておらず、「彼ら（民衆）を牧する牧者」の到来はまだ先のことであった。

エレミヤの預言はさらに続く。ここでは新しい事態が語られている。

わたしはダビデのために正しい若枝を起こす。
王は治め、栄え
この国に正義と恵みの業を行う。
彼の代《よ》にユダは救われ
イスラエルは安らかに住む。
彼の名は、「主は我らの救い」と呼ばれる。　（五―六節）

新共同訳では「主は我らの救い」と訳されているが、直訳は「主は我らの義」、つまり、ゼデキヤである。それは、「ヨヤキムが行ったように、主の目に悪とされることをことごとく行った」あのゼデキヤと同じ名前である。しかし、あのゼデキヤはネブカドレツァルが王位に就けた傀儡の王であった。まるで、あのゼデキヤの名前が何かの皮肉であるかのように、預言されている王は、主が起こすことになるゼデキヤである。類似点は名前だけである。

彼は「正しい若枝」と呼ばれているので、まだ年若い王が想定されているのであろう。この新しい王をめぐる預言は、二一章から続いていた王たちに対する預言の言葉を締め括るものであった。

「正しい若枝」の到来は「新しい時代」の幕開けとなる。しかし、それは「いつ」のことなどであろうか。

北イスラエルと南ユダの再統合

エレミヤの預言では、「彼の代にユダは救われ、イスラエルは安らかに住む」と言われている。ユダとイスラエルの併置は、何となく慣用句のようにも響く。南北に分裂後の北イスラエル王国は、いわゆる「アッシリア捕囚」によって、滅亡していた。前八世紀のことである。エレミヤの預言は、北のイスラエルと同様に、南のユダも「バビロン捕囚」の憂き目にあっていた時代のことであった。

エレミヤの預言、「彼の代にユダは救われ、イスラエルは安らかに住む」という言葉は、イスラエル民族の再統合を預言しているのではないだろうか。民族の分裂は悲劇である。東西に分裂していたドイツは、ソ連の崩壊によって、再統合を達成したが、南北に分裂した朝鮮民族はいまだに分裂したままで、悲しいことに南北の敵対感情は高まるばかりである。しかし、民族分裂の悲劇は、どこの国よりも先にイスラエルの民が体験していたことであった。エレミヤの預言は、イスラエル民族の最終的統合を展望させるものではないのか。エレミヤの預言には、そこまでの視野があるような気がしてならない。

出エジプトを越えて

イスラエルの民にとって、「出エジプト」の出来事は、エジプトでの隷属状態からの輝かしい解放であった。それは、「過越の祭」によって、繰り返し想起されていた具体的な「救いの出来事」であった。出エジプトの想起については、次のように言われていた。

「あなたたちはこのことを、あなたと子孫のための定めとして、永遠に守らねばならない。また、主が約束されたとおりあなたたちに与えられる土地に入ったとき、この儀式を守らねばならない。また、あなたたちの子供が、『この儀式にはどういう意味があるのですか』と尋ねるときは、こう答えなさい。『これが主の過越の犠牲である。主がエジプト人を撃たれたとき、エジプトにいたイスラエルの人々の家を過ぎ越し、我々の家を救われたのである』と」。
（出エジプト記一二・二四－二七）

過越の際に繰り返し行われてきていた「この儀式」は、しかし、出エジプトの単なる「想起」を越えて、あの救いの出来事の「現在化」であった。それは、教会の聖餐式が最後の晩餐の「想起」であることを越えて、最後の晩餐の「現在化」であるのと同じである。「この儀式」も、解放の出来事が、繰り返し想起されるべき「かつての出来事」であることを越えて、「今、ここで」の現実のものとなる。

その日のことを振り返って、人々は「イスラエルの人々をエジプトの国から導き上った主は生きておられる」と語るのが常であった。ここでは、「主は生きておられる」という言葉が、過去の出来事と現在とをつないでいる。

しかし、人々はもはやそのようには語らない、とエレミヤは言う。代わりに人々は「イスラエルの家の子孫を、北の国や、彼が追いやられた国々から導き上り、帰らせて自分の国に住まわせた主は生きておられる」と言って誓うようになる、と指摘する。それは新しい時代の到来を告げる預言であった。

新しい時代の到来

出エジプトの出来事は、その後のイスラエルの歴史が形成された原点であり、繰り返し想起されるべき規範であった。だから、人々は「イスラエルの人々をエジプトの国から導き上った主は生きておられる」と語り継いできていたのだ。

しかし、人々はもはやそのようには語らない、とエレミヤは語る。代わりに人々は「イスラエルの家の子孫を、北の国や、彼が追いやられた国々から導き上り、帰らせて自分の国に住まわせた主は生きておられる」と語るようになる。それは、新たな原点であり、新たな規範である。それは、バビロン捕囚からの解放が「新たな出エジプト」になる、という意味であり、イスラエルとユダの再統合と再生の起点になる、という意味である。最後の晩餐、つまりイエスと弟子たちの最後の過越の食事が、最初の聖餐式となって、その意味を決定的に変えたように、イスラエルの救済史の起点が、「出エジプト」から「バビロン捕囚からの解放」へと移行する。それは、イスラエルの歴史を回顧し、解釈する新たな視点が与えられたことを意味している。

わたしは、そうせざるを得ない場合を除いて、「平成」という年号を使うことはないのだが、明治、大正、昭和、平成という年号は、それぞれ、その後の日本の歴史の起点となっている、ということであろう。無論、天皇の代替わりが、そうした起点としてふさわしいかどうかは、まったく別問題である。朝鮮通信使の一行が、彼方の朝鮮半島からはるばる江戸を訪ねてきたのは、徳川将軍の代替わりの時であった。しかし、歴史の起点は、歴史解釈の視点を決定する。

「人々はもはや、『イスラエルの人々をエジプトの国から導き上った主は生きておられる』と言って誓わず、『イスラエルの家の子孫を、北の国や、彼が追いやられた国々から導き上り、帰らせて自分の国に住まわせた主は生きておられる』と言って誓うようになる」というエレミヤの預言は、出エジプトという過去の出来事から、その預言が成就するであろう未来の出来事へと目を向けさせる。現在のユダの現状は、過去の出来事の集積の結果である。つまり、現在は過去によって規定されている。他方、終末的展望は、言い換えれば、未来からの展望は、未来から現在を規定させることである。それは、現在を過去の呪縛から解放し、新たな地平を切り開く視点を与える。

希望

二三章は、「災いだ」という言葉で始まっていた。それは、呪いの言葉であり、裁きの言葉であった。エレミヤの言葉は、しかし、三節を起点に呪いと裁きの言葉から、ユダの回復の希望を語る言葉へと転じていく。それは、新しい時代の到来を告げる言葉であった。

　神は、「彼らを牧する牧者」、「正しい若枝」を起こす、と語る。神が起こすその牧者、その若枝によって、新しい時代がもたらされる。その結果、「群れの残った羊」は、その牧者によって「もとの牧場」に帰り、その「群れは子を産み、数を増やす」ことになる。この牧者のもとで、「群れはもはや恐れることも、おびえることもなく、また迷い出ることもない」、そういう時代の到来が語られる。

　エレミヤからずっと後に、「わたしを母の胎内にあるときから選び分け、恵みによって召し出してくださった神が……」（ガラテヤ一・一五）と語って、「わたしはあなたを母の胎内に造る前から、あなたを知っていた。母の胎から生まれる前に、わたしはあなたを聖別し、諸国民の預言者として立てた」（エレミヤ書一・五）と呼びかけられていたエレミヤに、自分の姿を重ね合わせていた使徒パウロは、「それゆえ、信仰と、希望と、愛、この三つは、いつまでも残る」（Ｉコリント一三・一三）と語ることになるが、エレミヤはここでは、「希望」を語る。「ユダの回復」への希望である。何十年前だろうか、その昔「希望という名のあなたをたずねて……」という歌があった。五十歳以下の人は、多分知らない歌だ。その時の何か少しもの悲しいが、清々しい歌声がひたすら懐かしい。呪いと裁きで始まっていたエレミヤの言葉は、最後にはその「希望」で締め括られる。

　「それゆえ、見よ、このような日が来る、と主は言われる」。「主が言われる」という言葉は、何と力強いことか。エレミヤは、「主が言われる」という言葉に揺るぎなく信頼するように、と「群れの残った羊」に訴える。Deus Dixit（デウス・ディクシット「神が語りたもうた」）。それは、バルト神学の起点であった。

参考文献

Ａ・ワイザー『エレミヤ書1―25章　私訳と註解』（ＡＴＤ旧約聖書註解20）月本昭男訳、ＡＴＤ・ＮＴＤ聖書註解刊行会、一九八五年
三田和芳『エレミヤ書・哀歌』（信徒のための聖書講解　旧約15）聖文舎、一九八二年

エレミヤ書　二三章一六―三二節

石井　佑二

一　私訳

一六節　万軍の主はこう言われる。
あなたたちは預言する預言者たちの言葉を聞いてはならない。
彼らはあなたたちを空っぽにさせ、自らの心の幻を語る。それは主の口から出たものではない。

一七節　彼らは私を軽んじる者に対して常に言う。
「平安があなたたちにはある。そう主が語られた」と。
また、かたくなな心で歩き回る全ての者に対して言う。
「災いはあなたたちの上には来ない」と。

一八節　誰が主の会議に立ち、それを見聞きしたか。
誰がその言葉に傾聴したか。

一九節　見よ、この暴風を。激しいつむじ風が悪人の頭上に渦を巻く。

二〇節　主の怒りはおさまらない。その心の計画が果たされるまで。
後の日々に、あなたたちはこのことをはっきりと悟るだろう。

二一節　私はこの預言者を遣わしてはいない。ところが彼らは走る。
私は彼らに語っていない。ところが彼らは預言している。

二二節　もし彼らが私の会議に立ったなら、
彼らは私の民に私の預言を聞かせ、
彼らをその悪しき道から、悪しき行いから、帰らせたであろうに。

二三節　私は近き神であろうか。
――これは主の言葉である――
遠き神ではないのか。

二四節　もし誰かが隠れ場に隠れたなら、
私は彼を見つけられないとでも言うのか。
――これは主の言葉である――
私は天と地に満ちるものではないか。
――これは主の言葉である――

二五節　私は私の名によって偽りの預言をする預言者たちが「私は夢を見た、私は夢を見た」と語ったのを聞いた。
二六節　いつまでこうなのか！　偽りを預言し、その心の虚偽を預言する預言者たちは。
二七節　彼らは私の民に、私の名を忘れさせようと目論んでいる。互いに語るその夢物語によって。彼らの父祖たちが、バアルのために、私の名を忘れた、そのように。
二八節　夢見る預言者は夢物語を語れば良かろう。しかし、私の言葉を持つ者は、真実を持って私の言葉を語るが良い。わらと穀物とが、どんな関わりがあろうか。
——これは主の言葉である——
二九節　私の言葉は火のようではないか——これは主の言葉である——。そして岩を打ち砕く木槌のようではないか。
三〇節　それゆえ、見よ、私は——これは主の言葉である——仲間同士で私の言葉を盗む預言者の敵となる。
三一節　見よ、私は——これは主の言葉である——自分の舌を取って「御告げ」を語る預言者の敵となる。
三二節　見よ、私は——これは主の言葉である——偽りの夢物語を預言し、それを語り、偽りと気まぐれで私の民を迷わせる者の敵となる。私は彼らを遣わしていないし、命じてもいない。彼らはこの民に何の益ももたらさない——これは主の言葉である——。

二　文脈——真剣な洞察をもたらす信仰。感情的な誤用をもたらす信仰

R・E・クレメンツはエレミヤ書第二一—二九章を、「国家とその制度の運命」と題して一つの区分としている。そして「紀元前六〇九年のヨシヤの死から五八七年のエルサレム崩壊直前までの時代の預言に関する新しい部分が、ここから書き始められている」と言う（『現代聖書注解　エレミヤ書』一六九頁）。その一方でクレメンツは、我々のテキストを指して、「その言葉がかれ〔エレミヤ〕の活動のいつ頃宣告されたのかを判断する状況の詳述が、……与えられていないことは、特筆すべきことである」と言う。なぜかと言うと、我々のテキストで言われているような、偽預言者に対する非難は、「いつでも起こり得る誤れる行為という広い問題と関連させられているのである。たぶん、これらの詞は、エレミヤの長い経験におけるさまざまの時点で語られたのであろうから、悩みを与える執拗な反抗やエレミヤの遭遇した挫折を象徴していたのであろう」と言うのである（一八九頁）。エレミヤの戦いの生涯、その全ては神の言葉を偽って用いる者との戦いであった。それが時代の状況によってさまざまに形を変え、政治的様相、宗教的様相を強めたかもしれない。しかしその根本は、神の言葉を神の言葉とする、その戦いであったのである。

王国末期。エレミヤは、偽預言者と結託するユダの王ゼデキヤが始めた、バビロニアへの反逆が、希望のないものであることを確信していた。偽りで感情的な楽観主義を煽る者に対して、エレミヤは「真剣な政治への洞察」を持つ、その信仰を神の言葉の説教を語ることで明らかにしようとする（前掲書一七

二頁）。そしてそのこととして、ここで当時のユダ王国、その民が持つ、エルサレムの主なる神の神殿に集中していた信頼とダビデ王家への信頼を批判するのである。「エレミヤがユダで見たもの、また、ダビデ王家に対する深刻な疑心やしばしば憎悪をかれの内に起こさせたものは、民がそれを感情的に誤用したことであった。それは、誤れる信仰の対象となり、また幻想を求めるための基礎と化してしまったのである。それ故、……独断的な国家主義や意固地な自尊心によってバビロニアの軛《くびき》を振り捨てられるだろうという民衆の信仰を除去できなかったのである。そのような希望は偽りであるという徹底的で断固とした信念をエレミヤにもたらしたものは、正確に言えば、神の本質と普遍的な力に関する無意味で不十分なかれらの理解だった。神を選択するに際し、かれの見た多くの宗教が神の真の本質と矛盾していると認識せざるを得なかったのである」（同一七四―一七五頁）。国民の誰もが、感情的な楽観主義、誤った信仰に導かれている。夢物語の政治。夢物語の経済発展。真実の問題を誤魔化しながら、本質を外したまま歩む国家がある。それに対して、エレミヤは、説教者は、神の言葉をこそ本質として対峙する。神ご自身の言葉を語り続け、真剣な洞察をもって生きようとする。今日の日本の国の姿と、そこで生きる説教者のあるべき姿がここにある。

三　遠き神――我らを愛し、裁く、自由なる神の言葉

　エレミヤは主なる神の言葉として、偽預言者への批判を語る。その強調点は一六節、彼らは「自らの心の幻を語る。それは主の口から出たものではない」（私訳）ということである。彼ら自身は、偽りを語っているつもりはないのかもしれない。しかし決定的なこととして、主なる神に従うよりも、自らの心の幻に従っている。つまり、信仰の服従が無いのである。主なる神を無視して「主が語られた」と言っているのである。預言者の言葉はいつでも、主に服従を求める言葉、悔い改めを求める言葉でなければならない。その言葉を語る者として、まず預言者が主なる神への服従と悔い改めに生きる。エレミヤは主の預言の言葉を語る。二二節「もし彼らが私の会議に立ったなら、彼らは私の民に私の預言を聞かせ、彼らをその悪しき道から、悪しき行いから、帰らせたであろうに」（私訳）。本物の預言者か、偽物の預言者か。その区別は「主の会議に立つ」かどうか。言葉を語る前に、主の言葉を、悔い改めを持って聴く者であるかどうかにかかっている。悔い改めを知らない者の言葉は、人々を虚しい「空っぽ」（一六節、私訳）の状態に導くだけである。

　二三節以下において、神と人間との「距離」が強調される。A・ワイザーは言う。「それは決して抹消されてはならない距離、また神と預言者の関係においてさえ保持され、実に自己の外にある（神の）現実が異なる次元から預言者の個人的な生の場に介入して、力を現す……ような距離なのである」（『エレミヤ書1―25章　私訳と註解』五〇六頁）。二五節以下で、偽預言者たちは、「夢を見た」として、神との「近さ」を語る。そのことによって自分の言葉の正しさを主張しようとする。しかしそのことが、神の言葉の力、その自由を奪うことに彼らは気付かないのである。「エレミヤは、外から臨み、彼を圧倒し、

彼自身の思想や感情に介入するというまさにその点に、つまり逆説的な自己疎外の中に、……真の神の言葉の現実性と真正性を認識したのである」（同、五〇八—五〇九頁）。神の言葉は「火」「木槌」として人間を裁き、しかしそこで真実の導きを示す、愛の言葉として私たちの前に現れる。私たちには捕らえられない、自由なる言葉である。

二四節「私は天と地に満ちるものではないか」（私訳）。これは、神の言葉はいつも私たちの思いを超えているという、神の言葉の自由を示している。カルヴァンは『ジュネーブ教会信仰問答』（外山八郎訳、一九六三年）の中でこう言っている。

問二五　何ゆえ、神は天と地のつくりぬしであると付け加えるのですか。

答　神はそのみ業によって、われわれに御自身をあらわされたゆえ、われわれはこれらの御業において、神をたずね求めるべきであります。なぜならば、われわれの知性は神の本質を理解することができないからであります。けれども、世界はわれわれにとって、ちょうど鏡のようなものであって、この鏡においてわれわれは、神がわれわれにとっていますまま姿のままに、神を考察することができるのであります。

この言葉について、カール・バルトはこう言う。「もしこの世がそれ自体として神的なものであるなら、『神はこの世を愛し給う』ということはできないでしょう。なぜならそうとすれば、神はご自身を愛され、したがって神ひとりだけ、ということになるからです。愛とは、真に異なる二つの存在の間の関係を意味します。したがってこの世はそれ自体が実在なのであり、神のほかに何ものかが存在することを受け入れ給う神の憐れみの証しであります。神とこの世との間には絶対的な不等性があります。だがこの不等性には、両者を結び付ける絆が存していますす。すなわち、被造物は神に依存しているのです。被造物は神に由っており、神がよいものと悪いものとを判断されるのです。『それ自体』が善なるもの、悪なるものはなく、神が善も悪も判断されます。人間の罪はまさに、人間が自分でよいものと悪いものとを判断しようとするところにあります」（『教会の信仰告白』『カール・バルト著作集9』一二二頁）。神とこの世が区別される、その意味での「遠さ」に立つからこそ、この世は神に愛されているものとして立たせられている、と言うことができる。そのことが分かる時、自分自身が世において存在していることは、神の愛がここにあることのしるしだ、とまで言うことができるようになる。神の言葉は、真に「神の」言葉として、悔い改めの中で聞かれなければならない。それを忘れた時、この世界の存在根拠としての神からの愛が失われる。「空っぽ」の世界となってしまう。

ここで私たちの救いの何たるかが語られなければならない。バルトは別の所で言う。「この言葉に対立する言葉は、明らかに次のような夢見られた言葉——たとえこれがどんなに目がさえた、まことしやかなものであろうと、現実の世界と人間の現実存在についての単なる夢であって、そのような夢としてあくまで彼岸的なものでしかない神の言葉、われわれの世界と現実存在の場の中でほかの主体を、別に煩わすこともないが、そうかといってまた照らし出すことも慰めることもなく、相変わらず彼らの被造物的な本質の深みの中に放置しておくだけの神の言葉――であるであろう。しかし神はみ子の中で人間となり、したがって自ら被造物となり給い、今や、この神のみ子がわれわれの実在の世界と現実存在の場で、その証人たちと彼らの証言という形態の中で、引き続いて生き給う。したがって、この証言の中で働く神の力は、また、その場所のただ中で働く具体的な、慰め癒すところの、しかしまた裁き、攻撃するところの力である。それであるからあの夢みられた、あの彼岸的であり続ける神の言葉は、いかに目がさえた、まことしやかな仕方で夢みられようと、そのようなものとして実在の神の言葉ではないのである。われわれは確かに実在の神の言葉を、あらゆる事情のもとで、この空間の中で、(またそのほかにも存在するような)自由と力を持つ主体のうちのひとつとして理解しなければならない」(カール・バルト『教会教義学　神の言葉Ⅱ／3』四二五―四二六頁)。我々は「自由と力を持つ主体」、被造物となった神の言葉、イエス・キリストを証言する、その神の言葉に生きる。神を「近く」に置きたがる我々にとって、それは裁きと攻撃になる。しかしそこにこそある、真実の慰め、癒し、神の愛を語り続けるのである。

四　イーヴァント「説教は……真理において信仰を生み出す神の言葉である」

ドイツ告白教会のハンス・ヨアヒム・イーヴァントは、我々のテキストであるエレミヤ書第二三章二八―三一節の説教をしている。ヒトラー支配のもとにあるドイツ・キリスト者が、ヒトラー政権を支持する言葉を語る、それに対して戦う告白教会の先導者としてのイーヴァントの説教である。その中でこう言う。「わたしたちが、永遠に語られた神の言葉よりも人間の言葉を頼りとし、助けを求めることが本当に稀でしょうか。わたしたちを自分の夢の国から神の現実へと導いてくれそうな橋をくりかえし架けようとして、実際はいっそう深い暗黒へ落ち込むことが、どれほど珍しいでしょうか。夢の国から神の国への道はただ一本しかありません。それは『目を覚ます』ことです。『眠っている者よ、起きなさい。死人のなかから、立ち上がりなさい。そうすれば、キリストがあなたを照すであろう』(口語訳)エペソ五・一四)とあります。……これこそは、もはや被い隠すことの許されない亀裂です。夢とうつつとの亀裂、すでにあったこと(過去)と、現に起こりつつあることとの間の亀裂です。神ご自身がこの亀裂を呼び起こされたのです。神のみ前でもう一度取り繕おうとする者はだれでも、神につまずくことになりましょう。このことを承認した者は、何を恐れねばならないか、何を恐れる必要がないかを知っております。どこに危険が存し、どこに存しないかを知っております」(『清き心をつくり給え』四〇頁)。教会は「目覚め」を説教しなければならない。夢物語のまどろみの中にある者に、その夢の国と現実との間に、真実の「亀裂」としての神の言葉を説教する。真実に恐れるべき亀裂としての「目覚め」を語り、今、暗黒へと落ち込んでいることを語る。

イーヴァントがこの同じ時期に語り、後に『説教学講義』として書き起こされた講義に、この夢物語の危機について語っている言葉がある。「説教とはディダケーである。説教とはたえず新しく侵入してくる誤謬との戦いである」（イーヴァント『説教学講義』七七頁）ということを説く文脈の中で、同じエレミヤ書の箇所から、こう語っている。「夢を見る時は実際、夢を本当のことだと思い込んでいるのである。飢えている人が夢を見ると、ご馳走が山盛りの食卓に着いている。そして飽きるほど食べる。しかし、目覚めれば依然として飢えている。そこが大事なところである。目が覚めると飢えが身に染みる。私が私の言葉を説教すると、そういうことが起こるのである」（九三頁）。そしてイーヴァントは、この過ちから立ち直るために必要なこととして、主なる神への「服従」を説きながら、この戦いについて語る。「正しい教えと誤った教えとの間の戦いは、律法と福音の対立である」（九五頁）。律法の業は、そこに祝福をもたらすことはない。誤った教えは神の恵みを明らかにすることはない。夢物語のまどろみは、人を暗黒に閉じ込めたままにする。イーヴァントはこのことの結論として、こう語る。「このようにして正しい信仰は、律法と福音を正しく区別することによって獲得される。説教は、誤った教えに対して真理に根ざして戦い、真理において信仰を生み出す神の言葉であることのみを誇ることが許される。ただ信仰を裁くだけで信仰を造ることができない説教は、福音から汲み取った言葉ではない。私自身が宣教の言葉によって信仰を得ているときのみ、信仰を裁き得るのである。説教が教会を基礎づけ、教会を裁き、教会を新しくし得るものとなるのである」（九八頁）。その言葉が、新しい信仰を生んでいるか。ここに、私たちの問いは集約される。そしてこの真実の問い掛けこそが、私たちがこの時代において戦う、真実の武器、力となる。新しい信仰、新しい教会がそこに生まれる説教が求められる。この言葉こそが、偽預言者の夢物語にまどろむこの世界に「目覚め」を与える。説教者の、教会の、この世界との戦い、この時代精神との戦いは、ここから始まるのだ。

参考文献

A・ワイザー『エレミヤ書1―25章　私訳と註解』（ATD旧約聖書註解20）月本昭男訳、ATD・NTD聖書註解刊行会、一九八五年

カール・バルト『カール・バルト著作集9』宍戸達・久米博・井上良雄訳、新教出版社、一九七一年

カール・バルト『教会教義学　神の言葉II／3』吉永正義訳、新教出版社、一九七七年

ハンス・ヨアヒム・イーヴァント『イーヴァント著作選1　説教学講義』加藤常昭訳、新教出版社、二〇〇九年

ハンス・ヨアヒム・イーヴァント『清き心をつくり給え――H・J・イーヴァント説教集』出村彰訳、日本キリスト教団出版局、一九八〇年

R・E・クレメンツ『エレミヤ書』（現代聖書注解）佐々木哲夫訳、日本キリスト教団出版局、一九九一年

エレミヤ書　二四章一―一〇節

橋谷　英徳

一　希望のメッセージを

エレミヤは神殿の前に二つの籠を見た。一つの籠に「初なりのいちじくのような、非常に良いいちじく」を、もう一つの籠に「非常に悪くて食べられないいちじく」が入っているのを……。そこで主はエレミヤに呼びかけられ、この幻を解き明かされる。良いいちじくがバビロンに捕囚として連れ去られた民、悪いいちじくは残留の民であるとされる。このテキストから説教する道を尋ねたい。

この黙想のために、聖書と共にいくつかの注解書を手にとって読んだ。それは楽しい作業でもあり、頷けることも多く見いだせた。しかし、なお途方に暮れた。一体、どのような言葉を、ここから語ることができるのかと……。

途方に暮れつつ、思い起こしたのが優れた旧約学者、説教者でもあった左近淑の、黙想集『混沌への光』の序の言葉である。これには「旧約聖書の読み方」という副題がつけられている。この序には、学者である著者がひとりの信仰者として旧約聖書をどのように読んできたのかが明かされており、興味深い。著者は、「今日をあえぎながら生きる現代人として、過去の書物である旧約聖書をどのようにして今日のものとして読むか」、このことにここ数年の間、焦点を置いてきたと言う。さらに次のような講演のレジュメの言葉が引用されている。

旧約聖書は崩壊の影を濃くしている現代とはほど遠いところにある、と人は思う。本当にそうなのか。旧約聖書を使って説教がしにくい、という声も聞く。

旧約聖書は全体として崩壊期の思想である。崩壊の時代〈の中で〉、真正面からそれ〈を〉取り上げ、それ〈について〉神学的に考え、時代を生き抜いてきたのが旧約聖書である、とわたしは思う。だから、これほど身近にそして深く現代に向かって語っているものはない。……

「時代の苦悩」をぶつけるようにして読む、そのとき旧約聖書の言葉は語り出す。エレミヤの言葉も、いやエレミヤの言葉こそ、崩壊期の言葉である。底知れないほどの深い苦悩が宿っている。

アメリカの聖書学者であるルイス・スタルマンは、『危機における希望の使者エレミヤ』という論文（二〇〇八年）で、やはり現代の苦悩とエレミヤ書を重ねる。エレミヤは、「時期外れの代弁者」であり、「彼が生きた時代よりも、むしろ現代のわれわれに対して、より特別で、より直接的な形で語りかけている」（ウィリアム・ホラデイ）。ルイスは、次のような現代の危機のリストをあげる。

「危機にある都市」、「無秩序な学校」、「次世代を脅かし、すでに縮小している最低限の人的支援のための予算をさらに削るほどまでに増大した国の負債」、「疎外と非人間化をもたらす技術革新」、「自分自身の価値を見失わせる消費至上主義」、「外国人嫌いに根差し、福音主義的信仰を装った移民政策」、「恨みと憤りと悲惨な絶望を増殖させるグローバル経済政策」、「代替不可能な天然資源（また文化資源）の急速な枯渇」、「世界で最も脆弱な地域社会において基礎的医療、十分な食糧、安全な水が行き渡っていないという現状」、「拷問や体制がもたらす市民の死を含む残虐な暴力行為に対する無関心の増大」、「性商品として収奪される子どもたち」……。

これらのリストは現代世界の現実を映し出しており、このような現実は、今はより切迫し、深刻化している。このほとんどすべては日本の社会にも適合する。エレミヤは、このような今私たちが生きている終末的・危機的な世界にこそ語っている。ルイスはさらにこう続ける。

「この文学作品に想定される読者は、あるときには拒絶のうちに、あるときには絶望のうちに、またあるときには反抗のうちに、自らが土壇場に立たされていることを悟る。その点でエレミヤ書は明らかに終末論的であり、バビロニアの辺境で手に負えない喪失を耐え忍び、そこでなんとか生活している寄る辺ない者たちに語りかけている。言うなれば、エレミヤ書は戦争文学であり、壊滅させられた世界、粉砕された共同体、尊ばれていた制度の崩壊について、また、その深い裂け目を埋めてくれる有効な代案が現れるまでの人生をどう生きたらよいかについて語っている」。

ルイスの指摘は、このテキストの説教に光を当ててくれる。重要なのは、一体、この預言者の言葉を聞いたのは誰なのか、聴き手は一体誰なのかということである。エレミヤ書の聴き手は、捕囚の民であり、「喪失を耐え忍び、そこでなんとか生活している寄る辺ない民である」と。そして、エレミヤ自身もまたそのひとりなのである。

エレミヤの言葉は宛先のない手紙のようなものではない。明確な宛先を持っている言葉である。このテキストからの説教もはっきりとした宛先をもった「愛の手紙」としての説教（加藤常昭）、希望をもたらす説教となる。事実、私たち自身も説教の聴き手も、あえぎながら今の時代を生きている、寄る辺なくなんとか生きている。そこに向かって語られる〈希望〉の言葉、それがテキストの説教となるであろう。

二　希望を失ってはならない

エレミヤ書は、前半部と後半部の二つに区分される。一章から二五章までが「抜く・壊す」（審き）を主題とし、二六章から五二章までは「建てる・植える」（救い）を主題とする。二四章は、前半部の終結部に位置するが、審きが語られているのかというとそうではない。後半の主題が、顔を覗かせる。それは六―七節からも明らかである。

「彼らに目を留めて恵みを与え、この地に連れ戻す。彼らを建てて、倒さず、植えて、抜くことはない。そしてわたしは、わたしが主であることを知る心を彼らに与える。彼らはわたしの民となり、わたしは彼らの神となる。彼らは真心をもってわたしのもとへ帰って来る」。

この言葉は、三一章三一―三四節のエレミヤ書の心臓部とも言える新しい契約を告げる言葉と重なる。新しい契約がすでにここで先立って、語られているところに特質がある。この新しい契約にあずかるのが、良いいちじく、つまり、捕囚の民である。エルサレムに残留した者たちはこの恵みにあずかることができない。これは人間的には、ありそうにはないこと、全く意外なことである。

なぜなら、捕囚として連れ去られることは、バビロンという異教の国に住むことを意味した。バビロンは、神の民にとって敵である。神殿からも遠く離され、異教の地に生きなければならなかった。しかも、ここに連れ去られた王や上流階級の者、指導的な立場にあった者たちは、自らの罪のゆえに審きを受けて、捕囚となった。一体、どこに望みがあるというのか。どう見ても、エルサレムに残留が許された者は、神の恵みにあずかったのであり、捕囚となった者は神に見捨てられた者であった。しかし、ここで神は、「そうではない」とされる。

ここでの預言者のメッセージの基調音は、希望である。エレミヤは、ここで神からの罰を受け、喪失に悩み、苦しむ民と向かい合って立ち、彼らに語りかける。『抜き・壊す』こと、それで終わりではない、ここからはじまる。『抜き・壊す』、その先に、『建てる・植える』がはじまる。それゆえ、希望を失ってはならない」と。「抜き・壊す」はそれ自身が目的なのではない。「抜き・壊す」のは、「建てる・植える」ためである。これが神のなさり方である。そうであれば、「抜き・壊す」ということが起こることは、望みのないことではない。

ではこの「建てる・植える」はどのようにしてなされるのか。バビロン捕囚は、彼らの契約違反の罪に対する刑罰であった。しかし、その彼らが「良いいちじく」として見出されるようになる。それはどういうことか。それは「わたしは、わたしが主であることを知る心を彼らに与える」という、ただ神の側の恵みの御業による。同時にそれはまた彼らが「真心をもってわたし（神）のもとへ帰って来る」ということによる。つまり、悔い改め（メタノイア）、方向転換が起こる。捕囚の民は、その地で、自分たちの罪を見つめ、認め、神のもとに立ち帰るようになる。

このことは捕囚の民すべてが自動的に「良いいちじく」となるということではない。捕囚によって、つらい目に遭い、身も心もボロボロにされる。しかし、そのボロボロにされるところ、そこではじめて神のもとに帰るという奇跡が起こる。ちょうど、放蕩に身を持ち崩して身上をすべて食いつぶし、豚の食べるいなご豆で腹を満たしたところで、父の家のことを思い起こしたあの弟息子と同じことが起こされる（ルカ一五・一一以下）。その人は神のもとに帰った時には、このように語りはじめる。「卑しめられたのはわたしのために良いことでした。わたしはあなたの掟を学ぶようになりました」（詩編一一九・七一）。神の前に「卑しめられる」こと、それは低くされることであり、砕かれることを意味する。人は、そこでしか神の慈しみ、憐れみを知ることはできない。

一方、エルサレムに残留した者たちは、彼らは自らを罪なしとみなしてしまう。彼らは砕かれることはない。そのために罪は残り、新しい契約にあずかることはない。

ここまでも見てきたように、良いいちじくと悪いいちじくは、同じ比重で並列的に語られているのではない。エレミヤがここで語りかけているのは、危機的な状況で、悲嘆に暮れ生きている民である。「希望はある。その希望は、ただ神に、神の近くにおられる」。みと憐れみにこそある。神は打ち砕かれた者の近くにおられる」。

では、この新しい契約は、いつ実現するのであろうか。そのことについてエレミヤははっきりとは語っていない。それはまず第一には捕囚からの帰還によってである。しかし、それだけではない。主イエス・キリストの来臨、十字架と復活、聖霊の降臨、つまりは、今日の私たちキリスト者において実現している。同時に、私たちにおいてもなお途上にある。その意味では、キリストの再臨、終わりの日の到来（黙示録二一・一以下）をも指し示しているとも言えるように思う。いずれにしても、この神の救いがあるゆえに、今も、たとえどのような時代状況の中にあったとしても私たちには希望がある。

三　希望に生きた人びと

説教黙想において、み言葉と関わる具体的な人びとのことを思い起こすことにも意味があるであろう。そのことによって、み言葉のメッセージはより鮮明になる。

①アウグスティーヌス

今、祈禱会で全十二巻の「魂への配慮の歴史」という書物から学んでいる。魂への配慮に生きた歴史上の人びとに焦点を当てて学び続け、先日、第三巻のアウグスティーヌスに至った。ここにアウグスティーヌスの『告白』の第10巻の言葉が引用されていた。

「私を、もっとも深いところで癒やしてくださる方、私にはっきり示してください。私が、このようなことを何のためにしているのかを。あなたは私の魂を、信仰と、あなたが与えてくださったサクラメントを通じて、すっかり変えてくださり、私の罪を赦し、覆い、私をあなたのうちにあって、祝福された者としてくださったのです。私がこれまで犯した罪の告白を、誰かが読み、あるいは聴いてくれるならば、そのひとのこころを、この告白が目覚めさせ、そのこころが絶望して、『私はもう駄目だ』などと言わないですむようにしてください。そうではなくて、あなたの慈しみを愛し、あなたの恵みを喜ぶことによって、目覚めることができますように」。

ここでアウグスティーヌスは神に祈りをささげつつ、なぜこのような〈告白〉をしているのかということを明かにする。それは誰も「私はもう駄目だ」などと言わないようにするためであると言うのである。つまり、彼は『告白』を誰も「私はもう駄目だ」とは言わないために書き記した。『告白』はそのような魂への配慮の書物なのである。彼自身、その人生の歩みのなかで、自らの罪のゆえに、「私はもう駄目だ」、「もう終わりだ」と思うことがあったのである。しかし、彼はそこでキリストと出会った。アウグスティーヌスは自分に表された神の恵みを証しすることを通し、この告白を聞く者もまた同じように恵みを体験し、「私はもう駄目だ」などと言うことのないようにしたいと言うのである。

エレミヤにも同じことが見られるのではないか。エレミヤ自身、「もう駄目だ」と思ったのではないか。しかし、そこで主の言葉を聞き、どん底において望みを見出した。そして、その彼がバビロンに捕らえられた民に語りかけるのである。この「抜き、壊す」という審きの後に神は「建て、植えられる」のである。審き（苦難）を通って、恵みは訪れる。

私たちが日々出会う人びとのなかには終末的世界に生きて、「私はもう駄目だ」と思っている人はほんとうに多い。その人たちに向かって、その病める魂に配慮しつつ、この幻を語りたい。主イエスの救いが与えられた今、もう駄目だなどということは言わなくて良いのだから。

②風の谷のナウシカ

宮﨑駿の『風の谷のナウシカ』というアニメがある。物語は、巨大産業文明の滅亡千年後という設定である。人類はわずかに残された移住可能な土地に点在していた。その中の一つが、「風の谷」と呼ばれる集落である。その土地を父の代理で治めるのが主人公である十六歳の少女ナウシカである。世界戦争によって、世界は異型の生態系に覆われ、まさに終末的世界の中にあった。その中でナウシカと共に生きる人びとが、人と大地の生きる道を求める物語である。映画と原作はいくつかの点で異なる。原作の結びにはナウシカの次のようなせりふが記されている。

「私達はあまりに多くのものを失いました
でもすべては終わったのです
いまはすべてをはじめるときです」

東西冷戦の時代の中で先の見えない不安、終末論的な恐れが子どもたちの中にもあった一九八〇年代にこの作品は発表されている。著者は希望のメッセージを当時の主な読者であった少年少女に語りかけたかったのであろう。もう終わりではないか、もう駄目なのではないか、そういう思いに囚われて生きてしまっている人びとに、ナウシカという希望に生きるモデルを提示して、「生きよ」というメッセージを届けようとした。この終末的な時代の中で、エレミヤもまた、いや聖書の言葉こそ、希望を告げる。キリスト者は、神の救い、十字架と復活、再臨のゆえに、終末的世界の中で希望を生きる人である。

③ある姉妹

二十年を越えてアフリカで医療宣教師として働くひとりの姉

妹がいる。先日この姉妹のインタビューが、テレビで放映された。そこで、癌を病んだ経験について語られた。「どんな思いでしたか?」と尋ねられた姉妹は、ただ一言、こんな言葉を語られた。「砕かれますね」。

このひとことの言葉が印象に残った。同時に若い日に聞いたある言葉を思い起こす。記憶の言葉なので正確ではないがこんな言葉であった。「苦難は乗り越えるものではなく、身を屈めてくぐるものです」。

バビロン捕囚という苦難、それは神の民が神のみ前に身を屈めるために与えられた。今日の私たちに今、与えられている苦難も、同じである。砕かれて、神のみ前に身を屈める、そこに希望が見いだせる。

「塵に口をつけよ、望みが見いだせるかもしれない」。

（哀歌三・二九）

④ディートリッヒ・ボンヘッファー

ナチス、ヒトラーに抵抗し、捕らえられて殉教したディートリッヒ・ボンヘッファーは死の直前、一九四五年四月九日の日曜日に礼拝をささげた。その時、彼が語った言葉が伝えられている。

「これが最後です。私にとっては命の始まりです」。

この言葉を残して、彼は処刑された。その死の様子を目撃した収容所付きの医師の一人は、こう書き残している。

判決文が読み上げられた。私はボンヘッファー牧師が、床に跪いて彼の主なる神に真摯な祈りを捧げているのを見た。この祈りが、神は確かに祈りを聞き給うという確信に溢れていたのに、私は非常に深い感銘を受けた。処刑される時にも彼は短い祈りを捧げ、それから力強く落ち着いて絞首台への階段を登っていった。死はその数秒後に訪れた。私は医者としての生涯の中で、この様に神に全くすべてを委ねて死についた人を見たことはない。

危機的状況は個々人の病や苦難、また死においても現れる。私たちは、キリストの十字架と復活のゆえに、このような個人的な危機においても希望を失うことはない。キリストによって、死もまた終わりではなく、永遠の命の門の入り口になったからである。

慰めと希望のメッセージをここから語りたい。「駄目ということはない。希望はある」と。

主な参考文献

安田吉三郎『新聖書注解四』いのちのことば社、一九七四年

ルイス・J・スタルマン他『日本版インタープリテイション82 エレミヤの肖像』聖公会出版、二〇一三年

アルフレート・シントラー他『魂への配慮の歴史3 古代教会の牧会者たちⅡ』加藤常昭訳、日本キリスト教団出版局、二〇〇〇年

宮﨑 駿『風の谷のナウシカ』徳間書店、一九九四年

村上 伸「ボンヘッファーの最期の日々」、「ＦＥＢＣ１５６６」二〇一四年九月号（http://archives.febcjp.com/2014/08/bonh140912_02/）

エレミヤ書　二五章一五―二九節

浅野　直樹

テキストの文脈

本稿の対象となる箇所は、全部で三十八節ある二五章を三区分すると、その中間部に位置する。前半部はこれまでの歴史的な経緯が書かれていて、全体の脈絡を把握するのに重要なので、まずはその要約をまとめておく。

この預言がヨヤキム王の四年目、バビロンの王ネブカドレッツァルが即位した年（紀元前六〇五年）にエレミヤに臨んだことが示される。その後二十三年間、エレミヤは繰り返し悔い改めを呼びかけ警告を発したにもかかわらず、ユダの民は耳を傾けず、主なる神から離れ、自分たちの手で造った神々を拝み続けた。それゆえ神は、バビロンの王ネブカドレッツァルを神の僕として遣わし、ユダのすべてをことごとく滅ぼす。バビロンの支配は七十年続くが、その後神はバビロンをも滅ぼすと預言する。以上が二五章前半の概略である。ここでは預言の言葉が歴史を踏まえて、歴史の中で語られている。なぜエレミヤが預言したのか。神が怒り、神の罰が下ったのはなぜなのか。そうした背景が歴史の中から見えてくる。

それと比べると「それゆえ」でつながる一五節以下にはそうした歴史性はなく、もっぱら神の怒りの表出である。それを敢えて区分するなら中間部の二九節までと、三〇節から最後までの後半部の二つに分けられるが、両者には預言文学的な表現の差異こそあれ、それぞれが指し示す預言メッセージの本質は同じといえる。描かれているのは、いずれも徹底して神の怒りである。一五節から二九節までは、国々の滅亡のことを神の怒りの杯を飲むという比喩でたとえられる。三〇節以降は、平和な牧場を突如激しい嵐が襲いかかり、その結果すべてが破壊されてしまうという物語描写によって、神の怒りと罰が韻文形式で示される。

本テキストの多くの部分は、諸国民とその王たちの固有名詞が占めている。彼らそれぞれに神の怒りと罰が下される。その他の預言メッセージそのものは、彼らが主の怒りの杯を飲まされて苦しみ倒れることと、そこから誰も逃れられないという宣言的な預言のみにとどまり、表現の豊かさという点においては、後半部の三〇節以下に遠く及ばない。

諸国民の預言者

エレミヤが召命を受けたとき、主がエレミヤに告げたのは、

「わたしはあなたを聖別し、諸国民の預言者として立てた」（一・五）であった。エレミヤはユダ王国だけのための預言者ではない。神は、それ以外の近隣諸地域、諸民族に対してもエレミヤを預言者として遣わしたのである。一七節から二六節にかけて立て続けに名を連ねる諸国民、町々の人々そして王たちすべてが、神の怒りの杯を受けるべき対象者となっている。

まずは「エルサレムとユダの町々」（一八節）から始まる。そして次に杯はエジプトに回り、ファラオとその家臣、高官さらには民たちへ。まさに国民すべて、一人残らず含まれていく。エジプトは、当時のイスラエルが最も警戒し外交面で苦慮していた西の大国である。東では北イスラエル王国を滅ぼしたアッシリアが衰退、あらたにネブカドレツァル王率いるバビロン帝国が脅威となってくるのだが、エジプトも依然として脅威であり続けた。ヨシヤ王はエジプトとの戦いに敗れ、ヨヤキム王はエジプトに擁立されるという具合に、エジプトはユダ王国に影響力を及ぼした。そのエジプトが、神の怒りの酒をまず飲まされる国リストのトップに登場している。エジプトに対する強い警戒心の表れである。続いて近隣の周辺諸国民と王たちの名前がリストに並ぶ。

最後にバビロン

そしてリストはバビロンが最後を締めくくり、「最後にシェシャク（バビロン）の王が飲む」（二六節）。神の怒りの杯は、まずエジプトに始まり、「近くにいる者にも遠くにいる者にもそれぞれ、すなわち、地上のすべての王国」（二六節）を廻り巡る。こうして、国から国へと行き廻り、神の怒りを振る舞っていったのは新バビロン帝国である。その王ネブカドレツァルが暴れ回り、神の怒りの杯を無理矢理飲ませていった。ところが最後には、飲ませて回ったバビロン自身がこの杯を飲むことになるとは、バビロンにとって皮肉な結末である。

皮肉な結末は、等しくユダにも当てはまる。主はバビロンの王ネブカドレツァルのことを、「わたしの僕」（九節）とエレミヤに語らせた。異教の神マルドゥクを拝み、強大な軍事力でユダ王国とその周辺諸国を飲み込み支配下に置こうとする王を、本来神の僕とは呼べないはずだ。けれどもここでは、ネブカドレツァルが神の器とされている。主を崇めるユダヤの民にとって、これもまた強烈な皮肉ではないか。まさか自分たちが信頼を置く神が、自分たちの敵を僕と呼び、我々に襲いかかろうとするのをよしとするとは……。

なぜ国々なのか

エレミヤは諸国民の預言者として立てられたのだが、このことにクレメンツは率直な疑問を投げかける。イスラエル以外の民に対する預言は、エレミヤに限らず他にも数々あるが、いずれも理解に苦しむと述べている。預言そのものはイスラエルに対して語られていて他民族には届いていないのに、いったい彼らは聞いていない預言に対してどう対処したらよいのかと。また他民族に対する預言を聞かされたユダヤ人は、それをどう受け止めたらよいのかという問題もある。ひとつの見解として、将来、南ユダにとって脅威となるかもしれない周辺諸国への警告を、南ユダ側から発する機会、すなわち近隣他部族に対して、「私たちの神である主が、あなたがたに危機が迫っているという預言を語っていますよ。ご注意ください」と忠告することで、相手を牽制することができると、クレメンツはいう。自国を有利に導くための外交手段として預言が用いられているという見方だ。確かに、詩編二編の「なにゆえ、国々は騒ぎ立ち、人々はむなしく声をあげるのか。なにゆえ、地上の王は構え、支配者は結束して主に逆らい、主の油注がれた方に逆らうのか」(一―二節)は、イスラエルと近隣諸国とのそうした緊張関係を伝えているので、そのように考えられるかもしれないが、ここでは少し事情が違っている。なぜならば、もしもこの預言を他国に伝えるとしても、自分たち南ユダ王国も同じくバビロン帝国によって滅ぼされるという預言なので、自国のことを棚上げして周辺諸国を気遣うような余裕はないはずだ。そもそもエレミヤがこの預言をしたときの王ヨヤキムは、エレミヤの預言をまったく聴こうとしなかった。聴かないどころか、バルクが口述筆記した預言の巻物を破り捨てて火にくべてしまう。自国に向けて語られた言葉は拒絶し、他国にそれを当てはめて警告するという虫のよさは愚かしい。

聞かざる王

ヨヤキム王がエレミヤの預言に耳を傾けなかったことこそ、最大の問題である。現代社会では科学技術が国の将来の行方を大きく左右するのでそういうことはないが、エレミヤを含め旧約時代では、預言者の予見的発言には強い政治的影響力があった。発言が権力者の心を大きく動かすことができた。権力者にとって預言者の意見を聴くことは、先が見えない未来に向けて次なる一手をどうするかを決めるにあたり、極めて重要であった。ヨヤキムも主なる神を崇める信仰者であり、主の声を聞く耳はもっていた。けれどもエレミヤを通して届いたその声は、彼にとって聴くに堪えなかったのだ。ネブカドレツァルが神の僕となってユダを滅ぼす、あなたにはもう打つ手は何もない、ただバビロンの王に従え、というものだった。もともとヨヤキムは、もうひとつの大国エジプトによって立てられた親エジプト王であり反バビロンだっただけに、なおのことこの声は受け入れられなかった。

自分にとって都合がよければ聴くが、そうでなければ無視する。ヨヤキムがとったこの態度は、キリスト教信仰者の抱える罪の姿でもある。聖書の教えから心が離れ、自分の考えと自分の思いを優先させるという誘惑は、いつの時代も私たちを蝕む。キリストを信じその教えに心打たれて委ねて生きようという思いがあるのに、その信仰を生かすことができない。そう思うとエレミヤの声を無視したヨヤキムを責める気持ちにはなれない。

滅びの杯を飲まされる

ヨヤキム王治世におけるエレミヤの預言は、木田によればエレミヤの活動の後期にあたる。後期預言メッセージの中心のひとつが、バビロンによる南ユダ王国の滅亡であり、さらに周辺諸国の滅亡であった。したがって本稿が対象とする箇所には、まさしくそのものが書き記してある。ただし内容的には、その要約というべきである。さらに詳しいユダに対する預言は二二―二四章、三六章にある。周辺諸国については四六―四九章に、バビロンの滅亡については、五〇―五一章にわたって長く語られている。

本箇所における預言の特徴は、バビロンの脅威を語るにおいて、神の手から注がれる怒りの酒の杯を、国々が否応なく飲まされることだと表現する点である。「わたしの手から怒りの酒の杯を取り、わたしがあなたを遣わすすべての国々にそれを飲ませよ。彼らは飲んでよろめき」（一五―一六節）、「飲んで酔い、おう吐し、倒れて起き上がるな」（二七節）とある。ユダも含めて国々は、自ら飲んで酔っ払いよろめくわけではない。神によって飲まされるのである。うっかり飲み過ぎて酒気帯び運転で捕まり、罰金を払わされるといった自分の過失とは違う。飲みたくもない怒りの酒を、無理矢理飲まされる、しかも神に飲まされるのである。

二十三年間の苦悩

なぜ飲まされることになったのか。その答えは預言の中にあり、「今日に至るまで二十三年の間、主の言葉はわたしに臨み、わたしは倦《う》むことなく語り聞かせたのに、お前たちは従わなかった」（三節）からである。エレミヤの預言活動は、ヨシヤ王治世第十三年（紀元前六二七年）から、エレミヤがエジプトへ連行されるまで（紀元前五八五年頃）（木田）とされるから、全部で四十二年に及ぶ。また木田は、後半の開始をファラオ・ネコによってヨヤキムがユダの王とされる紀元前六〇九年と位置づける。したがって一節の「ユダの王、ヨシヤの子ヨヤキムの第四年」は紀元前六〇五年となり、二十三年間の中には前半期に加えて後半期の預言活動初期も含まれてくる。そしてこの年は、カルケミシュにおいてネブカドレツァルがアッシリアを滅亡させた年だ。翌年ネブカドレツァルは新バビロン帝国の王に即位する。この六〇五年の事件が、エレミヤの預言活動の大きな節目となった。したがって二十三年間の中には、ヨシヤ王の治世とヨヤキム王治世の四年目までが含まれてくる。歴史的出来事としていうなら、ヨシヤ王の宗教改革とヨヤキム王治世のカルケミシュの戦いがここに含まれる。いずれもイスラエル史を語るうえでの重要な節目である。その間ユダの民とエルサレムの住民は、「耳を傾けず、従わなかった」（四節）。若くして預言者として立てられたエレミヤだったが、ここに至るまで二十三年間ずっと、彼の預言は耳を傾けてもらえなかった。そのためにエレミヤは預言者として苦悩し続けたのである。そうした苦悩は、「エレミヤの告白」と呼ばれる五つの箇所に表れている（一一・一八―一二・六、一五・一〇―二一、一七・一四―一八、一八・一八―二三、二〇・七―一八）。

ヨシヤ王の改革とエレミヤ

ヨシヤ王の宗教改革は、直接的なきっかけとしてはエルサレム神殿の修復工事で申命記の律法を発見したことであったが、たったそれだけのことで地方聖所廃止を断行するなどとは到底考えられないわけで、実際には深刻な内部事情を社会全体が抱えていたからである。ヨシヤ王が即位する約百年前、北イスラエルがアッシリアによって滅ぼされた。預言者エレミヤは、北イスラエルがなぜ滅びたのかを問うた。その答えは、北イスラエルが主である神を捨てて、カナンの神バアルを拝み、それにまつわる淫行が社会にはびこったからだと結論づけた。そうした傾向は、当然のこと今や南ユダにも及んでいるのを見て、このままでは南ユダも滅びてしまう、なんとかしなければならないと、ヨシヤ王もエレミヤも考えた。地方聖所の廃止は、唯一の神である主のみを礼拝するべく、他の神々への信仰と習慣を排除するための計画だった。初期のエレミヤは、こうしたヨシヤ王の政策に則して預言した。

「『背信の子らよ、立ち帰れ。わたしは背いたお前たちをいやす。』『我々はあなたのもとに参ります。あなたこそ我々の主なる神です。まことに、どの丘の祭りも、山々での騒ぎも偽りにすぎません。まことに、我々の主なる神に、イスラエルの救いがあるのです』」（三・二二―二三）。

このようにエレミヤは、人々が悔い改めて主に立ち帰ることを呼びかけたのだった。

預言者の危機

これに対して人々の受け止めは、エレミヤの期待に反するものだった。特に、地元アナトトをはじめ地方都市から強い反対を受けた。宗教という形をとり、民衆の魂にすり込まれた文化と伝統は容易に変えられるものではない。この点は、日本におけるキリスト教伝道が抱える問題でもあるので理解しやすい。日本に置き換えるなら、ヨシヤ王は廃仏毀釈をしたのである。エレミヤはそれを支援したことになる。人々が長年にわたって拝み、大切にしてきた神具が破壊されたときの感情の発露は計り知れない。エレミヤはそれをまともに被った。

初期の預言でもうひとつ忘れてはならないのは、「北からの災い」である。北方から傾いている「煮えたぎる鍋」（一・一三）の幻は、ユダの民の恐怖心を煽ったが、この災いが木田の支持するスキタイ族とするならば、実際にはそれらしき出来事は起こらなかったため、エレミヤの預言がはずれたのである。誠実に熱く訴えた若き日のエレミヤ。若さゆえに失敗も許されて良さそうだが、社会を騒がせた責任は軽くなかった。嘲笑と預言者としての信用失墜、そして大きな批判がエレミヤに浴びせられた。エレミヤは、すでに初期から預言者として窮地に立たされていた。

こうした歴史的背景をもとに、なぜユダと周辺諸国が怒りの酒の杯を飲まされることになったのかを短くまとめてみたい。前半期のエレミヤは、ヨシヤ王の政策を支持して地方聖所廃止を促す預言活動を行った。それによって地元民を含め地方都市から反感を買い大きな抵抗に遭った。また「北からの災い」の預言がはずれたことで、彼は預言者としての信用を失った。誰もエレミヤの言葉を聞かなくなってしまうというのは、当然の結果でもある。

神の怒りの杯

ヨシヤ王亡き後、王の支持も得られず苦悩し嘆くエレミヤに届いたのは、ネブカドレツァルがアッシリア帝国を滅ぼしたという知らせだった。「北からの災い」は、もともとは北方の騎馬民族のスキタイ族を想定していたが、あれから二十三年経った今、バビロンによってそれが実現しようとしている。とうとう来るべき時が来た。風雲急を告げている。批判と嘲笑の嵐にめげることなく、預言者エレミヤは再び語り始めた。そしてその表現は過激だった。

「わたしの手から怒りの酒の杯を取り、わたしがあなたを遣わすすべての国々にそれを飲ませよ。彼らは飲んでよろめき、わたしが彼らの中に剣を送るとき、恐怖にもだえる」(一五―一六節)。

二八節「お前たちは必ず飲むことになる」は、バビロンの脅威が目前に迫っている今、この杯をもはや避けることはできないと告げている。バビロンの脅威を予測したのはエレミヤだけではなかった。ヨヤキム王の側近の高官も、同じ見通しをもっていた。にもかかわらずヨヤキム王だけは、周りの声を聴くことなくバビロンに背いた。エジプト寄りのヨヤキムには、もはや情勢を客観的に見ることができなかった。

神の「怒りの酒の杯」を飲ませるという比喩は、他にほとんど例がない。エレミヤ書四九章に「怒りの杯」が一度出てくるが、すでに触れたように四九章は、二五章の記事を詳細に述べている箇所であり、そういう意味では同一の脈絡である。新約聖書黙示録に、「神の怒りの杯」が一度出てくる。「神の怒りの杯に混ぜものなしに注がれた、神の怒りのぶどう酒を飲むことになり、また、聖なる天使たちと小羊の前で、火と硫黄で苦しめられることになる」(一四・一〇)。これは、延々と続く終末の黙示文学表現の中の一節である。

エレミヤ書は預言書であるが、ダニエル書やエゼキエル書のような黙示文学特有の終末的象徴表現があるわけではない。けれども北イスラエルがアッシリアによって滅び、今度は南ユダにもバビロン帝国の脅威が迫っているという危機的状況は、地球規模の終末ではないにしても、彼らにとってはまさしく終末への序章と受け取れたであろう。

ヨハネ黙示録における「神の怒りの杯」は、エレミヤ書のこの部分から比喩的イメージを連想した可能性がある。それは以下三つの共通点による。(一)直前の八節でローマ帝国のことを、「大バビロン」として描いている。「大バビロンが倒れた。怒りを招くみだらな行いのぶどう酒を、諸国の民に飲ませたこの都が」。(二)ヨハネ黙示録でも杯を用意したのはほかでもない、神御自身である。神が用意した、「神の怒りの杯に混ぜものなしに注がれた、神の怒りのぶどう酒」である。(三)それを飲まされるのは偶像を拝む者たち、「獣とその像を拝み、額や手にこの獣の刻印を受ける者」(九節)である。

一方、エレミヤはバビロンのことを主の僕と呼んだが、ヨハネ黙示録の大バビロン(ローマ)はそうではなく、諸国の民に「みだらな行いのぶどう酒」を飲ませて神の怒りを買っている存在なので、この点は異なる。いずれにしても「神の怒りの杯」という比喩は、神の怒りを最高レベルにまで高めた表現といえる。

参考文献

木田献一、清重尚弘「エレミヤ書」、高橋虔、B・シュナイダー監修『新共同訳 旧約聖書注解Ⅱ』日本キリスト教団出版局、一九九四年

木田献一『エレミヤ書を読む』(旧約聖書4)筑摩書房、一九九〇年

James Philip Hyatt & Stanley Romaine Hopper, *The Interpreter's Bible*, vol.5: The Book of Jeremiah, Abingdon Press, 1987

エレミヤ書　二六章一―一九節

徳田　宣義

> 礼拝する人間こそ、世が本当に仕えるべき方がどなたなのか知っており、そうでないものを拝まず、この世の権威に屈しない自由を知っている。
> （芳賀力『神学の小径Ｉ　啓示への問い』キリスト新聞社、二〇〇八年、三一九頁）

> 教会の預言者的役割は、何よりも先に主イエス・キリストの証人の集いを持続することでなければならない。
> （熊野義孝『熊野義孝全集　別巻Ｉ』新教出版社、一九八四年、二四三頁）

テキストの位置

第二六章からエレミヤ書の後半部となる。第二七―二九章の偽りの預言者の前に、当該箇所が配置され、エレミヤが真の預言者であることを示そうとする役割が与えられている。

第七章の「神殿説教」は、当該箇所の並行箇所であり、「一つのことを違う形で報告している」（左近淑『左近淑著作集第三巻』三五三頁）。第七章において、エレミヤは長い説教をしている。しかし当該箇所では、説教は要約され（W. Brueggemann, *A Commentary on Jeremiah: Exile and Homecoming*, Grand Rapids: Eerdmans, 1998, p. 233）、説教によって起こった事件の報告が客観的に描写されている。

一節　テキストの背景

エジプト王ネコ二世はメギドでヨシヤ王を殺した。「ダビデ王国の再来を目指したヨシヤの夢ははかなく消え」（雨宮慧『旧約聖書を読み解く』二二八頁）、ヨシヤの申命記による「改革運動は終わり、宗教混淆的祭儀が復活し、内部争いの時代が始まり、それはエルサレムの陥落まで続いた」（Ｊ・ブレンキンソップ『旧約預言の歴史』樋口進訳、教文館、一九九七年、一七八頁）。

ヨシヤ王の死により、ユダ王国の独立は終わった。領土内で土地を所有し軍事的・政治的権利を与えられていた国の民（列王記下二三・三〇）は、その子ヨアハズが王位につくことを支持した。ヨアハズは有能で、父ヨシヤ王の政策を引き続き推進できると期待された。しかし、パレスチナに覇権を確立しようと望んでいたネコ二世にとって、ヨシヤ王の政策を引き継ごうとする新しい王は、邪魔であった。ヨアハズが王位についた三か月後にネコ二世によって彼は、エジプトに追放された（エレミヤ書二二・一〇―一二参照）。エルヤキムは、ネコ二世の傀儡として王位につけられ、ヨヤキムと改名させられた。改名は「新しい王をファラオの家臣として特徴づけるための統治権の行為として意図された」（M・ノート『イスラエル史』三五一頁）ものであった。

「ヨヤキムの治世の初め」（一節）とは、このような背景を持っている。W・ホラデイは、「おそらく前六〇九年九／一〇月の仮庵祭の時であろう」（『日本版インタープリテイション34』六三頁）としている。「なお即位式は前六〇八年春に行なわれており、エレミヤの説教はその時のものとする説もある」（関根清三「エレミヤ書」、『旧約聖書Ⅲ　預言書』岩波書店、二〇〇五年、三一五頁）。

これらのことを踏まえつつ「主の神殿の庭」（二節）で説教が行われ、「ユダの町々」（二節）から人々がエルサレムの神殿に集まっていることを考えると、前六〇九年であれば仮庵祭であり、前六〇八年であれば七週祭あるいは五旬祭と想定し得る。しかし、いずれにしろ「この治世の初めから、ヤハウェの言葉は国家によって組織的に拒まれ、妨害され、歓迎されない言葉であった」（W. Brueggemann, 前掲書 p. 233）のである。

二節　預言者（説教者）の聖なる役割

並木浩一は、神殿について「前七〇一年のエルサレム包囲の際エルサレムが陥落をまぬかれたことによって、ヤハウェの現臨する神殿の威信は高まり、さらにヨシヤの宗教政策によってその権威は決定的となっていたことであろう」（並木浩一『古代イスラエルとその周辺』二三〇頁）と考察している。木田献一は「人々は申命記による改革を推進し、エルサレムを唯一の聖所と定めたヨシヤ王の突然の死に衝撃を受けていた。……突然襲ってきた国の危機にさいして、一〇〇年前のイザヤの預言を想起し、神はいかなるときにもエルサレムに与えられた約束を守られるという信仰にすがりたいと思っていたことであろう」（『総説　旧約聖書』日本キリスト教団出版局、一九八四年、三八六頁）と当時の状況を概観している。急激な政治的変化の中で、人々は不安の中にあり、それだけに神の現臨を象徴する神殿に最後の希望を託していたであろう。神殿そのものが一種の偶像のようになり、人々は神殿に詣でることにおいて、救われていると考えるようになったのである（樋口進『預言者は何を語るか』新教出版社、二〇〇五年、一一五頁参照）。

したがって、ヨヤキムの治世を数え始める年に、ユダの人々がエルサレムに集まったのは当然であった。「新しい王ヨヤキムのために神の加護を祈り求めようと」（木田献一『エレミヤ書を読む』筑摩書房、一九九〇年、一二六頁）したのである。そのような状況の中で、しかし、神殿が希望と安全の一種の偶像となっていると説教するようエレミヤは神によって命じられている。ユダ全土から集まっている人々の面前で語り出される説教である。しかし人々の反応を恐れて神の言葉を「ひと言も減らしてはならない」。エレミヤの説教には神的な権威が与えられているからである。

不安の中で、エレミヤの時代の人々が、都の神殿を偶像視したように、我々の時代の人々は、何を偶像視しているのだろうか。強い政治的リーダーによる強気な発言に希望を抱く者が、なお多くある。すべてのことを断言調で語るリーダーを真似するように、意見の異なる他者を容赦なく攻撃する人々が、この社会に増えている。グローバル化が進み、立つべき土台をみつけることができず、自尊心の危機に直面し、古い体制や価値観へ帰りたがる人々が生み出されている。そうでもしなければ拭えない不安があるからである。それほど我々の社会の歪みは大きく、息苦しく、生きにくい社会になっている。そのような社会を生きる説教者に「主はこう言われる……わたしが命じることらの言葉をすべて語れ。ひと言も減らしてはならない」。偽りの希望の幻想を剝ぎ取る神の言葉が、この国にも必要とされているからである。

三節　そこに希望はあるのか

「悪」とは、神と神の御心に対立することである。「悪の道」は、神の御心に対立する道である。我々が毎朝新聞を開けば、必ず悪の一覧表を見ることになる。神の民ではなく、神に切り離された民の姿がそこにある。我々には神に「立ち帰る」道しかない。「立ち帰る」とは悔い改めることである。神が裁きの言葉を語るのは、人々が聴いて悔い改めることを願うからである。このことはものの見方の転換の必要性を意味している。それは神の眼差しによって、人間の存在を見、自らのあり方を見直すということである。神の言葉こそが、神の御心を実現する力を持つからである。神の御心が出来事となるために、我々は神の言葉を聴き、神の言葉に養われ、神の言葉に生かされた者として、言葉を語り、隣人と生活し、仕事をするのである。

四—五節　裁きの原因

神の「律法」に生きるとは、神が我々に生きて欲しいと望んでいる生き方をすることである。我々は自分なりの理想を描くことならできる。しかしだからといって、問題を抱え、犯罪を抱えている社会を変える力はない。いや、自分自身でさえ十分に変えることなどできない。我々の本性が、しぶとく神に対立しているからである。我々が神との関係を再構築することなど、絶対にできない。契約に基づく生活をしない民。神へのおそれのうちに生きることを望まない民。彼らが混沌を選びとることは必定である。「もし聞き従わないなら」という条件文において、民がそれに聴き従わなかったことがはっきりと述べられている。神に不従順な民の姿が厳しく指摘されている。神に聴き従うとは、律法を守ること、および預言者の言葉に聴き従うことである。そのため契約の民が、本当に契約の民として留まっているか否かは、律法を守っているか否か、預言者の言葉に聴き行うか否かによって明らかとなるのである。

「律法に従わず、預言者に聞かなかったことが、イスラエルの裁きの原因だということは、エレミヤ書に繰り返される基本テーマの一つ」（関根、前掲書三一五頁）なのである。

六節　何の後を追っているのか

「シロ」は、ペリシテに打ち負かされて神の箱を奪われた昔の聖所（サムエル記上一—四章）である。たとえ神に選ばれた聖なる場所であっても、神の裁きによって破壊されることが起こり得る。その事例として「シロ」への言及がある。しかし、この預言は、人々の耳には、神聖なエルサレム神殿を冒瀆するものと聞こえたのである。

雨宮慧は次のように記している。「人は何かの『後を追って』生きています。それを礼拝と呼ぶのなら、人は生きている限り何かを礼拝しています。しかし大切なのは何を礼拝するかです。空しいものを礼拝するなら空しいものとなります。礼拝の乱れが生活の乱れを引き起こし、生活の乱れが礼拝の乱れを生み、事態はいっそう深刻になります。エレミヤをはじめ、すべての預言者は、この悪循環を指摘しているのです」（雨宮慧『旧約聖書の預言者たち』一六〇頁）。人の生き方を正確に描写するとこのような表現になる。現代社会は、そして我々は一体何の後を追っているのだろうか。どのような礼拝を献げているのだろうか……。

七―一一節　瀆神裁判・エレミヤの危機

エレミヤの説教がどのように届いたのか、聴き手の反応から知ることができる。祭司と預言者たちと民のすべてが、エレミヤを捕らえ「あなたは死刑に処せられねばならない」と言った。この「あなたは死刑に処せられねばならない」の「モート・タームート」は、「死ぬ」という意味の同一の動詞を重ねた成句である。語り手の意志を強化した表現となり、聴き手に重圧をかける言葉（並木浩一『ヘブライズムの人間感覚』一六三頁参照）である。直訳すると「お前は必ず死なねばならない」となり、死刑宣告の定型句と解しうる（関根、前掲書三一五―三一七頁参照）。そのような強い脅しの言葉が、エレミヤに語られる。申命記第一八章二〇節によると、神の命令でない言葉を語る預言者は殺されなければならなかったからである。

近くには「王の宮殿」があり、宮殿から「ユダの高官」たちが騒ぎを聞きつけて急いでやって来た。そして彼らは門の前で裁判の座についた。旧約聖書時代の法廷は、門の所の広場で開かれる習慣があった（ルツ記四・一、箴言三一・二三参照）。彼らの介入によってエレミヤは詰め寄って来る人々の暴力を免れ、世俗の裁判の正式な手続きによって審判を受ける機会を得た。祭司たちと預言者たちは、死刑を求めた。起訴した側として、エレミヤの預言は、偽りの預言だと主張し、神の都に敵対することを、しかも主の名を口にして語ったという理由をあげている。これが神を冒瀆する罪であるというのである（レビ記二四・一五―一六）。しかし、彼らは、エレミヤの悔い改めへの呼びかけについて言及していない。人々の見ようとしない、見ることもできない現実を語るのがまことの預言者だからである。悔い改めへの呼びかけこそエレミヤの説教の中心だったのである。

七十人訳聖書では七、八、一一節の「預言者たち」に「偽」という語が付加されている。エレミヤと対立する預言者たちは、偽預言者なのである。当然、祭司集団のことも同様に理解してよいであろう。

一二―一五節　預言者の聖なる義務

危険な状況にあってもエレミヤは冷静を保ち、激昂する相手を前に取り乱すことはない。「旧約において預言は主なる神からの派遣に根拠づけられている。エレミヤと偽預言者の違いは、この神からの派遣に基づくかどうかの違い」（芳賀力『歴史と伝承』教文館、二〇〇八年、五六頁）である。エレミヤは神に遣わされている事実の中にある。ここに、エレミヤが語り続け得た根拠がある。

神を知らなければ、他人の尺度や視点を借りて自分の立っている位置をつかむ他ない。しかし、そうなると自分が他人の目にどのように映るのか、そのことが決定的な意味を持つことになってしまう。もし、人の目に自分が何の価値もない余計なものであったら、我々はどうしたらよいのだろうか。方向を見失い迷子になりながら、どれほどの苦しみ、辛さを抱えて生きていかなければならないのだろうか。

どんな時にも神に支えられている自分を失わず、神に与えられた役割に生き続けるためには「主の声に聞き従わねばならない」（一三節）。我々の心は、いつでも傷だらけである。心の底に居座る不安がある。重い人間関係に息が詰まってしまう。だからこそ我々の外側にある神の言葉が不可欠であり、自分に与えられている使命を自覚する必要がある。働いたり、勉強したり、子育てをしたり、介護をしたり、病気になったり、それが我々だからである。

南ユダ王国の人々にそうであったように、現代を生きるためにこそ、まことの礼拝が必要なのである。「礼拝する人間こそ、世が本当に仕えるべき方がどなたなのか知っており、そうでないものを拝まず、この世の権威に屈しない自由を知っている」（芳賀力『神学の小径I』三一九頁）からである。

訴えに対してエレミヤは大切なことは主の声に従うことで、神殿の存在に神の保証を求めることではないとして、「わたしを殺せば、お前たち自身と、この都とその住民の上に、無実の者の血を流した罪を招く」と語ったのである。

エレミヤの語る言葉は、神の裁きは避けられないものではなく、救いの道に歩むのか、災いの道に歩むのか、そのことに懸かっている、というものであった。エレミヤは審判の場でも、彼を裁く者たちをも含め悔い改めを迫っている。エレミヤは、神の御心が裁きにではなく、審判の背後に神の救いの意思があることを告げ、悔い改めを促している。エレミヤは、最後の瞬間まで預言者としての使命を自覚し、神から託された命令を優先させるのである。

一六―一九節　執り成し

「エレミヤと宗教的な反対者と並んで、物語は第三の声を紹介する」（W. Brueggemann, 前掲書 p. 236 参照）。「高官」たちは、「祭司と預言者たち」を正規の法的訴訟手段に服従させた。そして何人かの長老たちが「立ち上がり、民の全会衆に向かって言った」のである。かつて預言者ミカが、エルサレムは神の裁きにあい、この畑のように、あるいは石塚のようになると預言した。ヒゼキヤ王はそれを聞いて悔い改め、熱心に主の憐れみを求め、エルサレムは滅亡を免れたではなかったか。だからといって、ミカが殺されるようなこともなかったではないか。今、同じことが、再びなされるべきではないか。エレミヤの行動に罪を帰すべきではないと、数人の長老は弁護を展開したのである。そして、預言者ミカの言葉がエレミヤに対する審理を決定づけた。生きた歴史伝承がここでは、危機的な瞬間に警告として、また指針として働いたのである。

人々は、ミカの言葉を忘れることがなかった。そして、神の言葉が出来事を起こしたのである。

預言者、祭司、王のことが記されている。主イエスの三つの職務を思い起こすことができる。主イエスは、神の御心と目的を告げ知らせた預言者である。主イエスは、神と人との間に立ち、我々を神に執り成してくださり、罪の献げものとして、十字架にかかられた祭司である。主イエスは、神の国を支配し、神の民を支配する王である。祭司としての主イエスの深い執り成しの中でなら、我々は、自分の罪を言い表し、悔い改めて新しくやり直すことができる。預言者としての主イエスが、神の言葉を語ってくださるので、我々は耳を傾けて聴くことができる。主イエスという王の愛の支配の中に移されているからこそ、我々は主イエスに従うことができる。そして、まことの悔い改めができるとき、我々は他人を裁く偽りの祭司、偽りの預言者の罪から、そして偶像からも自由にされる。主イエスに代わって、他人を不当に支配しようとする思いから解き放たれるのである。主イエスの恵みの中で罪の悔い改めをする人間、主イエスが自分のためにいのちを捨ててくださったことを知っている人間は、神と他者のために生き始める。世にあって、神の言葉に支えられながら、人を裁くのではなく、むしろ執り成す存在として生きていけるのである。

我々のいのちの原点、ここに立たなくては、神に与えられた使命を自覚することはできないのである。

参考文献

W. Brueggemann, *A Commentary on Jeremiah: Exile and Homecoming*, Grand Rapids: Eerdmans, 1998

関根正雄『エレミヤ書註解　下』（関根正雄著作集15）新地書房、一九八一年

『新共同訳　旧約聖書注解Ⅱ』日本キリスト教団出版局、一九九四年

R・E・クレメンツ『エレミヤ書』（現代聖書注解）佐々木哲夫訳、日本キリスト教団出版局、一九九一年

A・ワイザー『エレミヤ書1―25章　私訳と註解』（ATD旧約聖書註解20）月本昭男訳、ATD・NTD聖書註解刊行会、一九八五年

『日本版インタープリテイション34　エレミヤ』ATD・NTD聖書註解刊行会、一九九五年

『日本版インタープリテイション82　エレミヤの肖像』聖公会出版、二〇一三年

旧約聖書翻訳委員会訳『旧約聖書Ⅲ　預言書』岩波書店、二〇〇五年

雨宮　慧『旧約聖書の預言者たち』日本放送出版協会、一九九七年

雨宮　慧『旧約聖書を読み解く』日本放送出版協会、二〇〇六年

山我哲雄『聖書時代史　旧約篇』岩波書店、二〇〇三年

左近　淑『左近淑著作集第三巻』教文館、一九九五年

並木浩一『ヘブライズムの人間感覚』新教出版社、一九九七年

並木浩一『古代イスラエルとその周辺』新地書房、一九七九年

M・ノート『イスラエル史』樋口進訳、日本キリスト教団出版局、一九八三年

エレミヤ書　二七章一—二二節

蔦田　崇志

序　絶望の中で神が語られる

北方バビロンと南方エジプトの脅威は著しく、ユダをはじめとするパレスチナ地域の小国は生き残る策を探っていた。前任のヨヤキンの時代にバビロンのネブカドネツァルはエルサレムに攻め入り、王とその一族、高官、兵士、職人、その他大勢を捕虜としてバビロンへ連行し、神殿と王宮の宝物もほぼ全てを持ち去った。エルサレムに残されたのは強奪の取りこぼしと貧しく弱り果てた人々、そしてネブカドネツァルによって王に任じられたマタンヤ改めゼデキヤであった（列王記下二四・一〇—一七）。しかしそこに神の預言者エレミヤも留まっていた。これほど哀れな町の光景を見るのはだれであっても心が痛まずにはおられまい。ましてその町に暮らし、慈しんできた者であればなおさらのことである。

しかし、ここに希望の光が一筋力強く差し込む。「この言葉が主からエレミヤに臨んだ」（一節）。神が語られた。いかなる荒廃の最中であっても、絶望と暗闇の只中であっても、主の言葉が確かに語られるときには必ず希望がある。何が語られるのかを待つ必要はない。神が語られた時点で、そこに確かな希望がもたらされるのである。この章はそのことを訴える。

象徴的な振る舞いで預言を示す（一—一一節）

さて、神は時折預言者たちに人の目に止まるような振る舞いをさせたり、象徴的な物事をお見せになり、御心をこの上なく明瞭に示された（一三章、一八章、一九章、二四章等）。このとき神はエレミヤに臨み、軛《くびき》の横木と綱を作らせ、それを預言者自身の首にはめるように命ぜられる。この格好はそれを目撃する人々に、心の傷を再び切り裂くような記憶を呼び起こさせたに違いない。身体を拘束され、行動の自由を奪われ、慣れ親しんだ町から見知らぬ異教の地へと連れ去られて行った同胞の哀れな姿が思い起こされる。一方で軛はバビロンの絶大な力を再び見せつけ、他方でその軛を首にはめた預言者エレミヤの姿はエルサレムの住人たちが頼りにしていた王族やイスラエル軍の非力を思い起こさせた。一見して、とてもではないが慈愛と正義の神がご自身の民にお見せになるような視覚教材とは見受け難い。しかし「主はわたしにこう言われる」とエレミヤは譲らない。民はそこに込められる神の御心と民のためのご計画を悟るよう、心と耳とを傾けることが求められる。

周辺諸国に明かされる神のご計画（三―一一節）

主の言葉がまず伝えられたのは、ゼデキヤ王のもとに集まったパレスチナ地域の小国の伝令たちにであった。エドム、モアブ、アンモン、ティルス、そしてシドンの王たちはユダ王国をも巻き込んで連合を組み、南北から迫る大国の脅威に対抗すべく策を練っていた。彼らはバビロンやエジプトの内外で生じる不穏な動きを察知しては、そういった動きに乗じて、大国の脅威を遠ざけようと考えていたようである。談合が繰り広げられる只中にエレミヤは軛のメッセージを携えて行った。

彼らに対する預言の軸には、神の至高性が据えられている。まずはご自身がイスラエルの神であることが宣告され、その上で万軍の主より主君各位への伝言であり、命令であることが示される（三―四節）。人の水準から判断するならばユダ王国もパレスチナ地域に散在する小国の一つに過ぎず、彼らは一様に危機感を共有しているのかもしれないが、ユダ王国には創造主が臨在され、意のままに御心を行われる方であることが宣告される（五節）。その神が今やバビロンとネブカドネツァルを「わたしの僕」と呼び、ご自身の手の中で用いておられることが明かされる。すなわちバビロンの脅威は、神の支配を越えて生じてしまった現象ではなく、創造者が腕を伸ばして御力を振るわれる中で許容された、神の御目に「正しいと思われる」状況である。この「正しさ」は、例えばダビデが神の「目にかなう正しいことだけを行った」業績を讃えるように、行為者自身の正しさを評価する場合もあるが（列王記上一四・八）、この場面では、行為者ネブカドネツァルではなく、彼を僕とする神ご自身の判断について「正しい」あるいは相応しいと言われている、そう捉える方が自然である。神は創造者であり、全てを統べ治めなさるのみならず、その判断も絶対的に正しいお方である。その神がこのとき、全ての勢力をネブカドネツァルの手中に手渡されることをよしとされた。周辺諸国は政治的・軍事的手腕を駆使して対処することを忘れ、この事態を神の御手に委ねて身を引くことが相応しい、と軛を首にはめたエレミヤは預言する。人は危機的な事態を目の当たりにするときに、それが神の御心、神の御性質と相容れないために、神のみわざの領域を超えたものと見定めてしまい、とたんに自らの手で、また人の世の知恵や手腕で対応すべきだと駆り立てられる。しかし神に信頼する者は、そのようなときにこそ、神が創造主であれ全能であられることを改めて思い起こし、神の御手の中で許容された危機だという弁えを与えられたい。

果たして神はすぐに、バビロンの支配が永続するものでなく、早くも数代後に終焉を迎えることを宣告なさる（七節）。正義はバビロンにあらず、「終わりの時」をもたらす創造主にあり。ここで周辺諸国に対して二つの警告がなされる。人の力にすがる無駄と、超人的な神秘に頼る愚かさである。

人のわざにすがる非力（八節）

八節には彼らの諸王がすぐにでも下しそうな軍事的判断が取り上げられる。ネブカドネツァルに対する抵抗・反抗である。

これを戒めるためにエレミヤの軛の視覚教材は功を奏す。バビロンの勢力は神の許容のもとで展開しているのだから、バビロンに反旗を翻すことは、神の御計画の妨げをする結果となり、したがって神御自身の手によってその類の企ては徹底して退けられる。剣、飢饉、疫病をもって退けられる。周辺諸国の為政者たちにとって鍵となるのは、エレミヤの軛と彼らの洞察である。その奇異な行動から神の御心を悟ることができるかどうか、その視覚教材の伴った預言を尊ぶことができるか否か。視覚教材を見極める洞察はどの時代にも神を信じる聖徒たちに求められる。神は危機的状況のなかで何をお見せになるのか、待ち望むお互いでありたい。

人を超越した力に頼る愚か（九―一〇節）

続けて九節では彼らが偽りの預言、卜占《ぼくせん》、魔法などの超人的な、また神秘的な示唆や暗示に頼ってもならないと戒められる。これらのものは、古くからイスラエルの民にとって厳しい禁止事項となっていた。人の理解や能力を超えた面があることで畏怖の念を煽り、心霊的な曖昧さを妄用して恐怖心を駆り立てて人の行動や判断力を切り回すため、神の御心は言うまでもなく、人の健全な判断さえも鈍る。それらは単に参考となることでは満足せず、「聞き従う」ことを求める（九節）点で神の領域まで踏み込もうとする。そういう意味では、これらのものが禁止されるのはイスラエルの民に限定されるべきでなく、周辺諸国も共有すべき戒めであろう。さらに言えばこの戒めは時代的に限定されるのみならず、今日あまりにも無邪気に紹介される占い、風水、スピリチュアリズムに対して、神を信じる者として賢明な判断と態度が求められているように感じる。周辺諸国にとって致命的な結末に陥らないための戒めである（一〇節）。

ここで気づかされることは、神がイスラエルの民のみならず、モアブやエドムなどの周辺諸国に対しても慈愛を表され、彼らに存続の道をお示しになられている事実である。ご自身の計画が妨げられることを忌み嫌われての周辺諸国への警告というよりは、彼らもまたこの危機から生き残ることを望まれる神の慈しみを垣間見ることができる。この御心が完全に成就したのが、キリストの来臨である（エフェソ二・一一―一九）。エレミヤの軛は断じて不吉な予兆や審判の宣告ではなく、神の慈しみがにじみ出た視覚教材であったとさえ言える（一一節）。

ユダの王ゼデキヤに伝えられる神の御心（一二―一五節）

神の預言は次にゼデキヤに向けて語られる。確かに「同じような言葉」ではあるが（一二節）、間違いなく注意点は移行している。一二節文末は「仕えて生きよ」（新改訳第三版）と訳出されているように、神は民が生き残ることを望まれている御心を前面に表しておられる。エレミヤの軛は、今ユダがバビロンに対して取るべき身の振り方をそのまま描いている。バビロンの軛の下に甘んじて仕える道を取るように。そして「あなたは命を選び、あなたもあなたの子孫も命を得るようにし」なさい（申命記三〇・一九）との戒めはここでも一貫して響いている。周辺諸国に対して「剣、飢饉、疫病」は警告の手段であったが（八節）、ユダの王に対しては命の道への指針となる。彼らが滅びることは断じて神の望むところではない。命を保つのである。確かに天の父は、慈しみに関して言えば「悪人にも善人にも太陽を昇らせ、雨を降らせてくださる」公正でえこひいきのないお方であるが、「ご自分の聖徒を特別に扱われ」（詩編四・四、新改訳聖書詩篇四・三）、殊更に御顧みを注がれる。まさにご自身の民を「見分けて、呼び求める声を聞いてくださる」（同、新共同訳）。ユダの王にはその御寵愛に応答するだけの信仰があるかが問われる。

　バビロンに反旗を翻すように主張する預言者たちについて、最大級の警戒が続く。周辺諸国への警告には卜占に関するものがいくつも取り上げられていたが、ここでは偽預言者についての警告が集中する。偽りの預言をする輩はエレミヤ書を貫いて取り上げられる課題である。

　「預言者の言葉はむなしくなる。
　『このようなことが起こる』と言っても
　　実現はしない」（エレミヤ書五・一三）。

「預言者たちは、わたしの名において偽りの預言をしている。わたしは彼らを遣わしてはいない。彼らを任命したことも、彼らに言葉を託したこともない。彼らは偽りの幻、むなしい呪術、欺く心によってお前たちに預言しているのだ。（中略）彼らはわたしの名によって預言しているが、わたしは彼らを遣わしてはいない」（エレミヤ書一四・一四、一五）。

　「もし、この民が――預言者であれ祭司であれ――あなたに、『主の託宣（マッサ）とは何か』と問うならば、彼らに、『お前たちこそ重荷（マッサ）だ。わたしはお前たちを投げ捨てる、と主は言われる』と答えるがよい。預言者にせよ、祭司にせよ、民にせよ、『主の託宣だ』と言う者があれば、わたしはその人とその家を罰する」（エレミヤ書二三・三三―三四）。

　偽預言者たちに対する神の断罪はあからさまである。卜占によって人々を翻弄させることも然《さ》ることながら、神の名を使って神の語らないことを語り、神の御計画と異なる絵図を指し示すことによって民にむなしい希望を抱かせ、神の御旨に逆らうような道を歩ませることの罪深さは計り知れない。彼らの指差す方向に、バビロンに抵抗する道に導く預言者たちも、導かれて従う王や民も同様に一切を神がご自身の御手で滅ぼす。

　偽りの預言を語る者たちを待ち受ける滅亡については言うまでもないが、同様の責任を一国の王もまた担っている点は注目に値する。ユダの王は自ら「首を差し出して」バビロンの王の軛を負わなければならない（一二節）。己の誇りや立場、面目のために神の備えられた道を避けてはならない。預言者たちの語る言葉を聞き分ける洞察も求められている。いかに耳に心地のよい託宣であっても、安堵をもたらし、希望を抱かせるものであっても、実に神からの語りかけでなければ、それらを退けなければならない。しかし、これらは全て王も民も共に「命を保つ」ためである。ここにこそ神の御旨がある。

　困難な現実の中で人はとかく、気力を失わないように、前進を続けることができるようにと楽観的な思想や心像を描く傾向がある。またそうすべきだと勧められる。そこにはある程度の真理もあろう。容易に悲観的になってしまっては成ることも成らずに終わってしまうかもしれない。しかしそのような楽観性も神の御心に影を落とすほどになってしまうとかえって不都合である。否危険な不幸でさえある。あるいは預言者たちの中にはそのような動機をもってバビロンに抵抗するように語り、王や民の士気を高める意図があったのかもしれない。しかし神はそのような人の「行き届いた配慮」がなければご自身の民を困難から救い出すことがおできにならない方ではない。まして神の御心は徹頭徹尾ご自身の民が命を得て、その中に保たれるところにある。そのことを知り、そこに確信を据えて人はそこに備えられた軛を負うことが最善だとエレミヤを通して神は今日も語っておられるのではないだろうか。

民に知らされる神の御思い（一六―二二節）

神はいよいよご自身の民に、そして祭司たちに語りかけなさる。ここで祭司たちがわざわざ言及されていることは注目に値する。鍵は「祭具」である。一九節を見ると青銅の柱、「海」、台などがバビロンの略奪の後にも取りこぼされていて、神殿にまだ置かれていたという。歴史記述にあるように総論的には「バビロンの王は主の神殿の宝物と王宮の宝物をことごとく運び出し、イスラエルの王ソロモンが主の聖所のために造った金の器をことごとく切り刻んだ」（列王記下二四・一三）ので、神殿に仕える祭司たちも、その祭司に先導されて礼拝を献げる民も失意の只中に突き落とされた。だがよく見ると、残されたものがある！　一気に希望が湧いたのであろう。彼らが着目したのがその「祭具」であった。人は手がかりを得ると俄然確信と希望を持つようになる。民らは漠然とした反バビロン主義を唱えたのでなく、手にとって分かるような預言、すなわちバビロンに持ち去られた祭具や宝物は「今すぐにもバビロンから戻って来る」と預言されたときに、その希望にすがったのである。彼らの希望の根拠は取りこぼされた祭具である。それでも彼らには預言を信じるに十分な材料であった。

神は残された民に対しても丁寧に語りかけ、「聞き従ってはならない」「彼らは偽りの預言をしているのだ」「彼らに聞き従うな」と戒めなさる。ここでもエレミヤの軛が目に止まる。「バビロンの王に仕えよ」（一七節）。神の御心は民に対しても変わらず「命を保つこと」、滅びることなく生きながらえることにあった。すでに荒んでしまっている都ではあるが、廃墟と化してはならないのである（一七節後半）。ゼデキヤへの預言と同様に、神の預言の重点は、民が生きながらえるために、バビロンの軛を負うところにある。

エルサレムに残っている祭具は別の意味で希望の根拠となる。その希望は民が祭司と共に虚しく握りしめている希望、「今すぐにもバビロンから戻って来る」というものではない。むしろ、今残されている祭具について神は厳しくも宣告なさる（二二節）。「これらの器具はバビロンへ持ち去られ、わたしが顧みる日まで、そこにとどめ置かれる」。

一見して弱り果てた民にさらに追い討ちをかけてとどめを刺すような言葉である。再びバビロンからの奇襲があり、これまで取りこぼされた祭具や器具までも持ち去られるのだ。それでもなお、希望がある。神の預言は、エレミヤの軛は希望の知らせである。何故ならば、大きな「しかし」に続いて神はこのように語られるからである。

「わたしはこれらの器具をこの場所に持ち帰らせる」（二二節後半）。

神には確実で最も有効な回復のご計画があり、そのわざはすでに始まっている。バビロンを小道具のように用いなさり、ユダ王国の歴史が神の御手のうちに動いている。目の前に展開する景色は決して麗しいものではない。彼らが被る害悪や苦悩も大きな痛みと悲しみを伴うものである。しかし、これらを通してのみ果たされる回復と祝福が備えられている。それはただ単に国土が元に戻るだけのものではない。国勢が豊かになるだけの復興でもない。国際的な立場でますます優位に立つ類のものでもない。神が進めておられる回復は何よりもご自身との関係の回復が意図されているのではないだろうか。それだから鍵は「祭具」なのである。民が帰還する預言でもなく、神殿や城壁が復興を遂げる預言でもなく、「これらの器具をこの場所に持ち帰らせる」預言であった。神を礼拝する器具をあるべき場所に神は戻してくださる。先に残されたものとして列挙された青銅の柱や「海」などは器具としてたいへん大きなもので、列王記下二五章一三節の記録によれば運搬の便宜のために砕かれたほどのものである。目の前でこれらの祭具が切り裂かれ、破壊されるのを目の当たりにすることになる祭司や民の心情は筆舌に尽くし難いところがあろう。それらが再び神殿に戻され、元の栄光とともに神の臨在を体感しながら礼拝を献げる日がこのエルサレムに訪れることを、神は祭司たちと残された貧しく弱り果てた民に語りかけておられる。これこそがエレミヤの軛の預言である。

そのときに、この栄光を追うようにして、国土の回復も、国勢も、国際社会での立ち位置も、国家としての評判もすべて加えられる。イエスはこの真理をこの上なく分かりやすい言葉で語られた。

「何よりもまず、神の国と神の義を求めなさい。そうすれば、これらのものはみな加えて与えられる。だから、明日のことまで思い悩むな。明日のことは明日自らが思い悩む。その日の苦労は、その日だけで十分である」（マタイ六・三三―三四）。

イエスもまた「わたしの軛を負い、わたしに学びなさい。そうすれば、あなたがたは安らぎを得られる。わたしの軛は負いやすく、わたしの荷は軽いからである」と招かれた（マタイ一一・二九―三〇）。神の語りかけに応じて、軛の横木と綱を作って自らの首にはめたエレミヤに倣い、ユダの王も民も、周辺の小国もバビロンの軛をはめるように促された。今日主イエスはご自身の軛を私たちに差し出され、それを思い悩まずにはめるように招いておられる。

参考文献

Gerald L. Keown, Pamela J. Scalise & Thomas G. Smothers, *Jeremiah 26-52*, Word Biblical Commentary Vol. 27, Word Books, 1995.

William McKane, *Jeremiah vol.2 26-52*, International Critical Commentary, T&T Clark, 1996.

加藤常昭編訳『説教黙想集成１　序論・旧約聖書』教文館、二〇〇八年、六八七―七六一頁

エレミヤ書　二八章一－一七節

小副川　幸孝

はじめに

人の生は絶えざる不安の中に置かれている。それゆえ人は、常に安心や安定を求める。ましてや存在が脅かされるほどの危機に直面したとき、不安の増大に伴って、人は、たとえそれが偽りであっても安心感を与えてくれそうなことに傾きやすい。そうして人は道を誤る。

二八章は、偽りを語る預言者ハナンヤとエレミヤとの対決を描いて、その問題を私たちに深く考えさせる章である。

この章は、明らかに、二七章に続く「偽預言との対決」という主題の下でひとまとまりになって伝えられたものであろう。関根正雄は、二九章を含めて、バビロニア王の名前も、ほかの箇所では「ネブカドレツァル」であるが、ここでは「ネブカドネツァル」となっているし、エレミヤの名前も短い形が用いられていると指摘している（『エレミヤ書註解　下』関根正雄著作集15、新地書房、一九八一年、六五頁）。また、これらは、元々はエレミヤの活動と言葉を記した弟子バルクの筆によるものかもしれないが、後の申命記的編集者の手によるものであろう。随所に申命記的編集者の思想と意図が見られる。彼らは、南ユダ王国の人々がなぜ神の裁きを受けて滅亡に至ったのかを説明し、その際に偽預言者たちが果たした役割と、それに惑わされて偽りの安心感に浸った姿をクローズアップすることによって、バビロニア捕囚後に生きる人々への警告としてこれらの章をひとまとまりにしたものと思われる。

しかし、だからといって二八章で記されている預言者ハナンヤとエレミヤとの対決の史実性を疑うことはできない。偽預言者との対決は神の真実を求め続けたエレミヤの預言活動の中でも大きな出来事であった。

背景

時は紀元前五九四年、ゼデキヤの治世第四年（一節）。強大な勢力をもってきたバビロニア帝国に反抗するために近隣の諸国の使臣たちがエルサレムに集い、反バビロニアの気運が熱狂的に高まる中で、エレミヤは、自分の首に木の軛《くびき》を着けてバビロニア王の軛を負うこと、つまりバビロニアの支配下にあることこそが現在の取るべき道であることを示した（二七章）。一時的な高揚感に惑わされず、状況を冷静に見据え、バビロニアの支配が長く続くことと、その中での人々のあり様を象徴的な行為で示したのである。

しかし、彼のこの行為と言葉は、当時のエルサレムの空気にとってはバビロニアに隷属することを主張する非愛国的なものと解されたであろう。それに対して、人々の熱狂的な期待を受けるかのようにして預言者ハナンヤが現れ、エレミヤに真っ向から対立する主張をもって彼に挑戦した。それが二八章で描かれるのである。

預言者ハナンヤ

ハナンヤは、エレミヤの出身地であるアナトトからわずか数キロメートル離れたギブオンの出身で、同じベニヤミン族に属し、「主は恵み深い」という彼の名前や「祭司とすべての民の前でわたしに言った」（一節）ということから、当時の指導的な預言者の一人として、ここに記されていると考えられる。つまり、彼は当時の人々の全体的な期待を象徴する人物なのである。

彼は、他の預言者たちと同じように「主はこう言われる」という託宣の形で、エレミヤの預言を全面的に否定し、軛を着けて語るエレミヤを揶揄するかのように「バビロンの王の軛を打ち砕く」（二節）と語り、支配者であるバビロニア帝国の滅亡と捕囚からの解放が二年以内に起こると告げる。バビロニア帝国の捕囚が七十年続くと告げるエレミヤの主張（二五・一一、二九・一〇）とは著しい違いがある。

また、エレミヤが「主の神殿の祭具は今すぐにもバビロンから戻って来る、と預言している預言者たちの言葉に聞き従ってはならない」（二七・一六）と語っているのに対して、「バビロンの王ネブカドネツァルがこの場所から奪って行った主の神殿の祭具をすべてこの場所に持ち帰らせる」（三節）と語る。そして、五九七年にバビロニアに連行されたユダの王エコンヤ（ヨヤキン）と捕囚の民の帰還を語るのである。つまり、ハナンヤはエレミヤが語った一つ一つのことを否定するように語り、人々が望むバビロニアからの解放を神の名によって語ったのである。

神殿祭具の返還は神殿祭司たちの重要な関心事であったであろうし、エコンヤ（ヨヤキン）の帰還はバビロニアからの解放を意味し、人々の期待が集中する事柄であったであろう。預言者ハナンヤは、人々のそうした期待を代表し、二七章で言及された「偽りの預言をする者たち」の典型として描かれている。

エレミヤの態度と真偽の判断

預言者ハナンヤのこうした挑戦に対して、エレミヤの対応は冷静である。彼は、まず、「アーメン、どうか主がそのとおりにしてくださるように」（六節）と語る。「アーメン」とは、ハナンヤの言葉を肯定する言葉ではない。「アーメン（本当にその通りになるように）」は未来が志向されるときに用いられる言葉であり、多くの人々と同じようにエレミヤ自身もバビロニアの支配が早急に終われば良いと望んでいるという意味である。だが、果たしてそうであろうか、と彼は問い返すのである。

エレミヤは、自分たちを襲った一連の出来事が、たとえ多くの苦難をもたらすものであったとしても、神の出来事であることを知っている。だから、神が望まれなければ解放は起こらない。人々に解放をもたらされるのはどこまでも神であるから、「主がそのとおりにしてくださるように」と語り、「どうか主があなたの預言の言葉を実現してくださるように」と願う。

しかし、ここでエレミヤは「主の言葉」もしくは「主の預言」という表現ではなく、「あなたの預言」という言い方をしている。それは、ハナンヤが語ったことが神から出たことではなく、どこまでもハナンヤ自身の考えに過ぎないことを暗示している。エレミヤは、神が預言者を通して語られた言葉と預言者自身の個人的な考えを述べる言葉とを区別する。そして、八節以下で、預言者を「災いを告げる預言者」と「平和を預言する者」に分け、これまでの預言者たちは、たとえ人々がそれを喜ばなかったとしても災いを告げた、と言う。それは彼らが神から遣わされた真実の預言者だったからである。他方、「平和を預言する者」は、人々の期待や関心を買おうとする人為的な動機が潜み、平和がないのに、『平和、平和』と言う」（六・一四）。それゆえ、「平和を預言する者」が真の預言者であるかどうかはそれが成就するまでわからない、と語る。

ただ、ここで述べられている真の預言者と偽りの預言者の判断基準は、明らかに後の申命記的編集者の手によるものであろう。申命記一八章二一―二二節では、預言の実現が預言者の真偽の判断基準であることが明瞭に述べられており、紀元前五八七年のエルサレムの陥落と長く続く捕囚を知っている彼らにとって、ハナンヤが「偽りを預言する者」であることは明らかだったし、ハナンヤがエレミヤと対決した二か月後の「その年の七月に死んだ」（一七節）ことを知っている。

しかし、ここで描かれるエレミヤの姿は示唆に富んでいる。彼は、たとえその主張が誤りであることが明白であったとしても、敵対者を頭ごなしに否定したりしない。八節では「あなたやわたしに先立つ昔の預言者たちは」という表現で、まず、ハナンヤが自分と同列の預言者であることを認めている。そしてその後に、エレミヤは預言者の真偽を歴史の中に、つまり、神の審判に委ねる形で語る。E・W・ニコルソンの言葉を借りて言えば、真っ向から激しく敵対してきたハナンヤに対し、エレミヤは「神を待ち望む人」として対峙しているのである（『ケンブリッジ旧約聖書注解　エレミヤ書』二一七頁）。

神を信じる人は、性急に答えを出すのではなく、忍耐して学ぶことを知っている。エレミヤはそのような人としてここで描かれているのである。こうしたエレミヤの姿は、このエレミヤの対応に激情的に反応したハナンヤを前に、エレミヤが沈黙してその場を去った姿にもよく表れている（一一節）。

ハナンヤの行為とエレミヤの沈黙

エレミヤの言葉に対して、ハナンヤは、エレミヤがバビロニアの支配の象徴として首につけていた木の軛を取り外し、打ち砕くという激しい行為に出る（一〇節）。そして、人々に「主はこう言われる。わたしはこのように、二年のうちに、あらゆる国々の首にはめられているバビロンの王ネブカドネツァルの軛を打ち砕く」と語る。その口調は断固たる宣言のようである。

このハナンヤの象徴的な行為と断固たる言葉は、バビロニアの脅威からの解放を望んでいた人々から、恐らく熱狂的に歓迎されたに違いない。エレミヤがバビロニアの支配を七十年としていた(二五・一一、他)のに比して、ハナンヤは、それが二年以内に終わると宣言したのだから、期待に膨らんだ人々の高揚感は一気に上昇したであろう。その前で、エレミヤはひとり敗北したかに見える。エレミヤは、その場を沈黙のうちに立ち去る(一〇節)。

しかし、結局のところ「偽りの預言」というものは、たとえそれがどんなに確信に満ちたものに見えようとも、このように人々への迎合から生まれることを、私たちはハナンヤの姿を通して知らされる。人々に歓迎され、熱狂的に受け入れられる思想は、たとえそれが一時的に時代を席巻しようとも、常に危うい。エレミヤの前にあるのは「神」であるが、ハナンヤの前にあるのは「人々」である。エレミヤはハナンヤの断固たる確信に敗北したかのように見えるが、ここでも彼は神への深い信頼の中で、すべてを神に委ねてその場を去るのである。

パウロは「人々からでもなく、人を通してでもなく、イエス・キリストと、キリストを死者の中から復活させた父である神とによって使徒とされたパウロ」(ガラテヤ一・一)と自らを認識し、「もし、今なお人の気に入ろうとしているなら、わたしはキリストの僕ではありません」(ガラテヤ一・一〇)と語るが、エレミヤは、まさに神によって立てられた預言者として、審判を神に委ねる。預言者によって語られたことが「偽りの預言」か「真実の預言」かを歴史的な具体的な事柄の成就によって判断することは、実際のところ難しいが、それを語る者が「神への委ね」の中で語るかどうか、そこに真偽の分かれ道があるとも言えるだろう。そして、この問題について、神自身が決着されたことが一二節以下で示される。

神による決着

エレミヤがハナンヤの前を立ち去って後、ついに「主の言葉がエレミヤに臨み」(一二節)、神自身によってこの問題への終止符が打たれる。神は、バビロニアの支配の象徴としてエレミヤがはめていた木の軛を打ち砕いて解放を宣言したハナンヤに対して「お前は木の軛を打ち砕いたが、その代わりに、鉄の軛を作った」(一三節)と語るようエレミヤに告げられたのである。「鉄の軛」はバビロニアの支配が簡単には砕かれない強固なものであることを示す。その支配は、ユダ王国とパレスチナ近郊の諸国が奴隷となるようなことで、二七章五節以下で述べられていたことが再び要約して述べられる。野の獣でさえもバビロニアの王ネブカドネツァルに服従しなければならないほど、彼の支配は強く徹底していると言うのである。

そして、ついにハナンヤが「偽りの預言」をする者であることが宣告される。エレミヤはハナンヤに向かって「ハナンヤよ」と呼びかけ、「主はお前を遣わされていない」と言う(一五節)。ハナンヤは「主はこう言われる」と言って、主の言葉を語ったかのようであったが、それは主の言葉ではなく、彼自身の言葉にすぎなかった。自分の考えや言葉をあたかも神の言葉であるかのように錯覚し、人々に迎合して、人々をあおる。

この種の宗教的熱狂者はいつの時代でもどこの国でも興るが、ハナンヤはそのような一人にすぎなかった。それによって人々を「安心させせようとしているが、それは偽り（シェケル）だ」とエレミヤは明言する。安価な恵みや安易な楽観は人々を偽りに導く。それゆえ、「お前を地の面から追い払う」という神の断罪がハナンヤに告げられる。

「追い払う（シャーラハ）」は神による断罪を意味する。アダムとエバはエデンの園から追い出され（創世記三・二三）、カインはアベルを殺した罪のゆえに追放された（創世記四・一四）。ここでは、「主に逆らって語った」がゆえに、ハナンヤに死がもたらされるとさえ語られる（一六節）。

預言者が神の名を借りて勝手に語るなら、その預言者に死がもたらされるというのは、申命記一八章二〇節によるものであり、預言者はそれだけ神への誠実さが求められるということである。そして、その言葉のとおり、「預言者ハナンヤは、その年の七月に死んだ」（一七節）というハナンヤの死の報告をもって、真実を語る預言者エレミヤと偽りを語る預言者ハナンヤの対決の幕が閉じられる。ハナンヤの死についてはそれ以上のことは何も語られない。これを記したと思われる申命記的編集者は、ハナンヤがエレミヤの言葉通りに死んだということを告げることによって、エレミヤの真実性が伝われば十分だと考えたのであろう。

黙想のためのまとめ

人々の期待に応えようとして、人々に迎合し、偽りの安価な安心感を語ることで人々を扇動するようなことは歴史上たびたび起こってきた。たえざる不安と危機にさらされてきた人々は、安直に、そして多くの場合は熱狂的にそれらを受け入れ、そのことによって社会や共同体全体が誤った方向へ進んできた。偽りの安心感を与えようとしたハナンヤの問題は、それだけに極めて大きな問題であり、神への深い信頼に立ち、真実を語ろうとしたエレミヤにとって深刻で切実な問題であったに違いない。二七―二九章を記した申命記的編集者たちは、エレミヤとハナンヤの対決を描くことによって、自分たちの間で活動するそのような偽りの預言者に惑わされないようにと警告するのである。

この警告は、現代ではさらに大きな意味を持っているのではないかと思う。なぜなら「偽り（シェケル）」を語る預言者の姿は、現代ではさらに巧妙に「真実味」を装うからである。暴力的で過激な行動をとる宗教原理主義、強烈なナショナリズムや自分の「正義」を振り回す人々による政治的プロパガンダや大量の情報と伝達手段の発達が一層進んで人々を動かしやすくしているからである。「偽預言者も大勢現れ、多くの人を惑わす」（マタイ二四・一一）と記されているとおりである。

「偽り（シェケル）」は、常に人々の「不安」と「危機感」を材料にする。そして、「正義」や「正しいこと」の仮面をつけて巧妙に人々を操る。しかし、そのような「偽り」に対峙したエレミヤの姿に、私たちは信仰者としての範を見出すことができる。

エレミヤは、先述したように、偽りの預言者ハナンヤとの対決においても、頭ごなしにこれを否定したり、いたずらに争ったりしない。人は、危機的状況に陥ると奇妙な高揚感を抱いたり、熱狂的になったり、攻撃的になったりしやすいが、エレミヤの預言に真っ向から対立し、それを言葉と行動で否定したハナンヤに対して、エレミヤは、神への深い信頼の中で審判を神に委ねる道を歩む。ハナンヤは「人々」の方を向いているが、エレミヤは「神」に向かう。彼は、ここでも「神を待ち望む人」として立ち続け、そしてそのことによって「偽り」に対して大胆に神の真実を語る人である。

そこから、私たちに必要なことが神への深い信頼であることを聞き取りたい。

神の言葉の説教者

エレミヤとハナンヤの対決の出来事は、また、神の言葉の説教者としての私たちに大きな自戒をもたらす。教会で神の言葉を語る者が「配慮」という麗句の下で世の中や聴衆に迎合して、「自分に都合の良いこと」（Ⅱテモテ四・三）を語っていないか、誤った状況判断や社会分析に基づいて現状を理解していないか、「恵み」や「祝福」ということで神の救いを安価なものにしていないか、聖書を自分に都合よく解釈していないか、等々。教会の説教壇から陳腐で個人的な社会分析を聞くことは耐えがたいことであるし、手垢にまみれた安価な希望を提供されることほど空しいことはない。また、自己都合の誤った聖書理解は大きな躓きとなる。

結局、それらは説教者の実存と信仰の問題であろう。つまり、説教者自身が、その実存において本当に深い神への信頼をもっているかどうか、聖書から語りかけられる神の言葉を祈りをもって真摯に聞き取ろうとしているかどうか、そして、自分の考えではなく、聞き取った神の言葉を語ろうとしているかどうか、また、最終的にはすべてを神に委ねることができるかどうか、そうした自己吟味が鋭く必要とされているということである。

エレミヤは、危機的状況の中で自らの言葉をことごとく否定されるという事態に直面したが、神への絶対的な信頼をもち、そこに立ち続けた。そのことは彼の認識がすべて正しかったことを意味しているのではない。例えばエレミヤはバビロニアの王ネブカドネツァルを神が立てられた者と認識したりしていた（二七・六、二八・一四）。しかし、エレミヤは神自身による審判を「待つ者」として、すべてを神に委ねて静かに待つ姿勢をとり続けた。それは、ひとりの信仰者として、また神の言葉の説教者としての姿であるだろう。

私たちもまた、自らを自戒しつつ、神への大きな信頼をもって説教壇に立つ者でありたいと願う。

参考文献

関根正雄『エレミヤ書註解　下』（関根正雄著作集15）新地書房、一九八一年
E・W・ニコルソン『エレミヤ書』（ケンブリッジ旧約聖書注解17）松浦大訳、新教出版社、一九八〇年、他

エレミヤ書　二九章一—二三節

河野　行秀

本ペリコーペの背景

バビロニアの捕囚民たちは分散されることもなく、また奴隷として売られることもなかった。彼らはしっかりとした共同体を保ち、故郷との定期的な連絡も取っていた。エルサレムに残された王ゼデキヤが捕囚民たちを忘れないようにしたのである。

この手紙は二節に記されていることから推測できるように、エルサレムの主だった者たちの捕囚からして、前五九七年のいわゆる第一次バビロニア捕囚の直後のものである。五九五—五九四年頃、バビロニアに一時的な政治的不安定さがあり、そのことから捕囚民の一部には、帰還の期待を抱いた者たちがいた。バビロニアで処刑されたアハブとゼデキヤ（八—九、二一節）が、性急にバビロニアの即時崩壊という反逆的指針を宣言した。当局は被疑者に対する迅速な処置を執ったのである。手紙は、バビロニアの支配者の要求をむしろ静かに受け入れるように勧めている。耐え忍ぶことが、この時期において重要であった。また、このことがその後の離散ユダヤ人たちの態度を決めていくことになる。

七十年という期間は明らかに人間の一生を意味している（詩編九〇・一〇）。捕囚として移された者は一人として帰還を望めなかった。彼らの子孫だけがその希望に叶うものとなる。それゆえに、今はバビロニアの平和を祈り、結婚して子孫を増やすように奨励している。バビロニア支配は痛みをもって受け入れなくてはならない。結果として、彼らはこの状況に適応して、耐えることを学んだのである。

「わたしを尋ね求めるならば見いだし、心を尽くしてわたしを求めるなら」（一三節）とあるように、エレミヤは真剣な信仰的内省を提示している。捕囚の地で待機して生きながらえる期間は、彼らの信仰の訓練の期間であり、悔い改めの機会でもあった。この内省によって、イスラエルはディアスポラとして存在することの信仰的基盤を確立したのである。

万軍の主の託宣

この手紙はエレミヤの手紙であるが、その内容は万軍の主からの託宣という形をとっている。イスラエルの神が「万軍の主」という呼称で紹介されている。この呼称は、神の全能と尊厳を表す。シロの神殿に関連して、この呼称が使われ始めた（サムエル記上一・三、一一）。「万軍の神、主」は古い形であったが、「万軍の主」はその短縮形である。敵の前にあって、イスラエルの民族全体が軍隊とみなされ、その指導者なる神は、軍の大将となるのである（出エジプト記一二・四一）。現代のイスラエル共和国の国防軍も、大将を「万軍の主」とみなして、その位には人を置かず空席にしている。

新共同訳においては、「主はこう言われる（コ・アマル・エホヴァ）」と、「と主は言われる（ネウム・エホヴァ）」に翻訳上の苦心が感じられない。その点、新改訳は、「コ・アマル・エホヴァ」を「主はこう仰せられる」、「ネウム・エホヴァ」を「――主の御告げ――」と表記している。主の御告げは、主の託宣のことである。それは説教における「神の名による言葉」に当たると言えよう。エレミヤ自身の言葉と神からの直接の言葉を区別する意識が働いているように取れる。

エレミヤの手紙の内容は、捕囚が長引くことを前提にしたメッセージである。まず、捕囚民は、落ち着いた生活をし、木々を植え、畑を耕し、収穫を確保することである。第二に、人々は結婚し、子孫を増やすことである。また、彼らが平和に暮らすためには、バビロニアのためにも祈るように奨励している。さらに、偽預言者たちの言葉に翻弄されないようにという内容である。これに加えて、神とイスラエルの約束について、主ご自身がいつも心に留めて覚えているという励ましの言葉とからなっている。

置かれたところで咲きなさい

「家を建てて住み、園に果樹を植えてその実を食べなさい」（五節）。捕囚といっても、彼らは奴隷のような状態ではなかったようだ。ネブカドネツァルはユダヤ人に、ある程度の自由を与えていた。ユダヤ人居住地があったであろう。エレミヤは、捕囚が長引くことも予想されるので、家を建て、果樹を植えるように指示する。うわずることなく腰を下ろした生活をするようにと勧めるのである。

「妻をめとり、息子、娘をもうけ、息子には嫁をとり、娘は嫁がせて、息子、娘を産ませるように。そちらで人口を増やし、減らしてはならない」（六節）。結婚と出産の奨励である。捕囚という境遇だから、家庭など持てないと考えた者もいたであろう。しかし、人口を減らさないこと、増やすことが敵国においては一番の脅威を与える。かつて、イスラエルがエジプトにいた時もそうであった。エレミヤは、神の時が満ちるまではバビロニアに落ち着いて生活することを勧めるのである。

「わたしが、あなたたちを捕囚として送った町の平安を求め、その町のために主に祈りなさい。その町の平安があってこそ、あなたたちにも平安があるのだから」（七節）。新改訳は「平安」を「繁栄」と訳している。自国のためだけでなく、敵国のためにも祈ることは良いことである。パウロもテモテに勧めている。「願いと祈りと執り成しと感謝とをすべての人々のためにささげなさい。王たちやすべての高官のためにもささげなさい。わたしたちが常に信心と品位を保ち、平穏で落ち着いた生活を送るためです」（Ｉテモテ二・一―二）。神の民が他の者たちの祝福になるように働いているとき、彼らは神の恩寵としての特典を得ている。イエスも次のように勧めている。「あなたがたも聞いているとおり、『隣人を愛し、敵を憎め』と命じられている。しかし、わたしは言っておく。敵を愛し、自分を迫害する者のために祈りなさい。あなたがたの天の父の子となるためである」（マタイ五・四三―四五）。まさにエレミヤはそのようにユダの民に言うのである。「バビロニアのために幸いを求めよ。バビロニアのために祈れ」と。

以上のように四―七節では、バビロニアにおいていかなる生活を送るべきかを、エレミヤは指示している。「置かれたところで咲きなさい」ということである。

ノートルダム清心学園理事長の渡辺和子の著書に売り上げ二〇〇万部超のベストセラーがある。『置かれた場所で咲きなさい』というものである。渡辺が三十六歳という若さで学長に任命されてその重責に耐えられなくなっていたときに、一宣教師からもらった手紙がもとになっている。そこに Bloom where God has planted you. と書かれていた。「神が植えたところで咲きなさい」と。

エレミヤは召命を受けたとき「ああ、わが主なる神よ　わたしは語る言葉を知りません。わたしは若者にすぎませんから」（一・六）と辞退した。それに対して主はエレミヤに言われた。「若者にすぎないと言ってはならない」（一・七）。渡辺が学長になったのは三十六歳という若さであった。

渡辺は、その著の冒頭に当時の様子を次のように記す。

「初めての土地、思いがけない役職、未経験の事柄の連続、それは私が当初考えていた修道生活とは、あまりにもかけはなれていて、私はいつの間にか〝くれない族〟になっていました。『あいさつしてくれない』『わかってくれない』『ねぎらってくれない』こんなに苦労しているのに『わかってくれない』」。

その渡辺が、宣教師から「神が植えたところで咲きなさい」の詩をもらって変わった。

「私は変わりました。そうだ、置かれた場に不平不満を持ち、他人の出方で幸せになったり、不幸になったりしていては、私は環境の奴隷でしかない。人間として生まれたからには、どんなところに置かれても、そこで環境の主人となり自分の花を咲かせようと、決心することができました。それは『私が変わる』ことによってのみ可能でした。

いただいた詩は、『置かれたところで咲きなさい』の後に続けて、こう書かれていました。『咲くということは、仕方がないと諦めることではありません。それは自分が笑顔で幸せに生き、周囲の人々を幸せにすることによって、神が、あなたをそこにお植えになったのは、間違いではなかったと、証明することなのです』」。

ディアスポラの神学へ

イスラエルは捕囚地において主のために歌を歌い、目に見える支えがなくても生き残る信仰のあり方を学ぶことになる。注目すべき事実は、この混乱期にイスラエルは神学を生み出したということである。旧約聖書の多くはこの地で編纂されたのである。喪失と罪の意識に沈んだ底から、一連の新しい、想像力に満ちた詩人のような語り手たちが登場した。彼らこそ、喪失を深刻に捉えながらも、洞察力をもって、古い伝承を再解釈し、捕囚の身にあるイスラエルを将来と希望へと向かわせた人々であった。彼らを通して、イスラエルは快活な希望の共同体として描かれるようになる。イスラエルを強制移住させた神は、いずれ誠実にイスラエルを再興し、エルサレムとユダという、彼らが本来生きるべき土地の安全と幸福を実現される神だと、預言者らは信頼していた。

「わたしは捕囚の民を帰らせる。わたしはあなたたちをあらゆる国々の間に、またあらゆる地域に追いやったが、そこから呼び集め、かつてそこから捕囚として追い出した元の場所へ連れ戻す、と主は言われる」（一四節）。「彼らに目を留めて恵みを与え、この地に連れ戻す。彼らを建てて、倒さず、植えて、抜くことはない。そしてわたしは、わたしが主であることを知る心を彼らに与える。彼らはわたしの民となり、わたしは彼らの神となる。彼らは真心をもってわたしのもとへ帰って来る」（二四・六―七）。この言葉に信頼して生きたのはダニエルである。「わたしダニエルは文書《もんじょ》を読んでいて、エルサレムの荒廃の時が終わるまでには、主が預言者エレミヤに告げられたように七十年という年数のあることを悟った」（ダニエル書九・二）。ユダの国民の多くはバビロニアに捕らえ移されたが、エルサレムに残された者もいた。また、エジプトや近隣諸国へ逃げた者もいた。彼らもユダの地に帰ってくる時が来る。

帰郷と捕囚の終焉への期待は切実であった。しかし、これらの希望が実現したことについては、聖書はそれほど明確には語っていない。クロスによる解放があった後も、多くのユダヤ人たちはその地に住み着いた。帰郷が完全に達成されることはなかったので、ユダヤ人は散在し、流浪の共同体、ディアスポラのユダヤ人、という印を永らく刻まれることになる。しかし、ユダヤ人が「国土」を所有することが、神学の目指すところであるのだろうか。「旧約において、イスラエルは国家というよりも宗教である」（浅野順一）。ここに、現存するユダヤ民族と、「新しい神の民」としてのイスラエルの相違がある。

シオニズムは、エレミヤたち預言者の語った「わたしは捕囚の民を帰らせる」ことの、成就と言えるのであろうか。もちろん、彼らの苦難の歴史を無視することではないのである。「捕囚」という言葉は、神学的に、また派生的に用いられるからである。それは「囚われ」である。捕囚からの解放は、罪からの解放をも示唆する。そのためにメシア登場の約束も語られることになる。それはパレスチナへの帰還とは別の、止揚された帰還をさす。つまり「主に帰る」ことである。救いは、地上の国家、国土の保持を前提としない。ディアスポラのままであっても、主を尋ね求めれば、主は出会ってくださる。サマリアでもエルサレムでもないところで、父を礼拝できる世界の到来を、イエスは見ていたのではないか（ヨハネ四・二一）。

万軍の主の計画

「主はこう言われる。バビロンに七十年の時が満ちたなら、わたしはあなたたちを顧みる。わたしは恵みの約束を果たし、あなたたちをこの地に連れ戻す」（一〇節）。七十は完全数で、神の御計画の期間を示す。実際は捕囚の期間は縮められ五十年間となる。また七十年というのは人間の一生という意味が含まれている。そうすると、捕囚としてイスラエルから連れて行かれた者たちは帰還できないことになる。帰還するのは次の世代である。だから、妻をめとり、子供をもうけ、その子供がまた次の世代となる子供をもうけるように奨励されるのである。

エレミヤは、アブラハムのように「主の山に備えあり」と信じている。エレミヤは、はるか先まで見ている。摂理という信仰がそこにはある。パウロも言っている。「神を愛する者たち、つまり、御計画に従って召された者たちには、万事が益となるように共に働くということを、わたしたちは知っています」（ローマ八・二八）。

「わたしは、あなたたちのために立てた計画をよく心に留めている、と主は言われる。それは平和の計画であって、災いの計画ではない。将来と希望を与えるものである」（一一節）。万軍の主は、このような時にも、イスラエルとの間に結んだ約束を覚えている。忘れてはいない。それは平和、平安の計画である。

イスラエルの希望は、ヤーヴェの本質に属している。ヤーヴェの本質の核は、イスラエルが告白したように、約束することと、その約束の実現を見守ることである。旧約は約束しそれを守るということが連続する歴史である。預言者に見られる約束は、現在を超えて見通し、「来るべき日」の世界の新しい姿を予測することである。前六世紀のエルサレム陥落、神殿の崩壊、王の廃位、そして捕囚という歴史において、イスラエルに対するヤーヴェの約束は無効とみなされた。そのような文脈の中で、捕囚期の大預言者たちはヤーヴェの新しい約束を主張しえた。

人は苦しみの中に置かれても、希望がある時に生きることができる。それはヴィクトール・フランクルが『夜と霧』に著わしているとおりである。その著に次のような話が書かれている。

一人の囚人は戦争の終わりを知りたがっていた。彼は夢を見て、それが五月三〇日と信じた。しかし、「戦線が実際五月の中にわれわれを解放してくれる可能性はますます少くなっていくようであった。すると次の事が起った。五月二九日にFは突然高熱を出して発病した。そして、五月三〇日、すなわち予言に従えば戦争と苦悩が『彼にとって』終る日に、Fはひどい譫妄状態に陥り始め、そして終に意識を失った。……五月三一日に彼は死んだ」（フランクル著作集一『夜と霧』みすず書房、一九六一年、一八〇―一八一頁）。また彼はこんなことも紹介している。囚人たちの多くが、クリスマスには家に帰れるだろうと期待していた。しかしそうならなかった一九四四年のクリスマスと一九四五年の新年の間に、大量の死亡者をだした。

彼らが苦悩に耐え得るのはどんなときか。「一人の人間には、彼が並外れた愛情をもっている一人の子供が外国で彼を『待っていた』のであり、他の一人には人間ではないが他のものが、すなわち彼の仕事が『待っていた』のである。……待っている仕事、あるいは待っている愛する人間、に対してもっている責任を意識した人間は、彼の生命を放棄することが決してできないのである」（一八六―一八七頁）。

パウロも言う。「現在の苦しみは、将来わたしたちに現されるはずの栄光に比べると、取るに足りないとわたしは思います。

……わたしたちは、このような希望によって救われているのです」（ローマ八・一八、二四）。

「かくしてやがていつか、解放された囚人各自が強制収容所のすべての体験を回顧して奇妙な印象を受ける日が来るのである。すなわち彼は収容所生活が彼に要求したものをどうして耐え抜くことができたか殆ど判らないのである。そして一生の中ですべてが美しい夢のように思われる日が……あのかつての自由の日々が……存したと同様に、彼が収容所で経験したすべてが彼には一つの悪夢以上のものに思われる日もいつかくるであろう。解放され、家に帰った人々のすべてこれらの体験は、『かくも悩んだ後には、この世界の何ものも……神以外には……恐れる必要はない』という貴重な感慨によって仕上げられるのである」（フランクル、前掲書二〇五頁）。

神との対話、祈り

「そのとき、あなたたちがわたしを呼び、来てわたしに祈り求めるなら、わたしは聞く」（一二節）。あなたの祈りを聞かないと言った神が（七・一六）、今は聞いてくださるのである。主の名を呼ぶ者は誰でも救われるのである（ヨエル書三・五）。

「わたしを尋ね求めるならば見いだし、心を尽くしてわたしを求めるなら、わたしに出会うであろう、と主は言われる」（一三―一四節）。今や神殿のない地において、新しい信仰運動が示される。それは祈りである。主の名を呼ぶことである。「求めなさい。そうすれば、与えられる。探しなさい。そうすれば、見つかる。門をたたきなさい。そうすれば、開かれる。だれでも、求める者は受け、探す者は見つけ、門をたたく者には開かれる」（マタイ七・七―八）。

フランクルの『夜と霧』に、若い女性との対話がある。彼女は近いうちに死ぬことを知っていた。それにもかかわらず、フランクルと語った時、彼女は快活であった。「私をこんなひどい目に遭わしてくれた運命に対して私は感謝していますわ」。「なぜかと言いますと、以前のブルジョア的生活で私は甘やかされていましたし、本当に真剣に精神的な望みを追ってはいなかったからですの」。彼女は内面的な世界に向かっていた。「あそこにある樹はひとりぽっちの私のただ一つのお友達ですの」。フランクルが病院の窓の外を見ると一本の樹が見えた。彼女は「この樹とよくお話しますの」と言った。フランクルは彼女が幻覚を起こしているのかと思いながら、「樹はあなたに何か返事をしましたか」と聞いた。彼女は「あの樹はこう申しましたの。私はここにいる。私は――ここに――いる。私はいるのだ。永遠のいのちだ……」（前掲書一七〇―一七一頁）。

参考文献

R・E・クレメンツ『エレミヤ書』（現代聖書注解）佐々木哲夫訳、日本キリスト教団出版局、一九九一年

W・ブルッゲマン『旧約聖書神学用語辞典』日本キリスト教団出版局、二〇一五年、「約束」「希望」の項

エレミヤ書　三〇章一八節―三一章六節

小泉　健

エレミヤ書三〇―三三章は「慰めの書」と呼ばれる。救済預言が集められている。イスラエルの回復の約束が語られる。

王国が滅亡し、国の主だった者たちが捕囚となり、神の都が廃墟となり、神殿が崩れ落ちた後で、どのようにして回復がなされるのだろうか。どうしたら回復があり得るのだろうか。いやそもそも、「回復」とは何なのか。

わたしたちの国は大震災の後で、町が復興するとはどういうことなのか、という問いに直面してきた。土地は風景を持ち、記憶を持っている。暮らしはたくさんのつながりによって紡ぎだされている。失われたものは多く、取り戻せないものも少なくない。その中で、過去を少しでも多く受け継ぎながら、将来を新しく創造するための努力が積み重ねられている。

イスラエルは滅び、エルサレムは瓦礫となった。町や神殿を再建することはできる。捕囚民が帰還することはあり得る。外国の支配を脱することはできる。そうやって、滅亡以前の生活と同じような生活を再開することはできよう。しかしそれはまだ、「神の民」の回復とは言えない。

神の民であることに挫折した者たちは、いったいどうしたらもう一度神の民になれるのだろう。教会も同じ課題を負っている。教会もまた、教会でなくなってしまうことがあり得る。いったいどうしたら教会は教会になるのだろう。教会であり続けることができるのだろう。

たとえば、エズラ記、ネヘミヤ記もこの課題と取り組んでいる。そこではエルサレムの城壁が修復され、神殿が再建されもするが、さらに律法が朗読され、レビ人による説明が行われる。民は教えられたことを理解して、喜び祝った（ネヘミヤ記八章）。ここでは、神の言葉のもとに集まり、神の言葉に聞き従うことによって神の民を再建する、という考えが示されている。

エレミヤは神の民の回復をどのような形で示すのだろうか。エレミヤは「わたしがそれをする」とお語りくださる神の言葉を聞いている。神の民の回復は、神によってしかありえないことである。神はそれを望んでくださるし、おできにもなる。すでに前の段落でこう語られてきた。

「わたしは軛《くびき》を砕き、縄目を解く。」（三〇・八）
「わたしはお前を救い出す。」（一〇節）
「わたしがお前と共にいて救う。」（一一節）

「わたしがお前の傷を治し、打ち傷をいやそう。」（一七節）
わたしたちが聞いている託宣でも、同じ音色が続いている。
「わたしは回復し、憐れむ。」（一八節）
「わたしが増やす。わたしが栄光を与える。」（一九節）
こうしてついに契約の定式に至る。
「あなたたちはわたしの民となり
わたしはあなたたちの神となる。」（二二節）

この定式は三一章一節で繰り返され、わたしたちの箇所はすでに新しい契約の約束に至る（三一節以下）。わたしたちの箇所はすでに新しい契約に向かっている。神のご意志と御力が、そしてそれだけが、神の民を回復させるのである。

神の民の土台（三〇・一八）

「ヤコブ」は「イスラエル」という名を与えられた人物の元の名である。そのヤコブのことを考えれば、「ヤコブの天幕」は遊牧民として生活していた族長時代を想い起こさせる。出エジプトの民もまた荒れ野に天幕を張って生活した。「ヤコブの天幕」という言い方は、神と共に旅をして生きる神の民の本来の姿への立ち帰りを含意しているように思われる。

「繁栄を回復する」と訳された「シャーブ・シェブート」は多くの翻訳に見られるように「運命を転換する」「境遇を回復する」（ヨブ記四二・一〇参照）と解するのがよい。そうすると、神が先頭に立ち、またしんがりとなって共に歩んでくださる「ヤコブの天幕」のあり方への回復という意味合いが、よりはっきり聞こえてくる。

あるいは、「シェブート」にはもともとは「捕らわれ人」という意味があるのだから、「シャーブ・シェブート」は「捕らわれ人を返す」とも訳せる。「捕らわれ人を帰らせ」（岩波書店版）、「捕囚を回復させ」（フランシスコ会訳）などの訳が見られるとおりである（また二九・一四参照）。

いずれの訳を取るにせよ、重要なのは動詞「シューブ」が使われていることである。「シューブ」はエレミヤ書で多く用いられている重要語である。「帰る、戻る、転じる」という意味を持つ。帰らなければならないのはイスラエルの方である。しかし帰ることができないままに滅びに至った。今、そのありさまが変えられる。イスラエルのありようを神が転じてくださる。だからこの「シューブ」は単なる回復でもなければ、故郷への帰還でもない。神に身を向けさせられ、神に帰ることである。

主の憐れみによって神の民の生活（「天幕」「住む所」「都」「城郭」）は生活の場所であるとともに生活そのものを指していよう）が再建される。一八節、一九節と訳文からも同義的並行法が使われていることが読み取れるが、一八節の後半は、原文ではさらに前置詞「アル（の上に）」も並行している。

「都は、その廃墟の上に立てられ
城郭は、そのミシュパートの上に据えられる。」

「そのミシュパートの上に」という箇所が「あるべき姿に」「本来の場所に」「正しい所に」「かつてそうであったように」などと訳される。訳としてはそれが正しいのであろう。しかし神の民の再建という文脈からすれば、神の民がどこに再建されるのかを語っているとも読める。

立ち帰らされた神の民の生活は、一方では「その廃墟の上に」建てられる。神に背き、神に裁かれたことをなかったことにするわけにはいかない。神の正しい裁きを踏まえて、それを土台として再建される。神の民の生活は、しかし他方では「そのミシュパートの上に」、すなわち「その公義の上に」据えられる。今や神の御心を求め、正しく判断することができる。神が喜んでくださる公義が、神の民の生活の土台となるのである。

あふれだす賛美（三〇・一九、二〇、三一・四）

主がお建てくださるのは、礼拝する共同体である。「集い（エーダー）」は、しばしば礼拝のために集められた会衆を指して用いられる（列王記上八・五参照）。「わたしの前に」というのも主を拝むために主の御顔の前に立つことを指している。

この地が廃墟であったとき、主はここから「喜びの声と祝いの声、花婿の声と花嫁の声」を絶たれた（七・三四）。敵の来襲を知らせる角笛、兵士の足音と怒鳴り声、家が崩れ、物が焼ける音、悲鳴が響き渡った。そしてその後には嘆きの声と挽歌が聞こえるだけとなった。

しかし主がこの状況をも転換してくださる。沈黙は転じて賛美の歌があふれだす。喜びの声と感謝の叫びが響き渡る。わたしたちに舌が与えられているのは、主の恵みを告げ知らせるためである。わたしたちに声が与えられているのは、神をほめたたえるためである。唇が本来の働きを取り戻す。

こうして「ヤコブの子らは、昔のようになる」。「昔のよう」と聞いて、わたしたちは何を思い浮かべるだろうか。イスラエルが「昔のようになりたい」と言うとき、彼らは何を望んでいるだろうか。勇ましいダビデの時代だろうか。きらびやかなソロモンの時代だろうか。立ち帰るべき「昔」はそこではない。ヤコブの子らである十二部族が荒れ野で主に仕えるためにエジプトを脱出したように、共に一つの集いとなって神を礼拝すること。それこそが取り戻されるべき昔である。

賛美する姿は三一章四節に引き継がれている。「楽を奏する者たち（メサハキーム）」が繰り返されているだけでなく、「出てくる（ヤーツァー）」という動詞も共通している。

「出てくる。感謝の歌と
楽を奏する者たちの声が。」（三〇・一九）

「あなたは出てくる。
楽を奏する者たちの踊りの輪に。」（三一・四）

三〇章一九節では声が出てきたのだった。三一章四節では賛美の声が出てくるだけでなく、礼拝する者の体までが踊り出てしまう。「あなた」が出てくる！ 喜びがさらに高まっている。体全体で主を喜び、神をたたえるのである。

そして主は「増やして」くださる。歌声を増やしてくださるのである。礼拝する者の数を多くしてくださるのである。数を増やすことは、アブラハム以来、神の民に告げられてきた祝福の約束である。あるいは、人間が創造されたときからの神の祝福だと言ってもいい。そこでは、命がみなぎることとして豊作や成功と並んで多産が告げられているように見えた。しかし、数が増えることの本当の意味は、賛美の声が大きくなることにあるのである。

「増やす。減らない」という約束は、二九章六節の命令を受け継いでいる。「そちらで人口を増やし、減らしてはならない」。かつて、アブラハム、イサク、ヤコブは繰り返して「あなたの子孫の数を増やす」との約束を与えられた。この約束が成就したのは、不思議なことに奴隷の家であるエジプトでのことだった（出エジプト記一・七）。人間的に見れば悲惨な状況のただ中にも神の恵みの御手は働いていた。大きな群れとなったイスラエルは主を礼拝するためにエジプトを脱出し（同三・一八参照）、神の民とされる契約を結び（同二四章）、荒れ野で主にのみ頼り、主の口から出るすべての言葉によって生きることを知らされ（申命記八・三）、主の宝の民とされた。それと同じように今、奴隷の家であるバビロンでも主は恵みを与え、数を増やそうとしていてくださる。そして新しい出エジプトをさせてくださる。新しい契約が結ばれ、新しい神の民が生み出される。それは、あふれだす賛美をもって神を礼拝する民である。

新しい指導者（三〇・二一、二二）

新しい神の民が礼拝する共同体として主の前に固く立てられるために、新しい指導者が必要である。「指導者」と言われ「治める者」と言われている。「指導者」の原語「アディール」は形容詞としても用いられ「高貴な、力ある」という意味を持つ。「貴族」（一四・三）、「（群れを）率いる者」（二五・三四―三六）とも訳されている。「治める者」の原語「モーシェール」は「治める、支配する」という意味の動詞「マーシャル」の現在分詞である。「治める者、支配者」である。

二二章三〇節では「ダビデの王座にすわり、ユダを治める者」と言われていて、「モーシェール」が明らかに「王」を指している。しかしわたしたちの箇所では「王」の語はあえて避けられているようである。エレミヤが王制そのものを否定しているわけではないから（三〇・九参照）、むしろこれまでの「王」の概念では捉えられない存在を語ろうとしているのであろう。

この新しい指導者は「彼らの間から」「彼らの中から」出る。それは歴史的な文脈からすれば、アッシリアやエジプトやバビロンのような外国の支配者ではなく、またそれらの国によって立てられた傀儡の王でもないということだろう。しかし、彼ら「から（ミン）」、さらに彼らの「内部から（ミン＋ケレブ）」と言われるとき、単にイスラエルの同胞の一人であるというにとどまらず、イスラエルの中のイスラエルである人物が意味されていよう。そのような人物が礼拝する共同体のただ中から主によって選び出され、立てられるのである。

この指導者は主に近づく。民の中でモーセだけが主に近づくことができたように（出エジプト記二四・二）、特別に主に近づくことができる。こうして彼は政治的な支配者であるだけでなく、宗教的な導き手でもある。「王の系統を引く祭司」である。

彼は「命をかけて」主に近づく。それは、聖なる神に近づくことは死の危険を伴うからだと説明される。しかし、彼は勝手に主に近づくわけではない。主が彼を近づけてくださるのである。だからここで語られていることは、もっと積極的な内容を持っていると思われる。

ここでの「命（レーブ）」は、直訳すると「心、心臓」である。彼は「心を賭ける、危険にさらす、引き換えにする」。主が引き寄せてくださるままに、彼の方も自ら主に近づく。民のただ中からの者として、民の罪を負って主に近づく。そしてそこで自分の心を差し出す。自分の存在の全部を引き換えにする。この姿はイザヤ書の苦難の僕の姿に通じる（関根正雄）。

「彼が自らをなげうち、死んで
罪人のひとりに数えられたからだ。
多くの人の過ちを担い
背いた者のために執り成しをしたのは
この人であった。」

（イザヤ書五三・一二）

苦難の僕の歌と同様に、ここでもキリストが預言され、待望されている。この方によって新しい契約が結ばれ、新しい神の民が生まれるのである。

主の怒りの嵐（三〇・二三―三一・一）

エレミヤ書二三章一九、二〇節で告げられた言葉が、ほぼそのまま繰り返される。預言者の言葉は、一方ではきわめて具体的な歴史的状況に向けて語られた一回的な言葉である。しかし他方では新しい時代、新しい状況においても大切に保存され、新しく自分たちのための言葉として受け取り直された。その実例を示す箇所として興味深い。しかも、本来の文脈ではないはずの三〇章に、より深く適合しているようにも見える。

二三章は偽りの預言者たちに対して災いを告げる言葉である。主の会議に立たず、主に遣わされていないのに、自分の心が欺くままに預言する預言者たちがいる。彼らの頭上で主の嵐が吹き、主の怒りが燃えることになる。その言葉が、三〇章の終わりに繰り返される。ここでは「神に逆らう者」（二三節）がだれを指しているのか明らかではない。ヤコブの天幕の運命が転換されたのだから（一八節）、主の怒りはヤコブの子らを「苦しめるもの」（二〇節）に向けられるように見える（たとえば R. P. Carroll はそう理解している）。

しかしそうではない。二三、二四節は、二二節と三一章一節に繰り返されている契約の定式にはさまれている。新しい契約が結ばれ、新しい神の民が生まれるためにこそ、主の激しい怒りが「思い定められたことを成し遂げ」なければならない。二三章におけるように偽りの預言が取り除かれるだけではなく、民はすべての罪から清められなければならない。

主の燃える怒りはやまない。直訳すれば「転じない」。ここにまた「シューブ」が出る。民は転じ、立ち帰らなければならない。そのために決して転じないものがある。神の御心は変わらない。神の燃え上がる思い、ねたむほどの愛は転じない。「思い定められたこと」は、直訳すれば「彼の心の計画が定めたこと」である。主の「心（レーブ）」が定めたことがある。主の聖と義と愛とが貫かれる。この主の心に向かって、二一節の仲保者は自分の心をもたらすのである。

とこしえの愛（三一・二、三）

新しい神の民の建設が始まる。イスラエルは安住の地に向かう。新共同訳は「荒れ野で恵みを受ける」（二節）と訳しているが、動詞「マーツァー（出会う、見出す、得る）」は完了形である（口語訳「得た」など）。エジプト脱出を指しているのだろうか。王国の滅亡の時を考えればいいのだろうか。どちらと決める必要はないのかもしれない。破滅としか思えない荒れ野で、思いがけない恵みに出会う。

三〇章一九、二〇節ですでに、これから新しい出エジプトが起こることが暗示されていた。ここでも、出エジプトの出来事を想起しつつ、新しい出エジプトを経験することになると予告されているように思われる。

「愛（アハーバー）」「愛する（アーハブ）」「慈しみ（ヘセド）」といった重要な語が現れる。「慈しみ」は契約と結びついて多く用いられる語である。主は信実を尽くし、変わることなく、契約を守ってどこまでも誠実でいてくださる。それが「ヘセド」である。きわめて重要な神学的概念である。「ヘセド」は英語では faithfulness、mercy などと訳されるだけでなく、steadfast love、lovingkindness などとも訳される。「ヘセド」に加えて「とこしえの愛」と言われる。

主の愛は変わらない。イスラエルがバビロンにいても、全世界に散らされていても。主は「遠くから」変わらずに語り続けてくださる。主の愛は変わらない。出エジプトの民がシナイで契約を結んだ時から。いや天地が造られる前から。主は「昔から」変わらずに語り続けてくださる。「遠くから（ミン＋ラーホーク）」の「ラーホーク」は「距離、遠さ」であって、時間的な遠さでもあり得る（イザヤ書二二・一一参照）。場所を違えても、時を隔てても、主は変わらない。主の愛は変わらない。主の語りかけを聞くとき、遠い神は近くなる。わたしたちもまた荒れ野で恵みを見出すことになる。

「主のもとへ上ろう」（三一・五、六）

主が現れ、主が呼びかけてくださる。主が神の民を再建してくださる。それに応えて、賛美の声が上がる。礼拝する者たち自身が踊り出る（四節）。すでに礼拝は始まっている。主が礼拝する者の数を増やしてくださる。賛美の声を大きくしてくださる。キリストが天の聖所でご自分の心をささげてくださったゆえに、教会は主の前に固く立てられる。

教会は人々を礼拝へと招く。教会は地を覆わなければならない。世界は教会にならなければならない。主を礼拝することにおいて、ただそのことによってのみ、人々は一つとされる。

「見張りの者」（六節）が告げるのは、敵軍の接近などの災いであったろう。しかし今、見張りの者の役割も転換される。「あなたがたは立て」と呼びかけ、「我らは上ろう」と続く。「あなたがた」が「我ら」に加わって、もっと大きな「我ら」になる。ここに神の国の喜びがある。

参考文献

関根清三訳『旧約聖書Ⅷ　エレミヤ書』岩波書店、二〇〇二年

関根正雄『エレミヤ書註解　下』（関根正雄著作集15）新地書房、一九八一年

J. R. Lundbom, *Jeremiah 21-36* (AB). Doubleday 2004.

G. Fischer, *Jeremia 26-52* (Herders Theologischer Kommentar). Freiburg 2005.

エレミヤ書　三一章一五―二〇節

楠原　博行

一　はじめに

ウィリアム・L・ホラデイもジェラルド・L・キーオンも、エレミヤ書三〇―三一章を「慰めの書」と呼んでいる。この書は「エレミヤ書の残りの部分を吹き荒れる神の怒りのただ中で、ひとつの避難所である……その中では現在の苦しみと、さらなる危機、そして未来の救いとの間には関わりがあるのだ、ということを繰り返し述べている」（G・L・キーオン『エレミヤ書二六―五二章』八三頁）。

エレミヤ書三一章一五―二〇節は、自分の民が虜囚として連れられて行くのを見たエレミヤの嘆きの言葉からはじまって、エフライムの悔い改めの祈りが続き、それに応答する神の慰めの言葉で閉じられる。典礼式がひな形になっているのではないかという意見がある。信仰者の嘆きの声があり、その嘆きは喜びへと変えられ、また悔い改めの祈りは確かに神によって聞き届けられる。それらはまぎれもなく礼拝の形であるからである。

この箇所の、三一章一五節のラマの嘆き、自分の子らが失われたことを嘆く母ラケルの言葉は、イスラエルの嘆きを代表するものとなった。信仰の父たち母たちの時代の、一人の母親の嘆きの言葉が、捕囚の時代になって、人々が連れ去られ、失われて行く悲しみを言い表す言葉となったのである。

新約聖書マタイによる福音書二章一七節以下は、この箇所を引用している。ヘロデによる幼児殺害と幼子イエスを連れての、父ヨセフと母マリアのエジプトへの逃避行は、エレミヤの預言の言葉の成就だったと言うのである。イスラエルの嘆きを象徴する、母ラケルの嘆きを、今、自分の目の前で起きていることとした、エレミヤの言葉が、さらには新約聖書の中で、救い主イエスを証しする言葉、クリスマスのメッセージの一部となっているのである。

二　語彙

1. ラマ

エレミヤ書四〇章一節によれば、ラマは、バビロンへ捕囚として移送されるエルサレムとユダの捕虜たちの中継地であった。しかし「ラマで声が聞こえる……ラケルが息子たちのゆえに泣いている」との伝統的な訳（新共同訳も）によるならば、ラケルがラマの墓で化けて出るというのかとW・ホラデイは問いかける。ベニヤミンのラマ（ヨシュア記一八・二五他）はエルサレムの北九キロにあり、ローフィンクによれば、エフライムの巡礼者たちがエルサレムに向かう途中、ラマを通りラケルが泣いているのを聞いたのだと言う。しかしW・ホラデイはラマの村を指す語は定冠詞を伴うはずだと言う。それがここにはない。七十人訳とシリア語ペシッタ訳はこれを地名「ラマ」と訳すが、ウルガタ訳とタルグムは「高い所」と訳している。

　マタイによる福音書二章一七―一八節は七十人訳に従っており、ヒエロニムスは必然的にマタイ二章一八節では「ラマ」、しかしエレミヤ書三一章一五節では「高き所」と訳して、自身の注解において、ラケルの墓はベツレヘム近くにあったはずだと主張している。旧約聖書ではエレミヤ書のこの箇所以外では、サムエル記上一〇章二節は彼女の墓はただベニヤミンにあると告げ、創世記の伝承では創世記三五章一九―二〇節、四八章七節に、「エフラタ（ト）へ向かう道の傍ら（ほとり）」とあり、それに「すなわちベツレヘム」と注が付されている。しかしここではどこにも「墓」との言及はなく、ラケルが自分の墓で泣く必然性もないこと、さらには同じエレミヤ書三章二一節の「裸の山々」で嘆くイスラエルの子らとの関連から考えて、W・ホラデイは「高い所」で嘆く声が聞こえると理解する方が良いと言う。これは士師記一一章三七節以下でエフタの娘が山々で嘆いたことを思い起こさせもするのである（W・ホラデイ『エレミヤ書2』一八六頁以下）。

2．一六―一七節のキーワード

ラケルへの主の慰めの言葉は三一章一三節の成就となっている。一六―一七節のメッセージは明瞭である。ラケルの子供たちが敵地から自分の土地へと帰って来ることである。だから「帰って来る（シューブ）」の言葉が繰り返され、また「ある（イェーシュ）」（一六節の報いが「ある」と一七節の希望が「ある」）は、明らかに一五節の息子たちが「いない（エーン）」との表現に対立する言葉として用いられている。これを「ポジティブな反論」とW・ホラデイは呼んでいる（同一八八頁）。

　また「報い（サーカル）」の語が創世記三〇章ではラケル自身に縁がある言葉となっていることをG・キーオンは指摘している。そこではラケルが恋なすびの報酬（サーカル）として、レアにヤコブを雇わせ（サーカル）て、床を共にしたがゆえに、レアは身ごもって神の報酬（サーカル）イサカルを産む。またそこではヤコブ自身も家畜を報酬としてラバンから受けていたことが記される（G・キーオン、一二〇頁）。

　「あなたの苦しみは報いられる」（一六節）と訳された、ラケルの苦しみとは何だろうか。「苦しみ」と訳されたペウラーという語は、神のわざ、また労働者の仕事を言う語でもある。

　ラケルの仕事が報われると言うのである。G・キーオンはW・ルドルフがラケルの仕事とは子供たちを育て上げたことだと述べたのを取り上げる（W・ホラデイもこれを支持）。しかしラケルはヨセフもベニヤミンも、その成長した姿を見てはいない。また旧約聖書では子を産むこと、その苦しみを言う際にペウラーの語が用いられることもない。だからラケルの仕事とは古代イスラエルでは普通であった泣き女としての仕事であったと彼は言う（同）。

W・ホラデイはペウラーの語を一七節の「未来（アハリート）」と結びつけて考えている。ここで言う「未来」とはラケルの子孫のことを指しているのであり、だからペウラーはラケルの子孫や子供たちの帰還となって報われるのだと考える。

3．一八—二〇節のキーワード

「聞く（シャーマー）」、「心に留める（ザーカル）」、「憐れむ（ラーハム）」の三つの動詞が、ここでは主なる神の慰めの言葉のキーワードになっている。それぞれ語を二度重ねる形が用いられ「確かに聞いた」（一八節）、「深く心に留める」（二〇節）、「憐れまずにはいられない」（二〇節）と強調した形で主の言葉が記される。しかしG・キーオンは、これらの語が一八、一九節のエフライムの悔い改めの祈りの中に現れていないことを指摘する。そのことについて「神の応答は求める願いを上回るものであるから」と説明するのである（G・キーオン、一二〇頁）。

新共同訳聖書が「退ける」と訳したダーバルのピエル形＋べは、本来「退ける」とも「支持する」とも両方に解釈できる用法である。ウルガタ訳は後者を取っており、たとえばA・ヴァイザーもこの理解であるが、最近の翻訳はむしろ前者を取るとW・ホラデイは言う。ただし、W・ホラデイは両方の意味を留保し、G・キーオンもこれを支持している。なぜなら心に留める（ザーカル）ことは、ポジティブにも働くし、ネガティブにも働くからである。W・ホラデイは前者の例として、エレミヤ書二章二節において派遣するエレミヤを心に留める神の言葉を挙げ、後者の例として、申命記二五章一七節以下の、敵対したアマレクのことを心に留めよとのイスラエルに対する神の勧告を挙げている。ダーバルもザーカルも、「それゆえ二つの動詞は二つの意味を持っている。エフライムに対する主の態度は相反する感情が保たれたままなのである」（W・ホラデイ、一九一頁以下）。

「彼のゆえに、胸は高鳴り」と訳されたところは「わたしのはらわた（マーイーム）は音を立てる（ハーマー）」という言葉遣いである。W・ホラデイはここに愛する人に対する女性のイメージを見る。はらわたも子宮のことであり、二〇節最後の動詞「憐れむ（ラーハム）」と同根のレヘムは子宮を意味する言葉である（エレミヤ書一・五参照）。「主のエフライムに対する思いはそれゆえ深く大きくて、エフライムのことを語る時、また思う時には、その思いはあふれだし、憐れみを示さないではいられないと言うのである」（同一九二頁）。

4．この箇所の構造について

ここでは新共同訳聖書の理解にそのまま従ったが、この箇所全体の詩文としての構造を検証し、伝承の中で失われてしまった言葉の存在を疑って、本来の形の再現が試みられている。たとえばW・L・ホラデイは、一五節で「息子たちのゆえに（アル・バーネーハー）」が二度も繰り返され（七十人訳とペシッタ訳はこれを省略）ており、また最後の一文「彼（マソラテキスト は単数形）はいないのだから（キー・エーネヌー）」だけでは詩文のコロンにならないと考えて、失われた言葉を推測した。彼により再現された一五節は、たいへん痛々しい母親の嘆きの声となっている。

「主はこう言われた。／高い所でする声が聞こえる。／嘆いており、ひどく泣いているのだ。／ラケルが彼女の子供たちのことを悲しんでいる。／彼女は慰められるのを拒む。『わたしの赤ちゃん！』『わたしの子供たちは一人も残っていないのですか？』」（同一五三頁）。

三　説教のために

この箇所では、悲嘆に暮れる部族の母ラケルのイメージにより、土地と最愛の息子たちを奪われた民の慰めのない状態が語られる。

一六節と一七節の神の慰めの言葉は、「流されたすべての涙を乾かし、子どもたちを思う労苦と憂慮が無駄ではなかったことを、絶望するラケルに示す希望を神は既に用意している……敵国の捕囚からのイスラエル人の帰郷は、子孫のための新しい救済の時の始まりとなり、一人きりになったと思っている部族の母に新しい希望を呼び覚ます」（A・ワイザー『エレミヤ書25―52章』ATD旧約聖書註解21、石川立訳、二〇〇五年、一二七頁）。

一八―一九節はエフライムの悔い改めの祈りである。A・ヴァイザーはそれが「悔い改めの歌」の本質的な様式要素を含んでいるから、典礼の手本に従って作られたと考える。すなわち「罪の告白」、「悔恨および悔い改め有効の願い」（「どうかわたしを立ち帰らせてください。わたしは立ち帰ります」）、そして主なる神への信仰告白（「あなたは主、わたしの神です」）である。「ここでの悔い改めの特徴は、その悔い改めが神の審判の実りとして生じ（『あなたはわたしを懲らしめ……わたしは……懲らしめを受けました』）、民が今、自分たちに降りかかった神の審判のより深い意味までも理解していることである。放蕩息子は自分の非を認めて、自分に差し出された神の手を告白と願いとをもって摑むのである」（同一二八頁）。

二〇節では、民の悔い改めの祈りに続いて、聞き入れを言い表す神の答えが来る。「民についてただ語るたびにいつも新たに沸き上がるこの愛の力に神自身驚いている。神の愛の究極の秘密を理解させるために、神のこの自己啓示は非常に『人間的に』叙述されている。この擬人化は最後のところで最も強く現れている。それは、すべての躊躇と疑念を乗り越える神の愛と慈しみの力を示すためである。すなわち神は、内なる決断過程の中で、自身の愛の力に負けて、放蕩息子を憐れまざるをえなくなる」（同一二九頁）。

典礼の形をひな形としているがゆえに、この箇所は、嘆き、悔い改め、慰めの告知という完結したひとつの形になっている。「悲しみが喜びに変わるのである。三一章一五―二二節は、新しい創造から生まれた神の愛の深さを示している。新しく生み出された神とイスラエルのアイデンティティーは、この二つの関わり合いの新しい可能性を開く……［ここで］主は、愛する者を失った母ラケルのように、大切な息子エフライムと愛する娘イスラエルを取り戻そうと望んでおられる。神の愛と憐れみは、子を産むために命をささげた母のそれよりさえ深く、その罪にもかかわらず和解をもたらし、死に勝利されるのである」（G・キーオン、一二三頁以下）。

マタイによる福音書で三一章一五節だけが引用されたのは、

ヘロデによる幼子殺害の伝承とともに、聖家族のベツレヘムからエジプトへと逃亡する途上の地としてラマの嘆きの伝承が取り入れられたのであろう。マタイ二章一五節の引用の「実現するためであった」とは違って、一七節では「実現した」として、この殺害を神が望んでいるかのような誤解が生じることを避けつつ、「マタイはおそらくラマも、エジプトへの逃亡に際しての中間滞在地であって、そこから逃亡者の一行は例の叫びを聞いた、と考えたのであろう。つまり、この地名をあげることによって、ほかならぬ神の子の生涯には、その弟子たちにとっても特徴的であり続けることとなる放浪の運命が、その当初から支配していた、ということが述べられているのであろう」（エドゥアルト・シュヴァイツァー『マタイによる福音書』NTD新約聖書註解、佐竹明訳、一九七八年、四一頁）。「総じてキリスト者たることはここでは教えであるよりもはるかに多く『道』である。すなわち教えは、結婚せず、貧しく、巡回をしていたイエスにならってこの世から離れることを要求する、その道の上を歩むための指針、と理解されているのである」（同二四〇頁）

こうしてエレミヤ書三一章一五節は新約聖書の福音の言葉として用いられて、ラマはわれわれキリスト者の、キリストの弟子として、主キリストに従う生涯を送るわれわれの中間滞在地の名前ともなる。

一五二八年一月五日の午前、午後のマタイによる福音書二章一三―二三節の説教の中で、マルティン・ルターはこのエレミヤ書の引用について次のように述べている。エレミヤはバビロン捕囚を、マタイは幼子のことについて言っているのだが、かつてユダヤにおいてそうであったように、ここにはもはや慰めがないのだということを、この言葉は表していると言うのである。信仰なき人間には慰めがない。ラマという地名が、慰めのない人間が、この地上で滞在しなければならない場所の名前となる。

M・ルターはさらに告げる。マタイがわれわれに示すのは、「ひとつの教えを信ぜよということである。それは神がわれわれに心を配っていてくださるということである。たとえ欠けがあり不自由なことがあったとしても、天使が天から来たりて、あなたに語りかけるのだ。このような神を理解し、この神に心から感謝しなければならない」。

旧約聖書の嘆きの典型とされた場所の名前を持つ、この地上のラマに、神を失っている人間すべてが、一時的に滞在している場所、慰めのない場所に、新約聖書の福音の光が射し込んでくる。今や、ラマの嘆きの言葉が、クリスマスのメッセージの一部へと変えられる。

「神の民が虜になる。神を信じない人びとの虜になっていく。神からの愛を奪われる。神に対する信頼を失い始めている。神の優しさから切り離されて、平安を奪われて、神の宮のないところにいこうとしている。そのことを嘆き抜いている母の嘆き、母たちの嘆きが、クリスマスの出来事の後ろにあって聞こえていたのだと聖書は語るのです。

私どものクリスマスも、神から切り離された人間についての悲しみと無縁ではないのです。そういうことはさて置いて、しばらくの間、童話のような夢の世界に楽しむことがクリスマスだというのではないのです。むしろ、まさにその悲しみのなかで、イエスがお生まれになったのです。従って、このベツレヘムの嘆きは、イエス、幼な子イエスという方にだけ特別に関わる嘆きではありません。人間の、神を失っている人間すべての嘆きなのであって、その人間の嘆きの中に主イエスが入ってこられたのです。母の悲しみを生んだ人間の現実、母に嘆きを生む人間の現実の中に、主イエスが入って来られたということであります」（加藤常昭『マタイによる福音書1』加藤常昭説教全集1、八六頁）。

同じ説教の中で加藤常昭先生が、ボンヘッファーの言葉も紹介しておられた。「ディートリッヒ・ボンヘッファーというドイツの神学者は、このところについてこういう意味の言葉を書きました。ベツレヘムにおいて殺された幼な子たちは気の毒だとわれわれは言うかもしれないけれども、違う。この子供たちは幸せだった。この子供たちは祝福されたのだ。なぜか。イエスのために死んだのだ。そしてイエスは、いつも子供たちから離れないのだ。私は実は一番初めこの言葉を読んだ時に、心の中に少し抵抗を感じました。ここに書いてあるではないか。『慰められることさえ願わなかった』という母親の嘆きが。そう思いました。しかし、その慰められることを拒否するような母親の嘆きの中で死んでいった幼な子を指しながら、違う、どんなに深い嘆きの中にある者でもイエスがおられるならば、祝福されるのだと言い切ったボンヘッファーは、ヒットラーの手によって、やはり殺されたのです。幼な子と同じように。そして、ボンヘッファーは言うのです。この子供たちは、イエスと共に今なお生きていると。これは実に大胆な表現です。しかし、私は、そういう言葉を言うことができるし、信ずることができるというのが、信仰なのだなと改めて思いました」（同八六頁以下）。

参考文献（英語・独語文献のみ）

Gerald L. Keown, Pamela J. Scalise & Thomas G. Smothers, *Jeremiah 26-52*, Word Biblical Commentary Vol. 27, Word Books, 1995.

William L. Holladay, *Jeremiah : a Commentary on the Book of the Prophet Jeremiah 2, chapters 26-52* (P. D. Hanson, Ed.), Minneapolis, MN: Fortress Press, 1989.

Erwin Mülhaupt, Ed., D. Martin Luthers Evangelien-Auslegung, Erster Teil: Die Weihnachts- und Vorgeschichten bei Matthäus und Lukas (Matth. 1-2 und Lk. 1-2; 3,23-38), 3. durchgesehene Auflage, Göttingen: Vandenhoeck & Ruprecht, 1957.

エレミヤ書　三一章三一―三四節

加藤　常昭

参考文献

「新しい契約」を語るこの聖書テキストは、当然のことであろうが、ドイツの福音主義教会において、説教テキストとしても重視されてきた。シュテックによれば十九世紀末からのようであるが、まずアドヴェント第一主日の説教テキストとして用いられたが、戦後しばらくは、受難週の木曜日、つまり最後の晩餐を記念して聖餐礼拝を行った時のテキストとして用いられた。その後、さらにエグザウディ（「聴け」の主日）、つまり、昇天日後、聖霊降臨主日前の主日礼拝のテキストとして説かれるようになっている。したがって、多くの説教黙想が書かれている。戦後、ミスコッテ、フォン・ラート、ヴェスターマン、シュテック、フォークト、メラーなどの錚々たる神学者たちが執筆している。しかし、また多くの牧師たちが現代の教会と世界の状況のなかで、真剣に黙想を深め、説教の言葉を探し求めてきている。ついでに言えば、フォン・ラートの黙想を掲載した黙想集は絶版になっているが、『旧約聖書神学』第二巻で丁寧に論じている。またカール・バルトは、『教会教義学』の和解論を語り始めるところで、このエレミヤの言葉の丁寧な考察をしている。いずれも説教黙想としても読めるのである。

黙想の課題

ドイツ語の説教黙想をいくつも読んだが、このテキストの黙想のひとつの特質は、新約聖書の関連テキストを重視していることである。当然であるかもしれない。新約聖書の時代に、エレミヤの新しい契約の預言が重要な働きをしたであろうことは推測に難くはない。直接にエレミヤの預言に支えられていることが明らかな新約聖書テキストもある。共観福音書の最後の晩餐の記事であり、同じく聖餐に関わるコリントの信徒への手紙一第一一章二五節である。ルカもパウロも「新しい契約」という言葉を用いている。まさしくエレミヤが預言した新しい契約が、ここで現実となったのである。これに対して、ヘブライ人への手紙第八章で、独自の大祭司論を展開しているところで、大祭司によって新しい契約が成立したということを、エレミヤ書第三一章の言葉を丁寧に引用しながら語っている。

このように新約聖書の教会は、エレミヤの新しい契約の預言がイエス・キリストにおいて成就したと明言する。もちろん、われわれも、このパースペクティヴにおいて説教することができる。そうすべきであろう。特に聖餐が指し示すようなキリストの救いのみわざこそ、新しい契約を成り立たせてくださっていると説教することができる。エレミヤは、もちろんキリストの到来、その救いのみわざを知らなかった。イエス・キリストを知れば、どれほど喜んだであろう。われわれは、この預言成就の喜びと感謝のパースペクティヴにおいて説教することができるのである。

しかし、新約聖書以後の教会の歴史においては、エレミヤの預言の理解は、それほど単純なものではなかった。たとえばミスコッテの詳細な黙想が、最初にスケッチしてくれているように、近代から現代にかけての解釈の歴史を辿るだけでも、むしろ混迷というべきものであったことが明らかになるであろう。エレミヤの言葉が一見単純で理解しやすそうに見えるので、かえって、その解釈は多様になるのである。それは、解釈者の神学的立場を容易に反映するものとなった。同時に、説教者が語りかける聴き手の状況を真剣に考えると、課題は、いっそう困難になる。エレミヤの預言が今ここで成就したとするなら、現在の聴き手の状況、教会の状況を、どのように説明したらよいのであろうか。困惑するのである。三三節が語る「来るべき日」は既に来ているのか、それとも、われわれもまた待つべき日なのか。問わざるを得なくなるのである。キリストの到来に根ざし、そこでエレミヤの預言が歴史的現実となったことは明らかである。聖餐にあずかるわれわれは、その救いの現実に生きることを許されている。だがそこで、エレミヤが望みみた日が既に来ていると言えるのか。われわれの教会の現実というパースペクティヴにおいて何を語り得るのか。何を語るべきなのか。ここに、われわれの黙想の課題がある。

テキストを読む

① エレミヤ書第三〇章、第三一章は、「エフライムのための慰めの書」と題し得る、つまり北イスラエルに関する預言をまとめたひとつの単元だと理解されるのが一般である。そして、この単元は、エレミヤの活動初期に属すると考えることが多い。しかし、関根正雄はこう考える。われわれに与えられているテキストが語る新しい契約という考えは、エレミヤの預言のなかでも独特のものであって、このような思想が生まれるのには、そのきっかけとなる歴史上の特別な出来事が起こっていたに違いない。古い契約団体の廃棄という事件が実際に起こったに違いない。この団体の結合の中心にあるのはエルサレム神殿である。その神殿の崩壊という五八七年の出来事が決定的であった。そこに古い契約団体の崩壊の現実を見た。それは、これまでの契約の完全な廃棄を意味する。だがそこでエレミヤには、「神はその真実の故にその契約を捨て去り給うことはないという驚くべき啓示を与えられた」。この関根の理解はユニークであるが説得力がある。私が既に本誌に黙想を執筆している第二〇章一四節が語ったような、預言者としての深い絶望を経験していたエレミヤに、まさしく神から啓示されたのが、この新しい契約の約束であったのである。

② 具体的な出来事との関連での、この預言の位置付け、さ

らにはエレミヤの生涯における位置付けについては、解釈者によって意見はさまざまである。しかし、この新しい契約の約束が全イスラエルに関するものであることは誰にも明らかである。そこで、例えばヴェスターマンは、この部分を前後のコンテキストと密接な関係を持つものではなく、むしろ独立し、これだけで完結したものと見た方がよいと勧告している。

③「見よ、その日が来る」というのは、第七章三二節などにも見られるように、エレミヤが救いを語るときに時々用いる表現である。挫折の歴史を体験しつつ、その歴史の出来事としておこるべき救いを預言する。救いの約束が、全く新しく神の側からもたらされるが、それは必ず「その日」という日付を持つ歴史的現実となる。絶望の闇に神の約束の光が照る日である。

④三一節でいう「ユダの家」という表現は、南王国ユダに関わるものであり、もともとこのテキストが北王国イスラエルに対して語られたとすれば、後代に追加されたものであろう。そう推測するひとが多い。しかし、エレミヤは「イスラエルの家」という表現で既に全イスラエルを意味していたのかもしれない。

⑤三二節から三三節にかけて、古い契約と新しい契約が明瞭に対立した姿で語られる。しかしまたいずれも神が主導する契約であることに変わりはない。神の契約行為の旧新の対比が見事に語られるのである。古い契約が既にエジプトから、神の民の「手を取って」導き出すことによって、ご自身が「主」であられることを深く味わわせる神の救いの行為に根ざすものであった。ここで語られているのがシナイ契約であることは明らかである。つまり、神がご自身の救いのみわざに答える民の歩みを定める律法を与えることによって成り立つ契約である。だが、イスラエルは契約を破った。これが神の眼差しに見えている現実である。預言者が、自分をも呪いつつ見据えざるを得なかった神の民の現実である。神の民が、神を主とすることを放棄したのである。それが、今、亡国の悲劇を生んでいるのである。契約は意味を持たなくなった。民が神を主とすることを止めたからである。古い契約に基づく関係更新は不可能になったのである。

⑥エレミヤは、そこで新しい契約が与えられるのは「来るべき日」のことだとして語り始める。今ここでのことではない。将来のことである。約束としてのみ語り得ることである。この日が来ることが歴史の終末を意味するのか、なおその後も地上の歴史が続く、その一日を示すのかは不明である。まず、出エジプトの出来事の再現のように、歴史上の新しい救済の出来事が起こると預言したのであろうか。

⑦出エジプトの出来事によって何が示されたのか。「わたしは彼らの神となり、彼らはわたしの民となる」（三三節）。この言葉は第二四章七節その他、計四箇所で繰り返される。神と民との関わりを定める神のご意思を明示するものであり、不変の神の約束として預言者を支えるものである。エゼキエル書も重んじたものであり、ゼカリヤ書にもある。バウムゲルテルは著書『約束――旧約聖書の福音的理解の問題』において、この神の約束の言葉こそ、旧約聖書、新約聖書を貫くものであったと論じている。ここに救いの基礎がある。神は、決して個人のみ

に関わることはない。あくまでも神の民となる共同体との間で、この約束こそ、シナイ契約が示した救いの現実であり、絶望を繰り返す預言者の支えであった。

⑧これを、エレミヤが聴いた神の言葉は「わたしの律法」と呼んでいる。新しい契約とは、まさに神の民の生活の歩みを定めるものである。イスラエルの民が破ったのも、まさにこれである。神の民として歩まなかったのである。預言者は、目の当たりに見る民の歩みに、神の民であることを放棄した歩みをしか見ることができなくなっていたのである。だからこそ、今新しい歩みをする神の民の幻を新しく与えられたのである。

⑨古い契約においても新しい契約においても神と民との関係は変わらない。それならば、新しい契約における新しさはどこにあるのか。古い契約の基礎は、出エジプトの救いのわざにあった。新しい契約においては、その神の救いのわざが、こう語られている。「わたしは彼らの悪を赦し、再び彼らの罪を心に留めることはない」（三四節）。民の反逆の罪が契約廃棄の悲劇を生んだ。その悲劇を克服することも神の側から起こる。反逆の罪を赦してくださるのである。だからこそ民は再び立てるのである。神が新しく「手を取って」くださるのである。新しい契約は新しい救いに根ざす。それゆえに、それが新しい赦しの宣言の約束となり、望みの言葉となり、預言の言葉となるのである。

⑩もうひとつ、ふたつの契約の相違に言及すれば、エレミヤは、新しい契約の出来事を、もはや政治的な出来事としては語らない。民族に関わる政治的な解放の出来事としては起こらないのである。そのことによって政治的次元を超える、霊的な終末論的な出来事となるのである。

⑪罪の赦しの約束は驚くべきものであるが、ここで注意したいのは、この約束が、三四節の末尾に、最後に告げられていることである。最初に告げられたのは、この言葉である。「わたしの律法を彼らの胸の中に授け、彼らの心にそれを記す」（三三節）。ここで律法と呼ばれているのが、⑦項で言及した約束の言葉である。シナイ律法が石に記されたことを思い起こしつつ、「律法」の言葉が用いられているのかもしれない。人間が、自分の外に書き記された律法を読み、あるいは聴き、それに従うのではなくなる。律法が、自分が神の民のひとりとして歩むべきことを語ってくれる言葉が、自分の内面の言葉となる。律法で聴く神のご意思を告げる外の言葉が、自分の内面から聞こえる言葉となる。ヴェスターマンは、ただ単に神が語りかけ、民が聴くというありようが消えるのである、と言い切っている。そして、神の民全体に語りかける言葉が、同時に民の一人ひとりが聴き取るものとなる。全体性と共に個別性が浮かび上がると理解することができるであろう。一人ひとりの心の出来事が起こるのである。多くの人びとが自然に付け加えて言い換えるように聖霊の出来事としか、言いようがないのである。

⑫「人はもはや、おのおのその隣とその兄弟に教えて、『あなたは主を知りなさい』とは言わない。それは、彼らが小より大に至るまで皆、わたしを知るようになるからであると主は言われる」（三四節、口語訳）。詩編第一〇〇篇三節の「知れ、主こそ神であると」などの言葉を思い起こす。エレミヤが告げる

約束が成就するとき、もうそのように言わなくて済むようになるのであろうか。おそらく古い契約に生きようとした者は、毎日のように、そう告げたであろう。いや、エレミヤのような預言者こそ、主なる神を知らなくなったために悲劇を招いている神の民に向かって、そのように叫び続けているのである。だが新しい契約が実現するとき預言者は無用になる。説教者もまた日々神を知るようにと教え、促す必要がなくなるのである。その時、なお律法さえも必要なくなるのではなかろうか。ふと、私はそのようにさえ思う。いかがであろうか。だがシュテックは、最後に赦しが語られることに注目する。新しい契約において、人間が神に従うことなど不可能になったと語られつつ、なお新しい契約の基礎こそ神の赦しにあるということを語る。新しい契約においてもなお赦しが必要なのである（新しい契約においてこそ、と言うべきかもしれない）。それこそ、ルターが語った simul peccator et iustus（罪びとにして同時に義人）ということではなかろうか。そう言うのである。

改めて問う

エレミヤの新しい契約を語る言葉をめぐって、しばしば問題になるのは、六二一年に起こった、ヨシヤ王の時代の申命記改革である。エレミヤの言葉が、ここでは他の箇所のような詩文の形を取っていないことを始め、その思想からして、むしろ、ここには申命記改革の陣営の言葉が記されているのではないか、という推測すらなされるのである。メラーは、しかし、こう推測する。申命記改革の起こった時、エレミヤは沈黙を守った。始めは好意的に見守っていたかもしれないし、あるいは最初から批判的であったかもしれない。とにかく新しい契約の約束は、申命記改革を見据えながら、それと対立する形で記されている。急所は、人間がする律法の実施ではなく、神の側から起こる赦しである。申命記では、神を知ることを教えるべきだとされるが、それが不必要だとされることである。小さい者も大きな者も神を知るのである。エレミヤのこの言葉はイスラエルを超える終末論的次元のものと理解すべきであろう。

エレミヤが言う、神を知る、ということが、単なる理性的認識にとどまるものではないことは言うまでもない。それは神を信じることであり、申命記第六章四節、五節が伝える、いわゆる「シェマー」（「聞け」）の戒めが既に語るように、心を尽くして神を愛することである。そしてまさに、その神への愛における挫折こそ、エレミヤが見ざるを得なかった神の民の現実であった。そこで見させていただく約束の幻は、神の側からの愛の回復であった。

そのことを思うと、先に挙げた新約聖書の言葉だけではなく、さらにいくつもの言葉を思い起こす。「神は、その独り子をお与えになったほどに、世を愛された。独り子を信じる者が一人も滅びないで、永遠の命を得るためである」（ヨハネ三・一六）。「愛は律法を全うする」（ローマ一三・一〇後半）。さらにはまた、古い契約と新しい契約との対比を語るパウロの言葉があったことに気づく。コリントの信徒への手紙二第三章四節以下である。ここでは、神はわれわれに新しい契約に仕える資格を与えてくださったと明言する（六節）。そして、それは文字に仕えるという意味を持たず、「霊に仕える資格」だと言い換える。それは覆いをせずに「主の方に向き直る」ことだと言う（一六節）。あるいはまた「主の霊のおられるところに自由が」あると断言するのである（一七節）。この神の愛の行為が聖餐において最も深く想起されることも確かである。あるいは、その背景にあることとして、主イエスが罪人、徴税人を食卓に招かれたことを思い起こしてもよい。

ここで再びメラーに戻る。メラーは聖餐との結びつきを大切にする。主キリストと食卓を共にするとき、イエスの死を見つめつつ神を知る。しかもパンとワインという肉体に関わる神認識を得る。神の愛を通じて新しい神認識に満たされる。神を味わい、感じ取り、体験する。存在の内奥まで神のご意思で貫かれる終末論的な愛の共同体が生まれる。律法から自由にされた愛の共同体が生まれているのである。

メラーは、ここまで断言した後で、聖餐との関わりで語られる説教は、そのような愛の共同体が、眼前にある教会共同体の中にあると単純に前提するわけにはいかないと立ち止まる。むしろ、それとは反対に、古い契約の影がなお落ちている、と言う。不安を抱きつつ、伝統や慣習に依然としてしがみついている。聖餐は、しばしば堅苦しい祭儀に陥っている。律法主義が些細なことにこだわっている。真実に聖餐にあずかる者は、この、われわれを取り囲み、われわれに迫ってくるものが、古い契約の、もはや現実性を失った影に過ぎないことを見抜く。そして、キリストが再び来られる日を新たな思いで待つのである。そして、エレミヤの言葉は、われわれをして、救いをもたらす不安を呼び起こす。そして、それによって、真実の意味でわれわれをキリストに導くのである。

参考文献抜粋

関根正雄『エレミヤ書註解　下』（関根正雄著作集15）新地書房、一九八二年

フリードリヒ・バウムゲルテル『約束――旧約聖書の福音的理解の問題』加藤常昭訳、東京神学大学私家版、一九五五年（原著一九五二年）

G・フォン・ラート『旧約聖書神学Ⅱ』荒井章三訳、日本キリスト教団出版局、一九八二年、二八〇頁以下

左近　淑『旧約聖書緒論講義』（左近淑著作集第3巻）教文館、一九九五年

カール・バルト『教会教義学　和解論Ⅰ／1』井上良雄訳、新教出版社、一九五九年、五四頁以下

Claus Westermann, Calwer Predigthilfen, Band 1, 109-117, Calwer, 1964.

Karl Gerhard Steck, Göttinger Predigtmeditationen (GPM) 23, 149-156, Vandenhoeck & Ruprecht, 1969.

Christian Möller, Hören und fragen, Band 3, 1 Teil, 202-209, Neulirchener, 1974.

エレミヤ書　三二章一―四四節

高橋　誠

テキストの響きと説教の構想

長い箇所であるが、読んでいると引き込まれる。目の前にある滅びと、まさにその滅びの現実にぴったりと重ね合わせて思い起こされる神の「永遠の契約」（四〇節）が、読む者を引き込む言葉の動きをつくっていると言えるだろう。目前に迫るエルサレムの陥落という現実を正確に見て取りつつ、神の約束は語られている。しかもこのことをはっきりと捉えるために、改めて際立たせれば、全く別の救いが別の場所で展開されるのではない。リセットというような言い方をずいぶんさまざまなところで聞くようになったが、そのような形での救いがここで語られているのではない。厳しさから逃れられない現実の地理的な地点において、約束は連続的に展開される。したがって、このテキストの説教は、私たちが見せつけられている現実の厳しさそのものを捉えつつも、その上に信仰のまなざしで神の約束を見るようになることを目指すものとなるだろう。神の約束と厳しい現実を重ね合わせる役目を担っているのが、「アナトトにある……畑」（七節）である。畑は、番地まで持つような極められた仕方で、当該地において約束が持続していることを示している。神の約束がカナンの地そのものであったことと対応している。

一方で、神の約束を現実に重ね合わせるときに、困難が生じる。約束を現実とは別の地点に設定すれば、思うに任せぬ現実が神の確かさを傷つけることがなく、合理的で受けとめやすい。しかし、こうした考慮をテキストは許さない。神の約束と現実を重ね合わせ、厳しい現実を見つつそこでなお神の全能の支配を信じるという、預言者にとって、また人間にとって困難でありつつも確かな道が神によって示されている。

《神の力が及ばないことはない》という神の全能は、エレミヤの祈り（一七節）と神の託宣（二七節）のなかで繰り返されている。ここに前述の預言者の人間としての困難を見ることができる。預言者は神の全能を教理として弁《わきま》えているのであるが、皮膚に触れる現実のなかでその教理を生きるよう促す神の託宣はそう簡単には受け入れられない。神の全能について、この二つの局面に表れているのは、《教理を知ること》と《教理を生きること》との間にある差異である。吹き始めている捕囚の風にさらされる実在の畑において神の約束が言い表されるとき、真実の意味で教理に生きているかという問いが改めて突きつけられている。現実を二つの領域、つまり神が働かれる現実と自分たちが目にしている現実という形で切り分けて捉えることを神はお許しにならない。エレミヤの祈りの二五節の言葉は、神が現実に踏み込むようにしてご自身の約束をお告げになったときに人間に生じる困惑であろう。サラの力ない笑い（創世記一七・一二）やマリアの受胎告知の困惑（ルカ一・三四）も同じ文脈にあるものだろう。《神の力の及ばないことがない》（一七、二七節）ことを、正面から受けとめることが迫られている。

いったいそれはどうすれば受け入れられるのか。いかにして、神の全能に自らを依りかけるような「わたし（神）の民」（三八節）となりうるか。そのためには人の「心」（三九、四〇節）が、人を愛してご自身の「心」（四一節）を注ぐ神によって獲得される以外に道はない。神の民とは、神の愛の心に心を奪われた者である。申命記契約で人間に求められる「心をつくし、精神をつく（す）」（三〇・二、口語訳）真実は、エレミヤが告げる永遠の契約のもとでは「心をつくし、精神をつくし、真実をもって彼らをこの地に植える」（三二・四一、口語訳）という神の行為に変えられる。申命記契約に砕けてしまうイスラエルを、契約の改変をもってなお担い、ご自身の真実によって人間の心を呼び覚ますことで人間を獲得しようとなさる。その契約に基づく神の行為は、十字架のキリストの贖いにまでなるのである。

以下の説教の構想を提案する。一、救いの「再び」性。二、伸ばされた神の腕を信じる困難。三、「心」を獲得する神。

一　神の救いの「再び」性

九節以下では、畑の売買が当時の具体的な契約の方法さえ読み取れるほど、詳細に描かれている。こうした意図を、ブルッゲマンは「神の約束は理論上のものでも（現実を無視した）霊的なものでもなく、リアルな生活の記録として政治的・経済的な状況において取り扱われる。しかも完全な経済と適正な社会システムがユダヤの領土という地理的な地域において回復するという形で描かれる」と言う。約束は現実を再びたどり直す《回復》なのである。一五節で「再び買い取る時が来る」というときの「再び」が言い表す事柄である。救済の「再び」性と言ってもよい。ヨハネの黙示録が、第二一章において新天新地を語る前に、第二〇章で地上における千年の間の統治を語ることと重なる（二〇・四）。そこでは地上に焦点を合わせるのだが、そのようにして救済は地上の回復を目指すことが告げられる。一気に新天新地ではないのである。あるいはこのような現実性は、体の甦りを救済とすることとも関わる。神によって告げられる救いは、霊魂の不滅には解消され得ないのである。

現実に存在する世界がどれほど悲惨であっても、神の創造なさった世界であるゆえに「極めて良かった」（創世記一・三一）ということは、神の確かさをもって貫かれる。「再び買い取る時が来る」（一五節）ということは、神の救いが連続した現実のなかにやってくる約束を告げ、救いが地上に場を持つことを語るものである。

二　伸ばされた神の腕を信じる困難

しかし、この場は、現実の代わり映えのしない一つの畑であり、その場において「御力の及ばないことは何一つない」と信ずることが問われているのである。このことが、エレミヤに深い困惑をもたらす。創造者の「腕」（一七節）が、捕囚の風に揺れる現実の畑にも届いていると信じることの困難である。事柄をはっきりさせるために改めて言えば、神の御手によって悲惨な出来事に衝突することが避けられるというようなことではないのである。「あなたは大いなる力を振るい、腕を伸ばして天と地を造られました」（一七節）と言われていることは、「見よ、わたしはこの都をバビロンの王の手に渡す。彼はこの町を占領する」（三節）という結果と共に言われていることなのである。「腕を伸ばして」については、出エジプト記六章六節で「腕を伸ばし、大いなる審判によってあなたたちを贖う」という言葉との用語的な関連を見いだせる。「奇跡」（エレミヤ書三二・二一）も紅海を分けるあの奇跡と考えて間違いないだろう。そうすると、モーセに対しての「腕」の言葉のすぐ後で「誓った土地にあなたたちを導き入れ、その地をあなたたちの所有として与える」（出エジプト記六・八）と続くように、腕は主の土地に関する約束の言葉と関連している。神の強い腕がイスラエルに土地を得させる約束を実現するのである。

エレミヤにおいて、出エジプトの時とは様相が異なる。彼にとっては海が分かれることはないままに、ただ海の中に備えられる道を信じなければならなかった。モーセにおいては、明らかな奇跡が海によって象徴される混沌に対しての神の勝利を示すのであるが、エレミヤにおいては奇跡を抜きに神の約束をなお見続けていなくてはならないのである。あの時に海辺で死んでいたのはエジプトの兵士であったが、この時は屍は神の民のものとなるのである。その土地の上に伸ばされる神の腕を信じることが迫られている。

その厳然たる現実の上に神の全能を投影することが、畑を買うことで描かれている。《世界は神の全能のもとにある》とテーゼ化するところで起こりうる観念化を許さないように、実在の「アナトトにある……畑」がなお祝福のもとにあることを改めて語り直すのである。神の全能は、それが全能であるゆえに、地上の一点においても正面から受けとめられることが求められている。神の約束が明確な番地さえ持つような畑の上に映し出されるとき、その地面において行われるバビロンの蛮行と神の約束は重なり合う。三六節が「この都」と語るとおりである。「この都」において、「バビロンの王、剣、飢饉、疫病に渡されてしまった」（三六節）という暗澹たる現実と「この国で、人々はまた畑を買うようになる」（四三節）という神の確かな約束という現実が衝突している。一つの現実の土地として同定されるからこそ、破壊と約束は衝突するのである。

このことがエレミヤに困惑をもたらす。彼の祈りの最後の言葉の「カルデア人の手に落ちようとしているこのときに」（二五節）は、この困惑を表している。彼の祈りのなかでたどられている神の「恵み」（一八節）は、ヘセドであるが、これについてマルティン・ノートは契約の愛と呼ぶ。神の不変の契約に基づいて民に注がれる神の愛である。ついでに言うと、ノートはこのヘセドを旧約の全体を結び合わせる主要なテーマとして捉えている。たしかに、ここでも預言者によって、神が民に対して不断に関与し、すべてをご覧かつご存じで、全人類に対してしるしと奇跡をあらわす方であることが想起されている。しかし、その想起が「カルデア人の手に落ちようとしているこのとき」にも、なお意味のあるものであるかを預言者は立ちすくみつつ問いかけている。言葉の響きを改めて抽出してみれば、「神の絶え間なき関与、しかし、今このときにも？　神は偉大かつ力強い、しかし、今このときにも？　全人類に奇跡、しかし、今このときにも？」ということになるだろう。預言者の正直な思いが滲んでいる。全能を告白しつつも一方で全能のかげりを心で思い描くようなことと通じているだろう。畑というまことに具体的、現実的な事柄の上では、神の全能をすんなりとは受け入れられずに、今このときを神の救いの計画とは別の時間としてしまう預言者の姿は、毎週、礼拝で「天地の造り主、全能の父なる神」を告白しつつ、時にそれが私たちの心を捕らえなくなることとしてよく知っていることなのではないだろうか。

　しかもそのことは、単に神の全能についてさらに強く深く信じればよいというようなことでは済まされない。《神の力の及ばないことはない》ことは、二度すなわち預言者の祈り（一七節）と神の言葉（二七節）において繰り返されるが、その両者の間には超えがたい隔てがある。神は、一七節のエレミヤの祈りで触れられる神の全能であるが、二七節ではそれへの人間の不信仰を反問なさる。人間が全能について考えることと神が乗り出すようにご自身をそう告げられることとの間には、やはり差異が存在する。エレミヤの語る全能が、未だ《心》にまで届かず頭の理解にとどまっているという事態があるのではないか。それゆえに、「心」（三九、四〇、四一節）は託宣の後半で中心的に触れられる。預言者を含めた民の「心」を獲得することを神は目指されるのである。詳細は次項で後述する。

　「あなたの御言葉どおり」（二四節）も、預言者の祈りでは神がその現実のなかで再び植えてくださる創造の言葉であるよりも、「間もなくこの都は剣、飢饉、疫病のゆえに、攻め囲んでいるカルデア人の手に落ちようとして」（同）いるという滅びの告知である。御言葉の成就をエレミヤはバビロン捕囚に見ているのである。御言葉が指すのは申命記第二九章、第三〇章のモアブでの契約であり、主の戒めを守るかどうかが、命と死とを分け、土地の定住と「抜き取り、他国に投げ捨てられる」（申命記二九・二七）とを分けることが告げられる。

　この申命記の前述の章は、エレミヤ書第三二章と緊密に対応しているので、一読が求められる。この命と死は、申命記では民にとって選択可能なものとして扱われている（申命記三〇・二―四を参照）。そこでは、民が命と幸いを選択する可能性が考えられているわけであるが、エレミヤが向かい合っている民の現実は、選択などままならない。「御言葉」は、今や預言者にとって呪いの道を歩む民の姿をただなぞるのみのものなのである。エレミヤを含め人間には、背信を覆すような希望を自分自身では作れないのである。

　ブルッゲマンはこうした破壊の現実そのものの上に回復を示す関連として、ヨハネによる福音書第二〇章の、甦りの主イエスとトマスの出会いを挙げている。それに触発され考えるに、あの出会いにおいても問題になっているのは、トマスの不信仰である。たしかに、エレミヤに対する神の言葉の「お前たちがバビロンの王、剣、飢饉、疫病に渡されてしまったと言っている、この都」と言うことと、主イエスのトマスに対する「あなたの指をここに当てて、わたしの手を見なさい……信じない者ではなく、信じる者になりなさい」と言うこととは、神の全能を見まごうことなき現実の上で信じることを促す神と、その前でたじろぐ人間という意味で対応しているだろう。滅びの現実を指さしつつ、なお創造のみ業を信じるように促し給う神が、同じく語られているのである。そうすると、トマス自身が自分の経験のなかでは、「決して信じない」（二〇・二五）としか言えなかった事情は、エレミヤにおいても、ユダの人々においても同じである。関根正雄は、「エレミヤは……神の全能の力を信じつつ、なお現実の困難を問題にし、その矛盾のゆえに苦しみ祈っている」と言う。神にとって不可能がないと言う神の使者からの反問を投げかけられたあのサラの笑いを合わせて考えることもできる（創世記一八・一三）。全能の神ご自身が、ご自身の命すら携えるようにして乗り出し語り給う託宣と預言者が苦悩をたどりつつ祈る祈りとの間には、乗り越えがたい差異、創造者と人間との間にある差異が存在している。

三　「心」を獲得する神

問題は、この差異を越えて、神を信じる「一つの心」（三九節）をいかにして獲得するかである。結論から言えば、人が自分で心をつくるのではなく、神の恵みがそれを呼び覚ますのである。前章の「新しい契約」（三一・三一）の中で、「わたしの律法を彼らの胸の中に授け、彼らの心にそれを記す。わたしは彼らの神となり、彼らはわたしの民となる」（同三三節）と語られている。古い契約が、人間が律法を守り行うことによって履行されていくのに対して、それが砕け人間から神に向けられる真実が尽き果ててしまったときに、なお契約は存在しうるか、ということが問われている。福音の教理に道を開く問いがここに動いている。「しかし今や」（三六節）は、神と人間の新たな関わりを告げるものである。パウロの「ところが今や、律法とは関係なく、しかも律法と預言者によって立証されて、神の義が示されました」（ローマ三・二〇）は、神の新たな行動を告げているが、それはエレミヤが語る「永遠の契約」に根ざす一貫した神の行動なのである。

学者によっては「永遠の契約」は、エレミヤ自身の語彙ではないとするが、前章の「新しい契約」（三一・三一）がこのように言い極められていることもまた重んじたい。神の契約ということを考えたときに、そう言わざるを得ないものである。カール・バルトは、「和解とは、嘗て存在していたがやがて危殆に瀕した交わりの新しい確認であり、再会である。すなわち、この交わりを破壊し・分離し・中絶しようとする要素に対する、この交わりの固持であり、恢復であり、貫徹である。それは、このような妨害に抗し、それを斥けて、もともとこの交わりを基礎づけ支配して来た意図を実現することである。このような、嘗て神と人間との間に存在し、やがて破壊され、脅かされ、しかもその意図がイエス・キリストにおいて、従って和解の業において成就された交わりを、我々は契約と呼ぶ」（教会教義学

『和解論Ｉ／１』三八頁）と言う。つまり、神が契約をなさるゆえの契約の壊れなさがキリストの和解にまでその救済の行為を支えるというのである。そうすると、新しい契約は、単に時間的に更新された新しさを意味せずに、永遠者が契約を常に人間に差し出されるという意味で、やはり「永遠の契約」と言い極められるべきものであろう。

ここに神の情熱を見出す。この情熱こそ、人間の心を捕らえる。神の情熱は、「わたしは……心をつくし、精神をつくし」（三二・四一、口語訳）となっていて、申命記三〇章二節の「あなたもあなたの子供も……心をつくし、精神をつくして、主の声に聞き従うならば」（口語訳）の言葉を写していることがわかる。写しつつも、この申命記の言葉の主語をエレミヤが変えていることもわかる。心を尽くし精神を尽くすのが、申命記では人間であるのに対して、エレミヤの託宣においては神ご自身である。神が、命がけでご自身を傾けるようにして、その地にユダの人々を回復すると言われるのである。慰めの響きを立てている言葉である。「ユダの人々が、この忌むべき行いによって、罪に陥るなどとは思ってもみなかった」（三二・三五）と想定外の人間の不真実に出会いつつも、それでもなお人間を追い求めてやまない神の行いがここに記されている。この永遠の契約に基づく神の行いは、既述のバルトの言うように、キリストにおける和解にまでなる。関根も「全能の神とは他ならぬ審判と救済をその御手に握り給う歴史の神であり、最後に十字架においてご自身をあらわし給うた義にして愛なる神である」と言う。

こうした十字架の贖いにまで及ぶ神の行為にほだされることによってのみ、人間のなかに神に従う心はつくられる。それ以外の仕方ではない。「彼らはわたしの民となり、わたしは彼らの神となる」（三八節）は、エレミヤのみならず預言者たちによって再三繰り返される、神との深い関わりを語る言葉である。独特の響きは、神の民となる動きが「彼ら」を主語として語られていることで生じている。つまり、力強い神を主語にとって、「わたし（神）が彼らをわが民とする」という、どこか力ずくが臭う仕方ではないのである。「彼らはわたしの民とな（る）」というのは、「彼ら」つまり民に主眼が定められ、彼らに神が心を注ぎ、まるでその後ろにそっと支える手を添えるようにして、彼らの心に愛を呼び覚まそうとしておられる神のお姿である。神であっても力によって人間の心を造り上げることはおできにならない。雅歌は、愛が決して乱暴な仕方で作れないことを「揺り起こしたり、かき立てたりしないでください。愛が目ざめたいと思うときまでは」（二・七b、三・五b、八・四b、新改訳）と語っているが、やはり神は愛の通路を通って人間の心の深みを獲得しようとなさる。そこでこそ、心を根こそぎにされて、本音から神に向かう「一つの心、一つの道」は与えられるのである。

参考文献

W. Brueggemann, *A Commentary on Jeremiah, Exile & Homecoming*, Wm. B. Eerdmands Publishing Co., 1998.

関根正雄『エレミヤ書註解　下』（関根正雄著作集15）新地書房、一九八二年

エレミヤ書　三三章一－一三節

吉村　和雄

与えられた箇所は、預言者エレミヤが獄舎に拘留されていた時に、二度目に彼に臨んだ主の言葉を記したものである。ここでの「獄舎」とは、王宮内にあった「監視の庭」のことである。これは直訳すれば「警備隊の庭」もしくは「詰め所」とでもいうべき所であると言われる。エレミヤがこのようなところに拘留されるに至った経緯については、第三七章に詳しい記述がある。それによれば、ゼデキヤ王の時代に、エルサレムはバビロンの王ネブカドレツァルとその軍隊によって包囲されるのであるが、エジプト軍が進軍してきたために、一時包囲を解いて退却した。エレミヤはその機会をとらえて、郷里アナトトの親族の土地を相続するために、エルサレムを出ようとしたが、バビロン軍に投降しようとしたと疑われて、守備隊長イルイヤの手によって捕らえられ、書記官ヨナタンの家に監禁される。長期の拘留の後、エレミヤはゼデキヤに呼び出され、神の意志を問われるが、それに対して、ゼデキヤ王はバビロン王の手に渡されると告げる。その際に、ヨナタンの家に自分を送り返さないようにとエレミヤは訴え、王はそれを受け入れて、彼を監視の庭に拘留し、毎日パン一個を支給することを約束した。このようにしてエレミヤは、獄舎、すなわち監視の庭に拘留されることとなったのである。

中心にいます神

このように、当時はユダ王国が激しく揺さぶられていた時代であった。何よりもバビロンの脅威が大きかった。イスラエルは小国である。その小国が南北に分裂してさらに小さくなり、北王国はすでに滅んで消えてしまっている。わずかに残った南王国ユダも、バビロンの脅威にさらされている。そういう中で、神の民として、自分たちの神に依り頼む以外に生きる道はないのであるが、しかし彼らはそこに腰を据えることができない。一方において主を頼みとしながら、保険をかけるように他の神々にも依り頼み、あるいはエジプト王の力を頼みとし、最後には自分の力を頼みとしようとする。

例えば四節と五節に、破壊された都の家屋とユダの王の王宮について語られた預言がある。これはエルサレムを包囲したバビロン軍が、城壁の外に土塁を築き、城壁を破って侵入しようとした時に、ユダの人々が家屋や王宮を壊して、その材料を用いて城壁を内側から補強し、あるいは家屋が燃やされることを防ぎ、同時に、城壁の内側に兵を集めて敵を迎え撃つためのスペースを確保しようとしたのであろう。そのようにして、剣を帯びた敵の侵入を防ごうとしたのである。しかしながら実際にはそのような人間の方策は意味を持たなかった。彼らはカルデア人と戦うが、都は死体に溢れるであろうと言われる。人間の知恵を総動員して行った戦いは、悲惨な結果に終わる。それはバビロン軍の圧倒的な力のためというよりは、ユダの人々の悪行のゆえに、神が都から顔を背けられたからである。

ここにおいて出来事は国家的な規模で起こっている。しかし同じようなことが、わたしたちの小さな生活の中でも、しばしば起こるのではないか。神の民として生かされていながら、一旦事が起こり、脅威にさらされれば、当然のように他人の力を頼みとし、あるいは自分の力に依り頼んで、その場を切り抜けようとする。

もちろん、人間の方策は必要である。他人の力や自分の力を総動員することが必要な場合もある。しかし、そのためには、神が中心におられなければならない。神を仰ぎつつなされるものでなければならない。神が中心におられなければ、人間の方策は、それが見事なものであればあるだけ、わたしたちを神から遠いものとする。例えばファリサイ派は、律法の義を得るために、現実的な方策を考えた。しかし彼らの業の中心に神がおられなかったので、行いが完璧であればあるだけ、彼らは神から遠いものとなったのである。

それゆえにここで神は、ご自分が中心にいます方であることを宣言される。「創造者、主、すべてを形づくり、確かにされる方」（三三・二）。すべてを形づくられた方は、イスラエルをもバビロンをも形づくられたのである。強大なバビロンの軍隊もまた、神の手の中にあるのである。神がこのような方であるからこそ、人々によって服従されなければならず、畏れられなければならない。それは神ご自身のためではなく、わたしたちのためである。神を神としたときに、人は人となるからである。

中心にいます神は、ご自分の御心を貫徹される。ご自分のお求めになるものを、徹底して追求される。神がお求めになるものは、このエレミヤ書の初めに明らかにされている。「わたしは、あなたの若いときの真心、花嫁のときの愛、種蒔かれぬ地、荒れ野での従順を思い起こす」（二・二）。神がわたしたちにお求めになるのは、従順に従うことによって示される「若いときの真心」であり「花嫁のときの愛」である。このことを、わたしたちは心に刻んでおく必要がある。

わたしを呼べ

神が中心におられる方であることを認める者は、その名を呼ぶ。信仰生活とは、神の名を呼びつつ生きる生活である。それは「わたしを呼べ」という神の言葉に支えられ、それに応えてわたしたちがすることである。そしてわたしたちが神を呼ぶときに、神はそれに答えてくださる。「あなたたちがわたしを呼び、来てわたしに祈り求めるなら、わたしは聞く。わたしを尋ね求めるならば見いだし、心を尽くしてわたしを求めるなら、わたしに出会うであろう」（二九・一二―一四）とある通りである。また「主を尋ね求めよ、見いだしうるときに。呼び求めよ、近くにいますうちに」（イザヤ書五五・六）という言葉もある。神は近くにおられる。そして祈りを聞き、それに答えようとしていてくださる。この神の御心が、わたしたちを、祈りの生活へと向かわせるのである。

ユダ王国の王と民の問題は、神を呼ぶことをしなかったことである。神を中心とせず、自分の栄光を求める者は、神を呼ぶことをしない。そこにわたしたち人間の一番大きな問題がある。

新共同訳聖書では訳出されていないが、新改訳聖書や口語訳聖書では「わたしを呼べ」のあとに「そうすれば」という言葉が続く。神を呼ばない者は、神の真実に触れることができない。しかし、それは神の御心ではないだろう。神はご自身の真実をわたしたちに伝えようとなさっている。それが「そうすれば」という言葉に表れているのではないか。「わたしを呼べ、わたしを呼んでくれさえすれば」という思いが、そこにこもっているのではないだろうか。

隠された大いなること

「わたしを呼べ」という言葉に応えて、御名を呼ぶ者に、神は「あなたの知らない隠された大いなることを告げ知らせる」という約束をなさる。この「隠された大いなること」を、新改訳聖書では「理解を越えた大いなる事」と訳し、フランシスコ会訳では「究め難いこと」と訳している。「隠されたこと」とは、神が隠しておられるということではなく、わたしたちの理解を超えていて、究めることができないので、結果的に知り得ないことである。神のなさることは、わたしたちの想像を超える。だからわたしたちは、自分の小さな頭で考えたことや、限られた経験の中で得た少ない知識によって、神のなさることを判断したり、決めつけてしまうことはできない。それゆえにわたしたちが「神を信じる」という場合に、それは逆に「自分を信じない」ということを意味する。自分の目で見たことや、頭で考えたことを絶対化するならば、神を知ることはできない。イザヤ書五五章九節には「天が地を高く超えているように、わたしの道は、あなたたちの道を、わたしの思いは、あなたたちの思いを、高く超えている」とある。まさしくその通りである。そしてその道は、民に災いを与えるものではなく「将来と希望を与えるもの」（二九・一一）である。それゆえにこそ、いかなる状況においても、わたしたちの望みが主にある望みであるならば、それが消えることはないのである。

このような「隠された大いなること」の第一は、エルサレムの徹底した破壊である。拝んではならない他の神々を頼みとし、あるいは主の神殿を頼みとし、エジプト王の力のような、この世の政治的な力を頼みにしながら、エルサレムが破壊されることはないという甘い考えを抱いていたユダの人々の期待を、神は徹底的に打ち砕かれる。神が、ユダの人々の「そのあらゆる悪行のゆえに、この都から顔を背け」（三三・五）られるからである。ご自分の御心がないがしろにされることを、神は決してお許しにならない。神の御心は必ず実現するものであり、その計画はかならず最後まで貫徹されるものである。エルサレムの滅亡は、そのしるしである。

しかしながら、だからこそわたしたちに希望があるのである。もしわたしたち人間の思いが、神の御心をなき物にして、それがそのままかり通ってしまったなら、いったいこの世に、希望というものがあるであろうか。もしこの世に、本当に確かなものが存在しないとしたら、わたしたちはいったい何を拠り所として生きればよいであろうか。その時には、この世に楽しみを見いだす他に生きる目的もなく、「食べたり飲んだりしようではないか。どうせ明日は死ぬ身ではないか」（Ⅰコリント一五・三二）ということになるであろう。だからこそ、神がおられることを、神の言葉は決して滅びないことを（マルコ一三・三一）、神がその民を裁かれるという形で示されなければならないのである。

絶望の中で示される栄光

「隠された大いなること」の第二は、ユダとイスラエルの繁栄の回復である。ここで「ユダとイスラエルの繁栄」と言われているが、正確には、フランシスコ会訳のように「ユダの繁栄とイスラエルの繁栄」である。ユダ王国というひとつの国の繁栄ではない。その繁栄は、イスラエルの、すなわち神の民の繁栄である。ここで神の視野には、消滅してしまった北王国を含めたイスラエルの全体が捕らえられている。神が回復しようとしておられるのは、神の民の繁栄である。北王国は消えても、神の民は消えない。神がそれをお許しにならない。

ここで神は、「いやしと治癒と回復とをもたらし」（三三・六）と言われる。それは民が心から求めたものであり（一四・一九）、偽りの預言者たちが手軽に与えようとしたものである（八・一一）。しかし、真実のいやしと治癒と回復は神が与えてくださるものである。それは単なる政治的な平和と経済的な繁栄の回復ではない。神が彼らの神としてご自身を示されることである。そのときに初めて、イスラエルに真実のいやしと治癒と回復が与えられる。それは、裁きを経て与えられるものである。

ここで、状況が絶望的であることが繰り返し語られる。一〇節に「この場所に、すなわちお前たちが、ここは廃虚で人も住まず、獣もいないと言っているこのユダの町々とエルサレムの広場に」とある。そして一二節には「人も住まず、獣もいない荒れ果てたこの場所で」とある。まず人々が自分たちの町の惨状を語り、そしてそれを神ご自身が認めておられる。人が住まないだけではない。獣さえも住まないところになってしまった。もう回復など考えられないほどに、徹底的に破壊され、荒れ果ててしまった。この言葉には絶望の響きがある。人間の目で見るならば、回復など到底不可能な状況である。しかし、神の力は、そこにおいて示される。多少なりとも望みのあるところで、神が働かれるのではない。神が神でいますことを示されるのは、わたしたち人間が絶望するほかない、そのところにおいてである。到底望みなど持ち得ない、そこにおいてこそ、神の栄光が明らかにされる。

運命の転換

七節の「繁栄を回復し」という言葉を、新改訳は「捕らわれ人を帰し」と訳し、ワイザーはその私訳において「運命を変え」と訳している。そのように種々に訳しうる言葉が用いられているのである。個人的には、ワイザーの訳に心を惹かれる。目に見える現象としては、繁栄の回復であり、捕らわれ人の帰還である。しかしその本質は、運命の転換である。運命が変わったのである。新しいことを起こそうと、神が決心をされたからである。

　そのこととの関連で、七節に「初めのときのように建て直す」とある、その「初めのとき」とは、いつのことだろうか。イスラエルが政治的に繁栄を極めたダビデ、ソロモンの時代のことであろうか。繁栄を回復する、ということであれば、そうも言えるかも知れない。しかしここで回復されるのは、神とイスラエルの関係のはずである。イスラエルが、もう一度神の民として歩み始めるということである。それならば「初めのとき」とは、「若いときの真心、花嫁のときの愛、種蒔かれぬ地、荒れ野での従順」（二・二）と言われた、そのときではないだろうか。しかし、荒れ野の旅におけるイスラエルは、本当に真心から神を愛し、花嫁のように従順に神に従ったのであろうか。事実がもしそうでなかったとすれば、この「初めのとき」は、エデンの園まで遡るのか、それとも、終末のときを待つのか。いずれにしても、神は「そのとき」を目指される。わたしたちが、真心から神を愛し、花嫁のように従順に神に従うときを目指される。そしてそれを実現させないではおかない。

罪からの解放

その運命の転換をもたらすものが、罪からの解放である。「わたしに対して犯したすべての罪から彼らを清め、犯した罪と反逆のすべてを赦す」（三三・八）ことである。ここにおいて「すべて」が強調される。すなわち、それは「すべての罪」からの清めであり、「すべてを赦す」赦しである。しかもこれは、単に犯された罪の責任を問わないということにとどまらない。赦すことによって民を清めるのである。つまり、赦すことによって、イスラエルを罪の支配から解放してしまおうとするのである。そう考えると、これは、単にイスラエルの政治的な平和が回復されるとか、捕らわれ人が帰るとか、経済的な繁栄が取り戻されることとは、全く別な次元のことである。まさしく運命の転換である。

　これは三一章三一節以下に述べられる「新しい契約」につながるものだろう。そこで明らかなように、イスラエルは古い契約を破ったのである。一方がそれを反故にしたのであるから、もはや契約は効力を失い、イスラエルと神との関係は絶たれるはずである。それが当然の筋道である。しかしこの当然の筋道を、神は無視される。新しい契約を結び、そこにおいて「わたしは彼らの神となり、彼らはわたしの民となる」（三一・三三）という関係を創り出そうとされる。この新しい契約は、古い契約の延長線上にあるものではない。神の民の運命を変えてしまうような、まさしく「新しい」契約である。

　これが可能になるのは「一人の方がすべての人のために死んでくださった以上、すべての人も死んだことになります」（Ⅱコリント五・一四）という出来事によるほかはない。神の子の死が、すべての者を死の中に引きずり込み、罪に対して死んだ者としてくださる、この出来事によるほかはない。運命の転換は、キリストの十字架として実を結ぶのである。

花婿と花嫁、そして羊の群れ

神によるこの救いの業は、神がご自身の栄誉のためになされることである。罪を赦すことにおいて、神がご自分が神でいますことを示されるのである。そしてそれが、世界のすべての民に、恐れとおののきをもたらす。イスラエルを裁き、滅ぼされることによって生まれるものよりも遙かに深い恐れとおののきが、赦しと繁栄の回復によってもたらされる。そこにおいて、「あなたの知らない隠された大いなること」が、すなわち、人間の道を遙かに超えて高い神の道が、示されるからである。

繁栄を回復された町には、喜び祝う声と、花婿と花嫁の声が響くという。洗礼者ヨハネは「花嫁を迎えるのは花婿だ。花婿の介添え人はそばに立って耳を傾け、花婿の声が聞こえると大いに喜ぶ。だから、わたしは喜びで満たされている」（ヨハネ三・二九）と語る。町に響く「喜び祝う声」は、キリストの到来を喜ぶ声に重なる。

さらにこの町で、羊飼いが羊の群れを憩わせる。羊飼いは自分の羊の名を呼んで連れ出す。羊飼いが先頭に立って歩くと、その声を知っている羊たちがその後をついて行く（ヨハネ一〇・四）。神とその民との幸いな関係が、このようにして取り戻されるのである。

「あなたの知らない隠された大いなること」は、イエス・キリストにおいて実現する。それはエレミヤも知らないことである。

参考文献

Gerald L. Keown, Pamela J. Scalise & Thomas G. Smothers, *Jeremiah 26-52*, Word Biblical Commentary Vol. 27, Word Books, 1995.

A・ワイザー『エレミヤ書26―52章　私訳と註解』（ATD旧約聖書註解21）石川立訳、ATD・NTD聖書註解刊行会、二〇〇五年

R・E・クレメンツ『エレミヤ書』（現代聖書注解）佐々木哲夫訳、日本キリスト教団出版局、一九九一年

木田献一、清重尚弘「エレミヤ書」、高橋虔、B・シュナイダー監修『新共同訳　旧約聖書注解Ⅱ』日本キリスト教団出版局、一九九四年

エレミヤ書　三四章八―二二節

鈴木　浩

背景

「三四章―三六章は、王国末期のエホヤキム、ゼデキヤの両王について、彼らには何の見るべき業績もないという。むしろ預言者の勧告に聞きしたがわず、愚行を重ねるばかりであった。それが王国の解体を一歩また一歩と確定させていった」（三田和芳『エレミヤ書　哀歌』信徒のための聖書講解　旧約15、聖文舎、一九八二年、五二二頁）。「王はエジプトの支援をたのみとして、反バビロン政策、徹底抗戦の立場をとらざるをえなかった。バビロニア側は、直ちに行動を開始し、前五八九年おわり、ないし五八八年のはじめには、ユダの攻撃を開始した。ユダの主要な要塞都市をつぎつぎと撃破していき、同時にエルサレムを一年半にわたって孤立させるという包囲作戦であった」（同五二六頁）。

　エレミヤの預言はこうした背景の中で語られていた。

バビロン軍の包囲の中で

　直前には、「このとき、バビロンの王の軍隊は、エルサレムと、ユダの残っていた町々、すなわちラキシュとアゼカを攻撃していた。ユダの町々の中で、これらの城壁を持った町だけがまだ残っていたのである」（七節）と記されていた。防護の手薄な町々はすでにすべて陥落していたのである。バビロンの王は、エルサレムと、ラキシュ（現在のテル・エド・ドゥウェール）、アゼカ（現在のテル・エ・ザカリヤ）に攻撃を集中させ、一挙に陥落させようと狙っていた。その結果、エルサレムも、ラキシュ、アゼカも、籠城戦を強いられていた。しばらくの間は、食料の備蓄もあり、水もあったにしても、長期間の籠城は、やがて食料と水の不足で持ちこたえられなくなるであろう。

　エレミヤが主から王に告げるよう託された言葉は、「わたしは、この都をバビロンの王の手に渡す。（バビロンの）王はこれに火を放つ」（二節）という不吉な言葉であった。エルサレム陥落を告げるエレミヤの言葉には、拒否、戸惑い、躊躇いなどさまざまな反応があったであろう。しかし、誰もが不安を抱いたに違いない。しかし、それだけではなかった。エレミヤはゼデキヤ王に、「あなたは、彼（バビロンの王）の手から逃れることはできない。必ず捕らえられてその手に渡される。あなたはバビロンの王の前に引き出され、直接尋問され、バビロンへ連れて行かれる」（三節）と語る。「預言者エレミヤはエルサレムで、この言葉どおりにユダの王ゼデキヤに告げた」（六節）とあるから、王はすでにこの不吉な預言をエレミヤから直接聞いていたのだ。王の不安、王の周辺にいた臣下たちの不安は大きかったであろう。すでにいくつもの町がバビロン軍の包囲の中で陥落していた。敵軍の堅い包囲の中、エレミヤの言葉は、それを聞いた者すべてを震え上がらせていたであろう。せめてもの慰めになったのは、ゼデキヤが処刑されることはないという言葉だけだったであろう。「主はあなたについてこう言われる。あなたは剣にかかって死ぬことはない。あなたは平和のうちに死ぬ」（四、五節）。王の死に際しては、「人々は、あなたの先祖である歴代の王の葬儀に際して香をたいたように、あなたのために香をたき、『ああ、王様』と言って嘆くであろう」（五節）とエレミヤは語る。王に対して通常の葬儀が行われるというのだ。しかし、自分の死について聞かされた王にとっては、決して気持ちの良い言葉ではなかったであろう。

王の決断

エルサレムの陥落と自身の捕囚についてエレミヤから聞かされた王は、ここで思い切った決断をする。奴隷解放を宣言したのである。それを確実に実行するために、王は「エルサレムにいる民と契約を結んで奴隷の解放を宣言した」（八節）。自分の決断に民衆を巻き込み、確実に実行すると約束させたのである。「その契約は、ヘブライ人の男女の奴隷を自由の身として去らせ、また何人であれ同胞であるユダの人を奴隷とはしないことを定めたもの」（九節）であった。王はこの危機の際に、善政をしこうとしたのだ。エルサレムの人々も、その契約に従って、奴隷を解放した。「この契約に加わった貴族と民は、それぞれ男女の奴隷を自由の身として去らせ、再び奴隷とはしないという定めに従って去らせた」とある。契約は守られたのである。

しかし、奴隷を解放したら、それまで奴隷がしていた労働を誰が担ったのであろうか。そういう人々がいなかったら、当然、不都合な事態が起こったであろう。それは、解放した奴隷を再び奴隷に戻すという結果となって跳ね返ってきた。「しかしその後、彼らは態度を変え、いったん自由の身として去らせた男女の奴隷を再び強制して奴隷の身分とした」（一一節）とあるとおりである。主人の側が、すぐに不都合に気が付き、解放した奴隷を再び元の奴隷身分に戻してしまったのだ。こうして、厳かな宣言で結ばれたはずの契約はほごにされてしまった。

そのとき、主の言葉がエレミヤに臨んだ。

神はそうした事態にただちに対処する。神の言葉がエレミヤに伝えられたのだ。エレミヤは、人々がエジプトの地から解放されたときに、神が人々と結んだ契約を想起させる。「イスラエルの神、主はこう言われる。わたしは、奴隷の家エジプトの国からあなたたちの先祖を導き出した日に、彼らと契約を結んで命じた。だれでも、同胞であるヘブライ人が身を売って六年間、あなたのために働いたなら、七年目には自由の身として、あなたのもとから去らせなければならない」。これが、イスラエルの先祖と神が交わした契約であった。ここでは、契約という重い言葉が繰り返されている。それは、神とイスラエルの関係を決定づける言葉であった。エレミヤを通して語られる神の言葉は、その契約の重さを想起させる。「しかし今日、お前たちは心を入れ替えて、わたしの正しいと思うことを行った。お前たちは皆、隣人に解放を宣言し、わたしの名で呼ばれる神殿において、わたしの前に契約を結んだ」（一五節）。王との契約は、このように神との契約であった。

「ところが」とエレミヤの言葉は語る。「お前たちの先祖はわたしに聞き従わず、耳を傾けようとしなかった」（一四節）。今また、その子孫たちも、先祖たちと同様に、王と結んでいた契約、つまり神と結んでいた契約を破棄し、神に「聞き従わず、耳を傾けようとしなかった」。先祖の例に従ってしまったのだ。「ところがお前たちは、またもや、態度を変えてわたしの名を汚した。彼らの望みどおり自由の身として去らせた男女の奴隷を再び強制して奴隷の身分としている」（一六節）。

神と交わした契約がこうして無に帰す。それは、神との関係の断絶をも意味している。神とイスラエルの関係は、契約に基づいていたからである。

剣、疫病、飢饉に渡す解放

その結果、契約を破ったユダの民に厳しい裁きが告げられる。契約が破られたことは、「神の名を汚す」（一六節）行為であった。ここで神は皮肉に満ちた言葉遣いをする。「お前たちが、同胞、隣人に解放を宣言せよというわたしの命令に従わなかったので、わたしはお前たちに解放を宣言する」（一七節）と神は語る。「わたしはお前たちに解放を宣言する」という言葉だけを聞けば、「え！」と思ってしまうが、その「解放」とは、「剣、疫病、飢饉に渡す」解放であった。「解放」という言葉が使われているが、その内実は「剣、疫病、飢饉への呪縛」であった。神はなんと皮肉に満ちた言葉遣いをすることか！

この皮肉は、神の裁きの辛辣さを強調している。神が先祖と交わした契約は、破られた。「お前たちの先祖はわたしに聞き従わず、耳を傾けようとしなかった」とあるとおりである。しかし、ユダの民も先祖にならって、契約を破った。「ところがお前たちは、またもや、態度を変えてわたしの名を汚した。彼らの望みどおり自由の身として去らせた男女の奴隷を再び強制して奴隷の身分としている」とあるとおりである。そこで神は、「お前たちを世界のすべての国々の嫌悪の的とする」（一七節）と宣言する。「嫌悪の的」とは、「世界のすべての国々」がユダを忌み嫌うようになる、という意味である。

二つに切り裂いた子牛の間を通る

一八節と一九節の言葉、「わたしの契約を破り、わたしの前で自ら結んだ契約の言葉を履行しない者を、彼らが契約に際して真っ二つに切り裂き、その間を通ったあの子牛のようにする。ユダとエルサレムの貴族、役人、祭司、および国の民のすべてが二つに切り裂いた子牛の間を通った」という言葉は、やや謎めいている。ここで示唆されているのは、創世記一五章一二節以下に記されている神とアブラハムの契約のことである。やや長いが引用する。

「日が沈みかけたころ、アブラムは深い眠りに襲われた。すると、恐ろしい大いなる暗黒が彼に臨んだ。主はアブラムに言われた。『よく覚えておくがよい。あなたの子孫は異邦の国で寄留者となり、四百年の間奴隷として仕え、苦しめられるであろう。しかしわたしは、彼らが奴隷として仕えるその国民を裁く。その後、彼らは多くの財産を携えて脱出するであろう。あなた自身は、長寿を全うして葬られ、安らかに先祖のもとに行く。ここに戻って来るのは、四代目の者たちである。それまでは、アモリ人の罪が極みに達しないからである』。日が沈み、暗闇に覆われたころ、突然、煙を吐く炉と燃える松明が二つに裂かれた動物の間を通り過ぎた。その日、主はアブラムと契約を結んで言われた。……」(一五・一二―一八)。

「突然、煙を吐く炉と燃える松明が二つに裂かれた動物の間を通り過ぎた」という記述をルターの『創世記講義』(一五三五年から四五年)は、次のように解説している(WA 42, p. 577f.)。

犠牲を献げる儀式は、ここで最初に始まったのではなく、アダムやその他の聖なる父祖たちからアブラハムに伝えられたものである。異邦人の国々の文献の中にも、契約が結ばれる際に、犠牲が使われたという証言が見られる。また、エレミヤのところでも、奴隷たちが自由へと回復される物語が知られている。だから、犠牲の動物が殺され、切り分けられると、互いに契約を交わそうとしていた人は、(切り分けられた)部分の間を通って行き、一部を焼いてから、一部を宴会のためにとって置いたのである。

この習慣は、われわれの時代にも使われている。というのは、(皇帝)マクシミリアン、フランス王のルイ、教皇ユリウスが、「最も聖なる契約」と呼ばれる契約を相互に結んだとき、聖餐を三つの部分に分け、それぞれその一つを受け取ったからである。しかし、この敬虔な契約もたかだか六か月続いただけであった。

だから、入るべきこの契約は古い習慣のように思われる。また、神は、アブラハムの子孫に確かに受け継がれねばならないカナンの地について、アブラハムと契約を結んだので、神自身もこの習慣を保ち、分割された犠牲の動物の間を炎のように通り、この犠牲が神の意に適ったというしるしとして、それを燃やしたのである。

ルターは、「煙を吐く炉と燃える松明」は、神のことだと指摘している。契約に際しては、当事者が「二つに裂かれた犠牲の動物の間を通る」ことが不可欠であった。だから、契約の一方の当事者である神も、裂かれた犠牲の動物の間を通った、と指摘しているのである。

同様に、「ユダとエルサレムの貴族、役人、祭司、および国の民のすべてが二つに切り裂いた子牛の間を通った」。しかし、ユダの民は、犠牲にされ、引き裂かれた「あの子牛のように」なる、と言われている。契約を交わすために引き裂かれた動物の間を通ったユダの民自身が、切り裂かれた犠牲の動物のようになる、と言われているのである。契約の際に二つに切り裂かれた犠牲の動物の間を通るのは、契約に背いた場合には、この動物のように二つに切り裂かれてもかまわない、という意志表示であった。

神の裁き

契約を破ったユダの民に対する神の裁きが再び告げられる。「わたしは、彼らを敵の手に渡し、命を奪おうとする者の手に渡す。彼らの死体は、空の鳥と地の獣の餌食になる。ユダの王ゼデキヤと貴族たちを敵の手に、命を奪おうとする者の手に、すなわち一時撤退したバビロンの王の軍隊の手に渡す。わたしは命令を下す、と主は言われる。わたしは、彼らをこの都に呼び戻す。彼らはこの都を攻撃し、占領して火を放つであろう。わたしは、ユダの町々を、住む者のない廃虚とする」。これが、神の裁きであった。こういう時、神の言葉は妙にしつこい。「敵の手に、命を奪おうとする者の手に、すなわち一時撤退したバビロンの王の軍隊の手に」と畳み掛けている。アブラハムに故郷からの出立を命じて、「あなたは国を出て、親族に別れ、父の家を離れ、わたしが示す地に行きなさい」（創世記一二・一、口語訳）と語ったときと似ている。「国を出て」だけで十分なのに、「親族に別れ、父の家を離れ」と畳み掛けている。神が一言も語らない「神の沈黙」も要注意だが、「神の饒舌」も要注意だ。

「一時撤退したバビロンの王の軍隊」とは次のような事情を指している。エルサレムが包囲されると、ユダと同盟を結んでいたエジプトの軍団がユダ支援のために北上してきたので、エジプトとの正面衝突を避けようとしたバビロン軍が包囲を解き、撤退していたのである。しかし、エジプト軍はバビロン軍が撤退するとそのまま帰国してしまった。だから、バビロン軍が再び進軍して来て、包囲網を縮めてきていた。

バビロンによるエルサレムの陥落は、「神の裁き」であり、「神のはかりごと」であることが、「わたしは、彼らをこの都に呼び戻す」という言葉に明らかになっている。神が「大王の都である」（マタイ五・三五）エルサレムを放棄すると言っているのだ。

「エジプトからの解放」、それはイスラエルという「信仰共同体」が成立していった原点であった。だから、人々は、「イスラエルの人々をエジプトの国から導き上った主は生きておられる」（二三・七）と語り継いできていたのだ。民による「奴隷解放」は、「神によるエジプトからの解放」に、民の側でも応えた応答ではなかったのか。ゼデキヤが宣言し、ユダの民が王と（つまりは、神と）契約を交わすことによって厳守すると約束した「奴隷解放」は、結局のところ無に帰した。神の裁きは、そのことに対する裁きであった。

その時エレミヤは

王のゼデキヤにバビロン軍による捕縛と捕囚を告げ、エルサレムの陥落を告知したとき、エレミヤの心境はどうだったのだろうか。預言者の務めは、神から委ねられた言葉を忠実に伝えることにあった。その中には、王や民が聞きたくはない言葉もあった。エレミヤの場合、どちらかと言えば、そちらの方が多かったのだ。エレミヤにしても、言いたくはない言葉もあったはずである。ゼデキヤ王や民にここで語っている言葉も、エルサレムの陥落と廃墟化、王の捕縛と捕囚であるから、ユダにとっては滅亡の預言である。だから、エレミヤも口を閉ざしたいと思ったであろう。しかし、「もしわたしが、『主のことは、重ねて言わない、このうえその名によって語る事はしない』と言えば、主の言葉がわたしの心にあって、燃える火のわが骨のうちに閉じこめられているようで、それを押《おさ》えるのに疲れはてて、耐えることができません」（口語訳、二〇・九）という状態であった。エレミヤは神の言葉を語り続けねばならなかったのだ。それが預言者の務めであった。

他方、奴隷解放を宣言し、民と契約を結んで、それを確実にしようとした王の決断は、エレミヤにすれば、王と民からの歓迎すべき応答だったはずである。それは、「ヘブライ人の男女の奴隷を自由の身として去らせ、また何人であれ同胞であるユダの人を奴隷とはしないことを定めた」契約であった。王も民も当初はその契約に従って、実際に男女の奴隷を解放していた。エレミヤはそのことを喜んでいたはずである。

しかし、「その後、彼らは態度を変え、いったん自由の身として去らせた男女の奴隷を再び強制して奴隷の身分」としてしまっていた。民は、神と結んでいた契約を破棄してしまったのである。神は、「ところがお前たちは、またもや、態度を変えてわたしの名を汚した。彼らの望みどおり自由の身として去らせた男女の奴隷を再び強制して奴隷の身分」にしてしまった、と非難する。先祖も同様であった。神は、「お前たちの先祖はわたしに聞き従わず、耳を傾けようとしなかった」と語る。

エジプトからの解放、それがイスラエルの信仰共同体としてのアイデンティティーの基礎であった。奴隷解放は、神によるエジプトからの解放に応える応答であったはずである。王も自らの決断に堅く立ち、エレミヤの勧告に従っていなければならなかったはずである。

しかし、そうはならなかった。その結果、「ユダの王ゼデキヤの第九年十月に、バビロンの王ネブカドレッツァルは全軍を率いてエルサレムに到着し、これを包囲した」（三九・一）。そしてエルサレムは遂に陥落し、「王は捕らえられて、ハマト地方のリブラにいるバビロンの王ネブカドレッツァルのもとに連れて行かれ、裁きを受けた。リブラでバビロンの王は、ゼデキヤの目の前でその王子たちを殺した。バビロンの王はユダの貴族たちもすべて殺した。その上で、バビロンの王はゼデキヤの両眼をつぶし、青銅の足枷をはめ、彼をバビロンに連れて行った」（三九・五―七）。こうして最悪の結果がもたらされた。

神の言葉が語られるとき、人間の取り得る唯一の立場は、それに「聞き従う」ことしかなかったのだ。エルサレムの陥落と王の捕囚は、エレミヤにとっても、辛い結末であったであろう。

参考文献

A・ワイザー『エレミヤ書25―52章　私訳と註解』（ATD旧約聖書註解21）石川立訳、ATD・NTD聖書註解刊行会、二〇〇五年
三田和芳『エレミヤ書・哀歌』（信徒のための聖書講解　旧約15）聖文舎、一九八二年

エレミヤ書　三五章一－一九節

石井　佑二

一　私訳

一節　主からエレミヤに臨んだ言葉。それはユダの王、ヨシヤの子、ヨヤキムの時代のことである。
二節「行け。レカブ人の家に。そして彼らに主の神殿の一室に来るように語り、彼らにぶどう酒を飲ませよ」。
三節　そこで私は、ハバツィンヤの子、イルメヤの子であるヤザンヤとその兄弟、その子ら、そしてレカブ人の全家を連れて、
四節　主の神殿にある、神の人イグダルヤの子、ハナンヤの子らがいる部屋へ連れて来た。ここは役人たちの部屋の隣にあり、門衛シャルムの子マアセヤの部屋の上にあった。
五節　そして私はレカブ人の家の子らの前に、ぶどう酒で満たした壺と杯を置き、そして言った。「このぶどう酒を飲みなさい」。
六節　すると彼らは答えた。「私たちはぶどう酒を飲みません。なぜなら、私たちの父祖レカブの子ヨナダブがこう命じたからです。『あなたがたと、あなたがたの子孫は永遠にぶどう酒を飲んではならない。
七節　また、家を建てるな、種を蒔くな、ぶどう園を作るな。そしてそれらを所有するな。あなたがたは生涯の間、天幕に住みなさい。そうすれば、あなたがたはその宿っている土地で長く生きることが出来る』。
八節　こうして私たちはレカブの子ヨナダブの命じた全ての言葉に従い、生涯の全ての時、私たちも、妻たちも、息子たちも、娘たちも、ぶどう酒を飲まず、
九節　そして、住む家を建てず、ぶどう園、畑、種を持たずに、
一〇節　天幕に住んでいます。私たちは父祖ヨナダブの命令の全てに従って行いました。
一一節　しかし今は、バビロンの王ネブカドネツァルがこの地に攻め上って来たので『カルデア人の軍勢とアラム人の軍勢のゆえに、エルサレムに行こう』と言って、エルサレムに滞在しているのです」。
一二節　その時、主の言葉がエレミヤに臨んだ。

一三節　「イスラエルの神、万軍の主はこう言われる。行って、ユダの人々とエルサレムの住民に告げよ。『あなたたちは私に従えという訓戒を受け入れないのか』と、主は言われる。

一四節　『レカブの子ヨナダブが、その子孫に「ぶどう酒を飲むな」と命じた言葉は守られた。彼らはこの父祖の命令に聞き従い、今日までぶどう酒を飲まないでいる。それに比べて、あなたたちはどうだ。私が繰り返し命じ続けて来たのに、聞き従おうとしないではないか。

一五節　私はまた、私の僕である預言者を繰り返し遣わして、言わせた。「さあ、あなたたちは、おのおの悪しき道から立ち帰り、行いを正せ。そして他の神々に従い仕えたりするな。そうすればあなたたちは、私があなたたちと父祖とに与えた土地に住むことが出来る」と。ところが、あなたたちは耳を傾けず、この私に聞こうとして来なかった。

一六節　まったく……。レカブの子ヨナダブの子孫たちは、父祖の命じた命令に固く立っているというのに……。この民は私に従おうとしないではないか』。

一七節　それゆえ、イスラエルの神、万軍の主はこう言われる。『見よ、私はユダとエルサレムに住む全ての者とに、私が彼らの上に宣言した災いを送る。私が語ったのに、彼らは聞かず、私が呼んだのに彼らは答えなかったからだ！』」。

一八節　また、エレミヤはレカブ人の家に、こう言った。「イスラエルの神、万軍の主はこう言われる。『あなたたちは、父祖ヨナダブの命令に聞き従い、その全ての命令を守り、命じられた通り行って来た』。

一九節　それゆえ、イスラエルの神、万軍の主はこう言われる。『レカブの子ヨナダブの一族には、私の前に立って仕える者が、いつまでも絶えることが無い』」。

二　文脈——新しい生活の秩序の神学的追及

R・E・クレメンツは、エレミヤ書第三四—四五章を「ユダの最後」を語る言葉として、一つの区分としている。この物語のほとんどは、紀元前五八八—五八七年のエルサレム包囲のころ、または、ユダが通常の生活に戻ろうとしていたころの出来事に関連している。第三五—三六章の、ヨヤキム王の治世への言及も、その一連の出来事の初期にあった事柄、と捉えるべきであろう。その基本的使信について、クレメンツはこう言う。「バビロニアへのエルサレム陥落、続いて起きた神殿の破壊、ダビデ王朝が都を支配した長い時代の終焉に伴って起きた悲劇の内容などに集中している」。なぜそれを語るのかと言えば、「それ以後のユダ全体の政治機構やそれに伴うイスラエルの宗教的な伝統は、新しい基盤によって行なわれ、全く新しい状況に適応しようと試みられた」からである。今、イスラエルが経験させられているユダの最後、バビロニアの台頭において、何が起こっているのか。そこで主なる神は何を語っておられるのか。そのことを聞き取ろうとしているのである。そしてクレメンツは言う。「これらの物語の中で強烈に目立つむしろ驚くべき特徴は、エルサレム崩壊後に樹立されたバビロニアの統治が公正で適切なものであるという記述である」。「新しい宗教的な進展の主な中心やその関心の主な焦点は、バビロン捕囚にあった」。クレメンツは、その考察の目指す所として、「それ以後のユダヤ人の宗教と社会生活の進歩がなぜそのような形態をとったかということを正当化し説明することに、関心を寄せているものと思われる」と言う。そのことから見えて来るものは、バビロン捕囚に連行された人々の帰還に、イスラエルの回復を見ているということである。クレメンツは言う。「かれらは、到来しようとしている新しいイスラエルの先駆けと見なされたのである」。このことを捉えるために、第三四―四五章は「神とイスラエルの契約関係や、ユダの崩壊の出来事がそれにどのような影響を与えたかに関する神学的理解を得よう」とすることを、その物語全体の中心的な神学的関心としているのである。崩壊の現実の中で、主なる神は何をお語りになっておられるのか。それを捉えることは喫緊の課題であった。イスラエルの民は「新しい生活の秩序を追求するという新しい状況に直面する必要に迫られていた」（『現代聖書注解　エレミヤ書』二六三―二六六頁）。

人は、自らが置かれたその所において、自分たちの歴史を振り返り、自分たちの人生の基礎、基盤、土台はどこにあるのかを見出そうとする。新しき歩みを始めるために、どこで誤ってしまったのかを知ろうとする。今、語られる神の言葉は、そのことを私たちに思い起こさせ、悔い改めを促しておられる、と捉えるのである。そうしてこそ、同じく今、語られる神の言葉に促されて、「ここ」から、新しい将来に向けての歩み出しが始められる。自らの誤った歴史的歩みへの悔い改めがない限り、人はこの時代を、新しく歩み出すことはできない。そしてその歴史検証は、自分を超えた存在、神からの眼差し、神学的視点によってでなければ、正しく果たされはしない。この日本の国にも、正しい歴史検証が求められる。そのあり方に対して、御言葉によって建てられる教会は何を語るのか。

三　ただ神によってのみ、回復され得る人間の文化

エレミヤ書第三五章において、エレミヤとレカブ人との出会いが描かれる。この文書が編纂された年代は確定できないが、先に言及した通り、バビロン捕囚からの回復が図られ、新しい生活秩序の構築が目指されている時である。それに対して必要な言葉が語られるために、ヨヤキム王の時代の出来事がモティーフとして用いられている。それは、一一節にあるカルデア軍とアラム軍の行軍があることを踏まえれば、おそらくは列王記下第二四章二節で言及されている軍事行動の年代、紀元前六〇一年、ないし六〇〇年が舞台となっているのであろう（A・ワイザー『エレミヤ書1―25章　私訳と註解』二一五頁）。

レカブ人は、ユダ南部の荒野のカイン人の血縁である（歴代誌上二・五五）。またそのレカブ人の父祖ヨナダブの名が、列王記下第一〇章二三節にて、将軍イエフの名と共に記されていることから、その父祖による生活規則の命令を、エレミヤの時代に至るまでの二百年以上も、レカブ人は守っていたことになる。その土地のカナン人の生活様式、農業経済はバアル礼拝と

混合していた。レカブ人はその様なカナン人の文化を拒否するという意味であろう、ぶどう園を持たず、ぶどう酒を飲まず、そして天幕にのみ居住し続けていた。

エレミヤが神の導きによって、彼らを神殿に招き、ぶどう酒を与えたことは、断られることを見越した行為であった。その行為は、単に反文化的な行為ということであるよりも、神の名において拒否した行為であった、ということが捉えられるべきである。クレメンツは言う。「それゆえ、それは、神殿において語られるのにまったくふさわしいものであった」。このことを受けて、エレミヤはユダの民に、神の預言の言葉を語る。「レカブの子ヨナダブが、その子孫に『ぶどう酒を飲むな』と命じた言葉は守られた。彼らはこの父祖の命令に聞き従い、今日までぶどう酒を飲まないでいる。それに比べて、あなたたちはどうだ。私が繰り返し命じ続けて来たのに、聞き従おうとしないではないか」（一四節、私訳）。レカブ人の厳格な文化拒否の姿勢は、預言書全体の見解ではない。しかしそれが示されることを通して、求められていることがある。それは「究極的には、神の恵みに生きるという真の人間社会の実現が、新しいエルサレムの町、つまりその組織が神の賜物と考えられている町として描写されているのである」。バビロン捕囚からの回復が図られ、新しい自分たちの歴史を歩み出すことを目指そうとするこの時、このレカブ人とのやり取りから、自分たちの課題を示そうとするのである。それは自分たちの造る「人間の文化は、神の真実な知識によって回復され、聖化され、豊かにされ得るのである」という認識である（クレメンツ、前掲書二七一頁）。

ここから始めよう。自分たちの過ちは、ここに立てなかったということにあった。そのことを悔い改めよう。その勧めとして、エレミヤは預言の言葉を語るのである。

四　ボンヘッファー「しかし私はこの選択を、自分の安全を冒さないですることはできないのです」

エレミヤはその預言において、ユダの民が自分たちの過ちに簡単には気付けない、ということを良く分かっている。その中で、ユダの民の過ちを指摘しながら、彼ら自身で選ぶべき道を同時に示すのである。それが、エレミヤが誰からも理解されない苦悩と孤独を味わいながら、迫害すら受けながら語る神の言葉であった。なぜエレミヤはそのような苦しみの中に立ち得たのか。それはこの苦しみの中でユダの民に明らかにするようにと示された、主なる神によるユダの民への愛ゆえである。

ナチスドイツと戦った告白教会の指導者の一人に、ディートリヒ・ボンヘッファーがいる。一九三三年、ヒットラーが政権の座に着き、多くのドイツ国民がヒットラーを歓迎する中で、告白教会は戦い続けた。一九三九年九月、ナチスドイツはポーランドに侵入し、第二次世界大戦が勃発した。その数か月前、戦争が不可避だと判断された時、ボンヘッファーの友人たちはボンヘッファーがドイツを去って、自らの命を救ってくれるようにと勧め、アメリカに連れ出した。しかしボンヘッファーはほどなくして、ドイツに戻ってしまう。その時何を考えていたのか。ボンヘッファーはアメリカを去る直前、自らの師であるラインホールド・ニーバーに、次のような手紙を書き送っている。「もし私がこの時代の試練をわが同胞と分かち合うのでなければ、私は、戦後のドイツにおけるキリスト者としての生活の再建に参与する権利を持たなくなるでしょう。……ドイツのキリスト者は、キリスト教文明が生き残るために自国の敗北を望むか、それとも、自国の勝利を望んでその為にわれわれの文明の破壊を招くか、という恐るべき決断の前に立たされるでしょう。これら二つの可能性のうちどちらを選ばなければならないか、私には分かっています。しかし私はこの選択を、自分の安全を冒さないですることはできないのです」(『ボンヘッファー家の運命』三一四―三一五頁)。ボンヘッファーは同胞への愛と、そして「ドイツのキリスト者」たる、自国への愛を捨てない。しかしそれゆえに、自国が犯す誤った選択を見過ごすことなく、それと戦う道を選ぶ。そこで果たされなければならない、悔い改めとして選ばれるべき選択の厳しさを、自分も負うべき厳しさである、とするのである。しかしその愛する自国が、選ぶべき選択をすることを拒否するであろうことを理解している。その選択を示すボンヘッファー自身を迫害し、殺すであろうことをも予想している。しかしボンヘッファーは、それでもなお、神の愛に立ち続け、果たすべき業を果たそうとするのである。この後、ナチスドイツに捕らえられたボンヘッファーは、獄中においてこう手紙を書いた。「私は神の御手と導きの中にいることを確信している。……君は、ぼくが感謝と喜びとを持って、導かれるままに道を歩んでいるのだということを決して疑ってはいけないよ。ぼくの今までの生は神の恩恵に満ちあふれており、ありとあらゆる罪を超えて、十字架にかけられた方の赦しの愛が立っているのだから」(同、三二五頁)。

エレミヤもまたこのような働きを果たしていたのではないだろうか。厳しき声として、悔い改めを求める神の言葉を語り続けた。しかしそれは、自分をユダの民の中に置きながらの言葉であった。イスラエルの歴史、レカブ人の歴史を自分の歴史としながら、その歴史を通して語られる真実の神の言葉を聞き続け、そしてユダを愛する者として、神の裁きの言葉を語り続けるのである。教会、説教者もまた、この日本の国に対して、愛を持って、共にこの国で生きる者として、しかしこの国、この地上を超えた所から来る言葉を聞く者として、真実の神の言葉を語ることが求められているのではないか。

五　ヴァイツゼッカー『想起と和解』――罪の伝染力に負けないために、過去に対して目を閉じない。

かつての西ドイツの大統領リヒャルト・フォン・ヴァイツゼッカーは、第二次世界大戦後のドイツの歩みを牽引した。ナチスドイツの虐殺行為、その過ちを明確に捉え、その悔い改めるべき事柄を人々に語りながら、その上で在り得る、新しいドイツの歩みを指し示し続けた。ナチスの戦争犯罪がなされてから四十年経った時に、彼はドイツ国民にこう語った。「この過去を精算することが大切なのではありません。それは、われわれには不可能であります。過去を後から変更したり、なかったことにすることはできないのです。しかし、過去に対して目を閉じる者は、現在に対しても目を閉じるのであります。かつての非人間的な事柄を思い起こしたくないとする者は、新しく起こる罪の伝染力に負けてしまうものなのであります」（『一九四五年五月八日――四〇年を経て』『想起と和解――共に生きるために』一九頁）。ドイツという自国が、世界に対して犯した犯罪をもう一度思い起こそうと言うのである。自らの過ち、犯した罪を無かったことにするのではなく、精算しようとするのでもなく、それをいつも認め続ける。我々を超えた所から語り掛けて来られる神の言葉に立ち続けるのである。

一国の大統領として、国を、国民を愛しながら、その新しい道を共に歩み出すために語られた言葉を、我々は今改めて、日本という国に生きる者として聞かなければならない。原子力発電所の問題はどうだ。世界の難民の受け入れの問題はどうだ。平和憲法はどうだ。それらは自分たちの歴史、その歩みを、神の視点において見つめ返した時に、預言者の視点に立った時に、なすべき業がどこにあるのか、必然的に見えて来るはずである。

六　イーヴァント『説教学講義』――サタンの抵抗と、それに勝利する聖霊と結びついた神の言葉

このような「時代精神」に対して教会が、説教者が神の言葉を語り、悔い改めを求める時、必ず敵が攻撃を仕掛けてくる。なぜか。それは、その神の言葉こそが、人々の心を罪に捕らえるサタンの住み家、地獄を荒らし回るからである。イーヴァントは言う。「迫害の時代、教会の戦いの時代が来るのは、常に神の言葉が正しく説教されるときだけであり、神の言葉が理解されるとき、神の言葉が力を発揮するとき、ルターが言うように神の言葉が地獄を荒らし回るときだけであった。なぜかと言えば、サタンが神の言葉（Verbum Dei）に対する防御として組織したのが、倫理的悪行が造る防塁であったからである」（『説教学講義』一二三頁）。しかし我々は恐れず、預言を語り続けることができる。なぜなら、このサタンの攻撃は、我々の言葉が神なる聖霊に結び付けられているからこそ起こる攻撃だからである。しかし、この戦いに勝利するのは、教会、説教者と一体であって下さる聖霊なる神である！「そうなれば、サタンはその悪の業と共に闇に後退せざるを得なくなる。逃げ出さざるを得なくなる。追い立てられてしまう。人間のこころの中に場所がなくなる。住まいを失う。これが言葉と霊との関連である。神の霊は神の言葉がぶつかる抵抗を打ち破って下さる」（同、一三〇頁）。我々はここに立って、主なる神の言葉に聞き従うのである。

参考文献

A・ワイザー『エレミヤ書1―25章　私訳と註解』（ATD旧約聖書註解20）月本昭男訳、ATD・NTD聖書註解刊行会、一九八五年

ハンス・ヨアヒム・イーヴァント『イーヴァント著作選1　説教学講義』加藤常昭訳、新教出版社、二〇〇九年

R・E・クレメンツ『エレミヤ書』（現代聖書注解）日本キリスト教団出版局、一九九一年

リヒャルト・フォン・ヴァイツゼッカー『想起と和解――共に生きるために』加藤常昭編訳、教文館、一九八八年

ザビーネ・ライプホルツ・ボンヘッファー、ゲルハルト・ライプホルツ『ボンヘッファー家の運命』初宿正典訳、新教出版社、一九八五年

エレミヤ書　三六章九－二六節

橋谷　英徳

一　凍った海への斧

「思うのだが、僕らを噛んだり刺したりする本だけを、僕らは読むべきなんだ。本というのは、僕らの内なる凍った海に対する斧でなければならない」（フランツ・カフカ、村上春樹訳）。

いわゆる「燃やされた聖書（巻物）」と呼ばれる箇所である。臨場感をもって出来事は物語られている。宮殿の冬の家の暖炉の赤々と燃える火は見えるかのようであり、小刀で巻物が切り裂かれていく音までもが聞こえてくるかのようである。出来事は無味乾燥な史的報告として記されているのではない。エレミヤ書の記者は、視覚的（ビジュアル）に、文学的に出来事を物語ることを知っている。

たいへんな力、衝撃力、破壊力を、この物語自身が持っている。人の手によって巻物が燃やされている。この燃やされている巻物、それはあろうことか、神の言葉なのである。ここで起こっていることは当然のことではない。あってはならないこと、あり得べからざることである。

冒頭に掲げた言葉は、小説家カフカが一九〇四年、今から百年ほど前に親友のオスカー・ポラックに宛てた手紙の一節である。カフカは、このように語って、自分が小説というものを、一体、どのようなものでなければならないと考えて書いてきたかという内にあった思いを打ち明けている。それは人畜無害なものではない。それは、読む者にとてつもない衝撃を与えるものであり、「噛んだり刺したり」するものでなければならない。そのようなものであるがゆえに、それは私たちの「内なる凍った海」を砕くものとなる。

聖書は小説ではない。しかし、聖書もまた文学的な特質を持っており、カフカのいうような意味で小説というものをとらえるとすれば、聖書こそ小説のなかの小説である。それは、衝撃を与え、剣で人の心を刺し貫きさえする。そして、そのようにして私たち自身の厚く凍りついてしまった海を、砕くに至るものなのである。

このテキストからの説教の成否は、まさにここにかかっていると言っても過言ではない。それは他ならぬ説教者自身が、講壇に立って説教するに先立ち、この物語に衝撃を受けているかどうかである。もう少し平たく言えば、説教者自身の心が動いているか、神の言葉によって揺り動かされ砕かれているか、そこである。説教の聴き手はこのことを実に敏感に察知する能力が与えられている。説教者自身が先立って、衝撃を受けており、揺さぶられ、凍った心が砕かれていれば、そのことは聴き手にも伝わる。退屈な説教とはなることはないであろう。隠れているもので、あらわにならないものはないからである。

二　なぜ巻物は書かれたのか

九節から二六節という比較的短い段落が選ばれている。このように短く区切って説教されても良いが、現実には三六章の全体が選ばれることの方が多いかもしれない。しかし、短く区切るにしても章全体を読むにせよ、全体に目が配られなければならない。後述するが、このテキストからの説教において、この前後の文脈は決定的な意味を持っている。そうではないと福音の言葉としてここから説教することはできないのではないかとすら思う。

前段落の一―八節は「ヨシヤの子ヨヤキムの第四年」、紀元前六〇五年の出来事とされている。この年は、ネブカドレツァルが、アッシリアに完全に勝利して王となった年（エレミヤ書二五・一以下参照）である。この年にエレミヤは、神から巻物を書き記すように命じられ（二―三節）、弟子のバルクに口述して巻物を完成する。そのことは四節に次のように語られている。

「バルクはエレミヤの口述に従って、主が語られた言葉をすべて巻物に書き記した」。

このようにして預言者エレミヤが語り、バルクがペンを取って書き記して巻物は完成する。しかし、この巻物の著者はエレミヤの言葉ではない、これは「主が語られた言葉」なのである（一一節）。

この巻物はヨシヤ王の時代からの預言であったゆえに、かなりの長さのものであったと推察されるが、その中核となるメッセージは二五章九節であった（三六・二九も参照）。

「見よ、わたしはわたしの僕バビロンの王ネブカドレツァルに命じて、北の諸民族を動員させ、彼らにこの地とその住民、および周囲の民を襲わせ、ことごとく滅ぼし尽くさせる、と主は言われる。そこは人の驚くところ、嘲るところ、とこしえの廃墟となる」。

このように「抜き、壊す」審判のメッセージがこの巻物に記された神の言葉であった。しかし、ただ「抜き、壊す」ことが文書化の究極的な目的ではなかった。なぜなら、神はここで、ご自身の民が「悪の道から立ち帰る」こと、「罪と咎を赦す」ことを願って巻物を記すようにエレミヤに命じられているからである（四、七節参照）。神は、エレミヤとバルクにこのような真意を打ち明けて巻物を書かせられる。このようにして口述筆記された巻物はまず主の神殿で書記のバルクの朗読されたことが報告されて、八節以下の段落は閉じられる。

三　冬の部屋

与えられたテキスト（九節以下）の出来事は、前段落の出来事から一年後、「ヨシヤの子ヨヤキムの治世の第五年」、紀元前六〇四年の出来事である。バルクはエルサレムの神殿の書記官シャファンの子ゲマルヤの子の部屋からエレミヤの預言の巻物を朗読する。その読まれた巻物がミカヤの心を捕えるに至る。

彼は「巻物に記された主の言葉をすべて聞くと」（一一節）とある。そして、彼は宮殿の地下にいた役人たちのところに行き、「バルクが民の前で読んだときに聞いた言葉」を「すべて」伝えたのである（一三節）。

ミカヤの聞く力に驚かされるのではないだろうか。彼は一度、聞いただけの言葉を記憶して役人たちに告げることができたのである。しかし、このことはミカヤが単に記憶力が良かったということではない。人は本当に心動かされたことは忘れない。わざわざ暗記しようとしなくてもその言葉が心に届き、心が動かされたなら、言葉は記憶に留められる。燃やされた巻物を再び書き記したエレミヤにも同じことが言える（三二節）。同時にこれは、主の言葉自身の力の証でもある。神の言葉自身に力がある、それゆえ、それは聞く人の心に留まるに至る。

ミカヤを通して巻物の言葉を聞いた役人たちは、さらにユディをバルクのもとに使いに出し、「巻物を持って来るように」と伝える。バルクはこの願いを聞き入れ、役人たちのもとに行き、再び巻物を読み聞かせる。すると、「彼らは皆、おののいて」、この言葉を「王に伝えねばならない」と顔を見合わせて言ったのである（一六節）。彼らがこのように語り合ったのは、巻物を「主の言葉」として聞いたからであり、王にこの巻物の「主の言葉」を聞いて、悔い改めて欲しかったからである。この時、ヨヤキムの父、ヨシヤ王のことが念頭にあったと思われる。ヨシヤ王は、ここに登場するミカヤの祖父シャファンが、発見された律法の書を朗読することによって、その罪を認め悔い改めて神に立ち返った（列王記下二二章参照）。「王はその律法の書の言葉を聞くと、衣を裂いた」（列王記下二二・一一）のである。役人たちは、同じことがヨシヤの子ヨヤキムにも起こされることを願ったのであろう。しかし、期待だけがそこにあったのではない。彼らは同時に、巻物が危険な言葉であることもよくわかっていた。だから、彼らはエレミヤとバルクにその身を隠すように助言し、その上で王にこのことを伝えたのである。

こうして巻物の存在は王に伝えられ、王は側近のユディを遣わし、巻物を取って来させ、ついに巻物は王と王のすべての役人たちの前で読み上げられることになった。ここまでの出来事はすべてここに向かっているようである。巻物は繰り返し朗読されながら、その度毎に、この王のいる宮殿の部屋に近づいていく。

「時は九月」（太陽暦では一一月から一二月）で、宮殿の冬の家の「暖炉の火は王の前で赤々と燃えていた」。そこで起こったことをエレミヤ書は、次のように書き記している。

「ユディが三、四欄読み終わるごとに、王は巻物をナイフで切り裂いて暖炉の火にくべ、ついに、巻物をすべて燃やしてしまった」（二三節）。

預言は、巻物であったので、読み進める度に垂れ下がっていく。ユディが巻物を読み進めていく、その度に垂れ下がっていく部分を、王はナイフで切り、順番に暖炉の火にくべていった。そして、ついにはそのすべてを燃やしてしまったのである。

この時のヨヤキム王の行為は、これが一時の感情でなされたものではないことを意味しているであろう。彼は激して、巻物を一度に暖炉の火にくべてしまったのではない。ゆっくりと時間をかけて少しずつ、ナイフで切っていき、火にくべていった。それは彼が、きわめて冷静であったことを意味する。彼は自分を失ってしまっていたのでもない。彼は何が語られているのかをよく理解した、そこで巻物を裂き燃やしたのである。律法の書の朗読を聞いて、父ヨシヤは衣を裂いた。しかし、その子のヨヤキムは衣ではなく、巻物を裂いた。冬の家でのこの出来事は不気味であり、またデモーニッシュでもある。

四　神の言葉を殺す罪

この箇所は、多くの注解者たちが指摘しているように、エレミヤの預言の文書化、記述預言の成り立ちを語るものとして確かに興味深い。しかし、それだけのことではない。エレミヤはバルクに、預言の言葉を口述し、つまり発声することによって巻物を書かせている。さらにこのようにして書かれた巻物は、繰り返し、その言葉が声に出され、朗読される。ここでは言葉は音にされ、「聞く」という行為がここに起こっているのである。クライマックスの冬の家でも王は、ユディに巻物を朗読させ、その声を聞いている。預言、主の言葉が文字として記される非常に重要な出来事を伝えられるところで、不思議にも、「聞く」という行為が繰り返しなされていることは興味深い。

ユージン・ピーターソンは『牧会者の神学』において牧会者の働きを、祈り・聖書・霊的導きという三つの事柄の相互関係、三角形の関係で捉えて、それぞれの事柄について個別に論じている。聖書についての章で彼は、聖書は本来の伝統において、「聞く」ものであって「読む」ものではなかったということを指摘している。「聞くこと」と「読むこと」とは大きく異なる。「聞く」という場合、主導権は自分にはない、自分の向こう側にいる「語る人」の側にある。しかし、「読む」という場合には、「読む人」が主導権を持っていると彼は言う。ここで重要なのは、違いの根本にあるのは、主導権の問題、つまり「神の主権」という非常に根本的な問題と関わるということである。ピーターソンは、グーテンベルクが印刷機を発明することによって、聖書は万人の手に渡るようになった。このことは恵みではあるが大きな弊害ももたらすことになったと言う。人々は書かれた「神の言葉」をただ自分の手に持っていることだけで満足してしまって、そこに書かれたことに「聞く」ことを失う危険にさらされることになったのである。

聖書が読まれなくなったと言われるようになって久しいが、実は聖書は読まれなくなったというだけではなく、それに先立って聞かれることが失われてしまったのである。

さらに、ここには主導権、主権の問題も明らかにされている。それがヨヤキム王の問題でもある。ただ単に巻物を燃やすという行為そのものに事の本質があるのではない。巻物を燃やすということは、神の言葉の主権を認めないということ、自分が自分の王であり続け、その主権を神に明け渡さないということなのである。つまり、彼は神の言葉に聞くことを拒んだのである。神の言葉を聞くこと、それは王の座から降りること、その主権を明け渡すことなのだが、そのようにしなかったのである。

こう考えると、ヨヤキムの巻物を燃やすという行為は、異常で特別な行為というわけではない。否、このような不気味で、デモーニッシュなことをするのは彼だけではない。これまでもその後も、歴史の中で繰り返し起こされてきた出来事である。それは神の言葉を殺すということであり、自分が主権者になって、その主権を神に譲ることがないということである。自分が王座に座り、その王座から降りようとしないことである。ヨヤキム王がここでしていることは、私たちと無関係ではなく、むしろ、私たちと非常に深く関わる。

主イエスもまたぶどう園のたとえを語られて、イスラエルの罪を明らかにされた。ぶどう園の主人が送り続けた神の僕を農夫たちは次々に、追い返し、また乱暴し、またついには殺害するまでに至る。そして、最後には主人の愛する息子までも「相続財産は我々のものになる」と言って殺してしまった（ルカ二〇・九以下、並行記事）。ここでのイスラエルの罪は、神の言葉を殺す罪なのである。この罪は、神の子の殺害にまで至る。神の言葉を殺す、まさにそこにこそ、私たち人間の罪の本質がある。

またこのことと関わることとして、日本人特有の課題のことも考えなければならないかもしれない。ある思想家が「日本文化は、一流品なら何でも並べる知的デパートである。日本人というのは、あらゆることに心を傾けているように見えながら、実はなんにも命を献げていない」と語ったのを思い出す。つまり、聖書も一流品の一つとして並べられて、亡き者とされることが起こりうる文化的な背景があることも忘れられてはならないであろう。それは隠れた仕方で聖書を焼くことでもある。心を突き刺され、途方に暮れるような言葉がここに語られている。しかし、まさに「内なる凍った海に対する斧」のような言葉である。

五　神の言葉は永遠に残る

しかし、物語はここで終わってはいない。この焼かれた巻物は焼かれたままで終わらなかったということが、続いて記されていることである。主なる神は、エレミヤとバラクに再び巻物を取って書き記すように命じられ、彼らはそのとおりにした。燃やされた巻物に書かれたすべての言葉は、再び書き記され、さらに多くの言葉が付け加えられさえした（三二節）のである。

神の言葉は人間の手によって燃やし尽くすことはできなかったということは私たちにとって福音である。神の言葉は人間の手によって焼かれたり、また人間の手によって束縛されたりするようなものでもない（Ⅱテモテ二・九参照）。

ドイツのある村の教会の抵抗運動の姿を小説にした『嵐の中の教会』という小さな書物がある。その中に次のような印象深い言葉が記されている。

> グルント牧師の説教のテキストは、「神の言葉はつながれてはいない」でありました。牧師はこんな話をしました。
> 既に使徒たちを迫害し、獄につないで、福音を宣べ伝えることを妨げようとした者があった。さらにその後のあらゆ

る時代にも、福音の敵は、キリストの福音の使者を桎梏のもとにつなげば、キリスト自身も沈黙するに違いないと、いつも信じていたのである。しかし神の言葉はつながれたことがないのだ。御言葉とその宣教を誰かが束縛した時にこそまさに、御言葉はより高い調子で、またより明瞭に語りかけるのである。リンデンコップ村の教会もまた、小さい群れではあるけれども、実に単純な信仰を持った人々がいる。そういう人々は、そのキリストに対する信仰を一歩たりとも譲ろうとはしないのである。山の上にある町、あるいは村は隠れることができないというあの聖書の言葉がドイツにおいて成就する時が、今や間近に迫っているのだと、私は思う。そう話した後で、牧師はさらにこう続けました。「もっともっと困難な時代になって、あなたがたが、もう何もかも駄目になってしまった、というふうに考えることがあっても、どうか皆さん、神の言葉はつながれてはいないということを思い起こし、またそのことに固着していただきたい。神の言葉は人間の束縛を受けることもないのです。私はこういうことがないことを望みますけれども、もし私たちのうちで最後まで抵抗する者が誰一人としてなかったとしても、神の言葉は私たちに左右されることはありません。神の言葉は自らその進む道を定めて、永遠に残るのです。なぜなら、それは神の言葉であるからです」。

バルメン宣言がその第六条項で語った神の言葉の自由がこのような言葉で説かれている。与えられたテキストにおいても、同じことが語られている。神の言葉は、人の手で自由にできるようなものではない。永遠に残るものなのである。困難な時を生きる私たちにとってこのことこそ、大きな慰めである。

またここで神が再び巻物を書かせられたことは、巻物を記す神のご意志に変わりがないことをも意味する。神は最初に巻物を記させられたとき、巻物によって神の言葉を聞き、人びとがご自身のもとに「立ち返る」こと、そして「彼らの罪と咎を赦す」こと（三六・三）を御心とされたのである。もう一度、焼かれた巻物を書き直させられたことは、この神の御心に変わりはないことを意味するであろう。神の救いのみ心は変わらない。神は救いを伝えることを取り消されない、お止めにはならないのである。それどころか、神の愛の炎は、このことによってさらに燃え立ちさえするのである。「罪が増したところには、恵みはなおいっそう満ちあふれる」（ローマ五・二〇）とある通りである。神の言葉そのものにその心を打たれて、物語りつつ説教の言葉を語りたい。

主な参考文献

R・E・クレメンツ『エレミヤ書』（現代聖書注解）佐々木哲夫訳、日本キリスト教団出版局、一九九一年
E・H・ピーターソン『牧会者の神学』越川弘英訳、日本キリスト教団出版局、一九九七年
村上春樹『雑文集』新潮文庫、二〇一五年
O・ブルーダー『嵐の中の教会――ヒトラーと戦った教会の物語』森平太訳、新教出版社、一九八九年

エレミヤ書　三七章一―二一節

浅野　直樹

木田に従って、まずはテキストを以下のように三分割したい。
①　一―一〇節　ゼデキヤ王とエレミヤの第一回目の接触
②　一一―一六節　エレミヤが逮捕、監禁されるに至った経緯
③　一七―二一節　ゼデキヤ王とエレミヤの二回目の接触
これら一連の出来事は、エレミヤの預言活動の最終時期にあたり、エジプトの進撃によってバビロン軍が一時撤退した紀元前五八八年前半から五八七年にかけてとされる。さらにこの時期というのは、紀元前五八六年のエルサレム陥落直前にあたる。そして第二回めの捕囚がその後に続く。したがってこのとき南ユダ王国は、国家存亡の深刻な危機に瀕していたのであり、イスラエル史にとって極めて重大な局面にあった。黙想にあたっても、そうした時代を生きた人々、特にエレミヤを含めて、国家の命運を左右した国家権力者たちの精神状態、そして彼らの信仰観を考慮して進める必要がある。

三つの出来事の記述の前に、エレミヤ書の著者は冒頭の一、二節で既に総括的な評価をしている。ゼデキヤ王も国民もエレミヤの預言に聞き従わなかったことが示される。その後に、主の言葉に従わなかったユダの王ゼデキヤと国民が、エレミヤに対してどういった態度と行動をとって反対したのかが、三七章全体で述べられていく。

①ゼデキヤ王とエレミヤの第一回目の接触

ここには注目すべき点がふたつある。ひとつは、ゼデキヤ王がエレミヤにとりなしの祈りを願い出たことである。もう一点は、エジプト軍の進撃によってカルデア（バビロン）軍が一時撤退したことである。前者からは、危機に直面した国王ゼデキヤの動揺がうかがわれる。後者は地政学上の大きな変化であり、このことがユダ王国の終末的結末に大きな意味をもつ。ゼデキヤの動揺と中近東地域の地政学的変化が深く関わっていることは言うまでもない。

「どうか、我々のために、我々の神、主に祈ってほしい」（三節）。ゼデキヤはエレミヤに人を遣わして懇願した。神が建てたユダ王国を救ってくれるよう神に頼んでほしい、と願い求めた。王として当然の思いなのだが、そう願う確かな理由があった。

かつてヒゼキヤ王が預言者イザヤに対して、主にとりなしてもらうよう頼んだら、アッシリア王センナケリブの攻撃を奇跡

的に免れたという過去の歴史が、この時頭によぎったに違いない。今回も主は、きっとこの国を救ってくれるだろうと、イスラエル史上の祝福の歴史がゼデキヤを強く後押ししたのだろう。もう一度奇跡を起こしてほしい、それが祈りだった。

　ところがエレミヤに届いた主の言葉は、王の期待を裏切るものでしかなかった。バビロン軍は決して立ち去ることはなく、最後にはエルサレムに火が放たれるとの預言が、エレミヤの口からゼデキヤへと届いた。ゼデキヤが最も聞きたくなかった声である。信頼を置いている政治顧問によって、王は願いをあっさり退けられてしまったのだ。

　この時期の歴史を正確に追うことは難しいが、木田によれば三七章の出来事は紀元前五八八年前半から五八七年ごろとされる。すでにバビロンは、それより十数年前、紀元前七世紀末から六世紀初頭にかけて、エルサレムに攻撃を仕掛けヨヤキム王を倒していた。そして最初の捕囚を行っていた。ゼデキヤはヨヤキムの後、バビロンによって立てられた王である。そういうわけでゼデキヤは、常にバビロンの恐怖に怯え、びくびくしながら国を治めなければならないという悲運に見舞われた。

国王ゼデキヤ

　ゼデキヤ治世四年目のときエレミヤは既に、いずれユダはバビロンの軛《くびき》を負うことになると預言していた（二八章）。自らの首に軛をかけ、象徴的に預言したのである。ゼデキヤは今回、またも同じ預言をエレミヤから聞かされたのだ。このとき、もう一人の預言者ハナンヤがエレミヤと対決したことも重要である。ハナンヤは、エレミヤの首から軛を外しそれを打ち砕きながら、「バビロンの軛を負うことはない」と語ったのであった。

　今回のエレミヤの預言は、それから六、七年後のことだった（紀元前五八八年前半から五八七年ごろ）。今、バビロン攻撃の第二波が押し寄せて、ゼデキヤは胸騒ぎがしてエレミヤに祈りを願い出たのであろう。

　ところがここで思いがけない展開があった。エジプト軍が進撃してきたことで、バビロン軍が撤退をしていったのだ。バビロンの軛は負わない、と預言したハナンヤが正しかったかに見えた。またもやエレミヤの預言が外れたことになる。エレミヤは、かつて預言した北の災い同様、再び厳しい非難を浴びたことだろう。事実、このあとエレミヤは、反対者によって取り押さえられてしまう。

　このときゼデキヤの心境はどんなだったろうか。エジプトを信用したであろうか。元はと言えばゼデキヤは、ネブカドレッァルによって立てられた王である。もしもエジプトに寝返ったとなると、どういう結果を招くのか。軛を負うことはないのか。王は判断がつかなかった。高官たちの間でも意見が分かれた。最終手段は、やはり神頼みだった。

「王も家来も国の民も」（二節）聞き従わなかったのはなぜか。理由はふたつあると思う。ひとつは、預言の言葉そのものがあまりにも受け入れ難かったということがある。バビロンは主の僕であるから、無駄な抵抗はやめておとなしく服従すべしとのエレミヤの声は、たとえそれが神聖な神の声だったとしても、国政の責任を担う者としては聞き捨てならない言葉であろう。もうひとつの理由は、もはやエレミヤの預言は信用ならないという見方が広く定着したからではないか。何よりもバビロンが撤退したという事実が、エレミヤに対する否定的評価を揺るぎないものとしてしまった。

　このことから、我々の信仰生活を考えてみたい。信仰者といえども、目の前の事実に基づいて行動するのが常である。事実に基づいた上で、自分自身の判断と責任によって生きる。これは信仰のあるなしにかかわらず、すべての人の行動原理である。けれども事実に基づいていても、どうしたらいいのか分からないことが必ず起こる。そのようなとき信仰者は、ゼデキヤと同じ行動をとる。エレミヤのようにストレートに預言を語ってくれる人物は傍にいないにせよ、聖書がそして説教がキリスト者への預言となる。それが人それぞれ個人に語りかけてくる。そして信仰者を支え、励まし生かしていく。

　この箇所から学ぶべきひとつの大切な教えは、目の前の事実を過信してしまい、御言葉を無視してしまわないようにすることであろう。エジプトの進撃とバビロンの撤退という、大変ありがたい事実によって、ユダの為政者たちは主の言葉をないがしろにしてしまったのだ。ここから悲劇が始まった。「聞き従わなかった」というのはこのことを指している。

信仰者ゼデキヤ

　注解書などをいくつかみると、心が揺れ動いて判断を下せないゼデキヤを、王としての資質に欠く人物として評するものが多い。けれども少し見方を変えるなら、次のようにも言えるのではないか。大勢がエレミヤを見限ってしまったなか、ゼデキヤ王だけはそうではなかった。三七章後半に出てくるように、王はエレミヤを牢獄から救い出す。そして再度、エレミヤに神の言葉を求めていく。しかもこのたびはエレミヤに対して「宮廷でひそかに尋ねた」（一七節）のである。ゼデキヤのとった行動は、彼がエレミヤへ、ひいては主の言葉への信頼を失っていなかったということでもある。

　結果がどうだったか。それがいつも私たちの関心事である。結果が一番問われるのだが、エレミヤ書にはゼデキヤがバビロンに対して、最終的にどういう戦略的決断を下したのかは記されていない。あるのは結果だけである。攻め込むバビロン軍から逃げようとするが捕らえられ、最後はネブカドレツァルの前で悲惨な目に遭い投獄されるという結末だけが記録されている（三九・七、五二・一〇―一一）。これは、ゼデキヤ王がバビロンに従順ではなかった故の結果だと考えてよい。バビロンによって王位に就いたとはいえ、隙あらばエジプトと共にバビロンを倒そうという魂胆がゼデキヤにあってもおかしくはない。結果だけからいうと、迷ったあげくに、ゼデキヤはバビロンに謀反したのであり、同時にそれは「主の言葉に聞き従わなかった」と後代に語り継がれることになった。

　けれども、一人の信仰者としての生き方を問うなら、結果だけで評価することは慎むべきであろう。信仰者としての意義は人生の結果で決まるのではなく、むしろ生き方、プロセスにある。どのように生きたかがより重要である。ゼデキヤは優柔不断な性格で王としては適任者とは言えなかったかもしれない。けれども頭で考えた作戦だけに頼るのではなく、神のメッセージをエレミヤを通して聞き、それに従おうという姿勢をもっていたことは、信仰者として評価されるべき生き方である。

②エレミヤが逮捕、監禁されるに至った経緯

バビロンが一時撤退したことで、エルサレムは安堵し緊張も解け、再び普段の日常生活が始まった。そんな折にエレミヤは、土地相続という個人的な用件でエルサレムを離れ、郷里アナトトへ行こうとしたことが記録されている。突如こうした極めて個人的な事情が預言書の中に盛り込まれているのは興味深く、小説を読んでいるようなリアル感がある。バビロン軍の侵略によって荒れ果てた国土だが、彼らが撤退したことでひととき静けさと落ち着きをエルサレムが取り戻していたことがわかる。エレミヤもちょっと一息つけたので、前からやらねばと思っていたプライベートの仕事を片付けようとしたのかもしれない。ベニヤミン門までやって来たときだった。門で待ち構えていた守備隊長イルイヤがエレミヤを取り押さえてしまう。バビロンが撤退したことで、バビロン服従をずっと訴えていたエレミヤの立場は極めて危うくなっていたのだが、このときすっかり休暇モードだったためか、油断があった。反対者たちはこのチャンスを逃さなかった。バビロンが撤退してしまったことで、エレミヤの立場はなくなった。エレミヤは反エジプトであり、親バビロンと見られていたから、いつも命をねらわれていた。バビロンへ逃亡するのではと、勘違いされてしまった。

苦悩の預言

あらためてエレミヤの深い苦悩を思う。彼の口からでる預言は、芳しい慰めの言葉からはほど遠く、いつも不安を駆り立て、人々を不愉快にしていた。そのために彼自身もどれほど死の恐怖に怯えたことだろう。ほんとうはもっと未来志向で、将来を明るく見据えた希望を語りたかったというのが個人的な本音ではなかったろうか。聞く側も、勇気を与えられ、慰めに満ちた言葉を聴きたいと期待したことだろう。けれどもそれは神がエレミヤに託した役目ではなかった。エレミヤの真正直な性格もまた、神から預かった御言葉を真っ直ぐ伝えることしか許さなかった。

会衆は、主日の説教から慰めと希望を聴きたいと願う。説教者もまた会衆の期待に応えようと、その日の日課から恵みの言葉を探しあてて説教黙想に励む。このとき説教者が気をつけたいのは、無理矢理こじつけのようにして慰めを引っぱりだそうと気負わないことである。説教黙想の際、説教者が御言葉に向き合う姿勢で大切なのは、素直に、エレミヤのように真正直に、それと向き合うことだと思う。与えられたテキストが、どこから見ても人々に暗い影を落とすようなら、エレミヤに倣ってそれをそのまま伝えることが説教者の職務である。エレミヤと対決した預言者ハナンヤのように、まやかしの安心感を与えることは避けなければならない（二八章）。

③ゼデキヤ王とエレミヤの二回目の接触

ゼデキヤは再びエレミヤに近づいた。逮捕され、地下牢に閉じ込められていたところを、わざわざ王の命令で救出までして面会するのだ。そして王は、「主から何か言葉があったか」とエレミヤに直々に尋ねる。ゼデキヤがいかにエレミヤに信頼を寄せていたか、ここからもわかる。エレミヤへの信頼は、また主の言葉への信頼でもあった。先にも書いたように、ゼデキヤ

は確かに王としての指導力に欠けていたかもしれない。責任感の大きさに恐れをなして、自分一人では決断できないという人格の持ち主だった。ただここで、彼の心を揺らせたのはほかでもない、主のみ言葉だったという点は重要である。預言者エレミヤが語る主の言葉がなければ、もしも側近や家臣の戦術だけを頼りにしていたならば、思いはこれほどまでにブレなかっただろう。

信仰的見地からいうならば、「信仰の故のブレ」はあってしかるべきだし、それが優柔不断とか決断力のなさといった批判につながるとすれば残念である。トップの人間が、ブレずに毅然とした態度で部下を率いて、目標に向かってひたすら突き進むという姿勢は逞しく、リーダーの模範のように語られるが、そうした自信に満ちあふれたリーダーシップを美化してしまう危険性を、昨今思わされる。リーダーの過信と驕りはそこから始まる。神の言葉の前に謙虚になること、王であっても、自分の弱さに気づかされながら、信頼する人に耳を傾け、最後は自ら決断し責任をとっていくという姿勢こそ、信仰に立つ者としての真のリーダーといえるのではないだろうか。

科学のマインドコントロール

二〇一一年の東日本大震災と津波によって、福島第一原子力発電所が爆発、直後に最も危惧された炉心溶融、メルトダウンが勃発した。この事故が日本人の記憶から今後消えることはない。それまで幾度となく原発の安全神話を聞かされてきた国民は、メルトダウンという最悪の事態など、まさか起こらないだろうと思わされてしまっていた。科学によるマインドコントロールに陥っていた。そんな状況だったので、絶対大丈夫と地元住民に確約していた推進派の科学者たちも、そのときいったい何が起こっているのかよく理解できなかったのではないだろうか。テレビで事故直後の様子を実況解説していた専門家は、爆発した瞬間を見届けた後も、炉心溶融が起きるという想定なしにしゃべっていたのを思い出す。テレビを見ていた私も、世界に誇る科学立国日本の専門技術者が自信を持って原発は安全だと言っているのだから、大きな事故は必ず未然に防いでくれるだろうと高をくくっていた。多くの日本人がこれと似た感覚で、なんとかなるだろうと過信していたのではないか。まさしくエレミヤのように、すでにずっと以前から、原発反対者たちが警鐘を鳴らし続けていたにもかかわらず、とうとう最悪の事故は起きてしまったのだった。

あの事故を思い起こすと、原子力開発の科学者たちが、エレミヤと対決した預言者ハナンヤに重なって見えてくる。ハナンヤはエレミヤと対決して、エレミヤが首にぶら下げていた軛を打ち砕き、エルサレムはバビロンの軛を負わない（服従しない）と訴えた預言者である。現代社会において科学者は、たしかに予言者存在である。未来学者をはじめ、これからの世の中がどうなっていくのかは、科学者たちが大きな鍵を握っている。ただしそれはあくまでも予言であって「預言」ではない。おそらくこうなるだろうという未来の状況を語るに過ぎず、「かくあるべきだ」と語るのではない。将来の世の中の様子を言い当てているわけでもない。彼らが頭の中で描いているイメージという仮想現実を語っているだけである。そこでは善悪や正義あるいは倫理といった観点は、中心位置を占めていない。預言者が語る言葉は、むしろ後者に力点があるのであり、将来を予言することとは異なっている。

バビロン捲土重来

事態はやがて風雲急を告げる。バビロンの捲土重来がゼデキヤの耳に届いたのだ。ゼデキヤのうろたえる様子が透けて見える。そして再び訪れた危機を前にゼデキヤがとった行動が、エレミヤを地下牢から救出し、エレミヤにもう一度神の言葉を語ってもらうことだった。「主から何か言葉があったか」。エレミヤは答えた、「ありました。バビロンの王の手にあなたは渡されます」（一七節）。やはり同じだった。エレミヤの預言は、ハナンヤに対抗して軛を首にかけて語ったときも、エレミヤの伝令者に答えたときも、エルサレム陥落間近の今も変わらなかった。前回と違っていたのは、むしろハナンヤだった。「あの預言者たちは、一体どこへ行ってしまったのですか」（一九節）。ハナンヤはどこかへ雲隠れしてしまったようだ。そしてゼデキヤも変わっていた。もはや抵抗できず、ただ神妙にエレミヤの言葉を受け入れるしかなかった。

くり返すが、ゼデキヤは預言に頼った人だった。神の言葉に委ねた人だった。実際のところはネブカドレツァルに恐れおののいて、自分の判断力に自信がもてず、もはやなすすべなしといったところが本当かもしれない。それでも、御言葉が真理を指し示すという信仰に基づいて国を治めようとした人である。残念なことに周囲に押され、偽りの預言を信じてしまったところに、ゼデキヤのその後の不幸な運命はあったのだが、それも神の言葉に委ねた結果であった。惜しむらくは、正しい預言がエレミヤなのか、それともハナンヤなのかを見極められればよかったが、いったんはハナンヤの預言が実現する形になったので、バビロンの軛はないとしたハナンヤの預言に聞き入ってしまったのは、無理からぬことである。そこで必要だったのは、預言（御言葉）の正しい解釈だった。

エレミヤが地下牢に入れられて、後に救い出され監視の庭で軟禁状態に至る一連の出来事については、三八章にもっと詳しい描写があるので、ここの部分を黙想する際には合わせて参照する必要がある。三七章を読む限りでは、ゼデキヤはエレミヤの訴えを聞き入れて地下牢から出してやり、その後も監視の庭で保護をするという憐れみ深さが描かれている。一方三八章では、エレミヤがどうなろうと関知せず、一切を人任せにしてしまう無関心さもみてとれる。ゼデキヤ王の信仰を語ることはとても難しい。

参考文献

木田献一、清重尚弘「エレミヤ書」、高橋虔、B・シュナイダー監修『新共同訳 旧約聖書注解Ⅱ』日本キリスト教団出版局、一九九四年

木田献一『エレミヤ書を読む』（旧約聖書4）筑摩書房、一九九〇年

深津文雄『預言者エレミヤの言葉』日本キリスト教団出版局、一九六九年

R・E・クレメンツ『エレミヤ書』（現代聖書注解）日本キリスト教団出版局、一九九一年

James Philip Hyatt & Stanley Romaine Hopper, *The Interpreter's Bible : The Book of Jeremiah*, V5, Abingdon Press, 1987.

エレミヤ書　三八章一四―二八節

徳田　宣義

ところで、預言者とは神の言葉を預かったもののことであって、本来豫言者でも先見者でもない、未来について語り、将来について警告するものではなく、現に生じつつある事態について、神がいかにこれを見、いかに判断しようとしているかを、神に命じられて語るもののことである。

（隅谷三喜男『〈生きる〉座標軸を求めて』近代文芸社、一九九七年、三一―三二頁）

「聴くこと」はただちに「従うこと」であって、そこに神の現実存在を明識しうる唯一の道が備えられるのであるから、キリスト者は神の言への応答をその実生活によって表現し形成しなければならない。

（熊野義孝『熊野義孝全集第八巻　教義学　下』新教出版社、一九八二年、三七〇頁）

テキストの射程

「日本人の生き方の基本的な姿勢を、私は色々と考えておりますが、二つのことがあると思うのです。……一つは幸福志向。……すべて幸福と結びついているのが、日本人の基本的な姿勢だと思うのです。……それからもう一つは大勢順応。……大きな流れには抵抗しないで流されていく」（隅谷三喜男、前掲書二二一―二二二頁）。隅谷三喜男が記した『〈生きる〉座標軸を求めて』の中の「日本人の生き方の反省」というあとがきに代えて記された文章の一部である。

隅谷は「幸福志向」について、日本人は、幼少期、入学試験、入社、結婚、大みそかから元旦の朝にかけて、幸福を祈願する等の例を数えながら、すべてを幸福と結びつけようとするのが、日本人の基本的な姿勢だと指摘している。

また「大勢順応」について次のような分析をしている。「大きな流れに逆らえば角が立つ、あるいは乗った舟がひっくり返るかもしれない。だから大きな流れには抵抗しないで流されていく……日本の戦時過程の生き方でも……抵抗の運動というものはありませんでした。そういう意味では、大勢に順応するということが、大きな流れであります。……大勢に順応した方が幸福、大勢に抵抗すれば不幸になる、こう考えますから大勢に順応するのです。日本人の中では、特に昨今、人間とは何であるか、我々はどこに立つべきであるか、そういうことに対する考え、思想、志向というものが非常に弱いのです。そういう意味では、個人主義というようなものが出てきても、個人の根底、一人一人の個というものが根底がどこにあるかということが確立していないのです。……非常に個人主義的になった時にどういうことになってくるか。『私情』、『私』のプライベートなフィーリングで生きるということになってしまう」（隅谷、前掲書二一三頁）と言うのである。

当該箇所に登場するゼデキヤは、どういう人物なのだろうか。ゼデキヤは「国の重大な時期に、ユダを導ける人物ではなかった。貴族たちに立向かうことのできない（三八章五節）、民衆の意見をおそれる（一九節）王であった」（J・ブライト『イスラエル史　下』新屋徳治訳、聖文舎、一九六八年、九三頁参照）。ゼデキヤは「頑なな高官たちに囲まれて孤立し、結局彼らの言いなりになってしまった（三八章五節）」（A・J・ヘッシェル『イスラエル預言者　上』森泉弘次訳、教文館、一九九二年、二六四頁）。こう学者たちは記している。

当該箇所を追っていく際に明らかになるが、ゼデキヤは、国の将来のことではなく、自分のことだけを考えている王であった。その意味で、隅谷が記していた「大勢に順応した方が幸福、大勢に抵抗すれば不幸になる」ことと、自らの責任を放棄し「『私』のプライベートなフィーリングで生きる」という指摘がゼデキヤの姿と重なるのである。

我々が、そのようなゼデキヤを批判することはたやすい。しかし、テキストの射程は、明らかに我々をも捕らえている。「大勢に順応した方が幸福、大勢に抵抗すれば不幸になる」。こう考えながら、「私」のプライベートなフィーリングに生きることを我々も追い求めてはいないだろうか。我々一人ひとりが、そして教会もまた小さなゼデキヤになっていないだろうか。我々とゼデキヤの状況は、本当は地続きなのではないだろうか。

文脈的考察

第一次捕囚が起こった紀元前五九八年、ヨヤキン王がバビロンに連れ去られ、代わりにゼデキヤが、バビロンの指示によって王として立たされた（列王記下二四・一〇—一七）。ゼデキヤは、バビロンの傀儡であり、国民からの信頼はなく、王の側近もバビロニアに対する抵抗勢力で固まっていた。このように正式な王として認められていない側面があり、エゼキエルなどは、ゼデキヤの年代を記していない。連れ去られたヨヤキンを正統の王とするからである。このようにゼデキヤにはいろいろな意味で弱味があったのである（『左近淑著作集第三巻　旧約聖書緒論講義』教文館、一九九五年、三五八頁参照）。

この時代のユダでは、バビロニアの支配を国家と民族の罪に対する神の裁きとして受け入れるように警告するエレミヤのような人々と、バビロニアへの反乱を主張する国粋主義的・民族主義的な動きがあった。エレミヤは、イスラエルの復興などに目もくれず、ネブカドネツァルを神の裁きの道具としてみなし、彼に服従することを果敢に主張したのである。「預言者の認識において、国家の内側からの崩壊ほど恐るべきものはなかった。国民の頽廃は、国家が再びヤハウェの民として立ち上がることを決定的に不可能とするからである。国家の存亡は国民の運命と深く関わっており、預言者の情熱をかき立てたのであるが、預言者においては国民がヤハウェの民として再起できるかどうかが決定的な関心事であった……。ヤハウェの民の再建が望み見られる限りでは、外国による支配は預言者においてさほど恐怖でも絶望でもなかった。エレミヤにおいてこのことは最もよく示されている」（並木浩一『古代イスラエルとその周辺』新地書房、一九七九年、一八四―一八五頁）のである。

　バビロンに服従し、神の裁きを受け入れよという呼びかけ。これこそがエレミヤと神との言葉である。当該箇所直前の三八章前半には、再びエレミヤが降伏をすすめたため、エレミヤは捕らえられ、泥の穴に投げ込まれていたが、ゼデキヤは、預言者を助けたのである。

一四―一六節　最後の会見

　バビロニアに王座を支えられていたゼデキヤは、人から見えないように密かにエレミヤを「神殿の第三の入り口」に呼び寄せ助言を求めた。エレミヤは「彼の答えが、王を不快にさせることを知っている。もし彼が王を立腹させたら、彼は第三八章四節と大して変わらない状況になるであろう」（W. Brueggemann, *A Commentary on Jeremiah:Exile and homecoming*, Grand Rapids: Eerdmans, 1998, p. 365）と予測している。エレミヤは慎重にならざるをえなかった。しかし、王の言葉には、もう一度エレミヤを通じ神の言葉をはっきり確かめたいという王の願いが見られる。ゼデキヤの誓いの言葉には生命を創造したのは神であり、人が他の人を殺すことはできないという旧約の神の民らしい信仰が見られる。「神の被造物である人間を殺すことなどできないという、旧約的な倫理観の表明」（関根清三訳『旧約聖書Ⅲ　預言書』岩波書店、二〇〇五年、三六三頁）である。ゼデキヤは、エレミヤを殺さないと断言し、「あなたの命をねらっている人々」（一六節）にも彼を引き渡さないと付け加えるのである。

　信じきれないにもかかわらず、神の言葉を求めずにおれない。ゼデキヤの心は、我々の不信仰な心を代表している。我々は、我々を引きずる罪の力の強さを知っている。「神を見失う時、人間はどこか悪しき力に囚われた存在となる。……人間はすでに自分自身に囚われた存在である。……自分の信念に従って自由気ままに歩んでいるようでいて、その実誰もが、ひそかに拝み仕える偶像《アイドル》を持っている。そしてこの自分の作り出した偶像に、知らない間に縛られ、引きずられてしまう不自由さこそ、偶像崇拝の隠れた悲劇である」（芳賀力『救済の物語』日本キリスト教団出版局、一九九七年、七九頁）。今も悲劇は世界に溢れたままである。問題は、ゼデキヤと我々一人ひとりの基軸は何かということに尽きる。神に仕えるのか。自分の心に従うのか。まわりの人間の意見に振り回されるのか。まことの尺度は何かという問いの前に、我々はいつも立たされているのである。

一七―一八節　二つの選択肢

　バビロン軍に敗れることは不可避である。むしろ進んで降参することによって、エルサレムを破壊から守って自分の命も救うか、あるいは敗戦確実な戦いを続けるかである。自分と民のために「命の道」を歩むのか「死の道」を歩むのか（二一・八）。エレミヤは「神が決定した摂理に対して覚悟を決める」（W・H・シュミット『国際フォーラム二〇一二　講義録』日本聖書協会、二〇一三年、六五頁）よう迫るのである。

一九節　ゼデキヤの本心

エレミヤの言葉に従い、無益な戦争に見切りをつけてカルデア側に降伏した者たちは、戦争の張本人としてのゼデキヤを失政者とみなしていた。ゼデキヤはカルデア人に降参する時、彼らの手にわたされ、ひどい目にあうと恐れていた。彼が降伏の決断ができなかったのは、このような全く個人的な恐怖のためであった。「奇妙なことにゼデキヤは、この預言者の答申に反して議論したり、たじろいだりしない……彼はバビロン軍や政府を恐れはしない。むしろ彼は彼の民を恐れる」（W. Brueggemann, p. 366 参照）のである。「ここに人間が最後のところ自分のことしか考えない、あわれな利己的な存在であることが示されていると共に、小なる危険の前に客観的に見てより大なる危険を充分見ることの出来ない愚かな存在であることも明らかにされている」（関根正雄著作集15『エレミヤ書註解下』一八〇頁）のである。

「わたくしどもは人を恐れる代わりに、神を敬わねばならない。神を敬うことは、わたくしどもを人に対する恐れから救い出す道だからである」（『山室軍平聖書注解全集　民衆の聖書17　エレミヤ記、エレミヤ哀歌』教文館、一九七二年、二六九頁）。

二〇―二三節　何を支えに生きるのか

エレミヤ書は、神に背く人間の姿を「聞き従わず、耳を傾けず」と描く（七・二六、一一・八、一七・二三、二五・四、三四・一四、三五・一五、四四・五参照）。「この人間の態度は、神の声に堅く自分の耳を閉ざし、目があっても見ないようにして、頑固に自己自身に閉じこもり、神に対して心を開こうとしない姿を表現する言葉」（小泉仰『預言者エレミヤと現代』教文館、二〇〇二年、五九頁）である。エレミヤの生涯それ自体が、主の声に聞き従うものであった。そのエレミヤが降参することに対する拒絶こそが、恐ろしい敗北と裁きを引き起こすと言うのである。

王宮の女性たちが、エルサレムからバビロンの将軍らのもとに連れ去られる。彼女たちの唇からは、死者を悼む調子でゼデキヤを歌う歌が聴こえる。王は「親しい友人たち」によって誘われ、騙されて、泥にはまると彼らは逃げ去った。「あなたの親しい友人たち」とは、ゼデキヤの側近である反バビロニア派の者たちである。ゼデキヤが、神の言葉に聴き従わないとき、最後に恐るべき孤独と絶望に陥らねばならぬことをエレミヤは語り、ゼデキヤを動かそうとしたのである。

神の言葉に聴いて従うということは、自分を変えなければならないことを意味する。自分を変えることは難しい。生まれてから、毎日の積み重ねによって、今の自分があるからである。しかし、預言者エレミヤが語るのは「どうか、わたしが申し上げる主の声に聞き従ってください」という言葉であった。神の言葉の力は、「人の心を射抜き、魂を生き返らせ、知恵を授け、喜びと光を与え、苦しみの中にも忍耐を教え、慰め励ますところに現れ出る」（芳賀力『神学の小径Ｉ』キリスト新聞社、二〇〇八年、二三二頁）からである。

弱い存在である我々に語りかける神の言葉を聴くということは、同時に弱い立場にある人の心の声も聴くことができるようにされるということである。エレミヤは、王宮の女たちや子どもたちへの配慮についてもゼデキヤの責任であることを語るのである。

二四―二八節　二種類の孤独

ゼデキヤは、門の前にいるカルデア軍よりも、すぐあとで彼の高官たちから受けるかもしれない目先の危険の方を恐れている。彼らが不信感から待ち伏せしていることを知っており、ゼデキヤは今、エレミヤとの会見が今後を左右しかねない政治的な側面を持つことを彼らに知られるのではないかと心配している。ゼデキヤ自身は、三八章二〇節以下から読み取れるように、降伏か戦いの続行かを決断する際に、預言者に対してあやふやな態度をとっていたが、この時彼に重要だったのは、この会見が好戦グループの首謀者たちの耳に入らないようにすることであった。彼らの耳に入れば、彼は結局王位を失うかもしれないからである。事態は王が予見した通りに進み、エレミヤは役人にすべて王が命じた通りに「わたしは王に憐れみを乞い、ヨナタンの家に送り返さないでください。あそこでは殺されてしまいます、と言いました」と答えたので、彼らは黙って去って行った（「ヨナタンの家」は、三七章でエレミヤが逮捕されたときに閉じ込められた地下牢のある家である。エレミヤは、ゼデキヤに願って救出されていたのである）。エレミヤは監視の庭に戻され、都が占領されるまでそこに留まることで死を免れることができた。「預言者の使命は生きて神の意思を告げる所にあり、死ぬことではなかった」（関根正雄、一八三頁）。預言者は福音を指し示す存在なのである。

ゼデキヤの孤独とエレミヤの孤独を考えさせられる。側近を恐れるゼデキヤは王でありながら、無力であり、孤立し、利用され、居場所はどこにもなかった。他人の思いに従って歩むゼデキヤは、自分の人生を生きていなかった。その意味で、神の言葉に従うことで苦難を負うエレミヤと孤独の質が全く異なっていたのである。

存在の小ささとあやふやさに気が遠くなりそうになりながら、何かを達成したわけでもなく、自分で考える力があるわけでもなく、まわりの人々の機嫌を気にし、方向を見失い、的を外し、困惑し、うろたえ、そして人に言えない秘密を抱えている。そのようなゼデキヤ的人生のたどり着く先は行き止まりである。自分の思いやまわりの声に惑わされるのではなく、神の言葉に聴き、生きる。そこに神に命を与えられた人間らしい生き方が待っている。我々人間は、神の言葉によって、神にかたどられて造られた存在だからである。我々には、どうしても神の言葉が必要なのである。

「神の思いを成就することこそ、神を知ることであり、それが王のすべきことである。王の仕事は神の思いを現実社会に実現することである。王が通路となって、神の慈しみが地上に満たされる。これが理想の王の行うべきことである（詩篇72）。王は、生きている限り、律法を繰り返し学び、神の思いがどこにあるかを知り、それを忠実に実行しなければならない……。現実の王は自分の財産と地位を保つことに懸命で、この理想像から遠く離れていた。裏切られた神はそれでも民を捨てずに、ご自分のひとり子を遣わす。彼は王のすべきことを果たす。だから彼は王であるが、十字架を担ぐ王なのである」（雨宮慧『旧約聖書のこころ』女子パウロ会、一九八九年、一八七―一八八頁）。

ゼデキヤ的人生には、自分が王のように振る舞うことではなく、まことの王が必要である。そして、我々はまことの王を知っている。主イエスは、エレミヤのように民の罪に対して戦われる。しかし、預言者にまさって、主イエスは神と人とのこの戦いにおいて自ら命を賭して戦われた。主イエスは、ゼデキヤ的人生を送る我々の代わりに裁きに引き渡された救い主である。このようにして裁きは、すべて主イエスの上にくだされた。まことの王を十字架につけるゼデキヤ的人間の無責任と罪、しかし、そのことをとおして神は救いの御業をなさるのである。

我々は、そのような王によって大いなる希望と慰めを与えられた存在である。この王のもとで悔い改めることは、人生の展望がまったく新しく開かれることを意味する。我々の願いは、小さく貧しい。そしてあまりにも我儘《わがまま》である。しかし、神の言葉は、我々を立ち止まらせる力を持つ。いのちの軌道修正をさせる。責任ある歩みへ踏み出していく。それは神の言葉を聴くところから始まる。神の言葉は、聴かれることを待っているのである。

参考文献

W. Brueggemann, *A Commentary on Jeremiah: Exile and Homecoming*, Grand Rapids: Eerdmans, 1998

関根正雄『エレミヤ書註解　下』（関根正雄著作集15）新地書房、一九八二年

『新共同訳　旧約聖書注解Ⅱ』日本キリスト教団出版局、一九九四年

R・E・クレメンツ『エレミヤ書』（現代聖書注解）佐々木哲夫訳、日本キリスト教団出版局、一九九一年

A・ワイザー『エレミヤ書26―52章　私訳と註解』（ATD旧約聖書註解21）石川立訳、ATD・NTD聖書註解刊行会、二〇〇五年

R・K・ハリソン『エレミヤ書・哀歌』（ティンデル聖書注解）富井悠夫訳、いのちのことば社、二〇〇五年

『日本版インタープリテイション82　エレミヤの肖像』聖公会出版、二〇一三年

旧約聖書翻訳委員会訳『旧約聖書Ⅲ　預言書』岩波書店、二〇〇五年

雨宮　慧『旧約聖書を読み解く』日本放送出版協会、二〇〇六年

M・ノート『イスラエル史』樋口進訳、日本キリスト教団出版局、一九八三年

芳賀　力『神学の小径Ⅲ　創造への問い』キリスト新聞社、二〇一五年

エレミヤ書　三九章一―一四節

蔦田　崇志

序　この上なく哀れな都

これほど哀れな町の廃墟を私は見たことがない。そしてこれほど惨めな王の姿を私は想像したこともない。この惨劇は同五二章七―一一、一三―一六節に繰り返し詳細にわたって描かれている。加えて列王記第二の二五章四―一二節にも同様の記録がある。ユダヤの歴史の中にこれほどまでに生々しい滅亡を描いた記事はあまりなかろう。バビロン王ネブカドレツァルがエルサレムを包囲して一年半で城壁はもはや持ちこたえることができず、破られた一角を皮切りに首都はたちまち陥落する（二節）。敵軍には応援もあった。バビロンきっての将軍たちも揃った。彼らは町に攻め入ったのみならず、その町の支配権を早々に握ってしまった（三節「中央の門に座を設けた」）。町のインフラが破壊されて機能不全に陥った程度の制圧ではない。王と側近たちは町を見捨て、しかも捕らえられ、挙げ句の果てにある者は惨殺され、残りの者はこの上ない辱めと苦痛を浴びせられる。そしてかつては神の栄光と平和を周辺諸国に見せつけた国家は無残な最期を遂げる。確かに神の預言者エレミヤはバビロンの保護を受け、他の要人たちの舐《な》めた恥辱を免れるが、エルサレムの哀れな姿と比べては、「埋め合わせ」としてはとても釣り合わない。そのような印象を読者に残す段落である。

四天王の暗躍（一―三節）

神の制裁であったならばまだ救いはある。これまでも神は民の背信に対して忍耐を示しつつも、折あるごとにさばきを下して来られた。戦に敗北することもあった。疫病に悩まされることもあった。他国の支配下に圧せられるときもあった。神の正義と公正は確かに示されてきた。しかし、そこには絶えず神の慈愛と憐れみが溢れており、「かわいい息子を懲らしめる父のように」愛する者を叱る神が（箴言三・一二）前面に描かれてきた。そこには赦しの恵みがあり、和解と回復の約束が見えていた。

この記述を読む限り、事の主導権を握るのは一貫してバビロンの王ネブカドレツァルであり、記録の行間にさえ神の御手は姿を見せない。全軍を率いたバビロン王は慌てることなく作戦を執行し、時間をかけて確実にエルサレムを陥落させた。特段激しい戦闘が繰り広げられた形跡もなく、まるで波打ち際で潮が満ちるとともに崩れていく砂の城のように都の一角が破れられる。ユダの王の名は、まるで砂時計の砂のように時を刻む小道具に過ぎない。

記録にはバビロン軍の錚々たる将軍たちの名称が連ねられる。ネレガル・サル・エツェル、サムガル・ネブ、侍従長サル・セキム、そして指揮官ネレガル・サル・エツェルである。実のところ、この節に登場される将軍たちについて、彼らの名称と肩書きの判別が容易でなく、さらにネレガル・サル・エツェルなる名称が二度記載されていることから、彼らが同一人物か否かも議論されていて、実際に四天王なのか、三名なのか、はたまた二名なのか断定が難しくなっている。例えば関根正雄は同節を「シンマギルの領主で、元師のネルガルシャレツァル、大将ネブシャスバン、その他バベルの王の他の将軍たち」と訳している（関根正雄、一〇一九頁）。関根清三は三人目のサル・セキムの肩書きを「宦官の長《おさ》」としている（関根清三、二三一頁）。議論の詳細はKeownを参照されたい。本稿では断定に至る議論は避けるが、この記録で明瞭なのはバビロンの主要な将軍たちが一切の略称なしに敬意をもって紹介されている事実である。かくして彼らは「中央の門に座を設けた」（三節）。R. K. Harrisonは将軍たちがこの座で「軍策を練った」と説明するが、おそらくはむしろ象徴的な意義が暗示されているのであろう。すなわちこの都の、ひいてはユダ王国の司法・行政権を掌握したことを指している（ルツ記四・一―四他参照）。バビロンの支配はいよいよ国家間の駆け引きからさらに根深く入り込み、民の日常生活にまで及ぶようになる。民にまだ日常が残されているならば、であるが。

ユダの王ゼデキヤの成れの果て（四―五節）

事態は好転しない。ゼデキヤは王族と側近の部下を引き連れて夜中のうちに人目につかぬよう逃亡を図る。しかもKeownの言葉を借りれば「占領に対するゼデキヤの応答は見え透いたものであった」（Keown, 二三〇頁）。北部からの侵略に対して、「王の園」すなわち南東に位置するシロアムの池のそばを通り（ネヘミヤ記三・一五「王の庭園にあるシェラの池」）、「二つの城壁の間」すなわち南東に位置する門（おそらく泉の門）から忍び出たのである。この特徴ある壁はヒゼキヤの時代に水槽を守るために町の南側に築かれた二重の城壁（イザヤ書二二・一一）だと思われる。ヨルダン対岸に広がる「アラバに向かって行った」のは、川を渡りアモン王の助けにすがったためだろうか。「アラバ」とは一般的には荒地をも意味し、そのように訳出することも可能であるが（関根清三、補注三頁）、そうであればなおのこと、この逃避行が目撃者に与える印象は頼りないものである。

そしてことの顛末はこの上なく哀れである。あろうことかこの一団は城壁を出て斜面を降り切った「エリコの荒れ地」で追跡軍に追いつかれてしまう。ちなみにこの「荒れ地（アルボート）」は前節「アラバ（荒野）」の複数形で、まるで「広大な荒野に逃げ場を求めたゼデキヤの一団の逃避行は荒野への入り口、斜面を降りて間もないエリコの廃墟の辺りで呆気なく終わってしまった」と言わんばかりである。

一団はすぐにネブカドレツァルのもとに連行される。ここでもまたバビロン王は正式に紹介され、ユダの国王はバビロンの審判の下に屈服したことが見せつけられる。ハマト地方のリブラ、ダマスコのさらに北にまで彼ら一行は連れ去られ、バビロンの領地内にてバビロンの正義に服する。夜な夜な逃亡する国王に劣る無様な格好があるとすれば、その逃亡が失敗に終わり、敵国の審判に甘んじる国王であろう。

主権の剥奪（六―七節）

敵国の審判は実に残忍なものであった。王族・側近が揃ってリブラまで連行されたこと自体屈辱であるが、そこで受けた判決によって彼らは処罰される。まずゼデキヤ王の後継となる王子たちが殺害される。王子たちへの処罰というよりは、その殺害を見納めるユダ王への処罰と受け止められる。愛する子を失う悲しみもさることながら、国家が後継者を失う致命的な事態をゼデキヤは目の当たりにする。さらに虐殺（新改訳、「殺害」を意味するハラグより強いシャーハトが使われている）は続き、ユダ王の側近の者たち、貴族たち、あるいは主だった者たちにも及ぶ。かくしてゼデキヤは直近の助けをもぎ取られ、次世代を継ぐ者たちも失う。

いよいよ処罰は王自身に及ぶ。王は両眼を潰される。彼が生涯最後に見たものは、王子たちと直近の貴族たちの虐殺であった。そして彼はこれから何も見ることはない。足枷は彼の行動を物理的に制限する。その上で彼はリブラを発《た》って新バビロニアの首都、バビロンまで連れて行かれる。

全てを失い、自由を奪われて祖国から遥か彼方に連行される王を見せつけられ、改めて自問する。このような哀れな王を私は見たことがあるだろうか。ところがあることを思い起こす。

> キリストは、神の身分でありながら、神と等しい者であることに固執しようとは思わず、かえって自分を無にして、僕の身分になり、人間と同じ者になられました。人間の姿で現れ、へりくだって、死に至るまで、それも十字架の死に至るまで従順でした。（フィリピ二・六―八）

無論ユダ王ゼデキヤとイエスとを重ねて見ることは馴染みのない対比であり、本質的なところにおいては比べ難い諸点があることは認めるべきであろう。ゼデキヤの王権は所詮バビロンの王より委託されたものに過ぎなかったが（列王記下二四・一七）、主イエスの主権は創造のときからご自身の御手のうちにあった。ゼデキヤの窮地はおおよそ受動的な成り行きに依った結果であったが、主イエスはご自身の御心で進んで選び取られた謙卑であった。神が人と同じ者となり、主権者が僕《しもべ》となられた。全てを御手の中に収めなさった方が自分を無になさった。受肉の謙卑自体十分に貶められた姿であるが、そのへりくだりはとどまるところを知らず、死に至るまで、しかも十字架の恥と痛みとに甘んじながら死を迎えられた。王位を剥奪され、力を失い、追い討ちをかけるように祖国を遥かに臨むバビロンに連れ去られたゼデキヤの哀れと非力を受肉と重ねて思い巡らすことは、決して無意味ではあるまい。しかもゼデキヤは視力を奪われ足に枷をかけられて強いて連行されたのであるが、主イエスは進んで従順に謙卑の道を歩まれた、ご自身の眼で向かわれる先を見据えながら。

「今、わたしたちはエルサレムへ上って行く。人の子は、祭司長たちや律法学者たちに引き渡される。彼らは死刑を宣告して、異邦人に引き渡す。人の子を侮辱し、鞭打ち、十字架につけるためである。」

（マタイ二〇・一八―一九ａ）

都に取り残される非力な民（八―一〇節）

場面は再びエルサレムに戻り、そこに建つ王宮も民家も火をかけられる。その上、その町を守っていた城壁が取り壊される。この町は再利用されるのではない。廃墟とされるのである。列王記下の記録によれば神殿も同様に焼き払われている（二五・九）。カルデア人はこの町を欲して襲ったのではなく、純粋に破壊したかったのである。

町の徹底的な破壊の中で生き残った住人たち、その破壊の前に投降した住人たちはその他の生き残った民（五二章によれば「技師たち」が最後に捕らえられている）と共に捕らえられて、先に逃亡未遂の末連行された王族一行同様にバビロンまで連れ去られる。この時に暗躍した親衛隊の長ネブザルアダンはエルサレム処理の責任を担っていたようで、エレミヤの処遇にも関わる人物である。肩書きであるラブ・タバーヒムは「侍衛の長」（関根正雄）とも「厨房長」（関根清三）とも訳されるが、ネブカドレツァルに仕える者の中でも重要な人物であったことは間違いない（一三節他参照）。

さらに、捕囚には及ばないと判断されたのか（Harrison, 一五八頁）、体力的に耐えられないと見られたのか、「無産の貧しい民の一部」は連行さえされずに残された。これもネブザルアダンの判断による。彼は残された者たちにぶどう畑と耕地を与える。神の憐れみの兆しと読むことができるのか。自活できるように施されたカルデア軍の倫理観に基づく配慮だろうか。それともこの地については農園さえも欲されていなかったということなのだろうか。ぶどう畑といえばかつては「先祖から伝わる嗣業の土地」だとして、王から持ちかけられた買収にも応じないほど尊ばれたものであるが（列王記上二一・一―三参照）、今や異国の親衛隊長の裁量によって無産の貧民にあてがわれている。これほど哀れな町の廃墟を私は見たことがない。

違和感の残るエレミヤの処遇（一一―一四節）

ここでおそらくリブラよりエルサレムのネブザルアダンにネブカドレツァルからの命令が届く。預言者エレミヤの処遇についてわざわざ王の意思が伝えられる。しかも預言者に対して好意的なものである。

バビロン王は三つのことを命じる。第一にエレミヤの拘束を解いて「よく世話をするように」、それからどのような害悪もエレミヤに及ばぬような保護、そして彼の要望に対する適切な応対であった。この厚意と受け止められる配慮の背後に何があったのかは憶測の域を超えないが、あるいはエレミヤの語ってきた預言が、カルデア人からすれば彼らに好意的であって、ユダ王国が抵抗することを思い止まらせる内容であったことで、報酬に値すると考えられたようにも思われる。ここでも神の介在を垣間見ることができるかもしれない。北部からの脅威に対して断固対抗することを勧め、神の加護を唱えた預言者たちに迎合せず、あくまで神の摂理の運ぶままに身を委ねることを預言し続けたエレミヤの神への忠誠に対する報酬と考えることもできるが、少なくともこの段落では神の御手の働きは表立って啓示されていない。つまるところエレミヤの処遇もまた先の無産貧民への配慮とさして変わらぬ対応であったと見受けられる。

　ゼデキヤに対して下された審判（ユダ王国の主権を彼に与えたバビロン王に対する反逆罪）とそれに基づく処罰がカルデアの正義であるとすれば、エレミヤへの寛大な措置もまたカルデアの正義だと言える。ユダの民は王族・貴族も、市民も無産貧民も、そして預言者までもが異国の正義のもとに置かれてその処遇のなすままに甘んじている。言葉に言い表しがたい居心地の悪さを覚えながらこの事態を見せつけられるのである。神の憐れみと慈愛に満ちた介在はここにあるのか、このような現状の中でも神の御手の働きを認めるべきなのか。それは神の民の希望的観測に過ぎないのか。

　下された命令はすぐに実行に移され、親衛隊の長は主だった王の長官たちを動かす。侍従長ネブシャズバンや既出の指揮官ネレガル・サル・エツェルらが他の長官たちと共に派遣されて、エレミヤを監禁から解放、ゲダルヤの保護の元に置く。住まいもあてがわれた。

　ゲダルヤについて短い補足が加えられていて、シャファンの孫であり、アヒカムの子だとされている。このシャファンは宗教改革を遂行したヨシヤ王の下で書記官を務めた人物である（列王記下二二・三他）。エレミヤはこのヨシヤ王を父と呼んで尊敬していたとされる。例えばエレミヤ書二二章一五―一六節の「父」はヨシヤ王を指すと言われている（関根清三、一四〇頁脚注参照のこと）。またその子アヒカムはヨヤキム王の治世の頃エレミヤをかばって保護したことがあり（エレミヤ書二六・二〇―二四）、この一族と預言者エレミヤとの間に相応の敬意と信頼が成り立っていたことが見える。そのアヒカムの子に当たるゲダルヤが廃墟と化した一帯の総督に任命される（エレミヤ書四〇・七）。このような動きの中にかすかであるかもしれないが、神の摂理と御旨が香り、神に信頼する者たちに期待をもたらす。時代の古今を問わず、信仰者の歩みの中で同様の居心地の悪さと違和感を通過させられることはある。事態は決して信仰者にとって好意的ではない。むしろ向かい風に押されて現実は困難の渦に巻き込まれるばかり。そして神の有無を言わせないような御手のわざが如実かといえば、見極め難い場面が続き判断ができない。しかし、兆しは見える。香りが漂う。

エレミヤの応答

　そのような中でエレミヤの応答は明瞭であった。「こうして、エレミヤは民の間にとどまった」（一四節）。どれだけ彼に選択肢あるいは選択権が与えられていたのかは定かでない。しかし聖言は斯《か》く評価した。彼は民の間にとどまった。関根清三は「民の間に住んだ」と訳す。いずれにしても、ここにエレミヤの覚悟と決意を読み取ることができる。彼の信仰告白である。神はかつて彼を通して語られた。

「今やわたしは、これらの国を、すべてわたしの僕バビロンの王ネブカドレツァルの手に与え、野の獣までも彼に与えて仕えさせる。」

（エレミヤ書二七・六）

エレミヤは自らに託された預言に忠実であった。彼はまたそのバビロンの正義を静かに見据えてきた。ゼデキヤ王の対応と、それに対するネブカドレツァルの正義を見た。残虐であり、心の痛むことの成り行きであったに相違ない。それから彼は廃墟と化したエルサレムを目の当たりにした。焼き払われた王宮と神殿、そして人々の家屋、立派な佇《たたず》まいも廃墟となった。そしてこの町の全てを守ってきた大いなる城壁が崩されていく様を彼は見せつけられる。連れ去られて行く同胞の姿もさることながら、その隊列にも加えられない無産貧民たちが誰の嗣業のものとも分からない土地をあてがわれて自分の力で生きて行くように切り捨てられるのを見た。

彼はまたゲダルヤと再会する。バビロン王が任命した保護者であり、監督である。かつてともにこの王国の宗教改革を支えてきた一族の末裔とこの状況の中でめぐり合うのである。そしてエレミヤはそこにこそ私はとどまる、住むと覚悟を決めたのである。そこに民がいて、そこにとどまる。

エレミヤの応答は静かなものであった。はたから見るとまるで流れに身を委ねるかのような応答であるかもしれない。見る者を圧倒する様子もない。しかし、神はその彼の覚悟と信仰に報い始めなさる。その様相もまたゆっくりと静かに進められる。しかし確実にみわざは始まっている。神の器がその民の間に住んでいる。そして神のみわざが静かに進む。それで良いのだ。

参考文献

R. K. Harrison, *Jeremiah And Lamentation*, Tyndale Old Testament Commentaries, IVP, 1973.

Gerald L. Keown, Pamela J. Scalise & Thomas G. Smothers, *Jeremiah 26-52*, Word Biblical Commentary Vol. 27, Word Books, 1995.

William McKane, *Jeremiah vol.2 26-52*, International Critical Commentary, T&T Clark, 1996.

加藤常昭編訳『説教黙想集成1　序論・旧約聖書』教文館、二〇〇八年、六八七―七六一頁

関根正雄訳『新訳旧約聖書　第3巻』教文館、一九九四年

関根清三訳『旧約聖書Ⅷ　エレミヤ書』岩波書店、二〇〇二年

エレミヤ書　四二章一—二二節

小副川　幸孝

背景

四二章は、三九章に記されている紀元前五九七年のバビロニア軍によるエルサレム陥落後、バビロニア帝国の王ネブカドレツァル（ネブカドネツァル）によってユダヤ地方の総督として任命されていたゲダルヤがイシュマエルによって暗殺された事件（四〇・一三—四一・一〇）を背景としてもっている。その後、暗殺を行ったイシュマエルが逃亡したため、カレアの子ヨハナンをはじめとするユダに残っていた人々を指導していた人たちは、責任者としてゲダルヤ暗殺の犯人をバビロニア側に差し出すことができなくなり、カルデア人（バビロニア人）の報復を恐れてエジプトへ逃げざるを得ないと思うようになったのである。

ゲダルヤのもとに身を寄せていた（四〇・六）エレミヤは、おそらく、イシュマエルによって捕虜とされアンモンに向かっていたが、カレアの子ヨハナンによって解放され、今度はヨハナンらとエジプトに行くことになってしまった（四一・一一—一七）ものと思われる。彼らは、ベツレヘムに近いキムハムという宿場まで来て、一応の危機から逃れて休息をとった。そして、そこで彼らは、同行していたエレミヤに神の意思を尋ねるように求めたのである。

四二章は、その場面から始まるのであるが、文献学的には重層的な編集過程を経てきたものと思われる。どの節にどの程度の加筆がなされたのかは研究者によって異なり、それを確定するためには厳密な文献学的研究が必要である。ことに九節から始まるエレミヤの長い説教には申命記的編集者の加筆がかなり複雑に入り込んでいると思われる。また、一九—二二節を次の四三章一—三節の後に読んだりする説もある。

しかし、いずれにせよ、内容的には、捕囚後に残された人々がエジプトへ逃れようとしたことに対するエレミヤを通しての神の答えであり、それに基づいてエレミヤは人々にユダに留まるよう語ったが、人々がそれを聞き入れずにエジプトへ向かったことが記されている。

不安の増幅

ユダに残された人々を指導したカレアの子ヨハナンやホシャヤの子エザンヤ（四三・二にはホシャヤの子アザルヤとあるが、

おそらく同一人物であろう）をはじめとする人々は、預言者エレミヤを訪ね、「あなたの神である主に求めて、我々に歩むべき道、なすべきことを示していただきたい」（三節）と願い出る。

ここでエレミヤのもとを訪ねた人々として「すべての軍の長と民の全員が、身分の上下を問わず」（一節）とあるのは、残された人々の全員ということの文学的誇張であるだろう。あるいは、すでにエジプト行きを決めていた指導者たちに対して何らかの反対意見もあり、意志の統一が困難であったことを伺わせるものかもしれない。いずれにせよ、彼らは自らの決断に対する神的根拠を求めたのである。

人々は一応の危機を脱して一息ついた。だが、状況が変わったわけでも、危機が去ったわけでもない。エジプト行きに明るい未来が開かれているわけでもない。自分たちの決断の正当性を保証するものはどこにもない。だから「あれか―これか」の決断をしても、彼らの不安は増大する。また、危機の中での決断は不安の自己増殖作用を生みやすい。それゆえ、彼らは自分たちの決断の保証と根拠を必要とし、それを神に求めた。

おそらく、そのこと自体は「正しいこと」であったに違いない。神に立ち帰ることは重要なことであり、信仰をもって生きるということは、神に「歩むべき道」を問いかけ、祈りつつ生きることに他ならないからである。彼らは「わたしたちは、必ずあなたの神である主が、あなたを我々に遣わして告げられる言葉のとおり、すべて実行することを誓います。良くても悪くても、我々はあなたを遣わして語られる我々の神である主の御声に聞き従います。我々の神である主の御声に聞き従うことこそ最善なのですから」（五―六節）とさえ言う。

「良くても悪くても、……主の御声に聞き従います」という彼らの姿は、神に従順である。しかし、それは装われた従順に過ぎなかった。彼らの従順さの裏に潜んでいたのは、自分たちの決断の保証のために神を利用しようとする功利的な動機に他ならなかったからである。だから、彼らは、「エジプトへ行ってはならない」という自分たちの決断とは全く反対のことがエレミヤから語られると、その言明を忘れたかのようにエレミヤを非難し、「あなたの言っていることは偽りだ。我々の神である主はあなたを遣わしていない。主は、『エジプトへ行って寄留してはならない』と言ってはおられない」（四三・二）と言い出す。彼らが求めたものは、自分たちの保証であり、神から「歩むべき道」を示されることではなかったのである。

このことは、彼らがエレミヤのもとを訪ねたときに、「あなたの神である主に祈ってください」（二節）と言って、神を「エレミヤの神」に限定した呼称にもよく表れている。エレミヤはそれを受けて「あなたたちの神である主に祈りましょう」（四節）と答えているが、既にそこに彼らの不服従が顔を出している。神を自分のために利用しようとする者は神を区別する。

仲保者エレミヤ

エレミヤは、ここで神の言葉を取り継ぐ仲保者として立っている。エレミヤは、彼らが「あなたの神」と語ったのを「あなたたちの神」と言い変えたときに、おそらく彼らの動機に気づいていたであろうが、彼は人々の要求に応え、「主があなたたちに答えられるなら、そのすべての言葉をお伝えします」（四節）と答える。彼は、人々がどうであれ、人々のために神の前で神に「祈る者」である。しかし、神の答えが即座に与えられるわけではない。その答えが与えられるまでに「十日」という日数を要し、彼はその間祈りの日々を送る。

このことは、これから告げられる神の言葉が、エレミヤ自身の考えではなく、全くの神からのメッセージであることを明記するものであるが、「十日」は、「祈る者」としてのエレミヤが、また「待つ者」であったことを意味している。それは、性急に即座の答えを求める者には耐え難いことかもしれないが、エレミヤは待ち続ける。その日数を決めるのはエレミヤ自身ではなく、神だからである。エレミヤは、「祈る者」としてただ待ち続けるだけである。

「十日」は、人々にとって「永遠」のように思えたかもしれない。いつまでたっても神からの答えが与えられず、彼らが感じていた危機的状況は去らずに、彼らの不安は増大したであろう。エジプトへ逃れることを主張する声は強くなり、四三章三節から、エレミヤの弟子のバルクがその増大した人々の不安を鎮めようと何らかの行動をとったことが伺われる。彼らは、自分たちの決断の保証を神に求めたが、神からの保証は与えられなかった。彼らは、本当はエレミヤのように祈りつつ待つべきであった。しかし、彼らはそうすることができなかった。「十日」は、その彼らの試練のときでもあったのである。

エジプトへ行ってはならない

しかし、ようやく「十日後」に、エレミヤは、彼に神の意思を尋ねるように求めた人々のすべてを集めて（八節は一節の繰り返しであるが、ホシャヤの子エザンヤの名前が抜けている。しかし、ユダに残されたすべての人々を強調するものであろう）、神の言葉を伝える。

それは、彼らの決断に神的根拠を与えるものではなく、むしろ反対に「この国（ユダ）に留まり、エジプトへ行ってはならない」というものであった。

先にも触れたように、このことを告げる九節以下のエレミヤの長い説教にはかなり複雑な編集加筆が行われており、ことに一〇節以下の「主の言葉」として記されている部分は、たとえば、一一－一二節がバビロンからの解放を告げる言葉になったりして、かなり重層的な加筆が行われていることを伺わせる。しかし、全体的な基調は、ユダに留まることによって救いがもたらされるのであり、エジプトで飢えることもない平和で安定した生活を期待することは誤りで、エジプトでの寄留生活は、反対に多くの災いに襲われることになる、というものである。

この「エジプトへ行くな」という神の警告の言葉で興味深いのは、まず、最初にユダの地に留まることによってもたらされる神の救いが一〇節で明記されていることである。つまり、神による回復の道が最初に示されているのである。それが申命記的編集者による主要な編集目的であるからであろう。神は、どこまでも人々を救おうとされ、その回復の道を示される。そのことがこの警告の根源に他ならない。エレミヤの警告は、単なる警告ではなく、救いの道の開示である。

もし、とどまるならば

エレミヤは語る、「もし、あなたたちがこの国にとどまるならば、わたしはあなたたちを立て、倒しはしない。植えて、抜きはしない」(一〇節)と。

この言葉は、三一章二八節などでも繰り返し記されている表現で、神による回復と再生が約束されていることを告げる言葉である。「もし、……であるならば、神の祝福が与えられる」というのは申命記的編集者に特徴的な表現であるが、「立て、植える」ことがユダに「残された人々」に対する神の意志であると語られるのである。「立て、植え」は、神による断罪を表す「抜き、壊し、滅ぼす」(一八・七など)の反対の言葉で、神による新しい創造を示し、「立てようとする(建てようとする)」、「植えようとする」という意で、神の民の新しい出発が神自身によって行われるという意味を含んでいる。

この言葉に続く「わたしはあなたたちにくだした災いを悔いている」という言葉の解釈は、議論のあるところであるが、災いをくだしたことが失敗であると後悔するという意味ではなく、原意は「深くため息をつく」という言葉で、むしろ「痛ましく思う」とか「嘆く」というほどの意味で、文脈からすれば「思い直す」ということであろう。

神は、ユダの残りの者たちを見捨てられず、新しい創造のわざをもって彼らに臨まれる。「今、あなたたちはバビロンの王を恐れているが、彼を恐れてはならない」(一一節)。神は、思い直されてもはや災いをくだされることはなく、バビロン王の手からもあなたたちを助け出される、と言うのである。

一二節の「この土地に住むことを許すであろう」は、ヘブライ語本文では「あなたたち自身の地に帰ることを許す」となっており、バビロニア捕囚民が前提とされている。そのため解釈が難しいところではあるが、人々の平安と解放が約束されたことを意味している。おそらく、人々が恐れているバビロニアの王が恐れるに足りないことを示すためにここに付加されたものであろう。いずれにせよ、バビロニアの王を恐れる必要はなく、人々がユダの地に留まることによって、むしろ神の救いの手が差し伸べられて、新しい神の民の道が開かれる、と言うのである。しかし、人々は、その神の言葉に聞き従わなかった。その彼らの頑なな不従順さによってもたらされる災いが厳しい言葉で語られる。

エジプトへ向かうならば

まず、人々がエジプトに向かおうとした動機が二つ言及される。一つは、「この国にとどまることはできない」と思う不安と恐れである。その具体的なことは、バビロニアの王がユダの総督として定めたゲダルヤ暗殺に関してのバビロニアの王の報復に対する恐れである。バビロニア軍によるエルサレム陥落を経験した彼らが報復に対して不安と恐れを抱くのは当然のことかもしれない。二つ目は、エジプトで得られると夢見た平和と飢えの心配のない安定した生活への幻想である。それゆえに彼らは、「神である主の声に聞き従わず」(一三節)、エジプトへ行こうとする、と指摘する。

　生活の安定と安心感を得ようとすることは人間の行動原理の一つでもあるだろう。砂漠での長旅に疲れたロトは、周りを見回して、一見豊かな生活を送れそうに見えた滅びの町ソドムへと歩みを進めた（創世記一三・一〇－一二）。同じように、人々は平和と豊かな生活を求めてエジプトへ向かおうとする。

　しかし、そのエジプトで、人々がまさに恐れていた争いと飢えが襲い、彼らが思い描いていた幻想は粉々に打ち砕かれる、と告げる。「剣、飢饉、疫病」（一七、二二節）は災いを意味する慣用句であるが、人々が避けたいと願った災いが、エジプトに向かうことによって襲ってきて、エジプトに向かったすべての人々は滅びる、と言うのである。それればかりでなく、「呪い、恐怖、ののしり、恥辱の的となり」（一八節）、二度とユダの地に帰ることはない、とさえ語る。エジプトで待っているのは恥辱にまみれた滅亡に他ならないという厳しい警告が告げられたのである。

　この滅亡を警告する言葉は、四四章一二－一四節でも繰り返され、幾つかの編集過程を経ているかもしれないが、編集者の意図は、「主はこう言われる」（一五、一八節）と繰り返して、これが「主の言葉」であることを強調するところにあるとみてよいであろう。つまり、エジプトに向かうなら、そこにあるのは災いと滅びであると神が人々に警告されたと伝えるのである。そして、それにもかかわらず、人々は主の言葉に聞き従わずに、自分たちの判断でエジプトに向かった、と言うのである。

致命的な誤りを犯そうとしている

「エジプトへ行ってはならない」というエレミヤが伝えた神の厳しい警告にもかかわらず、人々はエジプトへ向かうことを決めた。一九－二二節ではその決断が前提とされているので、これを四三章一－三節の後に続くように読むべきであるとの解釈者たちの見解もあるが、ここでは現在の位置で読むことにしよう。もともとユダに残された人々はエジプトへ逃れようとし、それが正しいことであるかどうかの神的根拠を得ようとしてエレミヤのもとを訪ねたのであり、文章の前後を入れ替えても入れ替えなくても大筋では変わりはないからである。

　エレミヤは、彼らが「わたしたちは、必ずあなたの神である主が、あなたを我々に遣わして告げられる言葉のとおり、すべて実行することを誓います。良くても悪くても、我々はあなたを遣わして語られる我々の神である主の御声に聞き従います」（五－六節）と誓ったことを取り上げ、それなのに「自分の神である主の声を聞こうとせず、主がわたしを遣わして語られたことを全く聞こうとしない」（二一節）と、彼らの神に対する不誠実さと不従順を指摘する。

　エレミヤを通して語られた神の言葉に対する彼らの反論は、四三章一－二節によれば、エレミヤが神から遣わされた者ではなく、「エジプトへ行ってはならない」というのが神の言葉ではない、というものである。自分たちの思いとは異なる方向が指し示されたとき、彼らはそれを根底から否定しようとエレミヤを非難したのである。編集者はそうした人々を「高慢な人々」（四三・二）と呼んでいるが、それは自分の考えに固執する巧妙な自己弁護に過ぎない。神の言葉なら従うが、それを告げたエレミヤは神から遣わされた者ではなく、彼が語ったことは神の言葉ではないから聞かなくても良いというわけである。こうして彼らは神の言葉を拒否する者となった。

これまでエレミヤが彼らの要求に応えて十日間も祈りつつ待ち続けたことで、「この国に留まり、エジプトに行ってはならない」というのが紛れもなく神の意志であることが強調されてきた。その神の言葉に彼らが聞き従わなかったことが、ここで明瞭に示される。人々は「自分の神である主の声を聞こうとしない」と語られ、自分たちだけの判断でエジプトに向かうことが「致命的な誤り」（二〇節）であると告げられる。エレミヤは、繰り返し、警告が伝えられたことを「しっかり心に留める」（一九節）ように語り、エジプトで災いに襲われて滅びることを「しっかりと知らねばならない」（二二節）と告げる。「心に留める」も「知る」も同じ言葉であるが、エレミヤは、人々に自分たちが神の言葉に従わなかったのだということを自覚するように促すのである。

こうしたエレミヤの姿に、私たちは、エレミヤがどこまでも神の言葉の仲保者として人々に対していることを見ることができるだろう。彼は、たとえそれが意に反することであれ、神の言葉に聞き従うことを求めたのである。

黙想のための小さなまとめ

四二章が示す捕囚後のエジプト行きの背景は、まず、私たちに神の言葉を聞くことについて考えさせる。ユダに残された人々は切迫した状況の中で、自分たちの決断の保証と根拠を求めて預言者エレミヤを通して神の言葉を聞こうとした。それは「苦しいときの神頼み」的なものであったとはいえ、信仰の共同体である神の民として、意味のあることであったであろう。エレミヤもまた、そうした彼らの願いを受け入れて神に祈る。

しかし、実際に神の言葉が具体的に示されたとき、そしてそれが自分たちの意に反するものであったとき、彼らはそれを神の言葉として受け取らずに、自分たちの決断を優先させた。置かれた状況の中で神の言葉を神の言葉として聞くことの難しさがそこにあるが、彼らが砕かれた謙遜な心を持たないことが滅びに繋がることを聖書は示す。

他方、エレミヤは神の言葉を聞くために十日の間祈りつつ待ち続けた。そこで語られたことに聞き従うためである。十日間はエレミヤにとって「備えの時」であった。聞くことが祈ることであり、待つことであることを改めて考えさせられる。説教を黙想から始める意味もそこにある。聖書をじっくり読んで黙想に入りたい。

参考文献

関根正雄『エレミヤ書註解　下』（関根正雄著作集15）新地書房、一九八二年

E・W・ニコルソン『エレミヤ書』（ケンブリッジ旧約聖書注解17）松浦大訳、新教出版社、一九八〇年、他

エレミヤ書　四三章一―一三節

河野　行秀

本ペリコーペの背景

エレミヤはエルサレムが占領されたとき、そこにいた（三八・二八）。バビロンの王ネブカドレツァルはエレミヤに関して、親衛隊の長ネブザルアダンに丁重に取り扱うように指示を出していた。「彼を連れ出し、よく世話をするように。いかなる害も加えてはならない。彼が求めることは、何でもかなえてやるように」（三九・一二）と。ネブザルアダンは、エレミヤに、バビロンに移住するか、それともユダの地に留まるか、選択の自由を与えた。エレミヤは留まることを選び、ミツパにいるアヒカムの子ゲダルヤのもとに身を寄せることになった（四〇・四―六）。しかし、ゲダルヤはネタンヤの子イシュマエルにより暗殺されてしまう（四〇・一三―四一・三）。

その後の残留民の指揮を執るようになったのが、カレアの子ヨハナン（ヨハナン・ベンカレア）とホシャヤの子エザンヤ（エザンヤ・ベンホシャヤ）らである（四二・一）。彼らは、バビロニア軍が任命したゲダルヤが暗殺されたことで、バビロニアの報復を恐れ、エジプトへ逃避しようと考えた。しかし、確信がほしいのでエレミヤに主の託宣を要請する。「あなたの神である主に求めて、我々に歩むべき道、なすべきことを示していただきたいのです」（四二・三）と。

エレミヤの答えは否であった。「ユダの残った人々よ、主はあなたたちに対して、『エジプトへ行ってはならない』と語られた」（四二・一九）。しかし、アザルヤたちは、彼らがエレミヤに神託を依頼したにもかかわらず、エレミヤの声を拒否し、エジプト逃亡を強行しタフパンヘスにたどり着く。このとき、エレミヤも同行を余儀なくされた。

エジプトへの逃避を否定したエレミヤが何故、彼らに同行したのか。さまざまなことが考えられる。深津文雄は考えられる理由として次の事を挙げている。エレミヤは深くその民族に同情した。彼らは無知な動物が群れて荒野を行くように、ただ南へと移動したがっている。その理由はなんでもいい。ただ、戦争と飢饉のない世界へ行きたいだけだ。問題は、南方へ走れば、そこに常春の平安があるとの幻覚ではないか。反対に、それにひきかえ、自分の土地は、敗れたとはいえ豊かな実りをもって微笑みかけてくれる父祖伝来の神から賜った土地である。これを捨てることはもったいない話であり、何といっても神の約束に反する。しかし、バビロニアに捕囚した人々に、置かれた場所で花を咲かせよ、と言って書簡を送ったのはエレミヤ自身である。同じことは、エジプトでも言えるのでないか。

人々はエレミヤの言葉を十日間待った。しかし、エレミヤの口から南避行反対の発表がなされた瞬間、さすがに人々はざわめいた。ことに指揮者たちはひどく不機嫌になった。そして、どんな結論でも従うと言ってしまった手前、この答えは神からのものではないと言い出した。

バルクは預言者を支持し留まることを説き、アザルヤはヨハナンを支持して逃げるべきことを説いた。その結果、大勢は決し南避行となった。

本章の内容

四三章は二つに分かれている。一―七節はエジプトへの逃亡であり、八―一三節はエジプトのタフパンヘスにおける預言の記事である。

一―七節　残留民の指導者たちにとって、エレミヤの託宣が将軍らに都合が悪いと、彼らは「それは神の言葉ではない」と言って聞こうとしない。主題は「主の言葉に聞き従わなかった」（四、七節）にある。そして、ゲダルヤに託されていた人々、避難先から戻ってきていた人々、さらにはエレミヤとバルクまで連れて、エジプトへ移住する。

ホシャヤの子アザルヤは、四二章一節では「ホシャヤの子エザンヤ」となっていた。アザルヤやヨハナンは、残留民がエジプトに移住することは、主の御心に適っていることであるかどうか、エレミヤに託宣を要請したのであった。エレミヤの答えは、「エジプトへ行ってはならない」（四二・一九）であった。しかし、残留民の指導者らは、エレミヤの返答に気分を害する。彼らの結論は最初からあったのである。彼らは「わたしたちは、必ずあなたの神である主が、あなたを我々に遣わして告げられる言葉のとおり、すべて実行することを誓います」（四二・五）と言っていたにもかかわらず、エレミヤの言葉を拒否するのである。「良くても悪くても、我々はあなたを遣わして語られる我々の神である主の御声に聞き従います。我々の神である主の御声に聞き従うことこそ最善なのですから」（四二・六）と、正論を口にはするが、その心は己を神とするものであった。「あなたの言っていることは偽りだ。我々の神である主はあなたを遣わしてはいない。主は、『エジプトへ行って寄留してはならない』と言ってはおられない」。これでは、彼らがエレミヤに託宣を求めた意味がない。わざわざ、エレミヤを煩わす必要はなかったではないか。彼らは自分たちの気に入るような預言をしてもらいたいのである。「平和でもないのに、平和、平和」と言って、偽った預言者ハナンヤのように。いつの時代でも、人々は自分が気に入る言葉しか聞かないものである。パウロは弟子のテモテに次のように注意している。「だれも健全な教えを聞こうとしない時が来ます。そのとき、人々は自分に都合の良いことを聞こうと、好き勝手に教師たちを寄せ集め、真理から耳を背け、作り話の方にそれて行くようになります」（Ⅱテモテ四・三―四）。アザルヤやヨハナンは高慢なのである。高慢な人々は主の敵である。だからヤコブは次のように勧めている。「神は、高慢な者を敵とし、謙遜な者には恵みをお与えになる」（ヤコブ四・六）。ペトロも同様に勧めている。「神は、高慢な者を敵とし、謙遜な者には恵みをお与えになる」（Ⅰペトロ五・五）。もとは箴言三章三四節の言葉である。

「ネリヤの子バルクがあなたを唆《そそのか》して、我々に対立させ、我々をカルデア人に渡して殺すか、あるいは捕囚としてバビロンへ行かせようとしているのだ」。バルクはエレミヤの仲間で書記である。エレミヤが語ったことを、彼は書き残した。エレミヤは終始親バビロニア政策をとってきたが、ここではバルクが唆していると勘ぐる。預言者たちは「エジプトに逃亡するな、ユダの地に留まれ」と言っておいて、実は我々をバビロンの捕囚にさせようとしているのだ、とヨハナンたちは疑っている。

こうして、カレアの子ヨハナンと軍の長たちすべて、および民の全員は、ユダの地に留まれ、という主の声に聞き従わなかった。

残留民はユダの地に留まれ、というエレミヤからの主の託宣を無視した。バビロン軍は無抵抗な者に剣を向けることはしない。神の民である者がかえって神の言葉を聞かずに、自分勝手な行動に出る。エレミヤに従わないということは、主に従わないことなのである。「聞けイスラエル」と、彼らが絶えず口にしていた御言葉は、今やまったく効力を逸している。

「カレアの子ヨハナンと軍の長たちはすべて、避難先の国々からユダの国に引き揚げて来たユダの残留民をすべて集めた。そこには、親衛隊長ネブザルアダンが、シャファンの孫でアヒカムの子であるゲダルヤに託した男、女、子供、王の娘たちをはじめすべての人々、および預言者エレミヤ、ネリヤの子バルクがいた。そして彼らは主の声に聞き従わず、エジプトの地へ赴き、タフパンヘスにたどりついた」。四節に続いて「主の声に聞き従わず」とある。高慢な者の特徴は、主の声に聞き従わないのである。バアルに聞き従う。そして、バアルや天の女王に従っていた時は良かったと言うのである（四四・一七）。

八―一三節は、寄留地タフパンヘスにおけるエレミヤの預言である。エレミヤは宮殿の敷石の下に、大きな石を埋め込む。これは一種の象徴預言である。エジプトに対する裁きは、前単元の亡命ユダヤ人たちに対する裁きである。「天蓋」と訳されている語は、「大天幕」あるいは、「本営」のことである。「太陽の神殿」は「太陽の家（ベイト・シェメッシュ）」であり、同名の町がイスラエルにもあるので、「エジプトの太陽の神殿」と書いて、区別している。

「大きな石を手に取り、ユダの人々の見ている前で、ファラオの宮殿の入り口の敷石の下にモルタルで埋め込み、彼らに言いなさい。イスラエルの神、万軍の主はこう言われる。わたしは使者を遣わして、わたしの僕であるバビロンの王ネブカドレツァルを招き寄せ、彼の王座を、今埋めたこの大石の上に置く。彼は天蓋をその上に張る」。万軍の主はネブカドレツァルを「わたしの僕」と言っている。イスラエルの敵国の支配者であるが、彼は主によって立てられた王であると理解されている。主は彼を用いてイスラエルを導くのである。イスラエルは一旦彼によって破壊されるが、また立て直す。イスラエルの破滅は、主の御手の中で行われるのである。イスラエルが主に聞き従わなかったからである。神は、我々が神に従わないで、傲慢にふるまうとき、我々の敵を用いてでも、あるべき道に導く。しかし、そのためには、つらい苦しい遠回りな道をたどることになる。それほどまでに、我々の心は頑ななのである。

高慢、主の声に聞き従わない

ユダの民がエジプトへ行き、不幸な歩みを余儀なくされる。そこに現れるひとつのテーマは「高慢」である。この記事は、「高慢な人々」（二節）の命令によって実行された誤りであることが明らかにされている。それは言い換えれば「主の声に聞き従わなかった」（四、七節）という表記に現れている。エジプトへ逃避した共同体は言うならば背信者らである。もちろんこのような決断をくだすのは権力者であり、一般の民はそれに追従することしかできない。彼らの背信の姿は四四章に記述されることになる。イシュマエルが残留民の監督者ゲダルヤを暗殺した。このことが残留民の不安を呼び起こし、彼らは逃げ道としてエジプトを選んだのである。「神の僕」として立てられたネブカドレツァルが指名したゲダルヤをイシュマエルが暗殺した。このことが、すでに神に背くことであり、高慢の始まりであった。

恐怖におののく者らが、神の人・エレミヤに主の託宣を依頼したところまでは称賛できよう。なぜなら、新約の見地からすれば、どのような罪人も神に頼ることは許されることである。「すべて重荷を負うて、疲れている者は」主のもとに行くべきである。しかし、「休ませてあげよう」という主の手を払いのけるときに、事態は悪化の一途をたどることになる。「ユダに留まれ、何もするな」というエレミヤの声に、不安の中に置かれた人間は、じっとしていることができない。「信ずる者は慌てることはない」（イザヤ書二八・一六）。主に信頼する者は慌てることがない。このような時にイザヤと共にアーメンと言えるかどうかである。

傲慢や高ぶりは、謙遜とは反対の態度である。傲慢な者は二心で、威張って語る。「人は友に向かって偽りを言い、滑らかな唇、二心をもって話します。主よ、すべて滅ぼしてください、滑らかな唇と威張って語る舌を」（詩編一二・三―四）。「威張って語る舌」は「傲慢な舌」（新改訳）である。

「高慢な人々」（二節）のヘブライ語は、「ハ・ゼディーム」である。ハは定冠詞である。ゼディームには、不正や悪意をにじませる響きがある。エジプトへ行った者たちは「天の女王」の礼拝を再開しているが（四四・一七）、高慢な者たちには異教礼拝をするという共通点があるのであろうか、コロサイ書も同様な指摘をしている。「偽りの謙遜と天使礼拝にふける者から、不利な判断を下されてはなりません。こういう人々は、幻で見たことを頼りとし、肉の思いによって根拠もなく思い上がっているだけで、頭であるキリストにしっかりと付いていないのです」（コロサイ二・一八―一九）。

高ぶりは罪である。「高慢なまなざし、傲慢な心は、神に逆らう者の灯、罪」（箴言二一・四）とある。ダビデはこの罪に陥らないように祈っている。「主よ、わたしの心は驕っていません。わたしの目は高くを見ていません。大き過ぎることを、わたしの及ばぬ驚くべきことを、追い求めません」（詩編一三一・一）。高ぶりは、主が憎み嫌うもののひとつであり、神の厳しい裁きの対象になる（ローマ一・三〇）。

このような心の有様は外にも現れるものである。何よりも言葉として現れる。また他人から見ると「高ぶる目」となる。「あなたは貧しい民を救い上げ、高ぶる目を引き下ろされる」（詩編一八・二八）。それがついに外に現れ、人を見下げる行為となる。ファリサイ派の者、律法学者はこの高ぶりの罪に陥り、一般民衆、とりわけ徴税人、罪人に対して厳しく臨んだ。

高ぶりの罪は個人だけでなく、国をも破滅に向かわせる。「シオンの娘らは高慢で」（イザヤ書三・一六）とあるように、イスラエルとユダは高ぶりの罪により国を失った。

「預言―託宣―啓示」と宗教

信仰は神と人間の関係性である。その関係性の軸足が人間の側に置かれると、それは宗教となる。神を自分の都合の良いように描く。神は物言わぬ偶像となる。物申すのはこちら側、つまり人間である。神は人間の要求に耳を傾け、それに応えてくれるならば良いのである。自分に良いように答えてくれなければその神を捨てて他の神に行くことになる。しかし、聖書の信仰は、神の側に軸足がある。主は「わたしはかくかく言う。あなたがたは聞きなさい」と始まる。預言者は神から聞いた言葉を「主はこう言われる」と民に告げるのである。それは神の側から言わせると託宣である。神はこのようにして御自身を啓示される。その決定的啓示が、言葉が肉体となられたイエスである。イエス・キリストは決定的な神の啓示である。

ヨハナンらがエレミヤに、自分たちの進むべき道がどこにあるかを主に尋ねてほしいと依頼したとき、彼らは神の啓示を求めたのである。しかし、その言葉が自分たちにとって都合が悪いとみると、他の言葉を欲する。そのとき彼らの信仰は、啓示信仰から宗教に堕ちている。つまり、人間の要求を満たしてくれる神を求めるのである。そして啓示を無視して、己を腹とする道を歩むことになる。この辺に日本人の信仰心と聖書の示す信仰心の違いがあらわれる。

宗教をどう定義するかによって宗教研究の範囲も変わってくる。西洋的理解によれば、宗教とは、神ないし神々についての信仰と、それに対する応答とを意味する。しかし、東洋の宗教の中には神概念をもたず、解脱解放を目的にするものもある。宗教とは、単に人間的な現象か、あるいは何らかの超自然的起源および超自然的な準拠点をもっているものなのか、という問題がある。宗教は人間的感情や理想が超越的世界に投影されたものという考えもある。つまり神は重要ではないのである。

啓示とは、以前には知られていなかったこと、または不確実なことしか分かっていなかったことが開示されることを意味する。その場合、神が啓示の主体であり、人間は啓示が伝えられる対象である。人が神との人格的関係をもつためには、神の側からの啓示が必要である。なぜならば、人格的なこと、個人的なことは、神からの開示なくしては正しく知られることはないからである。バルトは、神とは「人が自分自身で考察し、神として描き出す存在ではない」と言う。反対に「神について我々が考えることができ、また知ることができるのは、神が御自身の自由において自らを知られる者にしたもうときだけ」であり、神は啓示を与えるだけでなく、我々が啓示を認識し、理解する能力をも与えたもうのだという。

啓示は神による言語を介してコミュニケーションを可能にする。神の啓示を受けた者は「主は……と言われる」という定式をとって、他者に伝える。啓示は命題としての形式をもつ。信仰とは啓示された命題に対する合意承認である。啓示は、出来事を通して起こることもある。バビロニア捕囚は、神の啓示であると言えよう。パウル・ティリッヒは、啓示とは絶対的に隠された方のあますところのない自己贈与であり、自己贈与の事実によって潜伏状態から抜け出して来られることである、と述べている。

信仰は神と人との関係である。その場合、ユダヤ・キリスト教においては、神から手が差し伸べられる。それは啓示の言葉となる。「主なる神はこう言われる」と。しかしながら、宗教の言葉は人間が主体的になる。人間の思いの投影が神となる。だから、「それは神の言葉ではない」と言えるのであるし、「あなたの言っていることは偽りだ。我々の神である主はあなたを遣わしていない」（二一節）と言いだすのである。聖書の信仰は「僕《しもべ》は聞いています。主よ、お話しください」となる。

磯部隆著『エレミヤの生涯』について

『エレミヤの生涯』（一麦出版社、一九九四年）は磯部隆がエレミヤの生涯を見事に描き上げた歴史小説である。小説であるが、「エレミヤ書」を充分に読み込んだ上での作品である。牧師が説教の語り口、物語を再話するときの優れた手引きにもなる。今は、その詳細を紹介することはできない。筆者に与えられた聖書箇所に関係することだけに留める。

本書において、磯部は、エレミヤがエジプトへ行ったのは、アザルヤたちによる強制ではなく、「エレミヤは生命のある限り残りの民とともにあろうとしていました」（四〇七頁）と述べている。そして、バルクの声として、エレミヤのエジプト下りを次のように記し、長い小説を閉じている。「まことにエレミヤは新しい時代のモーセとも呼ぶべき人でした。なるほど、モーセとは反対に残りの民とエジプトに戻り、残りの民からも捨てられたのでございますが、しかし、そのエジプトにおいて、新しい救済の計画を告げる神と出会い、新しい救済の時をめざして再度の出エジプトを、精神において果たしたからでございます」（四一二頁）。マタイが描く幼子イエスのエジプト下りをも連想できよう

参考文献

関根清三訳『旧約聖書Ⅷ　エレミヤ書』岩波書店、二〇〇二年
深津文雄『預言者エレミヤの言葉』日本キリスト教団出版局、一九六九年、「晩秋落日」「旬日遅疑」「天蓋石上」の章
鍋谷堯爾監修『聖書神学事典』いのちのことば社、二〇一〇年、「傲慢、高ぶり」の項
A・リチャードソン『キリスト教神学事典』佐柳文男訳、教文館、一九九五年、「啓示」「宗教」の項

エレミヤ書　四四章二〇―三〇節

小泉　健

エジプトでのエレミヤ

預言者エレミヤはユダの残留民と共にエジプトにいる。「ユダの地にとどまれ。エジプトへ行ってはならない」と主はお語りになった（四二・一〇、一九）。しかし民は主の声に聞き従わなかった。それどころかエレミヤとバルクをも道連れにしてエジプトの地に赴いたのだった。

預言者として召されたとき、エレミヤが主の言葉を授けられたのは「抜き、壊し、滅ぼし、破壊し、あるいは建て、植えるため」であった（一・九―一〇）。破滅を意味する言葉が多いことにも示されているように、エレミヤは主の審判を語らなければならない。しかし主の御心は、審判を経て建て、植えることにある。民は捕囚となるが、主は捕囚民を連れ戻し、建て、植えてくださる（二四・五―六）。救済預言においてはこう言われていた。「かつて、彼らを抜き、壊し、破壊し、滅ぼし、災いをもたらそうと見張っていたが、今、わたしは彼らを建て、また植えようと見張っている、と主は言われる」（三一・二八）。

すでにエルサレムは破壊され、王国は滅びた。捕囚民はバビロンで生活している。七十年の時が満ちたなら、彼らは帰ることができる。主の計画は平和の計画であり、彼らに将来と希望を与えるものなのである（二九・一〇―一四）。捕囚とならずにユダの地に残された者たちは、そこにとどまっているべきである。彼らにも主の約束が与えられている。「もし、あなたたちがこの国にとどまるならば、わたしはあなたたちを立て、倒しはしない。植えて、抜きはしない」（四二・一〇）。エレミヤの召命の時以来の大切なイメージが再び与えられた。神の御心は変わっていない。神は民を立てたい、民を植えたいのである。ユダの地にとどまることが、そのための道である。しかし民は主の声に聞き従わず、エジプトに来てしまった。

エレミヤはユダの残留民と共にエジプトにいる。ここで、今さら何を語ることができるだろうか。しかしエレミヤは口を開く。主の言葉がエレミヤに臨んだからである。

剣と飢饉と疫病による滅び

エレミヤが予告していた主の審判は、初めからきわめて厳しいものであった。偽りの預言者たちは「剣も飢饉もこの国に臨むことはない」と言っていた。しかし主は言われた。「わたしは剣と、飢饉と、疫病によって、彼らを滅ぼし尽くす」(一四・一二)。「剣、飢饉、疫病」はエレミヤの預言の中で何度も語られている。迫りつつある主の審判を言い表す言葉である。しかし、逃れる道がある。民の前には命の道と死の道がある。それは、人々の予想とは逆である。「この都にとどまる者は、戦いと飢饉と疫病によって死ぬ。この都を出て包囲しているカルデア人に、降伏する者は生き残り、命だけは助かる」(二一・九)。王国滅亡以前においては、カルデア人に降伏しバビロンに捕囚となることが命の道であり、エルサレムにとどまることは剣と飢饉と疫病による死の道であった(三八・二)。

王国が滅亡して、状況は新しくなっている。今はむしろユダの地にとどまるべきである。たとえエジプトに行っても、剣や飢えがそこまで追いかけていき、襲いかかってくることになる。「エジプトへ行って寄留しようと決意している者はすべて剣、飢饉、疫病で死ぬ」(四二・一七)。

何から逃げるのか、どこへ逃げるのか

王国の滅亡によって新しい状況が生じたと述べたが、これは必ずしも正確ではない。王国の滅亡以前も以後も、民は一貫してバビロンの王を恐れ、カルデア人を恐れ、捕囚となってバビロンに連れていかれることから逃げようとした。だからエルサレムが包囲されても、降伏しようとしなかった。エルサレムが陥落してからは、カルデア人の占領軍やバビロンの王が立てた監督をそのままにしておくことができなかったし、ゲダルヤを暗殺したあとは、報復を恐れてエルサレムにとどまっていることができなかった。

主の怒りが燃え上がっている。そして主はご自身の審判の道具としてバビロンの王を用いておられる。王国の滅亡も捕囚も主の御業である。主の御手から受け取るべきことである。何から逃げるのか。カルデア人を恐れるべきではない。主の怒りをこそ恐れるべきである。大いなる恐るべき主から逃げるのである。「主よ、わたしから離れてください。わたしは罪深い者なのです」(ルカ五・八)。どこへ逃げるのか。どこへも逃げられはしない。たとえエジプトに逃げたところで、バビロンの王の剣はそこにまで追いつくことになる。「陰府に身を横たえようとも、見よ、あなたはそこにいます」(詩編一三九・八)。どこへ逃げるのか。主のみもと以外のどこに逃れ場があるだろうか。大いなる恐るべき主ご自身のみもとに逃げるのである。

主の怒りが燃え上がっている。王国は滅亡し、エルサレムとユダのすべての町は廃墟となった。今こそ主を畏れ、主に立ち帰らなければならない。主の御業を肯定し、自分自身のこととして受け入れなければならない。しかし民はそうしない。「今日に至るまで、だれひとり悔いて、神を畏れようとは……しなかった」(四四・一〇)。

わたしたちにとっても主の言葉を、とりわけ審判の言葉を自分自身に向けて告げられている言葉として受け取ることは難しい。旧約聖書を読むことそのものの難しさがここにあるのではないだろうか。裁く神、怒る神は恐ろしい。新約の神は愛と赦しの神だが、旧約の神は裁きと怒りの神だ、などとさえ言う。

神がお怒りになるのは罪に真剣に立ち向かってくださるからであり、裁くのは罪を滅ぼして救うためだというのに。怒り、裁くことは神らしくない、と考えるとき、わたしたちは自分勝手に神のお姿を描き、神の像を刻んでいる。そうやって、生きておられる主の御声に対して耳をふさいでしまう。神の熱情が燃え上がれば燃え上がるほど、わたしたちのほうでは神のお姿を見失ってしまう。ここにわたしたちの倒錯、わたしたちの悲惨がある。

「善き力にわれかこまれ」

まことの神を知るときに、神でないものを神とすることをやめられる。偶像礼拝はありえないことになる。異教の神を拝むことからも、自分の心の中で自分の願望を投影して神の像を刻んでしまうことからも解放される。まことの神が「唯一の」主であるからこそ（申命記六・四）、ただ神だけに頼ることができる。「心を尽くし」とは「あなたの心の全体において（ベコル・レバーベカー）」ということである（同五節）。心を分割しない。あれやこれやに心を向けない。ただ一人のお方に心を傾け、ひたすらにより頼む。このお方の御手からであれば、怒りの杯をも受け取るのである。

ボンヘッファーの賛美歌「善き力にわれかこまれ」（『讃美歌21』469）はドイツではとくに年末年始に愛唱されている（原詩に「あなたと共に新しい年に歩み入ろう」とあるため）。その詞は一九四四年の年末に強制収容所の中で書かれた。その第三節にはこうある。

たとい主から差し出される杯は苦くても、
恐れず、感謝をこめて、愛する手から受けよう。

いつ死刑が執行されるかわからなかった。どんな苦しみが待ち受けているかわからなかった。実際、翌年の四月に絞首刑になった。ここでの「苦い杯」とはそういうことである。もとの詞を直訳するとこのようになる。

あなたがわたしたちに重い杯を、苦い杯を、
縁までいっぱいに満たされた苦しみの杯を渡されるなら、
わたしたちはそれを感謝して、ふるえずに受け取ろう、
あなたの良い、愛に満ちた御手から。

苦しみがないことが救いなのではない。神が共にいてくださることが、ただそのことだけが救いなのである。

天の女王

民は主の御声に聞かずにエジプトに逃亡した。いや、彼らがエジプトに行ったのは、「エジプトへ行ってはならない」という主の言葉に逆らったのではない。それが主の言葉であることそのものを否定したのである（四三・二）。主の御声に耳をふさぐとき、主のお姿を見失う。主のお姿を見失うとき、主のお姿を別のものと取り換えてしまうし、また主と並べて別の神を拝むことにもなる。エジプトに行くことと、異教の神々に香をたくこととはひとつながりのことなのである。

民は偶像を造り、異教の神々に香をたいていた（四四・五、八）。とりわけ、「天の女王に香をたき、ぶどう酒を注いで献げ物と」していた（一七節）。

「天の女王」という言葉は旧約聖書の中でエレミヤ書にしか現れず、エレミヤ書でも五箇所だけである（七・一八以外は、四四・一七、一八、一九、二五）。アッシリア・バビロニアの言葉で「天の女王」と言えば、金星の女神イシュタルを指す。この女神がイシュタルであれば、アッシリアに臣従したアハズ王が導入し（列王記下一六章）、マナセ王が大々的に崇拝したのではないかと想像される（列王記下二一・三、五の「天の万象」）。あるいは、カナンにおける豊穣の女神アシュタロト、アシェラ、アナトなどを考える注解者もいる。名称からするとイシュタルが考えられるが、香をたくだけでなく、菓子／パンを供え、ぶどう酒をささげていたことからすると農耕神、豊穣神であることも予想される。両者が混淆していたのかもしれない。

「天の女王の家」と書いた紀元前五世紀のアラム語のパピルスがエジプトのヘルモポリスで発見されているという。天の女王への礼拝がエジプトでたしかに行われていた。しかし民はエジプトに来て初めて天の女王への礼拝を始めたわけではない。天の女王への礼拝はエルサレムやユダの町々で行われていた（七・一七―一八）。民はエレミヤに言う。「我々は、昔から父祖たちも歴代の王も高官たちも、ユダの町々とエルサレムの巷でそうしてきたのだ」（四四・一七）。

実際、女神像の出土は多い。ユダだけで八百二十二、エルサレムだけで四百以上にのぼるという。女神礼拝がさかんに行われていたのである。ヨシヤ王は異なる神々の像を取り除き、礼拝場所を汚し、「天の万象に香をたく者たちを廃止した」（列王記下二三・五）。しかし、ヨシヤの改革は、民の信仰そのものの改革ではなかった。ヨシヤは律法に従い通そうとしたが、民は律法に従って歩もうとはしなかった。ヨシヤの死後、異教の礼拝は瞬く間に復活したようである。そして、民は逃亡の地エジプトに寄留していても、変わらずに天の女王への礼拝を続けていたのであった。

歴史を通しての啓示？

神は歴史を支配し、導いておられる。さらに神は歴史に介入される。わたしたちはそう信じている。しかし、歴史は啓示そのものではない。そこで二つのことが必要になる。一つは、不可知論に陥らずに、歴史の大きな成り行きも、自分の小さな生活も信仰をもって見、そこに神の御手のわざを見出すことである。「時代のしるし」（マタイ一六・三）を見る。「すべての道で主を認めよ」（箴言三・六、口語訳）と言われているとおりである。もう一つは、歴史の意味を解き明かす御言葉の光を求めることである。歴史を正しく知るためには、預言者の言葉が必要なのである。

エジプトに来た民は言う。「天の女王に香をたくのをやめ、ぶどう酒を注いでささげなくなって以来、我々はすべてのものに欠乏し、剣と飢饉によって滅亡の状態に陥った」（四四・一八）。ヨシヤ王の時代に異教の礼拝が禁止されたことを言っているのだろうか。ヨシヤの死後、ヨシヤの子らと孫とがエジプトの王とバビロンの王によって立てられては廃された。王国は雪崩を打つように滅亡に向かった。それは、天の女王への礼拝を怠ったためなのだと民は言う。歴史の成り行きだけを見て判断するならば、そのような解釈もありえてしまう。わたしたちは見たいようにしか見ることができず、聞きたいようにしか聞くことができない。正しく見るためには、預言者の言葉が必要である。神の言葉に照らされなければならないのである。

エレミヤは神の言葉を取り次いでいる。王国の滅亡、エルサレムの破壊は神の怒りと憤りのゆえである。「なぜ、お前たちは自分の身にこのように大きな悪を行い、男、女、子供、乳飲み子までユダの国から絶たれてひとりも残らないようにするのか」（四四・七）。これが歴史の背後にある真実である。しかし民は聞かず、エレミヤに反論する。「あなたが主の名を借りて我々に語った言葉に聞き従う者はない」（一六節）。

主の名「を借りて」と訳された語は、直訳すると、主の名「において（べ）」である。主の名において語られた言葉を、それでも聞かないと言っているとも解せる。しかしおそらく、新共同訳の解釈のように、民はエレミヤの言葉を主の言葉とは認めなかったのだろう。民には主の言葉が届いていない。天の女王に向ける心が邪魔をする。天の女王を拝んできた伝統と社会慣習（「父祖たちも歴代の王も」一七節、「夫も承知のうえのこと」一九節）が邪魔をする。

預言は、そして説教は直接には人間が語る言葉である。人間の言葉でありつつ、「主の名において」語られる。いわば、末尾に主ご自身の署名がある言葉である。主がご自身を現し、ご自分の名を与え、わたしたちがそれに応えて主の名を呼べるようにさせてくださる言葉である。主の御名による言葉をはっきりと拒絶する民に対して、エレミヤはそれでも口を閉ざさない。主が語り続けておられるからである。

主の御名の喪失

エレミヤが語る最後の言葉は、主の誓いの言葉である。主の名による言葉を拒む民に対して災いが告げられる。新共同訳には訳出されていないが、ここで「見よ」という言葉が三回繰り返される。最初の「見よ」は冒頭に出る。「見よ、わたしはわが大いなる名にかけて誓う、と主は言われる」（二六節）。

主の名を受け取り、主の名を呼ぼうとしない民から、主の名が取り上げられる。「持っていない人は持っているものまでも取り上げられる」（マタイ二五・二九）。すなわち、「エジプト全土のユダの人々の中に、『神である主は生きておられる』と言って、わたしの名を口に唱えて誓う人はひとりもなくなる」（二六節）。

誓いのことはこれまでも問題にされてきた。人々は神でないものによって誓い（五・七）、また主の名を用いて偽りの誓いをする（五・二）。誓いは祈りと共に、人が主の御名を用いる場面である。真実の誓いがなされなければならない（四・二、一二・一六）。主の御名を「大いなる名」としなければならない。そうでなければ、主の御名を汚すことになってしまう。

民は主の名による言葉を拒み、異なる神の名を呼んでいる。彼らは主の御名を失うことになる。主の名は、まさにここエジプトで啓示されたのだった（出エジプト記三章）。ここエジプトから救出されるため、エジプトを出て主を礼拝するため、神の民として生きるためであった。主の名を与えられてエジプトを出て行った民は、エジプトに戻ってきて主の名を失う。主の名による言葉を聞かず、主の名を呼ばない民は、主の名を失わざるを得ない。これこそ「災い」である。

主による見張り

二つ目の「見よ」は訳出されている。「見よ、わたしは彼らに災いをくだそうとして見張っている」（二七節）。「見張る（シャーカド）」という言葉は、エレミヤ書のいちばん初めに使われていた印象深い言葉だった。「わたしは、わたしの言葉を成し遂げようと、見張っている」（一・一二）。この言葉がエレミヤの最後の預言でもう一度現れる。主が目を注ぎ、注意深くあるのは、災いをくだすためだと言うのである。そうであっても、主の言葉が成し遂げられる先にこそ救いがある。実はもう一度、終末の救いを語る「慰めの書」においてもこの言葉は使われていたのであった。「かつて、彼らを抜き、壊し、破壊し、滅ぼし、災いをもたらそうと見張っていたが、今、わたしは彼らを建て、また植えようと見張っている、と主は言われる」（三一・二八）。

第三の「見よ」は三〇節である。「見よ、わたしは、エジプトの王であるファラオ、ホフラを、その命を求める敵の手に渡す」。主は歴史の支配者であられ、エジプトの主でもあられる。そのしるしが与えられることになる。歴史は啓示そのものではないが、主を指し示すしるしとなり得る。それによって主の言葉の真実に目覚めたときには、主に立ち帰らなければならない。「今や、恵みの時、今こそ、救いの日」（Ⅱコリント六・二）。

主の心、主の嘆き

わたしたちの箇所はこのような言葉で始まった。「お前たちは、父祖たちや歴代の王と高官、国の民と同様、ユダの町々やエルサレムの巷で香をたいたが、そのことを主が覚えておられず、心に留めておられないことがありえようか」（二一節）。「覚える（ザーカル）」と言われ、「心に留める」と言われている。「心に留める」は直訳すると「（それが）彼の心の上に登る／乗る（アーラー）」である。「アーラー」は煙が「立ち昇る」という意味でも用いられるし（創世記一九・二八）、ヒッフィール形はいけにえを祭壇の上に「載せる」という意味でも用いられる（創世記八・二〇）。天の女王への香も主のもとへと立ち昇り、主の心の中に入り込み、そうして主に覚えられている。主はその香りを耐えがたいこととして心に刻んでおられる。

民の背信は、主の心の中にまで食い込み、突き刺さっている。主の「怒りと憤り」（六節）の背後にあるのは、主の苦しみであり痛みである。エレミヤは涙の預言者、嘆きの預言者と呼ばれる。滅びゆく民と共に嘆きつつ歩んだ。しかし、エレミヤにまさって神こそが嘆きつつ災いを告げておられる。災いをくだそうとして見張っている主は、災いを越えて救いをもたらそうとして目をこらしておられるのである。

参考文献

関根清三訳『旧約聖書Ⅷ　エレミヤ書』岩波書店、二〇〇二年
J. R. Lundbom, *Jeremiah 37-52* (AB). Doubleday 2004.
G. Fischer, *Jeremia 26-52* (Herders Theologischer Kommentar). Freiburg 2005.

〈執筆者紹介〉 掲載順

楠原　博行（くすはら・ひろゆき）　日本基督教団浦賀教会牧師
加藤　常昭（かとう・つねあき）　日本基督教団隠退教師、説教塾主宰
高橋　　誠（たかはし・まこと）　日本ホーリネス教団八王子キリスト教会牧師
吉村　和雄（よしむら・かずお）　キリスト品川教会牧師
鈴木　　浩（すずき・ひろし）　ルーテル学院大学・日本ルーテル神学校名誉教授
石井　佑二（いしい・ゆうじ）　日本基督教団遠州教会牧師
橋谷　英徳（はしたに・ひでのり）　日本キリスト改革派関教会牧師
浅野　直樹（あさの・なおき）　日本福音ルーテル市ヶ谷教会牧師
徳田　宣義（とくだ・のぶよし）　日本基督教団桜新町教会牧師
蔦田　崇志（つただ・たかし）　インマヌエル金沢キリスト教会牧師
小副川幸孝（こそえがわ・ゆきたか）　九州学院副院長・チャプレン
河野　行秀（こうの・ゆきひで）　日本キリスト教会北海道中会引退教師
小泉　　健（こいずみ・けん）　東京神学大学教授、日本基督教団成瀬が丘教会牧師

初出
『説教黙想　アレテイア』（日本キリスト教団出版局）
No.92 ～ No.95（2016 年）

説教黙想　アレテイア
エレミヤ書

2019 年 5 月 24 日　初版発行
© 日本キリスト教団出版局　2019

編　集　日本キリスト教団出版局
発　行　日本キリスト教団出版局
169-0051　東京都新宿区西早稲田 2 丁目 3 の 18
電話・営業 03 (3204) 0422、編集 03 (3204) 0424
http://bp-uccj.jp/

印刷・製本　三松堂印刷

ISBN 978-4-8184-1033-6　C1016　日キ販
Printed in Japan